Harvard Business Review Press

イノベーションの最終解

Seeing What's Next:
Using Theories of Innovation to Predict Industry Change

クレイトン・M・クリステンセン
スコット・D・アンソニー
エリック・A・ロス 著
玉田俊平太 解説
櫻井祐子 訳

SE
SHOEISHA

イノベーションの最終解

装幀 戸田ツトム

Seeing What's Next: Using the theories of innovation to predict industry change
Clayton M. Christensen, Scott D. Anthony, Erik A. Roth

本書を推薦する言葉

理論を実践に落とし込むことは難しいが、
本書は『イノベーションのジレンマ』、『イノベーションへの解』で提示された理論を実践する方法を示すところに特長がある。
クリステンセンは、本書の前半で優れた理論によって過去を分析し未来を見通すことができると述べ、
イノベーション理論を用いて業界の未来を直感する方法を解説している。
また後半では直感的な分析を用いて最善解を戦略的に選択する方法を示している。
破壊的イノベーションの実践方法を示す本書が新しい訳で読めるようになったことは、
イノベーションがますます重視される現代において、実務家にも研究者にも大きな意味がある。

――野中郁次郎（一橋大学名誉教授）

クレイ・クリステンセンはポスト冷戦期を代表する経営学者の一人だ。
十数年前わたしが客員教授で行ったハーバード大にいた当時の彼は、
実務経験豊富な苦労人であり、諸行無常の諦念を持つ静かな修行者であった。
しかし本書で彼は、経営は運命を変え得ると語る。
自ら陶冶した理論の力を信じるからだと思う。
――**藤本隆宏**（東京大学大学院経済学研究科教授）

古典的な名著『イノベーションのジレンマ』、『イノベーションへの解』に続き、
本書でクリステンセンの「イノベーション三部作」は完結する。
本書は、
因果関係――何が原因で何が起こるのか、そしてそれはなぜなのか――の究明に徹した
クリステンセンの真骨頂である。
BCGの創業者で我が師であるブルース・ヘンダーソンを彷彿させる名著といえよう。
――**堀紘一**（株式会社ドリームインキュベータ　代表取締役会長）

理論とケースで学ぶ、「次に何が起こるか」を見通すための兵法書。
破壊的イノベーションの兆しを誰よりも早く見つけ、
自社や業界の将来を正しく予測することが死活的に重要な人々に向けた、
クリステンセン教授からの、これが最後になるかもしれないメッセージ。
――**玉田俊平太**（関西学院大学ビジネススクール教授）

過去のデータでは予測困難な環境にこそ、
はっきりとした方向性を見渡せる「使える理論」がほしいものだ。
本書では、クリステンセン氏が提唱した理論を「分析ツール」にまで昇華させ、
わたしたちにまだ見ぬ将来を見せてくれる。
ビジネスパーソンにとっても、研究者にとっても、
いまそこにあるビジネスの見方を変える一冊である。
――**川上昌直**（兵庫県立大学経営学部教授）

イノベーションの最終解　目次

本書を推薦する言葉 …… iii

謝　辞 …… ix

序　章 …… 1

第一部　理論を分析に用いる方法 …… 35

第一章　変化のシグナル——機会はどこにある？ …… 37

第二章　競争のバトル——競合企業の経営状況を把握する …… 67

第三章　戦略的選択——重要な選択を見きわめる …… 97

第四章　イノベーションに影響を与える市場外の要因 …… 121

第二部　理論に基づく分析の実例 …… 149

第五章　破壊の学位——教育の未来 …… 153

第六章　破壊が翼を広げる——航空の未来 …… 191

第七章　ムーアの法則はどこへ向かうのか？——半導体の未来……225
第八章　肥大化した業界を治療する——医療の未来……255
第九章　海外のイノベーション
——理論をもとに企業と国家の戦略を分析する……289
第一〇章　電線を切断する——通信の未来……313
終　章　結論——次に来るのは何か？……367
付　録　主要な概念のまとめ……377
用語集……399
解説　関西学院大学経営戦略研究科　教授　玉田　俊平太……411
訳者あとがき……417
注……453
索引……459

＊本書では訳注を〔〕に入れて表記しました。

謝辞

本書『イノベーションの最終解』の種が蒔かれたのは今から一〇年近く前、わたしが破壊的イノベーションの現象を説明する初めての論文を発表したときのことだった。論文を読んだ人たちは、破壊的イノベーションの概念が戦略的に重要であることを察してくれた。だが破壊がもたらす機会と脅威に対処するにあたって指針を求められたわたしは、納得のいく答えを示すことができなかった。破壊にうまく立ち向かった企業も少数とはいえ存在するが、一貫して適切に対処している企業は一つもない。なにしろ過去のデータが十分にないため、結論を引き出せないのだ。やがてわたしは自分の感じている無力感の原因が、別のところにあるのではないかと考えるようになった。つまりわたしたちが経営者を教育し、経営研究を行う方法を導くパラダイムに欠陥があるのではないかということだ。すなわち、意思決定はデータをしっかり分析したうえで下されなくてはならない、という信念である。

このパラダイムの何がいけないかといえば、経営者が前例のないことをやろうとしたときや、未来が過去と大きく変化するときには成り立たなくなることだ。手に入るデータといえば、過去に関するものだけなのだから。そこでわたしは気がついた。経営者はデータがあろうとなかろうと、行動を起こし未来について考える際には、計画や行動の指針として理論を用いているのだと。なぜなら理論とは、「何が何をなぜ引き起こすのか」に関する言明なのだからだ。

この気づきに導かれて、わたしたちは本書を執筆した。本書では、確かなデータがまだ手に入らないときに、イノベーションの理論を使って業界の変化を予測するプロセスを説明しようとした。わたしたちは破壊が医療業界と半導体業界をどのようにつくり換えるか、また破壊を国家のレベルで応用するにはどうすればよいかといった問題に関する論文をすでに書いていた。そこで本書では、こうした研究をさらに進めるとともに、情報通信、教育、航空といった新たな業界を調査し、業界の変化を予測するために理論を用いる確かな方法を考案しようとした。

本書で紹介する研究成果のほとんどは、企業の戦略担当者やアナリストにも入手しやすい情報源から得た一次的、二次的調査をもとにしている。本書の主要なメッセージを裏づけるために、意図的にそのような調査を用いた。つまり、独自の情報や専有情報がなくても深い洞察を得ることはできる、というメッセージだ。適切な概念という武器さえあれば、業界の些細な情報まで知り尽くしているアナリストを超える洞察を、誰でも得られるのだ。

ここであらかじめ次の読者層に謝っておきたい。アメリカ以外の国の読者と、具体的な投資方法を求めている読者だ。本書のほとんどは、第九章を除き、アメリカ国内の動向に焦点を当てている。ますますグローバル化するこの世界では、ものごとを単純化しすぎているといわれても仕方ない。だが本書で示す、イノベーション理論を利用するためのツールは、世界的に応用できる。戦略とイノベーションは、何の指針もない試行錯誤の実験と、ルールに基づく科学の中間に位置する。そのため本書のツールは、戦略担当者や計画立案者が、さまざまな出来事のパターンを認識し、その意味を解釈する際の助けになるようつくられている。現在の知識水準を考えれば、公式やルールがまだ立てられないこの時点において、パターン認識は意思決定を行う最良の方法である。

包括的な理論の構築は反復的なプロセスである。『イノベーションのジレンマ』の理論構築トラックの一周が、コア理論の基礎をつくった。『イノベーションへの解』のトラックの一周が、重要な追加の理論を説明し、理論を行動に移す方法を示し始めた。本書で説明する特定と応用のトラックは、状況を認識し、その状況が何を意味するかを理解する方法を示すものだ。そして次の一周は、状況を認識するためのより詳細な評価指標を開発し、そうした状況が与える影響を数量化するものになるだろう。

本書の著者としてわたしたち三人の名前だけを挙げるのは誠実さに欠ける。何十人もの人が本書で示した考えを発展させ、精緻化するのを手伝ってくれた。研究パートナーや以前の教え子のサリー・アーロン、ダン・アバシ、ウィル・クラーク、ラジ・デ・ダッタ、カール・ジョンストン、ジョン・ケナギー博士、マリー・マッキー、マイケル・レイナー、ネイト・レドモンド、クリス・ロビンソン博士、シラグ・シャー、デイビッド・サンダール、マット・バーリンデンのそれぞれが、本書で示したアイデアに大いに貢献してくれた。

本書の重要な部分に磨きをかけてくれた業界や諸問題の専門家には特に感謝したい。ジェフ・キャンベル、ピート・コーネル、ロバート・クランドール、ジョン・アーンハート、アレクサンダー・エドリック、ポーラ・フォード、リブ・ギブソン、ケビン・グッドウィン、ジョー・グラーバ、ジェリー・グロスマン博士、スチュワート・ハート、リード・ハント、ローラ・イプセン、デイビッド・アイゼンバーグ、ケビン・ケネディ、スティーブン・キング、テッド・コルデリー、リック・クリーガー、ジーナ・ラゴマーシノ、エリック・マンキン、ボブ・マーティン、ニール・マーティン、ジョエル・マイヤーソン、スティーブ・ミルノビッチ、バーナード・ニー、デイビッド・ニールマン、スタッグ・ニューマン、ボブ・ペッパー、ウィルフレッド・ピンフォルド、マイケル・パッツ、ナーギ・ラオ、リック・ロトンド、クリス・ローワン、ティム・スローン、ドナ・ソアーベ、ジャスティン・スタインマン、スー・スウェンソン、トニー・アルウィック、ジョン・ウィルキンズ、ロン・ウォルクの一人ひとりが、本書で示した考えを微調整するのを手伝ってくれた。

この取り組みに尽力してくれたハーバードの同僚たち、特にリズ・アームストロング、リチャード・ボーマー博士、トム・アイゼンマン、クラーク・ギルバート、タルン・カンナ、スティーブ・スピアーの各教授に謝意を表したい。わたしのオフィスを管理してくれるクリスティン・ゲイズは、実にさまざまな方法で辛抱強く手際よく支えてくれた。編集の腕を遺憾なく発揮してこの原稿を形にしてくれたホリス・ハイムブッシュは、有能で頼もしい編集者だ。読者がこれから読もうとしている本ができたのは、こうしたみなさんのおかげである。

共同執筆者のスコット・アンソニーとエリック・ロス、そして奥方たちには、MBAプログラムを終えたあとの働き盛りの二年間をわたしとともに本書を執筆するために捧げてくれたことに心から感謝したい。わたし自身が抽象的な考えや概念を扱うのを得意としているのに対し、二人は軽やかな知性を発揮して、高度な概念を開拓しながら、それらを利用するための地に足着いたツールを開発するという縦横無尽の活躍を見せてくれた。わたしは大学で何年も教えるうちに、有能な学生を見分ける目をもつようになった。スコットとエリックは、わたしの教え子の中でも特に優秀な二人だ。本書の研究と執筆の大半を行ったのは彼らである。本書の表紙に、わたしの名の隣に二人の名を掲げられることを光栄に思う。

これまでの著書と同様、本書を執筆する間も、妻のクリスティンと子どものマシューとその妻エリザベス、アン、マイケル、スペンサー、ケイティは、自宅や車の中で辛抱強くさまざまな考えを出し合ってくれた。愛する家族と永遠にいられることを本当に幸せに思っている。

マサチューセッツ州ボストンにて
クレイトン・M・クリステンセン

ハーバード・ビジネススクール学長キム・クラークは、ＨＢＳでの経験を「人生観が変わる経験」とかねがね呼んでいる。わたしは最初とても懐疑的だった。だが二〇〇〇年の秋にクレイトン・クリステンセンの教室に足を踏み入れたことで、自分なりの人生観が変わる経験をした。クレイは歩くパラドックスだ。才気煥発だが謙虚でもあり、概念的だが実践的でもあり、学者ながら実世界での経験を積んでいて、華々しく成功しているのにいつも人助けに奔走している。彼はわたしの心をゆさぶり、ハーバードでのわたしの経験をガラリと変えたばかりか、キャリアの道筋まで変えてしまった。彼が自分のアイデアを、新しく刺激的な方向に発展させる機会を与えてくれたことに心から感謝している。もう一人の共著者エリック・ロスにも、特別な感謝を送りたい。エリックの独自の知見——思慮深く、探求心に富み、分析的で、そして常に挑発的な観点——に助けられて、新しく貴重な方法で概念を検討することができた。エリック、クレイとの何時間にもわたる活発な議論から多くの重要な概念が生まれた。

本書の研究と執筆の大部分は、わたしがハーバード・ビジネススクールでクレイの研究員を務めているときに行われた。わたしはこうしたアイデアにこれからも取り組み続けたいと考え、クレイの創設したコンサルティング会社イノサイトに加わった。ハーバード・ビジネススクールを去ってからもまだ本書の研究が続いたにもかかわらず、イノサイトの同僚のマット・クリステンセン、タラ・ドノバン、ロムニー・エバンズ、マット・アイリング、マーク・ジョンソン、シェリル・ライリーはとても支えになってくれた。

友人や家族も、その間何かと助けてくれた。部外者の中で、あらゆる段階の原稿を読み、批評してくれたのは、母のボニーただ一人である。父のロバートと兄弟のマイケルとピーター、姉妹のミシェルとトリシアも大きな力になってくれた。一〇〇冊近い本の著者である祖父のロバート・アンソニーは、到底まねできないお手本である。

これは容易な道ではなかった。わたしはこれまで我慢強さでほめられたことなどないが、完璧な文章を書く能力に恵まれない著者（悲しいかなわたしもその一人だ）なら誰でも、執筆に必要な資質を一つ挙げるよう言われたら、我慢強さを挙げるだろう。そしてこの間わたしとともに常に歩んでくれたのは、もちろん妻のジョアンだった。わたしたちは本書の執筆中に婚約し、三回目と四回目の原稿の間に結婚した。彼女の支えがなかったなら本書は完成しなかったと断言できる。彼女のくれた友情、思いやり、忠誠心、決意、愛情を指針として、わたしは最も重要で最も実り多い、人生観を変える経験ができた。彼女と知り合えたばかりか、残りの人生をともに過ごすことができるのは本当に幸運なことだ。そんなわけで本書を、他のすべてのものと同様、彼女に捧げたい。

マサチューセッツ州ボストンにて
スコット・D・アンソニー

この経験と、それに伴うあらゆる浮き沈みや紆余曲折は、わたしの職業人生の中で最も実り多い経験だった。とりわけクレイ・クリステンセンには感謝の言葉しかない。MBAの課程に続いて行った一カ月のコンサルティングプロジェクトが、三年後に一冊の本として結実するなど、誰も想像しなかったが、クレイのビジョンとエネルギーのおかげで実現できた。彼がこの取り組みに学生を進んで受け入れ、わたしたちの能力を信頼してくれたことは、教えることへの彼の献身と寛大さ、辛抱強さを物語っている。そしてもう一人の共著者であり仲間であるスコットにも、三年間に及ぶ刺激的なやりとりと活発な議論、たくさんの笑い、そしてこのプロジェクトをゴールまで導いてくれたことに感謝したい。

それから妻であり魂の伴侶であるケイトに、愛情とサポートでいつもわたしの情熱をかき立ててくれることに、感謝の気持ちを捧げたい。この取り組みは長いプロセスだったが、彼女はいつでも底なしの元気を分け与えてくれた。そして元気いっぱいの娘のアナベルにつきあうために、早朝に仕事をするようになったのだが、おかげで暁の際立った美しさと静けさに触れ、どんな時間にも生産的で創造的になれることを知った。

最後にわたしを支えてくれる家族と親族に礼を言いたい。両親のリチャードとレスリー・ロス、リチャードとナン・ルーベン、そして叔父たちのグレッグ、ニック、エリック、グレゴリーに、助言者、編集者、チアリーダー、ベビーシッターなど、数え切れないほどの方法でいつも助けてくれることに感謝したい。

マサチューセッツ州ケンブリッジにて

エリック・A・ロス

序章

想像してほしい。今は一八七六年で、あなたはある大手銀行に勤めている。上司がやって来て、一見単純な質問をしてくる。「アレクサンダー・グラハム・ベルが電線を使って音声を伝える方法を発明したらしいぞ。どんなものだろうかね?」あなたならこの質問にどう答えるだろう? ちなみに世界有数の通信事業者ウエスタンユニオンは、ベルのイノベーションを「おもちゃ」と片づけた。そしてあなたが分析に使えそうなデータは、そもそも存在しない。

時計の針を一〇〇年ほど進めて、時は一九七八年、あなたはコンサルティング会社に勤めている。チームのマネジャーがやって来て、一見単純な質問をしてくる。「AT&Tが携帯電話サービスを試験的に提供するらしいぞ。どんなものだろうかね?」この質問にはどう答えるだろうか? その後、この新技術を事業化するために諸企業が下す決断を、あなたはどう解釈するだろう?

最後に、二〇〇四年まで時計の針を進めてみよう。あなたは大手通信サービス会社に勤めていて、上司に一見単純な質問をされる。「802・11という技術を使った、ローカル高速無線データ通信ネットワークが爆発的に拡大するという話をそこら中で聞くが、どんなものだろうかね？」あなたはこの質問にどう答えるだろう？　またあなたが投資家なら、通信サービス会社が下す、この技術を事業化するという決定、あるいは放っておくという決定を、どう解釈するだろう？　この企業は先見の明があるのか、それともないのか。

来る日も来る日も、数え切れないほど多くの人たちが、「将来はこうなる」という見通しをもとに、さまざまな行動を起こしている。投資家は、企業の見通しが明るいと思えば株式を購入し、暗いと思えば売却する。アナリストは将来がどうなるかを自分なりに予測し、鋭い見識でクライアントをうならせようとする。企業幹部はノイズの中からシグナルを拾い上げ、脅威とチャンスを見分け、それに応じた行動をとっている。

いま挙げた人たちはすべて、経営者がとる行動を外部から観察して、そのような行動が企業の将来に及ぼす影響を判断しようとする。一般に、彼らが一番気にかけている問題はこうだ。「このイノベーションは、業界をどのように変えるだろうか、また自分が関心をもっている企業にどのような影響を与えるだろうか？」

どんな業界も、この質問からは逃れられない。たとえば航空業界を考えてみよう。二〇〇一年九月一一日の同時多発テロ事件が起こる前でさえ、航空業界には誰もが暗い見通しをもっていた。ハーバード・ビジネススクールのマイケル・ポーター教授が提唱する「五つの競争要因《ファイブフォース》」の枠組み、つまり既存企業同士の競争、新規参入者の脅威、代替製品の脅威、買い手の交渉力、サプライヤーの交渉力によって業界を分析する方法を用いれば、なぜいま航空業界がこのような状態にあるのかを説明することはできる。[※1] しかし、この先もずっと低迷が続くのだろうか？ サウスウエスト航空に見られるような希望の兆しを、どう考えればよいのか？ ジェットブルーは今後も成長を続けるだろうか？ 本物のチャンスと、一過性のチャンスとをどうやって見分けるのか？ 格安航空会社や地域航空会社、それに二地点間を結ぶエアタクシー（次世代超軽量ジェット機）会社は、業界の勢力地図を塗り替えられるだろうか？

半導体についてはどうだろう。インテルはＣＰＵの性能向上に邁進することで、長年成功を収めてきたが、競合環境が変化しつつある、つまり過去に成功したことが将来も成功するという保証がなくなっているというシグナルが、どこかに見られないだろうか？ そのような変化は、業界のバリューチェーンにどのような影響を及ぼすのか？

医療についてはどうか。医療に関する新聞報道は、お決まりのように医療費の高騰と消費者の不満の高まりを報じている。だがこのことは、実は業界にとって朗報とは考えられないだろうか？ 医療業界を「治癒」できるイノベーションとは、どんなものだろう？

本書では、『イノベーションのジレンマ』[※2]と『イノベーションへの解』[※3]が打ち立てた諸理論に加えて、新しい理論をいくつか紹介し、これらの理論を使ってこうした疑問に答える方法を説明しよう。『イノベーションのジレンマ』の理論は、新規成長事業を立ち上げるのがなぜこれほどまでに難しいのかを説明した。『イノベーションへの解』は、イノベーションを起こそうとする人たちのために、理論を用いることによって、成長事業を立ち上げるプロセスで予測通りの結果を導く方法を説明した。どちらも「内部者が外を見る視点」、つまり戦略の構築・実行を担当する、全社的な意思決定者の視点から書かれている。

これに対して本書は、「外部者が内を見る視点」に立って、イノベーションが業界にどのような変化をもたらすのかを分析するために、こうした理論を用いる方法を示している。業界または業界内の事業分野（セグメント）を、イノベーションの理論という「レンズ」を通して見るという、構造化された厳密なプロセスを用いれば、不慣れな人にはとらえにくい、きわめて有益な洞察が得られることを本書は示している。上級役員や戦略立案者、業界アナリスト、投資家など、業界の評価を行い、それに基づいて意思決定や提案を行う任を帯びた人たちなら誰でも本書を役立てられるだろう。

詳しい内容に入る前に、まずはこの研究の核となる諸理論（コア理論）を改めて紹介し、なぜ業界の変化を予測するうえで理論を使うべきなのかを説明しよう。そのあと、本書の構成について述べる。

■イノベーションのコア理論

優れた経営理論とは、特定の状況での因果関係（ある状況で、何が何を引き起こすか）に関する言明である。[※4] 優れた理論は、次の二つの要素を必ず備えている。

一　企業のマネジャーが、特定の状況に対処するための指針となる、状況に基づく厳密な分類方式という裏づけ

二　**なぜ**特定の行動をとると、特定の結果を招くのかを説明するとともに、**なぜ**同じ行動をとっても、状況によって結果が異なるのかを説明する、因果関係に関する言明

『イノベーションのジレンマ』と『イノベーションへの解』の核にあるのは、イノベーションという雑然としたプロセスを解き明かす、三つの重要な理論である。それは破壊的イノベーションの理論、資源・プロセス・価値基準の理論、そしてバリューチェーン進化の理論だ。これからそれぞれの理論を簡単に紹介するが、もう知っているという読者は読み飛ばして、次のセクションに進んでもかまわない。

破壊的イノベーションの理論――単純、安価、画期的

破壊的イノベーションの理論は、新しい組織が相対的に単純、便利で、低コストのイノベーションを利用して成長を生み出し、強力な既存企業に打ち勝つことができるような状況を指摘する。[※5]この理論によると、既存企業は持続的イノベーションの戦いでは、新規参入企業に勝つ可能性が高いが、破壊的イノベーションで攻撃をしかけてくる企業には、ほぼ必ず負ける。

図I-1に、破壊的イノベーションの理論を図示した。この図には二種類の性能向上曲線が描かれている。直線は企業の性能向上曲線、つまり製品・サービスが時間とともに改良されていく様子を示しているのに対し、点線は顧客の需要曲線を示している。需要曲線といっても、顧客の需要量を表すものではなく、顧客に使いこなせる性能がどのように移り変わってきたかを示している。これらの需要曲線から、特定の市場用途での顧客のニーズは、時間が経過してもそれほど変化しないことがわかる。この図には、三種類のイノベーションが示されている。持続的イノベーション、ローエンド型破壊的イノベーション、そして新市場型破壊的イノベーションである。

図中のカーブした矢印で示した持続的イノベーションは、確立した性能向上曲線を企業がのぼっていく原動力になるイノベーションである。これは顧客がそれまで重視してきた特性において、既存製品に加えられる改良である。航続距離を伸ばした航空機、処理速度を上げたコンピュータ、持ち時間の延びた携帯電話のバッテリー、画質が徐々にまたは劇的に向上したテレビなどはすべて、持続的イノベーションである。

これに対して破壊的イノベーションは、新しい価値提案を実現するものだ。破壊的イノベーションには、新しい市場を生み出すもの（新市場型）と、既存市場を大きく変えるもの（ローエンド型）の二種類がある。ローエンド型の破壊的イノベーションが起こるのは、既存顧客が使いこなせる価値に比べて、製品・サービスが「性能過剰」になり、したがって高価になりすぎたときだ。ニューコアの製鋼ミニミル、ウォルマートのディスカウントストア、バンガードのインデックスファンド、デ

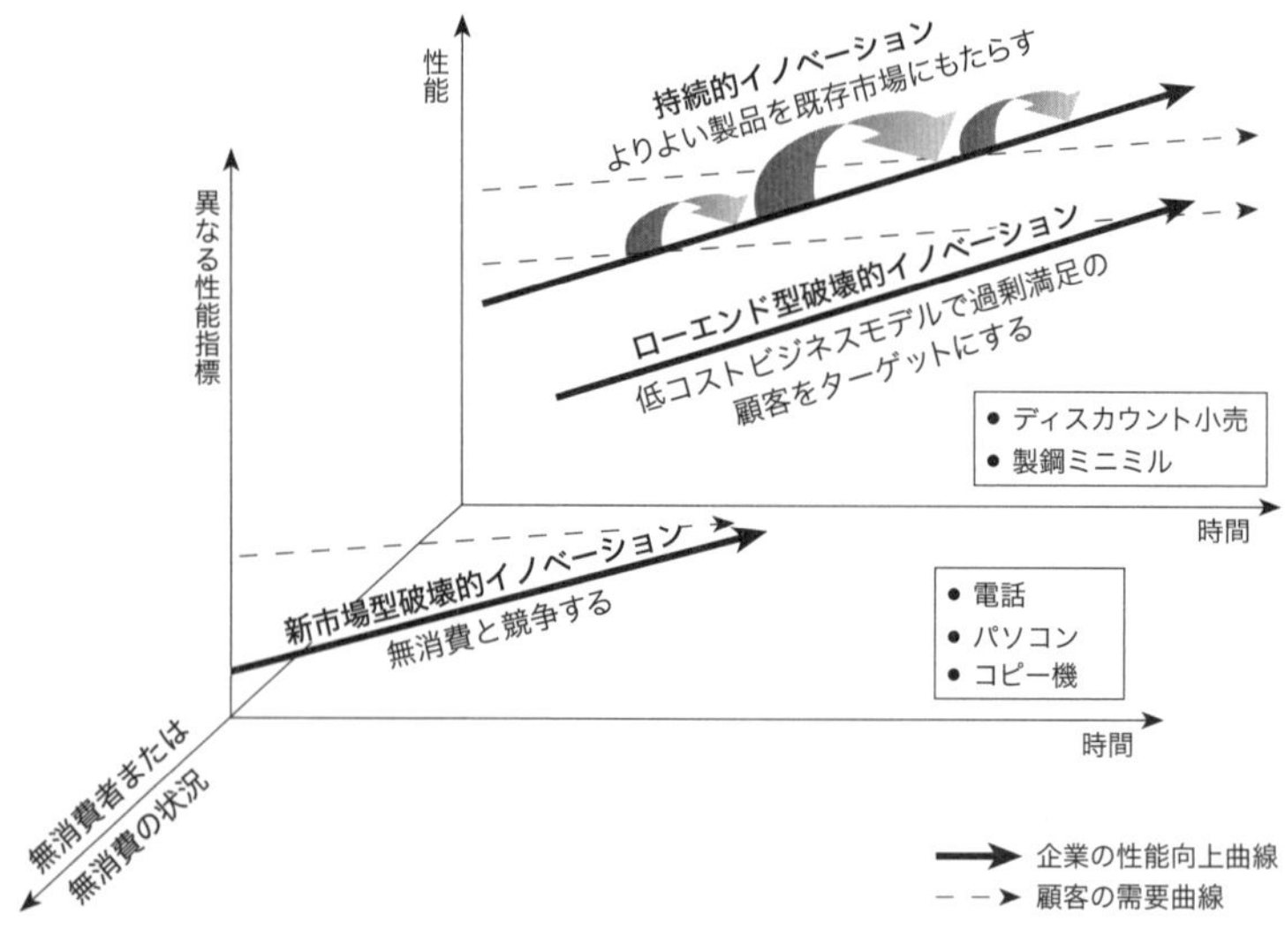

図I-1　破壊的イノベーションの理論

ルのダイレクト販売のビジネスモデルなどはすべて、既存顧客に相対的に単純な製品を低価格で提供することから始まった、ローエンド型破壊的イノベーションの例である。

二つめの種類の新市場型破壊的イノベーションが起こるのは、既存製品の特性のせいで、潜在的顧客の数が制限されているとき、または不便で集中的な場所で消費を行わざるを得ないときである。コダックのカメラ、ベルの電話、ソニーのトランジスタラジオ、ゼロックスのコピー機、アップルのパソコン、イーベイのオークションサイトはすべて、高度な専門知識か豊富な資金がなければできなかったことを、より簡単にできるようにすることで新しい成長を創出した、新市場型破壊的イノベーションの例である。図I-1は、新市場型破壊がどのようにして「無消費者」や「無消費の状況」に消費をもたらすかを示している。

資源・プロセス・価値基準の理論——能力の構成要素

資源・プロセス・価値基準の理論（RPV理論）は、なぜ既存企業が破壊的イノベーションへの対応にこれほど苦慮するのかを説明してくれる。[※6] RPV理論によれば、資源（企業がもっているもの）、プロセス（企業が仕事をする方法）、価値基準（企業がしたいこと）が合わさって、組織としての強み、弱み、死角を決定している。

資源とは、組織が購入、売却、構築、破壊できるモノや資産のことである。プロセスとは、組織が資源のインプットを、より価値の高いアウトプット（製品・サービス）に変換するために用いる、確立された仕事のパターンをいう。価値基準は、組織が資源を配分する際に参照する基準を決定する。図I-2に、これら三つの要素の具体例を挙げた。

マイクロソフトを例にとって考えてみよう。マイクロソフトの資源には、五万人を超える従業員に、数千人のプログラマー、多くの開発済みの製品、数十億ドルの現金、ウィンドウズオペレーティングシステム（OS）をはじめとする強力なブランドや製品などがある。マイクロソフトの重要なプロセスには、ソフトウェア開発や市場調査、予算計画、製品流通を行うプロセスなどがある。一般に同社の経営幹部は、社内の優先順位づけの基準に沿って、同社の全体的な財務業績を維持または改善できるほど、収益が大きく、粗利益率が魅力的な事業機会に、資源を配分する。

RPV理論によると、組織が事業機会をものにできるのは、その組織に成功するための資源があり、なすべきことを容易にするプロセスがあり、資源を求めるその他すべての機会の中から、その特定の機会に高い優先順位を与えるような価値基準があるときだ。既存企業が持続的イノベーションをマスターできるのは、そのようなイノベーションを優先させる価値基準と、まさにこのタイプのイノベーションに対処するために設計されたプロセスと資源をもっているからだ。その同じ既存企業が、破壊的イノベーションを前にして失敗するのは、企業の価値基準が破壊的イノベーションを優先せず、既存のプロセスがなすべきことをする助けにならないからだ。たと

資源

組織が購入、売却、構築、破壊できるモノや資産

例：
- 人材
- 技術
- 製品
- 設備機器
- 情報
- 現金
- ブランド
- 流通チャネル

プロセス

企業がインプットを製品・サービスに変えるために用いる、確立された仕事のパターン

例：
- 人材の確保・育成
- 製品開発
- 製造
- 予算計画
- 市場調査
- 資源配分

価値基準

組織が優先順位づけを行う際に参照する基準

例：
- コスト構造
- 損益計算書
- 顧客の要求
- 事業機会の規模
- 倫理観

図I-2　資源、プロセス、価値基準

えばマイクロソフトはリナックスのＯＳへの対応に苦慮しているが、なぜだろう？　資源が問題なのではない。マイクロソフトはモジュール型（組み合わせ型）のアーキテクチャをもつソフトウェアの設計を容易にするような、新しいプロセスを設計する必要があるが、それはマイクロソフトにとって解決できない問題ではない。だがマイクロソフトにとって、さらに魅力的な利益率が保証されているほかの投資機会を差し置いてリナックス事業を優先させることは、**きわめて難しい**のだ。リナックスを販売する企業は、マイクロソフトとは**まったく**異なる方法で利益を上げているからである。

バリューチェーン進化の理論——「十分でない」ものを改良するための統合

製品を製造したりサービスを提供したりするには、必要な一連の活動を完結させなくてはならない。これを行うために、企業には次の選択肢がある。統合化を進めて、ほとんどの活動を社内で行うか、狭い範囲の活動に特化、集中して、それ以外の付加価値活動を仕入れ先や提携先企業に提供してもらうかである。イノベーションの三つめのコア理論であるバリューチェーン進化の理論（ＶＣＥ理論）は、企業が競争を勝ち抜くために、組織設計に関する適切な意思決定を行っているかどうかを評価するものだ。[※7]

一見すると、ＶＣＥ理論は驚くほど単純に思える。この理論によれば、企業は顧客が最も重視している特性における性能を向上させるような付加価値活動（またはその組み合わせ）をコントロールすべきだということになる。こうした活動を直接コントロールする、つまり統合化することで、企業は自由に実験を行い、新しい可能性を切り拓くことができる。統合化によって、活動間の予測不能な「相互依存性」が引き起こす問題を解決する実験を行うための、完全なプラットフォームが手に入る。これに対して、製品・サービスのバリューチェーンの一部に特化する専門的企業にとっては、同じ相互依存性が悩みの種になる。専門的企業のつくる部品が、他社の設計、製造する部品と予測不能な方法で作用し合うと、たいていの場合、性能と信頼性の劣る製品ができてしまうからだ。

ＩＢＭの初期のメインフレームコンピュータを例にとってみよう。ＩＢＭはメインフレームの全体的な性能を改良する必要があったため、すべての部品とコンピュータ全体の設計・組み立てプロセスを統合化した。こうしたプロセスを完全にコントロールできるようになったことで、ＩＢＭはさまざまな実験を行って、顧客のニーズに応じてメインフレームの性能を高められる、設計の自由度を手に入れた。もしも同社が分業化によるモジュール化戦略をとっていたならば、性能が不十分な製品しかつくれず、顧客に拒絶されていただろう。※8 同様に、現在の携帯型無線機器の性能は、バッテリー寿命といった特性では顧客のニーズを満たしていない。ブラックベリー・リミテッド（旧リサーチ・イン・モーション）は、パーソナル通信機器「ブラックベリー」の製品アーキテクチャ全体をコントロールすることで、一回の充電で三週間もつバッテリーを開発し、このイノベーションのおかげで市場トップの座についたのである。

しかし、統合化によって可能になる性能改良は、それなりの犠牲を伴う。統合型アーキテクチャは相対的に柔軟性に欠け、統合型企業は相対的に対応が遅くなる傾向にある。したがって、この理論によれば、企業は顧客が最も重視している（または将来重視すると考えられる）製品の特性に影響を与えないような付加価値活動を、外注すべきだということになる。バリューチェーン内の限られた部分を最適化することにかけては、専門的企業のほうが長けている。

モジュール型アーキテクチャは、分業化を容易に（または可能に）する反面、製品化に要する時間や、対応の早さ、利便性という面での性能が犠牲になる。この犠牲を受け入れるからこそ、企業は製品全体を設計し直すことなく、個々のサブシステムを改良するだけで、製品をカスタマイズできる。最良のサプライヤーの製品をうまく組み合わせて、個々の顧客のニーズに容易に応えられるのだ。

デルはパソコン市場に利便性とカスタマイゼーションを持ち込んだ。サプライチェーン内の重要なインターフェース全体にわたって緊密な統合化を図り、顧客関連のインターフェースを統合化し、それ以外の製品の設計、製造に関わる部分は専門的企業に外注した。同社はＶＣＥ理論の黄金律に従い、「十分でない」特性（速度、カスタマイゼーション、利便性）を改良するために統合化を図り、「必要にして十分以上」な特性（コンピュータのアーキテクチャ設計）は外注したのだ。

企業は困難な問題を解決することでこそ、価値を獲得できる。先を見据える企業は、将来起こるであろう困難な問題を解決するために、いま行動を起こす。明日の困難な問題を解決することが、明日の利益につながるからだ。こうした企業は、アイスホッケーの伝説的プレーヤー、ウェイン・グレツキーの助言を知らず知らずに受け入れていることになる。グレツキーは、なぜ偉大なプレーヤーになれたのかと尋ねられたとき、「わたしはいつもパックが今ある場所ではなく、パックがこれから向かう場所にスケートしていくようにしている」と答えたのだ。

■優れた理論の力

将来を見通すには、優れた理論を利用する以外に方法はない。なぜなら、誰の目にも明らかなデータが手に入るのは過去のことに関してだけだからだ。それなのに将来に関する助言をすることで生計を立てている人たちの多くが、理論をもとにした予測に根強い不信感をもっている。ところが実は、彼らはすでに理論をもとに予測を行っていて、それに気づいていないだけなのだ。そして、彼らの使っている理論は貧弱であることが多い。

大手投資銀行で働くアナリストについて考えてみよう。彼らは業界の変化をどのような方法で予測しているのだろう？　よくあるのが、過去のデータを収集して、そこから傾向を把握し、予測を立てる方法だ。企業の過去の収益実績から将来のキャッシュフローを予測し、そのキャッシュフローを、リスクを加味した利率で割り引いて将来の企業価値を算出する。また企業が直近に予想収益を満たしたかどうかが、彼らの株価予測の大きなポイントになる。つまりアナリストは、「将来を予測するうえで過去はよい判断材料になる」という、暗黙の理論に頼っているのだ。

次に、クライアントに営業体制を構築する方法を提案する、経営コンサルタントについて考えてみよう。多くのコンサルタントがこの課題に取り組むために、「ベストプラクティス（模範的な経営慣行）」を実践している優良企業を何社か探し出し、この企業の経営体制こそが成功の秘訣であることを「証明」するデータを山ほど収集する。そして、こうした優良企業を模倣しさえすれば、同じように優れた業績を上げられると提案する。このようなコンサルタントも、「成功した『優良』企業を模倣すれば、成功できる」という暗黙の推論をもとに、助言を行っているのだ。

時にこうした推論は正しく、優れた洞察を与えてくれることもあるが、そうではない場合もある。過去が将来予測のよい判断材料になるのは、将来の状況が過去の状況に似ているときに限られる。ある状況にいる企業にとって有効な方法が、別の状況にいる企業にとっては有効ではないかもしれないのだ。

さらに言えば、過去のデータやベストプラクティスをもとにして、将来に関する決定を行おうとしても、誰の目にも明らかな、決定的な定量的データが存在しなければお手上げになる。実際、決定的なデータが手に入る頃には、その結論をもとに行動を起こすにはもう手遅れなのだ。たとえばある企業の上級経営陣が、業界内でまったく新しいビジネスモデルをもつ新興企業の存在に気がついた場合、これを身のほど知らずな起業家の夢物語と片づけてしまっていいものだろうか、それとも業界にこれから重要な変化が起こる兆しと解釈すべきだろうか？　これがシグナルなのか、それともノイズなのかをどうやって見分ければいいのだろう？　はっきりした証拠が現れてからでは、行動を起こすにはもう手遅れなのだ。

現状を正確に理解し、将来を予測するには、理論のレンズを通して将来を見るのが一番だ。優れた理論は、データが不足しているときでも、重要な動向を理解するための確実な方法を与えてくれる。そのうえデータが豊富なときには、さらに役に立つのだ。実際、手に入る情報が多く、本当に重要な情報を見きわめるのが難しいこの情報化時代には、理論の助けを借りればノイズを遮断し、シグナルを増幅できる。[※9]

■理論を使って過去を洞察する――二つのケーススタディ

理論を将来予測に役立てる方法を説明する前に、まずは『イノベーションのジレンマ』と『イノベーションへの解』のコア理論を使って、アメリカの情報通信業界における二つの重要な動向を説明しよう。その動向とは、電話の発明と無線技術の爆発的普及である（アメリカ情報通信業界の簡単な説明として、具体的に言うと、電話が当時の大手通信事業者(ウエスタンユニオン)を破綻に追い込んだのに対し、なぜ無線技術が今日の大手企業を破綻に追い込んでいないのかを、理論を使って説明できることを次に示す。先に答えを言ってしまえば、破壊的イノベーションの理論とRPV理論が、その理由を説明してくれる。電話はウエスタンユニオンの電信サービスにとって破壊的イノベーションだった。ウエスタンユニオンには、電話技術を習得するための資源があったが、価値基準のせいで既存事業に集中せざるを得ず、それがもとで最終的に破綻するに至った。これに対して携帯電話は破壊的イノベーションになってもおかしくなかったが、既存通信事業者は既存のビジネスモデルを持続させるような形で、無線技術を取り込んだのである。

将来予測の説明を過去の出来事から始めるのも妙な話だが、過去の出来事がなぜそのような方法で起こったのかを説明するうえで、理論が役に立つことを示すためなのでご了解頂きたい。第一、過去のことを説明できないものを、将来予測に使うことはできないのだから。

電話の誕生

アレクサンダー・グラハム・ベルは、何もウエスタンユニオンを破綻させることを狙って、電話のもとになった技術を発明したわけではない。[※10] 彼はむしろ、ウエスタンユニオンの主力の電信事業の助けになればと考えて、わずか一〇万ドル、今日の金額にして約一七〇万ドルで、この技術で取得した特許を提供しようと同社に申し出た。[※11]

しかしウエスタンユニオンはベルの申し出を却下した。同社がなぜこのような間違いを犯したのか、その理由として考えられるのは――ありがちな説明ではあるが――経営陣が近視眼的だったということだ。当時急成長中で高収益を上げていたウエスタンユニオンは、大間違いをしてしまったのだ。

この発明品の買い取りを断る際に、ウエスタンユニオンの社長ウィリアム・オートンは、「こんな電気じかけのおもちゃをつくって何になる?」と言ったそうだ。[※12] ウエスタンユニオンに拒絶されると、ベルと彼の支援者たちは技術供与のビジネスモデルをもとに電話技術を事業化することにした。世界初の電話会社は、一八七八年にコネチカット州ニューヘイブンに誕生した。当初この技術は、電話信号を数キロしか伝えられなかったにもかかわらず、新しい市場を生み出した。電話は近所の人たちと簡単に連絡を取り合う手段として用いられたのである。

アメリカ通信業界の概説

本書では通信業界のケーススタディをいくつか取り上げるため、過去七〇年間のアメリカの通信環境に影響を与えた重要な出来事を、ごくかいつまんで説明しておこう。

アメリカでは一九三四年に通信法が制定され、この法律によって敷かれた規制の枠組みが、今も通信業界に大きな影響を与えている。通信法では独占的電話サービス会社を想定して、主な規制当局として連邦通信委員会（FCC）が設立された。電話サービスが開始して五〇年後、全世帯の三〇%以上に電話が引かれたあとで制定されたこの法をもって、政府は電話が公共の利益を守るために公的規制が必要な「公共財」であると初めて認識したのだった。

通信システムは、一九六〇年代まで完全な独占状態にあった。独占が初めて崩れたのは、加入者構内機器（CPE）（加入者の建物内にある通信機器や配線）市場だった。続いて長距離通信事業者（特にMCI）が市場に参入し、攻撃の手を強めた。

一九八〇年代初めに行われたAT&T（アメリカ電話電信会社）の分割によって、MCIはAT&Tの真の競争相手としての地位を確立した。一九八二年の修正同意判決（MFJ）によって、最終的にAT&Tは長距離部門を担当するAT&Tと、二二の地域電話会社（RBOC、ベビーベルとも呼ばれる）に分割された。AT&Tは新しい業務分野への参入を許されたが、RBOCは黄金の「最後の一《ラストワン》マイル」（最寄りの基地局から、個々の家庭や企業までを結ぶ、通信回線の最後の部分）をコントロールしていたため、その後も規制の対象となっていた。RBOC内で合併がくり返された末に、四大地域電話会社のベルサウス、SBC、ベライゾン、クエストが誕生した。

競争を促進するための規制撤廃の取り組みが成功した（料金が低下し、性能が向上した）ことに気をよくして、政府は一九九〇年代になると旧AT&Tによる独占の最後の砦と考えられていた、RBOCに目を向けた。複雑な一九九六年電気通信改革法（いわゆる通信改革法、TRA）によって、RBOCは競合地域電話会社（CLEC）に地域通信ネットワークを開放することを義務づけられたため、地域市場での競争を妨げていた最後の障壁が少しずつ崩されていった。CLECの多くは倒産し、なかには華々しく失敗したCLECもあったものの、地域市場での競争は着実に活発化した。本書では本章と以降の章で、なぜこのような形でものごとが進んでいったのかをイノベーションの理論を使って説明する。

独占地域のベルのライセンシーは、単純な二地点間のサービスを提供するようになり、その見返りとして収益の一部をベルに支払った。当初このサービスを利用していたのは地元企業で、営業所内や近くの営業所間でコミュニケーションを深める手段として電話を使った。その後、裕福な家庭が使用人と連絡を取り合うために電話を使うようになり、加入者数は急増した。一八七九年には電話機の販売台数は一万七〇〇〇台を超え、一九〇〇年になると利用者数は一〇〇万人を超えていた。

このように電話事業は急成長を見せていたが、当初、ウエスタンユニオンの中核事業はほとんど影響を受けなかった。なぜなら、当時の電話回線では市内通話がせいぜいだったからだ。一九〇〇年になっても一日当たりの通話回数に長距離通話が占める割合は三%でしかなかったが、すでにこの時点でウエスタンユニオンが重大な間違いを犯したことは明らかだった。この年のウエスタンユニオンの年間純利益が約六〇〇万ドルだったのに対し、ベル系電話会社はアメリカ電信電話会社(AT&T)という名の単一の事業体の傘下に再編され、合計一三〇〇万ドル以上の純利益を上げていた。[※13] 一九一〇年になると挑戦側の企業が既存企業を飲み込み、AT&Tはウエスタンユニオンの経営支配権を獲得した。最終的にAT&Tは政府によってウエスタンユニオンの持ち株を売却させられたものの、AT&Tはその後世界でも指折りの強力で収益性の高い大企業に成長した。そして同社のすべての事業が、ウエスタンユニオンが一〇万ドルでも購入しようと思わなかった技術をもとにしていたのだ。

大衆紙なら、ここに至るまでの経緯をこうした「経営の失敗」の物語に仕立て、それ以上問題を掘り下げようとはしないだろう。だが何かがしっくりしない。

ウエスタンユニオンの経営陣は無能だったのか? 次の事実を考えてみよう。ウエスタンユニオンの経営陣は、歴史家が「世界初の全国規模の近代的な複合事業体」と称するものを生み出すほど賢明だった。[※14] それに、確かに当初は電話を軽視していたかもしれないが、**電話を発明した当の本人もそうだったのだ**。「当初ベルは電話を、ウエスタンユニオンの経営を揺るがしかねない通信機器としてではなく、変わった発明品として売り込んだ」[※15]。実際にベルは、電気を使って人間の肉声を回線で送る仕組みに「電信の改良形」という名前をつけて特許をとったほどだ。[※16]

ウエスタンユニオンについては、同社の経営陣は優秀だったが、イノベーションと競争のプロセスが無秩序なせいで失敗した、という好意的な見方をとることもできる。電話が改良を重ね、やがて自社を脅かすようになるほど性能が向上することを、ウエスタンユニオンが予測できたはずがないのだと。ある歴史家はこう言っている。「電話や電信業界の大手企業は、普通の人たちが友人や親戚とおしゃべりをするだけのために電話をかけるような世界が来るなどとは想像できなかった」[※17]

それにウエスタンユニオンは、電話が重要になるという兆候を見逃したわけでもなかった。むしろ同社は、電話業界への参入を積極的に試み、競合システムを開発するために別の有名な発明家トーマス・アルバ・エジソンを雇っているのだ。とはいえウエスタンユニオンはこの戦いに心血を注いでいたわけでもなく、地域電話市場をベルの子会社に明け渡す決定を下した。[※18] この見返りとして、ベルの子会社は活動に対して使用料を支払い、長距離電信はウエスタンユニオンに任せ、ウエスタンユニオンのドル箱であるデータ通信市場への参入を断念した。ウエスタンユニオンの失敗は、電話を無視したことではなく、非常に利益率の高かった中核事業に集中する決定を下したことにあったのだ。

ではなぜウエスタンユニオンは、近視眼的決定として歴史に残るような決定を下してしまったのだろう？　理論は、次の四段論法の答えを示唆する。

一　**電話は新市場型破壊的イノベーションだった。**電話は電信に対して、典型的な新市場型破壊的イノベーションだった。電話は当初数キロしか信号を伝送できなかったため、当時すでに存在していた長距離通信市場では利用できなかったが、それでも短距離間では簡単に、しかも普通の話し言葉で連絡を取り合うことができた。ユーザーは電信のオペレータに必要とされた特殊技能を身につけなくても簡単に電話を使えたため、一見性能の劣ったイノベーションでも喜んで購入した。誰かとおしゃべりをするために数キロ先まで出向くことに比べれば、性能の劣ったイノベーションのほうがずっとよかったのだ。電話会社は初期の成長により、さらに投資を行い改良を重ねるための資金を手に入れた。

二　**ウエスタンユニオンの資源・プロセス・価値基準に照らしてみると、最終的には正しい進路になったものが、当初は魅力がないように思われた。**ウエスタンユニオンが電話に手を出さなかったのは、賢明にも中核事業への投資を優先させたからだった。ウエスタンユニオンが行った一連の投資決定や、長距離通信への圧倒的集中は、同社の中核事業が当時非常に魅力的な利益を生む事業だったことを反映している。同社の長距離回線は、金融市場の最新情報や鉄道会社の業務に必要な情報などの重要なデータを伝送していた。ウエスタンユニオンは電信事業を柱にのし上がってきた企業で、この事業には同社の金払いのよい優良顧客が集まっていた。新市場型破壊では必ず、既存企業が既存の製品・サービスの性能を改良して利益を上げられる大きな余地がある。ウエスタンユニオンの長距離データ通信にとって最良の顧客である鉄道会社、新聞、証券会社は、長距離データと通信事業でさらに高い性能を望んでおり、同僚と雑談をする手段などは求めていないように思われた。

三　ウエスタンユニオンは、新規参入企業が改良を重ねていることを知っていたが、中核事業の投資のせいで、新規事業への投資が常に抑制された。電話市場は規模が小さすぎて、ウエスタンユニオンの財政状況に大きな影響を与えることはなかった。野心的な新興企業には巨大に見える市場も、ウエスタンユニオンにとっては成長要件を満たせるだけの規模がなかったのだ。ウエスタンユニオンは、破壊的イノベーションで成功するために必要な資源をもっていたが、既存顧客の銀行や鉄道会社も急成長を遂げていて、そこからはるかに大きな利益が見込める中、新しい市場の構築に時間をかけるのは無駄に思われたのだ。

電話がいったん地域通信市場に根づくと、ベルはさらに利益を上げたいと動機づけられて、システムが効率的に対処できるユーザー数と通信距離を制約していた技術的障壁を乗り越えようというインセンティブ（誘因）をもつようになった。ベルの子会社は、こうした問題を解決することによって、既存顧客のニーズによりよく応えるだけでなく、新規顧客を開拓できるようになる。スイッチや装荷コイルのような持続的イノベーション（第一章で説明する）に助けられて、電話は性能向上曲線をますますのぼっていき、やがて電話会社は電話の発明から一五年ないし二〇年後に、正式な長距離サービスを提供できるようになったのである。

四　正しい進路が明らかになったときには、もう手遅れだった。新規参入企業が上位市場に向かううちに十分なスキルを蓄積したために、ウエスタンユニオンは事実上、電話市場に参入できなくなった。電話会社は音声電話サービスを提供する能力に磨きをかけた。サービスが「必要にして十分」な水準になり、ウエスタンユニオンに大きな影響を与え始めた頃には、同社は反撃できるだけの能力をもっていなかった。新興企業は相互に接続された複雑な電話回線網を運営し、音声トラフィックを制御し、遠く離れた消費者集団にサービスを提供する能力に磨きをかけていた。ウエスタンユニオンが電信事業で培ったスキルの多くは、電話事業では役に立たなかった。一九〇〇年代初めにウエスタンユニオンが電話事業で巻き返しを図るのは、一八七〇年代に電話会社が電信事業に挑戦するのと同じくらい困難なことだった。

簡単に言えば、ウエスタンユニオンが電話事業を見送った理由は予測できたということになる。電話事業は予測通りの成長を遂げ、ウエスタンユニオンがそれに対処できなかったのも予測の範囲内だった。電話会社が成功したのは経営陣が優れていたからではなかったし、ウエスタンユニオンの失敗は不良経営のせいでもなかった。両社の経営陣は、それぞれの企業の出発点から見て、利益を最大化するために最適な決定を下したのだ。

このケーススタディから、「適切な情報さえあれば、経営陣は首尾一貫した、秩序立った方法で行動できる」という前提が誤っていることがわかる。経営陣が事業を行っている、その環境も理解しなくてはならない。なぜなら、情報に意味を与えるのは環境だからだ。イノベーションの理論は、どのような要因がこうした環境を形づくり、企業の自然な決定に影響を及ぼすのかを理解する助けになる。理論を使えば、重要な動向が起こっていることを指し示すシグナルを明らかにし、またこうした動向が業界のプレーヤーに与えるであろう影響を説明することができる。

無線技術の爆発的普及

今あなたが本書を空港のラウンジで読んでいるなら、周りをぐるっと見渡してほしい。おそらく、目に入った人たちの半分以上が携帯電話で話しているだろう。二〇〇四年時点で、アメリカの人口の半数以上が携帯電話を所持していた。それよりも普及率が高い国も多くあった。実際、過去二五年間で無線通信は爆発的に普及している。

移動電話サービスは、あの大きくてかさばる自動車電話サービスとともに、一九八〇年代に始まった。技術的な観点からすれば、これは破壊的イノベーションだった。移動電話の基本機能は有線電話に比べると相対的に劣っており、通話品質もバッテリーのもちも悪く、電話機はかさばり値段も高かった。それでも初期のユーザーは、技術に本来備わっている利便性、つまりそれまでになかった状況でいつでもどこでも通話できる能力に価値を認めたのだ。

破壊的イノベーションの例に漏れず、携帯電話は成長と利益を追求するうちに、性能を急速に高めていった。発売開始から一五年ないし二〇年経った一九九〇年代後半になると、利用者が「電話線を切断」する、つまり固定電話を解約しているという兆候が現れ始めた。公衆電話の利用は一九九六年から急減し始めた。[※19]大学生や、アパートで共同生活をしている若者、おしゃべりなティーンエイジャーのためにセカンダリ回線（第二回線）を引こうとしていた親たちは、こぞって固定電話より携帯電話を選ぶようになった。次に圧力を感じたのは長距離通信事業者だった。無線通信事業者は料金プランの「いつでもどこでも」かけられる通話時間をますます増やし、その時間内であれば、長距離通話を一見「無料」でかけられるような印象を与えた。このせいで、長距離通信市場に値下げ圧力が強まった。多くのユーザーが「かけ放題」が始まる時間まで待ち、それから携帯電話を使って長距離電話をかけたからだ。アナリストの推計によれば、二〇〇二年までに固定電話の利用時間の二六％が携帯電話によって置き換えられ、二〇〇三年までに七五〇〇万人が「電話線を切断」していた。[※20]

ここまで聞いて、何か変な感じがしないだろうか。無線技術は、新市場型破壊的イノベーションのように思われるのだ。携帯電話はそれまでになかった状況での消費を可能にし、当初は旧来の状況で重視されていた音質などの尺度で見れば性能が劣っていたが、利便性などの新しいメリットをもたらした。このような状況では、新規企業が破壊的イノベーションを推進するのが常だが、大手無線通信事業者のリストには、なぜか既存企業が名を連ねているのだ。ベライゾン、SBCコミュニケーションズとベルサウス（両社の共同子会社シンギュラー・ワイヤレスを通して）、AT&T、スプリント、ベル・カナダ・エンタープライズ、ドイツテレコム、NTTはすべて、携帯電話市場で大きなシェアを占めている。既存の通信事業者が破壊的イノベーションで成功したのに、ウエスタンユニオンが失敗したのはなぜなのか？

この一世紀の間に、経営者がより賢明になったとも考えられる。しかし、こうした通信事業者が破壊にうまく対応する一方で、破壊的イノベーションはコンパック、ディジタル・イクイップメント・コーポレーション（DEC）、ゼネラルモーターズ、IBM、シアーズ、USスチールといった、それまで優良経営で知られていた企業を猛撃していた。賢明になった経営者が、たまたま揃って通信業界に身を置いていたという可能性もなきにしもあらずだが、何か別のことが起きていたと考えたほうがよさそうだ。

実際、理論を通して考えれば、イノベーションの命運を決定づける、重要な選択が明らかになる。無線通信は有線音声に対する破壊的用途であり、実際AT&Tモビリティ〔旧マッコーセルラー〕のような新規参入企業が大きな成長を生み出している。[※21] しかし四つの重要な選択が——うち二つは政府によって、二つは業界のプレーヤーによって——下されたために、既存企業はこのイノベーションを取り込み、最終的に活用するスキルと動機づけをもつに至ったのだ。では四つの選択を一つひとつ見ていこう。

一　政府が既存企業にライセンスを与え、既存企業に補完的な軌跡をたどらせた。政府は無線技術の発展において、重要な役割を果たした。一九八一年に連邦通信委員会（FCC）は、既存の電話会社には「B」ブロック、携帯電話には「A」ブロックと呼ばれる周波数帯ライセンスをそれぞれ与えた。既存企業は当然ながら最初から、すでにもっていた資産やビジネスモデルを補完するようなシステムを構築しようとした。また新規参入企業の多くは、ゆくゆくは既存企業に売却することを視野に入れて（あとで詳しく説明する）、固定電話と互換性をできるだけもたせる形で事業を構築した。

二　業界のプレーヤーは、最も要求の厳しい顧客に訴求するサービスを設計した。ほとんどの企業が、携帯電話サービスに喜んで高い料金を支払ってくれる、行動範囲の広いビジネスマンに販売するのが、成功への最も確実な道だと考えた。[※22] 要求の厳しいビジネス客を満足させるには、信頼性が高く、途切れない、持続的なサービスを移動中の顧客に提供できるネットワークを構築する一方で、中継塔の建設コストを最小限に抑える必要があった。これは非常に難しい注文であり、この選択がその後の設計で下されたすべての選択に影響を及ぼした。たとえば電話機メーカーは、まばらな中継塔が発する微弱な電波信号でも受信できるように、高出力で高価な電話機を製造した。携帯電話のサービスエリアは、幹線道路沿いに集中していた。だが行動範囲の広いユーザーは、地域電話会社がインフラを建設し、全市場でサービスを提供する権利を確保できるよりも早く、国中を移動していた。この問題を解決するために、複雑なローミング契約が考案された。

開発においてこうした選択が下されたために、既存電話会社と無線通信事業者間の衝突は最小限に抑えられた。無線通信事業者は、既存の電話会社のシステムを補完し、付加するような進路を歩んだため、既存企業はネットワークを構築することで、最良の顧客からさらに大きな利益を上げられたうえ、新しい市場にも参入できた。携帯電話事業の運営方法は、基本的に固定電話事業に似せて設計された。携帯電話事業では莫大な先行投資を、大勢の加入者から徴収する料金で賄う必要があった。業界が発展するにつれて、無線通信事業者は新しいパッケージやサービスプランを導入するようになったが、携帯電話と固定電話の課金体系はどちらも通話時間に応じた体系で、非常によく似ていた。またどちらのタイプの企業も、既存資産をできるだけ活用して利用の拡大を図ろうとした。携帯電話の通話時間一分当たり平均粗利益は、住宅用固定電話と同様に高かった。このようにビジネスモデルがよく似ていたおかげで、既存企業は携帯電話の事業機会を追求するよう動機づけられた。

三　新規参入企業が重複したサービス提供網を構築したために、既存企業にとっては無線技術を取り込むことが、当然で簡単な選択になった。

新興企業が緊密に重複するサービス提供網を構築したおかげで、既存企業の無線技術を習得する能力が強化された。一九世紀末に誕生した初期の電話会社は、主としてそれぞれが独立した電話回線を構築した。これに対して現代の新興無線通信事業者は、当然ながら固定電話との通話ができるようにしたかったが、そのために携帯電話の通話は既存の固定電話回線を経由する必要があった。今日でさえ、同じ携帯電話会社（たとえばスプリント、AT&Tモビリティなど）の加入者間の通話を除けば、携帯電話の通話は地域電話会社の固定回線

を経由することが多い。[※23]

既存回線を利用することは、無線事業者にとって理に適っていた。開発コストを削減できるうえ、多数の顧客を獲得することを見越して大規模なネットワークを構築するという賭けをせずにすんだ。しかし地域電話会社との相互接続を実現するためには、地域電話会社の要求する仕様を満たし、その課金方法を踏襲することが必須だった。つまり、バリューネットワークの全プレーヤーにとって意味のあるビジネスモデルを構築する必要があったのだ。おかげで業界の初期に携帯電話事業を無視していた既存企業でも、携帯電話が無視できないほどの規模に成長してから、無線通信事業者を買収することで、業界の持続的成長の分け前に与ることができた。

四　政府は既存企業に対し、独立した子会社の設立を義務づけた。 政府は既存の電話会社がライセンスを事業化するにあたり、独立した事業体の設立を義務づけたことで、図らずも既存企業に手を貸すことになった。この決定のおかげで既存企業は、破壊的イノベーションへの対応の障害になりがちな、社内の対立を避けることができた。既存企業にとって独立した部門を設置することは、破壊的な新規参入企業の攻撃をかわすための有効な常套手段なのだ。

以上をまとめると、これら一連の決定に助けられて、既存企業は無線技術を取り込みやすくなった（ただし第一〇章で説明するように、この取り込みの道筋にも困難が待ち受けている）。これらの決定のおかげで、既存企業は携帯電話の事業機会を積極的に追求するために必要な資源と、無線ネットワークを構築・維持する能力を促進するようなプロセス、そして機会を追求するよう促す価値基準をもつことができたのだ。

それでは無線技術をもとに破壊を推進しようとする企業は、どんな道筋をたどるべきだったのだろう？　あまり要求の厳しくない顧客、たとえば近くに住む子どもと連絡を取り合いたい親たちなどをターゲットにすればよかった。また既存の固定回線と相互運用性のない専用のネットワークを構築し、通話は自社の加入者間に限定する必要があった。こうした道筋をたどれば、最終的に破壊を実現できたはずだ（このような選択については、第三章で詳しく説明する）。

■未来を見通す方法

わたしたちは、歴史を振り返る際には過去に思いを馳せ、意思決定を行う際には将来に関心を向ける。だが幸いなことに理論を正しく用いれば、未来に関する洞察を過去から引き出すことができる。イノベーションの理論が、業界の変化を予測するのに役立つと考えているのは、著者のわたしたちだけではない。『イノベーションのジレンマ』が刊行されて以来、多くの読者が破壊的イノベーションの原理を用いて、さまざまな業界における重要な変化を理解しようとしてきた。医療、情報通信、防衛、教育、半導体といった多岐にわたる業界のアナリスト、投資家、経営者が、これらの概念を用いて、現在起こっていることに関するデータを解釈し、将来を予測しようとしている。彼らは『イノベーションのジレンマ』と『イノベーションへの解』で紹介した理論のレンズを通して業界を分析することで、よりよい理解を得ている。

わたしたちの理論を利用する多くの人たちと協力するうちに、ある問題に気がついた。理論を深く理解している人たちでさえ、それをくり返し秩序立った方法で用いるのに苦労していた。あるイノベーションが業界に持続的な影響を与えるのか、それとも破壊的な影響を与えるのかを、事前に疑いなく判断するためには、どんな質問をすればよいのかを彼らは知らなかった。重要な動向が起こっているかどうかを調べるには、どこに目を向ければよいのか、重要かどうかをどうやって判別すればよいのかを知らなかった。確かに、イノベーションの理論に埋め込まれた考えの多くは単純に思われるのに、これらの理論を予測のツールとして利用するのは難しい場合がある。そこでわたしたちは、こうした取り組みに力を貸すために、イノベーションの理論を使って企業や業界、技術の将来をより正確に予測するための構造化された方法を開発し、伝えることにしたのだ。本書はこの努力が結実したものである。

本書で紹介する分析ツールは、『イノベーションのジレンマ』と『イノベーションへの解』の理論がもとになっている。実際、本書は新しい概念や枠組み（市場外の要因を分析するための動機づけ／能力の枠組みなど）を紹介してはいるが、理論構築に関する本ではない。本書は理論を活用して、将来への洞察を得るための本なのだ。したがって、本書から最も得るものが大きいのは、コア理論を深く理解している「破壊のエキスパート」だろう。とはいえ、本書で説明する手法を用いるために理論を詳しく知る必要はない。多くのリストや図を盛り込んだ本書は、初心者にとっても専門家にとっても実践的な手引きになっている。本書で説明したすべての理論の概説と、特に重要な用語を集めた用語集を巻末の付録に収録した。本書の読者が、イノベーションの理論を通して直感的に業界の変化を予測できる力を身につけてくれることを願うばかりだ。

まず初めに、業界の変化を予測する手段として理論を用いるためにわたしたちが開発した、三部構成のプロセスを説明しよう（図Ⅰ-3）。第一章から第三章では、プロセスの第一部を説明するために、通信業界の例を引き続き用いる（コラム「なぜ情報通信業界なのか？」を参照）。

第一章は「変化のシグナル」を識別する方法を説明する。変化のシグナルとは、変化が起こりそうな状況や、過去とはかけ離れた将来が出現しそうな状況を指し示すシグナルである。こうした状況では、過去に例のない新しい製品・サービス、ビジネスモデルをもった企業が現れると予想される。こうした企業による市場「参入」は、どんなに明敏な業界ウォッチャーでも見過ごすおそれがある。というのも、破壊的イノベーションは既存市場とは一見かけ離れた場所で生まれる場合もあれば、当初取るに足りず重要でないように思われる場合もあるからだ。しかし、どこで何を探すべきかがわかっていれば、業界を変え得る企業を、それらが頭角を現す前に発見できるのだ。

第二章は「競争のバトル」を評価する方法について説明する。競争のバトルとは、「攻撃側の企業」と「既存企業」とに大まかに定義される企業の直接対決である。これから説明するように、一般にイノベーションのプロセスでは、新規参入企業が強力な既存企業の縄張りに侵入する。理論を活用すれば、このバトルでの勝者を予測することができる。

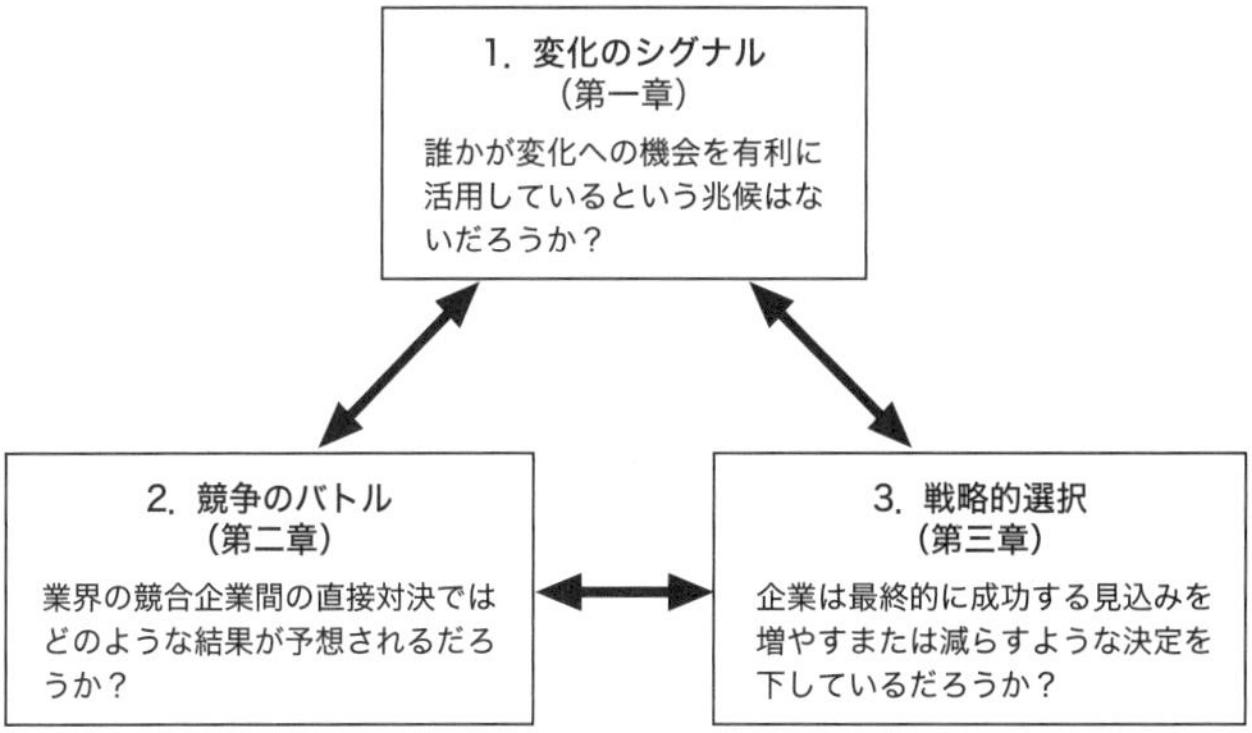

図1-3　業界の変化を予測するためのプロセス

なぜ情報通信業界なのか?

本書では、理論を用いてあらゆる業界を分析する方法を説明している。第一章から第四章までと第一〇章では、主に情報通信業界に焦点を当てる。一つの業界に絞り込めば、詳細なケーススタディを叩き台にして、イノベーションの理論を使って直感的に過去を理解し、将来を予測する方法を、読者に教えられると考えてのことだ。

深く切り込む対象としてどの業界を取り上げてもよかったのだが、わたしたちが情報通信業界に関心をもった理由は、一九九七年から二〇〇三年にかけてハイテク部門の多くが苦しめられたパターンが、この業界によく表れているからだ。第一に、ニュースメディアや投資家の誇大な宣伝のせいで、技術集約的な新興ベンチャー企業の株価が軒並み吊り上がった。その後バブルが弾けると、夢見たような未来は来ないのだと誰もが宣言し、誇大宣伝は絶望に変わった。しかし今では、このバブル期に生まれた技術や企業の中に、非常に有望視されているものがある。このような展開を、**事前に**予測する方法はあっただろうか? わたしたちの目には、なぜ一部のイノベーションが成功し、なぜ一部は失敗するのか、なぜ繁栄する企業と衰退する企業があるのかを理解する方法が、情報通信業界では切望されているように思われたのだ。それ以外にも、情報通信業界に関する三つのことが、わたしたちの関心を引いた。

一　**大規模で重要な業界であること**:情報通信関連の支出は、アメリカのGDPの約三%を占め、平均的な企業の情報通信やデータネットワーク関連の支出はますます増えている。※ コンピュータの性能向上と相まって、情報通信技術はさまざまなハイテク部門間の融合を促している。情報通信は、情報化時代のカギを握る技術である。

二　**イノベーションの長く輝かしい歴史があること：**AT&Tが出資し、完全所有するベル研究所（のちにルーセント・テクノロジーとしてスピンアウトされた）は、過去一〇〇年間にわたってトランジスタやレーザー、ステレオ音声、有声映画、携帯電話、高解像度テレビ（HDTV）といった、数々の画期的なイノベーションを生み出してきた功績がある。こうした重要なイノベーションを生み出した長い歴史をもつ情報通信業界は、イノベーションの力を研究するのにふさわしい環境に思われた。

三　**政府の役割：**情報通信業界は、競争が厳しく規制された業界に、イノベーションの理論をあてはめる機会を与えてくれた。皮肉なことに、情報通信や、より一般的な環境における政府の介入と、イノベーションとの具体的な関係を研究した人はほとんどいない。

※ご存じのように、情報通信業界は二一世紀初めに劇的な低迷を経験した。FCC委員長マイケル・パウエルは、二〇〇二年七月三〇日に上院の商務公聴会でこう述べている。「この業界では過去二年間で、アメリカだけで五〇万人近くが職を失い、時価総額にして約二兆ドルが失われてしまった」。それでもアメリカ商務省経済分析局によると、二〇〇一年のアメリカのGDP九兆二〇〇〇億ドルのうち、電話電信業界は二六五〇億ドル、つまり二・九％を占めていた（いずれも一九九六年を基準とした実質値）。これらの業界は一九八七年から二〇〇一年まで、年平均成長率にして約七％、つまりGDPの二倍の速さで成長を遂げた。データは以下を参照のこと。http://www.bea.gov/bea/dn2/gpox.htm（現在はアクセス不可）

第三章では競争のバトルの帰結に影響を与える「戦略的選択」について見ていく。攻撃者が力の均衡を自らの有利に傾けるために何ができるか、また既存企業が攻撃に対抗するために何ができるかを考えよう。

第四章は、本書の分析的な部分の締めくくりとして、イノベーションと市場外の要因（政府規制など）との関係を見ていく。この関係は重要だが、まだ研究が十分行われていない。こうした要因間の相互作用を理解することは、医療、金融、教育といった、政府が重度に介入している業界の今後を予測するうえで、きわめて重要である。

続いて第二部では、教育、航空、半導体、医療、情報通信、そして海外でのイノベーションという、六つの非常に異なるトピックを分析し、イノベーションの理論が実際に役立つことを示す。各章で一つずつ業界を取り上げ、過去に起こったことと将来起こることを説明するのに、理論を役立てるというわたしたちの手法が有用であることを示したい。多岐にわたる業界を選ぶことで、一つひとつのトピックの分析の深みを意図的に抑え、それによってこの手法が幅広く適用可能であることを証明する。

理論はこれら一つひとつのトピックに、重要な洞察を与えてくれる。第五章では、破壊の力が教育を新しい環境にもたらし、中等後教育と初等教育を大きく変える可能性があることを説明する。第六章では、航空業界が勝者なきビジネスであることを見ていく。それはなぜかと言えば、大手航空会社が市場のローエンドを破壊的攻撃企業に攻撃されながらも、より儲かる顧客に専念するために収益性の低い顧客から離れることができないからだ。第七章は、「ムーアの法則」を徹底的に推進する半導体企業が市場の大部分を「過剰満足」させてしまうおそれがあり、その結果としてよりカスタマイズされた単純な製品を提供する企業が台頭する可能性があることを示す。第八章は、破壊的イノベーションによって、治療の主体を病院から家庭へ、外科医から患者自身へ移す機会が、医療分野には数多く残されていることを、イノベーションの理論を用いて解き明かす。第九章では、理論を用いて二つの重要な国際的問題を理解する方法について説明する。つまり、国家のマクロ経済戦略を評価する方法と、企業の国際戦略が破壊的イノベーションの原理に沿っているかどうかを判断する方法である。この章ではミクロ（企業）レベルでの破壊的イノベーション（またはその欠如）と、国のマクロ経済成長との関係を明らかにする。最後に第一〇章では情報通信業界に立ち戻り、最新技術が業界を劇的に変革する可能性を秘めていることを説明する。

一点、重要な注意事項がある。本書ではさまざまな予測を示すつもりだが、値上がりが見込める銘柄を見つけるために本書を読もうとしている人は、どうかほかをあたってほしい。本書は業界が特定の方向に向かっていることを示す指標や兆候を可能な限り示していくが、最善の予測でさえ、他の企業が下すであろうさまざまな決定を前提としている。わたしたちはそれぞれの企業にどのような力が働くかを知っているし、こうした力に経営者がどのように対処するかを高い確率で予測することもできる。しかしながら経営者がこうした力の働きを理解していれば、それらに抗うような行動をとることができる。つまり、新規参入企業はたとえ適切な方法で破壊を推進したとしても、適切な対抗策をとる既存企業につぶされる可能性があるということだ。本書が読者のもとに届くまでの間にも、企業は日々多くの重要な決定を下すだろう。

わたしたちにとってそれは問題ではない。わたしたちの狙いは、理論を用いて業界の変化を予測する方法を読者に教えることにあるからだ。古いことわざにいうように、「人に魚を与えれば、その人は一日生き延びられる。だが魚の取り方を教えれば、一生生きていける」。読者に魚の取り方を教えることが、わたしたちの目標だ。

イノベーションの理論を使えば、今日のビジネス界が直面している緊急な課題の多くにも答えを出せる。たとえば、なぜ巨大なメディア複合企業は苦戦していたのか？　融合が成功するのはどの分野だろう？　どうすれば成功できるのか？　リナックスはマイクロソフトを倒すだろうか？　その理由は？　小売業を襲う、次の破壊の波は何だろう？　ナノテクノロジーなど、大きな話題になっている技術は、巷で言われているような影響を業界に及ぼすのだろうか？　最も成功する見込みが高い道筋はどれだろう？

理論を注意深く厳密に用いれば、これまで暗闇が支配していた場所にも光を当てられる。そして幸いなことに、意思決定過程における指針を切望する人たちに、それらしい物語を売り込むことで生計を立てているペテン師や占い師にとどめを刺せる。理論を活用することで、未来をはっきり見通し、より自信をもって自らの運命を切り拓くための行動を起こせるのだ。

第一部

理論を分析に用いる方法

第一章　変化のシグナル——機会はどこにある？

過去に成功を導いた公式が将来も通用するかどうか、過去に成功した企業が将来も成功するかどうかを、どうやって判断すればいいのだろう？　具体的にどのような動向に目を配ればいいのか？　重要な動向を見抜くには、どの顧客集団に注目すべきか？　環境要因はイノベーションにどのような影響を与えるのか？

分析的プロセスを取り上げる第一部では、業界に重要な影響を及ぼしそうな何かが起こっていることを示す兆候を、どのようにして見きわめるかを説明する。無消費者、満たされない消費者、過剰満足の顧客に目を向け、イノベーションに影響を与える市場外の環境を評価することによって、変化のシグナルの質問——「誰かが変化の機会を有利に活用しようとしている兆候は見られないだろうか」——に答えることができる。図1‐1に本章で取り上げるトピックをまとめた。

理論を利用して業界の変化を予測する手法の第一部として、業界の変化の前触れになりそうな新しい企業やビジネスモデルが、イノベーションによって生み出されると合理的に想定されるのは、どのようなときかを説明する。

変化のシグナルの質問に答えるには、次の三種類の顧客集団を評価する必要がある。

一　製品を消費していない顧客や、製品を不便な環境で消費している顧客（無消費者）

二　製品を消費しているが、ニーズが満たされていない顧客（満たされない顧客）

三　製品を消費しているが、ニーズが必要以上に満たされている顧客（過剰満足の顧客）

これらの集団は、それぞれ独自の事業機会を生み出す。企業は無消費者の獲得を狙って新市場型破壊的イノベーションを、または満たされない顧客を狙って上位市場に向かう持続的イノベーションを、あるいは過剰満足の顧客を狙ってローエンド型破壊的イノベーションか、モジュールへ

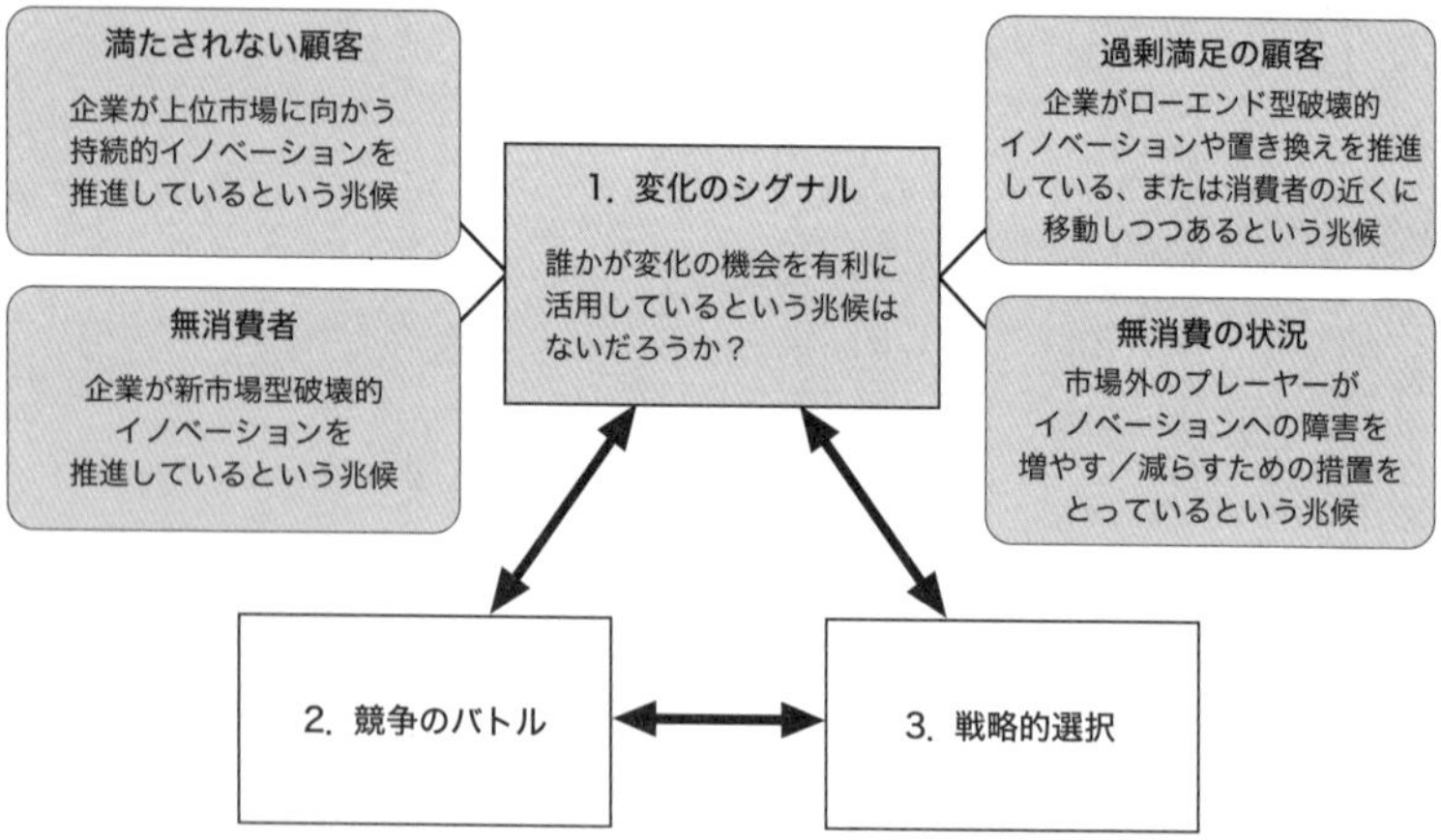
満たされない顧客
企業が上位市場に向かう持続的イノベーションを推進しているという兆候
無消費者
企業が新市場型破壊的イノベーションを推進しているという兆候
1. 変化のシグナル
誰かが変化の機会を有利に活用しているという兆候はないだろうか？
過剰満足の顧客
企業がローエンド型破壊的イノベーションや置き換えを推進している、または消費者の近くに移動しつつあるという兆候
無消費の状況
市場外のプレーヤーがイノベーションへの障害を増やす／減らすための措置をとっているという兆候
2. 競争のバトル
3. 戦略的選択

図1-1　変化のシグナル

の置き換えを推進することができる。業界の状況を正しく見きわめれば、その状況ではどの種類のイノベーションが成功しないのかが明らかになる。別の言い方をすると、上位市場に向かう持続的イノベーションが有利になるような状況では、ローエンド型破壊的イノベーションを推進する企業は苦労するということだ。

本章では主に、第一と第三の顧客集団を取り上げる。興味深いことに、業界の観察者は第二集団の一部分（いわゆる「先進顧客」）の動向に注目して、市場の変化を予測することが多い。先進顧客は、市場のハイエンドにいる、最も要求の厳しい顧客である。持続的イノベーションはたいていこの顧客層に導入され、その後より厚みのある顧客層へと徐々に導入される。しかし破壊的イノベーションの場合には、先進顧客は新しい市場か既存市場のローエンドにいる。したがって、破壊的イノベーションが根づいているかどうかを判断し、それが将来市場の主流顧客にどのような影響を与えるかを予測するには、ローエンドと新しい市場、そして新しい状況に目を向けなくてはならない。

表1‐1にこれらの顧客集団の簡単な説明と、それぞれを識別する方法、それぞれがもたらす事業機会、そして新しい何か／何者かがその機会を活用しようとしていることを示すシグナルをまとめた。

■無消費者と新市場型破壊型成長の機会

興味深いことに、最初に探すべき集団は、消費していない人たち、すなわち無消費者である。無消費者が存在するのは、既存製品がもつ特徴のせいで、非常に裕福な人や特別なスキルや訓練を積んだ

顧客集団	識別方法	予想される展開	シグナル
無消費者	自分にとって重要な用事を便利かつ簡単に片づけるための能力、財力、アクセスをもたない人たち。一般に、用事を片づけてくれる誰かを雇うか、自力で十分とは言えない解決法を編み出すことが多い	新市場型破壊的イノベーション	・すでに片づけようとしている用事をより便利に片づけるのに役立つ製品／サービス ・新規市場または新しい利用環境の爆発的成長
満たされない顧客	製品を消費しているが、その性能限界に不満を感じている顧客。自分にとって最も重要な面の性能を高めた製品に割高価格を支払う意思を示す	上位市場に向かう持続的イノベーション（急進的、漸進的）	・既存顧客向けに導入される新しい改良製品・サービス ・統合型企業の成功と専門的企業の不振
過剰満足の顧客	それまで魅力的な割増し価格をもたらしてきた性能向上に対価を支払わなくなる顧客	ローエンド型破壊的イノベーション	・最も要求のゆるい顧客を対象とする新しいビジネスモデルの出現
		置き換えのイノベーション	・主流顧客をターゲットとする専門的企業の出現
		下位層のプレーヤーが必要なスキルをもつようになる	・ルールや標準（「何が何を引き起こすか」に関する広く受け入れられた言明）の出現 ・製品・サービスの提供者が最終消費者に接近する

表1-1　潜在的な顧客集団の概要

人でなければ消費ができないような場合である。無消費者には、片づけなくてはならない用事があるのに、それを満足にこなせずに蚊帳の外に置かれている。今ある製品は、どれも彼らのニーズを満たすようにはできていないのだ。彼らにできることといえば、専門家を雇ってサービスを受けるか、既存の製品・サービスを使って何とかやりくりすることしかない。

たとえば一八七〇年代には、ほとんどの人が遠方に住む人と連絡を取り合うために、手紙を書いていた。電信を使って通信しようにも、そのスキルをもつ人はほとんどいなかったし、第一コストが高く面倒だった。どこかの集中的な施設まで足を運び、モールス信号の訓練を受けた専門のオペレータに頼まなくてはならなかった。もし専門家がそこにいなければ（事前に電話をかけて、確かめることさえできないのだ）、運がなかったとあきらめるしかなかった。電話は、この「無消費」の状況と競争した。なぜなら電話を使えば、普通の人でも専門家の助けを借りずに、自分で遠方の人と連絡がとれるようになったからだ。電話信号が数キロ先までしか伝わらないことは問題ではなかった。電話が競争した相手は電信ではなかったからだ。

無消費者はどこにでも、どんな市場にもいる。製品を消費している人でさえ、無消費者なのかもしれない。なぜならその人は、特定の状況や環境では製品を消費できていないかもしれないからだ。たとえば一九八〇年代には、アメリカ人のほとんどが固定電話サービスを利用していた。家にいても職場にいても、近くの受話器を取り上げれば、おなじみの発信音が聞こえた。だがほとんどの人は、外出中は電話サービスを利用できなかった。公衆電話はたとえちゃんと動いていたとしても、たいてい使い勝手が悪かった。つまりモバイル環境では、ほとんどの人が無消費者だったのだ。

無消費を識別すること自体は簡単だが、重要なのは企業がそれに対して何か手を打っているかどうかだ。企業は固定電話や携帯電話のような新市場型破壊的イノベーションによって、無消費者の獲得を目指すことができる。成功する新市場型破壊的イノベーションは、次の二つのパターンのいずれかをたどる。

一　財力やスキルをもたないために、それまで重要な用事を片づけられなかった顧客に、相対的に単純で手頃な製品・サービスを提供して、顧客のアクセスと能力を高め、用事を簡単に片づけられるようにする。

二　顧客が行動や優先順位を変えたりしなくても、前から片づけようとしていた用事を、より簡単かつ上手に片づけられるようにする。

一つめのパターンから、消費ではなく無消費と競争することがいかに大切かがわかる。新市場型破壊的イノベーションは既存製品に機能性では劣るが、その代わり、利便性やカスタマイズ性、低価格といった新しいメリットをもたらす。このような特性をもっているからこそ、こうした製品が成功するには、新しい顧客や新しい利用環境に根づく必要があるのだ。これと競合する可能性のある製品をすでに消費している要求の厳しい顧客は、性能が限られているという理由から、イノベーションを拒絶するだろう。しかし無消費と競争すれば受け入れてもらいやすい。

たとえば一八七〇年代に生まれた電話会社が取り得た参入戦略の一つが、消費と競争して、電信利用者をターゲットにすることだった。しかし初期の技術はあまりにも制約が多く、要求の厳しい電信ユーザーにとっては、ほとんど使い物にならなかった。電信を使い慣れたユーザーは、長距離の情報伝達ができない電話など、すぐさま却下したことだろう。しかし市内通信という異なる状況には、競合技術はないに等しかった。叫んでも声が届かないほど遠くにいる人と話すには、歩くか馬に乗ってその人のところまで行くか、まったく連絡をとらないかの選択肢しかなかった。電話が顧客を喜ばせるには、こうした選択肢よりもましでありさえすればよかった。

二つめのパターンをたどる企業は、重要だが達成できていない（かつ見過ごされがちな）成果を、顧客が簡単に達成できるようにする必要がある。つまり、顧客が片づけようとしているが、片づけられずにいる「用事」である。[※1] 電話を使えば、いつもと同じ話し言葉で、近くの人と簡単に連絡を取り合えた。受話器を取り上げて、交換手に電話をつないでくれるよう頼むだけでよかった。のちに導入された携帯電話も、顧客がすでに確立していた行動パターンに明らかにマッチしていた。顧客は見慣れた形の機器のスイッチを入れ、おなじみのキーパッドで番号をダイヤルし、受信機に向かって話せばよかった。基本的な特徴や通話時間に応じた料金体系さえ、なじみ深い固定電話を模倣していた。唯一の大きな違いは、受話器を耳に当てても発信音が聞こえないことだけだった。携帯電話のおかげで、人々はそれまで是非片づけたいと思っていながら思うように片づけられなかった用事を、簡単にこなせるようになった。たとえば「通勤時間を有意義に過ごす」「緊急時にわが身を守る」といった用事だ。

新市場型破壊的イノベーションは、業界を長期的に変化させる可能性が最も高いが、最も見分けるのが難しいイノベーションでもある。どこかの企業が新市場型の破壊的成長を生み出しているという兆候は何だろう？　明らかなシグナルの一つが、新興市場が高い成長率を示していて、しかもその率が上昇していることだ。ここでのポイントは、新市場の規模にとらわれずに、成長率とその伸びに注目することだ。成長率が伸びている新市場を発見できれば、重要な動向をまだかすかなうちに見きわめられる。[※2] 電話も携帯電話も、新しい通信環境で力強い成長を生み出した。もう一つのシグナルは、ターゲットにされた顧客層（たとえばティーンエイジャー、大学生、ハッカー、中小企業のオーナー、途上国の人々など）が、進んで新しいイノベーションを取り入れようとしていることだ。こうした集団は、それまでできなかったことを簡単にできるようにしてくれる新しい製品・サービスならば、不十分な性能を我慢するのが常だ。

無消費者が存在するかどうかを、どうやって見きわめるか？ 一つの方法は、製品・サービスの提供チェーンの全段階をマッピングすることだ。新市場型破壊的イノベーションは、このチェーンから一つの輪（段階）を取り除いてしまうことが多い。つまり、かつて専門家がいなければできなかったことを、人々自身ができるようにするのだ。そのほか、片づけられていない用事を見きわめるための適切な市場調査も、非常に役に立つ場合がある。[※3]

価格について一つ指摘しておきたい。新市場型破壊的イノベーションは、価格が相対的に安い場合が多いが、絶対的に安いとは限らない。初期の携帯電話、パソコン、カメラなどはどれも高価だったが、ほかの利用可能な技術的解決策に比べれば非常に安価だった。たとえば一九七〇年代後半には、携帯電話に代わる方法といえば、連絡をとりたい相手の一人ひとりにトランシーバーを配ることくらいしかなかったが、この解決策は法外な金がかかり、ひどく不便で簡単に実行できなかった。非常に高価な新製品だったりすると、用事をどうしても片づけたい人たちが十分に消費できないこともある。だがその後改良が進めば、生産効率が上がって価格が下がり、それによって破壊的な製品・サービスは、より広範な顧客層に普及する場合が多い。

■満たされない消費者と上位市場に向かう持続的イノベーションの機会

こうして企業が無消費者を獲得するための新しい方法を開発しているかどうかを見きわめたら、次の段階として、企業の現在の顧客を評価しなくてはならない。どんな市場にもさまざまな顧客層が存在する。市場のハイエンドには、解決が困難な問題を抱える、要求の厳しい顧客がいるし、ローエンドには、解決すべき問題があまりないか、それほど複雑でない、要求の厳しくない顧客がいる。わたしたちの理論では、既存顧客を二種類に分類する。既存製品がニーズに十分応えていない、満たされない顧客と、既存製品が必要にして十分以上にニーズに応えている、過剰満足の顧客である。

この分類から当然、こんな疑問が浮かんでくる。いったいどんなところが十分でないのか？　大まかに言えば、特定の階層の顧客が最も重視する部分が十分でないという意味だ。このような部分を、業界の**競争基盤**と呼ぶ。[※4]

製品が発売されて間もない頃は、顧客は製品が「何をするのに役立つか」（機能性）と「いかに着実に用事を片づけられるか」（信頼性）によって、性能を評価する傾向がある。顧客の要求に最も近い製品・サービスを提供できる企業や、機能性や信頼性をさらに高められる企業は、平均以上の利益を獲得することができる。

満たされない顧客を示すシグナルはいろいろある。不満を口にする顧客や、業界全体の限界を指摘する製品レビュー、「せめて……だったら」という言葉が散見される記事などはすべて、満たされない顧客の存在を示している。満たされない顧客はアフターマーケット（二次市場）のコンサルタントに相談することが多い。こうしたコンサルタントは、顧客の必要としている性能を提供するために、製品・サービスに手を加えて、創意あふれる解決策を生み出そうとする。満たされない顧客の存在を示す最も明らかな兆候は、性能の高い新製品に一貫して割高な価格を支払おうとする顧客の存在である。そのほかのシグナルには、システム全体のソリューションを提供する統合型企業の成功や、複雑な相互依存的な問題を解決できる能力をもたない専門的企業の不振が挙げられる。

初期の電話は通信距離と信頼性が十分でなかったため、顧客のニーズは満たされなかった。彼らは信頼性と距離での性能向上を熱烈に歓迎し、その対価を喜んで支払った。

満たされない顧客が存在することによって、既存企業が上位市場に向かう持続的イノベーションを推進して利益を上げる機会が生まれる。こうした持続的イノベーションは、優れた製品をさらによくするイノベーションである。この状況では企業は、改良された製品・サービスを最良の顧客に、より利益を生む価格で提供できる。

上位市場に向かう持続的イノベーションは複雑さの程度によって区別され、急進的な持続的イノベーションと漸進的な持続的イノベーションを両極とした軸のどこかに位置づけられる。[※5] 急進的な持続的イノベーションは、持続的イノベーションの中でも最も複雑な部類である。いわゆる「大躍進」と呼ばれるたぐいのもので、複雑で相互依存的でコストが高いという特徴がある。急進的な持続的イノベーションの典型例を二つ挙げると、通信ネットワークのシステム全体に及ぶアナログからデジタル技術への変換と、白黒テレビからカラーテレビへの移行である。[※6] これに対して漸進的な持続的イノベーションは、業界にそれほど劇的な影響を及ぼさないことが多い。交換機や装荷コイルなどの初期のイノベーションは、電話の性能向上に役立ったが、システムの大幅な再構成を必要としなかったことから、漸進的イノベーションに分類される。[※7] いまや当たり前になった通信の特徴、たとえばボイスメ

ール（留守電）を受信したときのトーン信号や発信者番号などは、漸進的な持続的イノベーションに分類される。※8

一般に統合型企業は、上位市場に向かう持続的イノベーションのどちらのタイプも得意とする場合が多い。急進的な持続的イノベーションを推進する企業にとって、統合化は不可欠である。統合型企業は、互換性や相互運用性、レガシーの問題に対処する際に生じる、さまざまな相互依存性をマスターできるのに対し、専門的企業はバリューチェーン内の十分な数の要素をコントロールしていないため、急進的イノベーションをうまく事業化することができない。

たとえばAT&Tは、垂直にも水平にも統合化していたおかげで、ウエスタンユニオンだけでなく、一八〇〇年代末に業界を席巻した多くの地域電話会社にも打ち勝つことができた。ベル電話会社は一八八一年に通信機器大手のウエスタン・エレクトリックを買収し、一八八五年にはAT&T傘下で再編された。AT&Tは、同社の中興の祖セオドア・ベイルの指揮のもと、一八九九年にベルのライセンシー企業を買収し、その後ほとんどすべての独立系地域電話会社を傘下に収めた。

ベイルによるこうした行動を、独占的競争力を求める貪欲な動きとみなす向きもある。しかし、電話通信技術のこの発展段階には、統合型の大企業が誕生しなければならない、技術的な理由があったのだ。ベルのライセンス供与のモデルは、数千の地域電話会社と無数の機器製造会社を生み出した。一八九四年から一九〇四年にかけて、アメリカでは六〇〇〇を超える独立系電話会社が開業した。このように雑多な製造会社と電話会社が乱立する中、ベルは経営上の難題を突きつけられた。多数の企業間で連携を図るのは難しく、ネットワークの監視はほぼ不可能で、規模の不経済が生じ、サービスの質は急低下していた。この種の問題を解決するには、統合化するしかなかった。ベル（のちのAT&T）

は統合化によって、非統合型企業に対する重要な優位性を手に入れた。一例として、ベルはウエスタン・エレクトリックという機器メーカーを所有していたために、ネットワーク上のすべての機器間で相互運用性を確保し、機器間の予測可能性とネットワークの信頼性を高めることができた。

ＡＴ＆Ｔの集中化と規模拡大は、独占のおそれを生じたものの、システムが完全に統合化されたおかげで、ベルのゆるやかなネットワークを苦しめていた問題の多くが解決された。ＡＴ＆Ｔは、独立系機器メーカーと提携する独立系電話会社よりも、はるかに優れたサービスを提供できた。そのような意味で、ＡＴ＆Ｔの統合化を計ろうとするセオドア・ベイルの努力は、信頼性の高い電話サービスをすべてのアメリカ人に確実に提供するために、システム内の複雑な相互依存性に対処する方法として理に適っていたと言える。[※9] ベイルはＵＳスチールやＲＣＡ、ＩＢＭ、インテル、マイクロソフトなどが、それぞれの業界の歴史における同様の段階で直面したのと同じ、「支配的な統合型企業になる」という使命に応えたのだ。[※10]

満たされない顧客を獲得するための持続的イノベーションは、企業が最初の足がかりを築いたあとで潜在的な成長力を実現するための手段だが、本書の焦点はそこにはない。技術が業界の競争構造に及ぼす影響を予測する古典的な分析手法の多くは、持続的イノベーションの影響を理解するための貴重なツールである。なぜならこうしたイノベーションは、既存の測定可能な市場で起こり、確立された性能基準での向上をもたらすからだ。[※11]

■過剰満足の消費者とローエンド型破壊的イノベーションの機会、利益のシフト、ルールの誕生

既存顧客の第三の集団が、過剰満足の顧客である。企業は上位市場に向かう持続的イノベーションを推進し、製品・サービスの性能向上に取り組むうちに、やがて一部の顧客が使いこなせる以上の「過剰な」性能を提供するようになる。わたしたちの研究から得られた基本的な知見の一つに、「企業は顧客のニーズが変化して新しいイノベーションを活用できるようになるよりも速いペースで製品を改良する」ということが挙げられる。言い換えれば、人々が片づけようとする用事は、時間が経っても驚くほど変わらないのに、製品はどんどんよくなっていき、いつか必ず性能過剰になってしまうのだ。過剰満足こそがコモディティ化を促す要因である。コモディティ化が進むと、企業はやがて自社の製品・サービスを差別化して利益を生み出すことができなくなる。過剰満足が起こらなければ、製品が成熟することはなく、顧客はよりよい製品に常に割高な価格を支払おうとする。

過剰満足が生じると業界の競争基盤が変化するため、成長機会を生み出すことのできるイノベーションの種類が変化する。過剰満足によって業界に重要な変化が生じ、競争に有利な組織構造が変化するのだ。

顧客が過剰満足であることはどんな兆候からわかるだろうか？　過剰満足の顧客は、かつて重視していた性能向上に対して支払おうとする割増し金額が次第に減少していく。経済学用語で言えば、顧客が製品の性能向上から得る限界便益が逓減する。また企業がプラスアルファの機能を追加しても、使われずに終わる。顧客がそれまで気にも留めなかった点に不満をもつようになる。「この製品は複雑すぎるし、第一高すぎる」

アリストテレスの言うように、自然は真空を嫌う。利益ある成長を実現できる余地がまだ残っているのに手をこまねいているのは、人間の本性に反することだ。したがって競合企業は、平均以上の利益を上げるための新しい方法を見つける動機づけを常にもっていると考えて間違いない。機能性と信頼性が必要にして十分以上になれば、企業が競争する性能の側面は、「使いやすさ」に関連する側面に移る。つまり、自在に簡単に使えるか（利便性）、一人ひとりの顧客の独自の用事を片づけるのに適しているか（カスタマイズ性）、安く利用できるか（価格）といった側面である。過剰満足のシグナルと言えば、価格競争の開始がまず頭に浮かぶが、価格がこのリストの最後に来ることに注意してほしい。価格による競争が始まるのは、企業がどんな側面で性能向上を実現しても割高な価格を得られなくなったときである。つまり、顧客が価格だけを重視するようになるのは、ほかのすべてのニーズが満たされたあとだ。そこに至るまでの段階では、機能性、信頼性、利便性、カスタマイズ性の優れた製品を提供する企業に、顧客は割高な価格という見返りを与える。

重要なのは、市場のすべての顧客が同時に過剰満足の状態に陥るわけではないということだ。この状態は市場の底辺から始まり、だんだん上の階層に波及していく。

過剰満足が生じ、その結果として競争基盤が変化すると、業界では次の三種類の変化への扉が開かれる。

一　過剰満足の顧客層に、ローエンド型破壊的イノベーションが根づく
二　専門的企業が業界に参入し、統合型企業を駆逐する
三　標準やルールが整備され、多様な企業が各顧客層の最低限の要求に十分応えられる製品・サービスをつくれるようになる

以下でこれらの変化について説明し、またこのような変化が起こる結果として、業界のバリューチェーンが変わる必要が生じることを見ていこう。

市場の最下層をターゲットにする――ローエンド型破壊的イノベーション

過剰満足の市場ではイノベーションによって新しい成長市場を生み出すことはできないが、ローエンド型破壊的イノベーションを用いて、既存企業の最も要求のゆるい顧客層に足がかりをつくることで、新たな成長企業を生み出すことができる。こうした顧客層は最も過剰満足の状態にあるが、それでも既存企業の製品・サービスを使い続けているのは、ほかに選択肢がないからだ。だがいりもしない機能性や特性に対価を払っているのだから、当然満足していない。つまり彼らは、より価格が安いか、より便利な製品を提供する企業が現れれば、既存企業を見捨てる可能性が最も高いのだ。

たとえばMCIは、AT&Tが提供していたすべての機能性を必要としない、価格に敏感な顧客をターゲットにすることで、ローエンド型破壊的イノベーションによる成長を生み出した。[※12] MCIが一九七〇年代に開始した長距離通信サービス「エグゼキュネット」は、MCIのネットワークに接続するために二二桁の電話番号をダイヤルすることをいとわない企業ユーザーに、低料金を提供した。MCIは独自の長距離ネットワークを構築し、発信と通話接続にだけAT&Tの市内回線を利用した。AT&Tは政府によって競合企業への市内回線開放を義務づけられると、当然ながら反発したが、おかげでMCIは自社の設備をAT&Tの交換機に比較的容易に接続できるようになった。MCIは規制を通じて、モジュール化したこの箇所で業界に参入する許可を得た。

MCIはAT&Tの顧客が利用していた高度な機能のすべてを提供しなかった（できなかった）が、

ＡＴ＆Ｔよりもはるかに低い料金でサービスを提供した。ＡＴ＆Ｔは規制下にあったため、料金を引き下げるには、まず地域の規制委員会に諮る必要があった。[※13] ＭＣＩはこの料金差を利用して低料金のサービスによって価格に敏感な企業顧客を獲得し、大きな顧客基盤を築き始めた。[※14] ＭＣＩの顧客は、低料金のためなら機能性が多少劣っていても目をつぶった。

企業がローエンド型破壊的イノベーションを推進していることを示すシグナルは、既存企業とは異なる方法で利益を生み出すビジネスモデルの出現である。たとえば低価格だが資産回転率の高いビジネスモデルや、売上収益とアフターサポート収益の割合が従来とは異なるビジネスモデルなどがそうだ。

専門的企業の参入――置き換えのイノベーション

専門的企業は置き換えのイノベーションを推進して、既存企業からシェアを奪うこともある。置き換えは、イノベーションの分類の一つである。上位市場に向かう持続的イノベーションとは異なり、置き換えはモジュール化した箇所で生じる。ローエンド型破壊的イノベーションが、最も要求のゆるい顧客をターゲットとするのに対し、置き換えはまず主流市場をターゲットにする。置き換えは、必ずしも低コストのビジネスモデルや性能の劣った製品を伴うとは限らない。製品・サービスの特定の構成要素を供給する専門的企業が、置き換えを推進することが多い。

たとえば加入者構内機器（ＣＰＥ）市場で競争が始まったときの様子について考えよう。一九五〇年代にはＡＴ＆Ｔの機器部門であるウエスタン・エレクトリック（ＷＥ）が、住宅用ＣＰＥ市場を支配していた。ＣＰＥとは、たとえば標準的な電話機など、顧客が電話回線網に接続するために使用する機器全般を指す。WEが製造していたのは、頑丈で、顧客の望み通りの色（ただし黒かベージュに限る）の電話機だった。WE以外の企業が製造したCPEの販売は制限されていた。なぜなら認可を受けていない機器は、電話回線網の信頼性を損なうおそれがあったからだ。簡単に言えば、認可されていない機器を接続すると電話回線網全体に予期しない影響を及ぼすおそれがあったため、AT&Tが設計、製造する機器だけを接続することが当時の最良の選択だった。[※15]

一九五〇年代末に、起業家のトム・カーターが「カーターフォン」を発売した。[※16] カーターフォンはトランシーバーに似た機器で、離れた場所にある機器から電話機の隣に置いたスピーカーに音声信号を伝える仕組みになっていた。おかげで農家の人たちは、畑仕事をしながら電話が使えるようになった。カーターフォンはAT&Tの電話回線網に直接電気的に接続されていたため、AT&Tは対抗措置として、加入者が機器を使用しているとわかれば、その加入者へのサービスを切断した。

一九六八年にFCCがカーターフォンの利用を認める裁定を下すと、問題は法廷闘争に発展し、最高裁に審理が持ち込まれた。政府はシステムのほかの部分に予想外の性能上の問題を引き起こさない限り、消費者が一連の仕様を満たした機器を通信ネットワークに接続することを認めた。

この判決により、機器の自由化が一気に進んだ。多種多様な機器を製造する新しい専門的企業がCPE市場に参入し、WEからシェアを奪った。競争が導入されたことによって、やがて革新的な種類のCPEが開発されるようになり、それが新しい製品セグメントを生み出した。たとえばファックス、モデム、そして近代的な企業で通話を管理、転送するのに用いられる構内交換機（PBX）などである。多くの専門的企業が誕生し、こうした新規市場を獲得した。[※17]

金融業界にも、多くの置き換えのイノベーションが起こっている。かつては同一の金融機関が融資

（住宅ローン、自動車ローン、消費者ローンなど）を実施し、管理し、資金を調達していたが、ここ二〇年間でさまざまな専門的金融機関が誕生し、資産証券化と信用評価（以下で説明）が、この置き換えに拍車をかけた。

置き換えを見きわめるには、顧客のニーズに対して過剰満足の状態にある機能性と、モジュール型のインターフェースを探してみよう。この両方が存在することがカギとなる。AT&TとWEはCPE市場で競争が生じたとき、シェアのすべてを一瞬にして失ったわけではなかった。専門的企業は、電話システムの中核分野では、AT&Tの機器と競争して勝てる見込みはなかった。AT&Tの統合化は、まだ圧倒的な競争優位をもたらしていた。AT&Tの中核事業の柱をなしていた電子スイッチに関わる複雑な相互依存性を開発、習得できる企業は、AT&Tをおいてほかになかった。原則として、専門的企業が勝てるのは、明確なモジュール化が生じた箇所で、自社製品が製品システムと接続できる場合に限られる。一例として、一九九六年電気通信法（通称、通信改革法、TRA）によって生み出された一群の専門的企業、特にCLEC（競合地域電話会社）は苦戦を強いられた。当時は参入を容易にするような簡潔なインターフェースが存在しなかったため、CLECは地域電話会社のネットワークに接続しようとして、驚くほどの困難にぶつかった（TRAとCLECについては、第四章で詳しく説明する）。

モジュール型のインターフェース、つまり簡潔なインターフェースとはどのようなものだろう？『イノベーションへの解』の第五章と第六章では、インターフェースがモジュール型かどうかを識別するための三つの試金石を挙げた。

一　インターフェースのどの部分が、重要か、重要でないかを特定できること。

二　インターフェースを構成するパラメータや通信手順が、適切かつ必要なものであることを、測定または検証できること。

三　インターフェース全体の相互作用が、よく理解され予測可能であること。部品間に予測不能な相互作用がある限り、モジュール性への移行は壊滅的な結果を招きかねない。

置き換えについて、最後にもうひと言いっておきたい。置き換えは分業をもたらすため、ローエンド型破壊的イノベーションを促すことがある。どのようにして？　新興企業がバリューチェーンのいくつかの構成要素を新しい方法で組み合わせて、新しいメリットを提供するのだ。たとえばデルは、パソコン業界のモジュール的性質を利用して、ローエンド型破壊的ビジネスモデルを開発した。デルは統合型の業界には、このような方法では参入できなかっただろう。

ルールの誕生によって、メーカーがエンドユーザーに接近する

顧客が過剰満足の状態になった場合に、業界に起こり得る変化の三つめとして、ルールが整備される結果、最終消費者（エンドユーザー）の近くにいる、スキルの劣るメーカーが必要にして十分な製品をつくれるようになることが挙げられる。偉大な科学はものごとを単純にする。ルールのおかげで、新規参入企業は製品を新しい環境に導入したり、必要にして十分な製品を劇的に低いコストで提供するビジネスモデルを構築できるようになる。その結果、新市場型破壊的イノベーションとローエンド型破壊的イノベーションの両方に扉が開かれるのだ。

どんな業界でも、先駆的企業は技術や製品開発に関わる問題を、構造化されていない実験的な方法

で解決しなくてはならない。その時点では、「何が何をなぜ引き起こすのか」がわからないからだ。したがってこの段階の企業は、専門的知識や科学的スキルをことに重視する。

企業は問題解決の経験を積むうちに、次第に因果性のパターンを認識するようになる。やがてシステムは十分理解され、開発の指針となるようなルールが生まれる。最終的にルールは広く受け入れられ、標準とみなされる。製品が顧客に過剰な性能を提供しているとき、こうしたルールや標準があれば、それほど専門知識をもたない企業でも、ルールに従うことによって、（かつては深い専門知識がなければつくれなかった）必要にして十分な製品をつくれるようになる。

システムの構成要素が互いとやりとりする方法、つまり標準や規格が業界に広く浸透していることは、この変化が生じたことを示すシグナルの一つだ。そのほか、企業が採用活動で深い理論的知識を重視しなくなることも、このシグナルと考えられる。

興味深いことに、持続的な性能向上曲線をのぼっていく企業は、意図せずして競合企業の参入を促すようなルールを開発することが多い。企業は往々にして、開発プロセスを速めるために設計ルールを生み出す。ルールがあれば、問題を分割して、個々の構成要素やサブシステムを別々の集団に任せ、最後にそれらをすべて組み合わせることができる。しかしこうしたインターフェースが定義されると、非統合型企業でもサブシステムを製造できるようになり、技術レベルがそれほど高くない企業でも、モジュール型製品の組み立てができるようになる。

既存企業の観点からすれば、これは新市場型破壊的イノベーションによる成長のように見える（かつて市場から閉め出されていた企業が参入できるようになるため）。だが消費者の観点からすると、ローエンド型破壊的イノベーションによる成長のようにも見える（安価な製品が手に入るようになるため）。だからこそ、ローエンド型と新市場型の破壊的イノベーションが、一つの連続体の両極をなしていると考えることが役に立つのだ。[※18] 消費者への接近を可能にするルールが誕生すると、この連続体の真ん中に位置する企業が出現する。別の言い方をすると、こうしたルールを活用する新興企業は、ローエンド型と新市場型両方の要素を併せもっているとも言える。

銀行業界では、各付加価値段階間のインターフェースを規定するルールや基準が整備されたことで、垂直統合が容易になった。初期の銀行は、顧客の信用度を評価する際、融資担当者の専門的判断に頼るしかなかった。融資担当者は顧客の財務情報を精査し、経営者の面接を行ううちに、顧客に融資を行うべきかを判断するための直感を身につけた。

やがてさまざまなパターンが明らかになり、「良いリスク」と「悪いリスク」を区別するには、次の四つの変数が有効なことがわかった。その変数とは、現在の住居での居住年数、現在の勤務先での勤続年数、年収、そして過去の各種料金の支払い実績である。一九五六年にフェア・アイザックという企業が、標準的な予測リスク分析ツールを開発した。この標準によって、信用度判定のプロセスが劇的に簡素化され、アルゴリズム計算式に融資申請者の信用履歴の変数を入力すれば、簡単に与信スコアを計算できるようになった。クレジットスコアリング〔信用力の点数化による判定〕の厳密で科学的根拠のある迅速な信用評価によって、熟練度の低いより多くの人たちが、統計的手法によって融資判断を下せるようになった。

信用評価を最初に採用したのは、自社クレジットカードを発行するデパートや石油会社だった。信用評価のおかげで、消費者向けに少額融資を行うプロセスが迅速化された。改良が進むと、一般的なクレジットカードや自動車ローン、住宅ローン、また最近では中小企業向けローンにも利用されるようになった。このようにルールが整備されたことで、融資判断が最終消費者の近くに移動し、リスク評価の専門的知識もなく、多数の融資担当者ももたない多種多様な企業、たとえばクレジットカード専門会社（MBNAなど）やその他の専門的企業が、必要にして十分以上のサービスと、高いカスタマイズ性、利便性を提供できるようになった。

一つ注意点を挙げておこう。業界に標準が広まることを、外部者は常に歓迎する傾向にある。確かに標準は、必要にして十分な製品・サービスの迅速な開発を可能にするという点では望ましい。しかし、その反面妥協やトレードオフがつきものである。つまり速度と柔軟性を優先させる結果、最先端の技術から後退してしまうのだ。満たされない顧客が存在する状況では、標準のせいで、可能な限り最高の製品を開発する企業の能力が阻害される。つまり、標準は必ずしも望ましいとは限らないのだ。

競争基盤を変えるには、統合化における変化が必要

このセクションで取り上げるような変化を先導する企業は、既存の業界リーダーとはまったく異なる方法で組織を編成している。バリューチェーン進化（VCE）の理論が、その理由を説明してくれる。この理論の黄金律によれば、組織はバリューチェーン内の「十分でない」側面での性能向上を左右するインターフェース全体にわたって統合化する必要がある。製品の機能性と信頼性が顧客のニーズを過剰満足させるようになると、利便性とカスタマイズ性、価格が、「十分でない」側面になる。機能性と信頼性を最大限に高めるには、特定の種類の統合化と組織化が必要なように、こうした新しいメリットを実現するためにも、バリューチェーン内の異なる段階での統合化が必要になる。言い換えれ

ば、解決すべき難問が変われば、統合化が必要な場所もそれに合わせて移動するということだ。機能性と信頼性が十分でないとき、性能を最大限に高めようとする企業は、製品・サービスの設計と製造の重要な構成要素を統合化することが多い。IBMは初期のメインフレームのすべての側面をコントロールしていたし、AT&Tは末端から末端までの（エンド・ツー・エンド）通信ネットワークをコントロールしていた。

企業が性能にまつわる難問を解決すると、この種の統合化は必要でなくなる。専門的企業がモジュール化した特定の箇所で、「必要にして十分な」製品・サービスの構成要素を提供できるようになる。利益を上げる能力は、モジュール型の製品・サービスを組み立てる企業から離れ（こうした企業は「薄い」統合型企業になる）、重要なサブシステムをつくる企業へ、そして速度と利便性を左右する性能向上のカギとなる箇所で統合化している企業へとシフトする。

たとえばデルは、利便性とカスタマイズ性を実現するための新しい手段をパソコン市場にもたらした。こうした尺度で性能を向上させるために、デルは直接発注システムを通じて、サプライチェーンと顧客関連業務の全体にわたって統合化した。なぜならそこにこそ、迅速かつ容易にカスタマイズする能力を決定する要因が潜んでいたからだ。ウォルマートは低コストビジネスモデルを実現するために、バリューチェーンの同様の要素を統合化した。CPEの専門的企業が、一九六〇年代と七〇年代に価値を獲得した。こうした企業はすべて、かつて市場を支配していた企業とはまったく異なる方法で組織化されていた。

統合保存

バリューチェーンの一部が統合型からモジュール型にシフトすれば、バリューチェーン全体に影響が及ぶ。なぜだろう？　統合はエネルギーのようなもので、形を変えてもなくなることはないからだ。「統合保存の原則」（別名「魅力的な利益保存の法則」）は、業界の競争基盤を支えるために、バリューチェーンがどのようにして再構成されるかを説明するのに役立つ。ここでは簡単な説明に留め、第七章で半導体業界の将来を予測する際に、この法則を徹底活用することにしよう。

統合保存の原則によれば、バリューチェーンのある段階で、性能を最適化するために相互依存的なシステムアーキテクチャが必要になったとき、十分でないものの性能を最大化するためには、バリューチェーン内の隣接する段階の製品・サービスのアーキテクチャが、モジュール型かつ変換可能でなくてはならない。[※19]簡単に言えば、統合型のものを最適化するためには、それを取り囲むものがモジュール型でなくてはならないということだ。

一例として、マイクロソフト・ウィンドウズとリナックスのOSの違いを考えてみよう。ウィンドウズは高度に統合化された、相互依存的なOSであり、このOSを最適化するためには、アプリケーションの開発者がマイクロソフトのインターフェースの要件に合わせて、製品（アプリケーション）を変えなくてはならない。個々のアプリの性能を高めるために、ウィンドウズのほうを手直ししようとすると大変なことになる。一つ何かを変えるだけで、文字通り何千もの不測の結果やOSの問題を招いてしまうからだ。リナックスは、これとは逆の仕組みになっている。なぜならアプリケーションの最適化を実現することが、リナックスの目標だからだ。リナックスのOSはモジュール化されているため、開発者はルールに従う限り、アプリケーションの性能を最適化するためにOSのほうを修正することができる。

統合保存の原則を「魅力的な利益保存の法則」とも呼ぶ理由は、企業は最も困難な問題を解決することによって、魅力的な利益を上げられるからだ。最も困難な技術的問題を解決するには、システムが緊密に統合化されていることが不可欠である。バリューチェーンのある段階で、モジュール化とコモディティ化が生じ、そのせいで魅力的な利益が消滅するとき、統合保存の原則が働き、独自製品によって魅力的な利益を得る機会は、その隣の段階にシフトする。

統合保存の原則は、業界を「統合型」か「分業型」かに分類することがなぜ適当でないのか、その理由を説明してくれる。どの業界にも統合化の方法は複数ある。専門的企業も統合化されているのだが、その方法が違うだけの話だ。統合型企業が業界のバリューチェーン全体にわたって統合化されているのに対し、専門的企業は十分でない一つの構成要素を製造するために統合化されていたり、カスタマイズ化や利便性を左右するインターフェース、たとえば顧客やサプライヤーとのインターフェースにわたって統合化されている場合もある。

■イノベーションにとって重要な市場外の環境

無消費者、満たされない顧客、過剰満足の顧客はすべて、新たな企業や新たなビジネスモデルが誕生するチャンスである。わたしたちの理論を使って新たな直接対決を評価する方法を示す前に、もう一つ触れておきたい問題がある。それは、「イノベーションは、それが起こる環境とは切り離せない」ということだ。市場外の要因、特に政府とその監督機関は、その環境を形づくるうえできわめて重要な役割を果たしている場合がある。したがって、本章の最後のセクションでは、変化への機会に影響を与える、市場外の要因について説明する。わたしたちがこの問題を詳しく取り上げるのは、本書が初めてであるため、第四章では動機づけ／能力の枠組みを発展させて、市場外のプレーヤーによる行動が、彼らの意図した通りの影響を及ぼすかどうかを見きわめる方法について説明する。この枠組みは、「変化のシグナルをどうやって見きわめるか」という問題の重要な要素になるため、本章でも簡単に説明しておきたい。

わが国の重要な業界、たとえば情報通信、医療、金融、教育業界などでは、政府とその監督機関の関与が大きな要素をなしている。こうした業界の将来を全体として予測するには、市場外のプレーヤーがイノベーションにどのような影響を与えるかを分析する手法が欠かせない。「少ないことはよいことだ」、つまり規制が少ないほうが望ましく、規制が多いのは望ましくないという、単純な考えは通用しない。

イノベーションが成功する環境には、動機づけと能力の二つの要素が豊富に存在する。ここでいう動機づけとは、イノベーションを促す市場インセンティブを指し、能力とは、資源を獲得し、その資源を製品・サービスに変換し、顧客に提供する能力を指す。動機づけと能力が豊富に存在する市場には、一見自由に見える市場もある。しかし実は、さまざまな市場外の要因、たとえば業界の標準や労働組合、文化規範、技術開発の状態、国の知的財産インフラ、そして最も重要な政府規制などが、イノベーションの動機づけと能力に影響を与えているのだ。

動機づけ／能力の枠組みとは、簡単に言えば、企業がイノベーションを行う動機づけと能力を併せもっているとき、多くのイノベーションが開花するということだ。動機づけが不足しているか、能力を妨げるような市場状況では、イノベーションは抑え込まれてしまう。生まれたばかりのイノベーションを不利な市場環境で推進しようとすれば、結局はより有利な環境を探すか、取り組みを放棄するはめになる。

政府がイノベーションに影響を与える力は、その政策決定権限（補助金や奨励策を含む）と監督権限に由来する。政府をはじめとする市場外のプレーヤーは、業界のプレーヤーの動機づけまたは能力に影響を与え、そうすることで業界の環境を変化させ、イノベーションに貢献する、またはイノベーションを阻害する環境を生み出す場合がある。

動機づけ／能力の枠組みを用いるには、次の三つのステップを実行する。

一　企業の現在の動機づけと能力を書き出して、現在の環境がそれぞれの種類のイノベーションにとって望ましいかどうかを考える。望ましいものでない場合、イノベーションを阻害している主な障壁を見きわめる。

二　市場外のプレーヤーが、企業の動機づけや能力に影響を与えるような措置を講じているかどうかを判断する。

三　そのような措置が、イノベーションへの主な障壁を取り除くためのものかどうかを判断する。もしそうであれば、その措置はイノベーションを促進すると期待できる。

政府またはその他の市場外のプレーヤーが動機づけや能力の深刻な不足に対処するための措置をとるとき、イノベーションの市場は改善する。たとえば一九六〇年代と七〇年代にCPE市場と長距離通信市場でイノベーションと競争を阻んでいた主な障壁は顧客へのアクセスだった。どちらの市場でも、企業は参入する動機づけをもっていたし、顧客が高く評価してくれそうなイノベーションを開発していたのだが、当時存在した規制のせいで顧客を開拓することができなかった。企業の能力向上を図ろうとする政府の取り組みによって、イノベーションのペースは加速した。

政府による措置が、動機づけ／能力の欠如をもたらしている根本原因に対応していないか、欠如をかえって促している場合、イノベーションの市場は改善しないことが多い。たとえば第四章では、地域電話市場に競争を創出しようとした政府の試みが難航した理由を説明する。結論としては、イノベーションを阻んでいた真の障壁に政府が対処できなかったことが、その理由だった。

■まとめ

イノベーションの理論を用いて業界の変化を分析する方法の第一段階は、変化のシグナル、つまり何者かが変化の機会を有利に利用しようとしている兆候を探すことだ。

企業は新市場型破壊的イノベーションを創出して、新しい消費者の獲得を目指すこともあれば、上位市場に向かう持続的イノベーションを推進して、満たされない顧客を狙う。あるいはローエンド型破壊的イノベーションやモジュールへの置き換えによって、過剰満足の顧客を狙うこともある。ルールの誕生は、このような変化を促進する。市場外のプレーヤーが動機づけや能力を高める目的で講じる措置が、こうしたイノベーションを促す場合もある。このような動きのすべてが、業界構造を根底から変える可能性のある、変化のシグナルである。こうした動きはそれぞれ特定の状況で起こる。つまり、企業が「誤った」状況でイノベーションを起こそうとすれば、失敗すると予測できる。

これらの動きは、次の質問をすることで明らかにできる。

□業界の顧客は、どんな用事を片づけようとしているのか？　顧客は現在の製品・サービスを十分消費していないのか、満たされていないのか、それとも過剰満足なのか？　企業は顧客を獲得するために、どの側面で競争しているのだろう？
□過去にどのような性能向上に割高な価格がついたか？
□現時点での主流は、統合型と分業型のビジネスモデルのどちらか？　インターフェースは特定可能で、検証可能、予測可能だろうか？
□新しいビジネスモデルは、どこに現れているのか？　周辺市場に成長が見られないだろうか？
□政府やその監督機関は、イノベーションを促進または阻害するうえで、どんな役割を果たしているのか？

こうした状況を有利に活用する企業は、業界を成長させ、変革できる立場にある。また一般に、業界がこのような形で成長すると、今度は新規参入企業が既存企業の市場を侵食するようになる。次章では、イノベーションの理論を用いて競争のバトルを評価する方法について説明しよう。

第二章　競争のバトル――競合企業の経営状況を把握する

企業が自社の推進するイノベーションの可能性を十分に実現し、業界を根底から変化させるのは、どのようなときだろう？　企業の強みを評価し、弱みを見つけるには、どうすればいいのか？　こうした強みや弱みのうち、競争のバトルに影響を及ぼすのはどれだろう？　既存企業が有利な状況と、新規参入企業が有利な状況を分けるのは何だろう？　破壊的イノベーションのプロセスの原動力とは何だろう？

本書の分析的プロセスの第二段階では、イノベーションの理論を用いて、競争に関する十分な情報を得たうえで決定を下す方法を示していこう。競合企業の経営状況を把握し、剣と盾をもった企業を探すことによって、競争のバトルの質問――「業界の競合企業間の直接対決では、どちらが勝ちそうか？」――に答えることができる。図2 - 1に、本章で取り上げるトピックをまとめた。

これまでイノベーションのプロセスは、無秩序なものと考えられていた。『イノベーションへの解』は、この一見無秩序なプロセスが実は明確なパターンをたどり、予測可能な結果を招くことを示した。最も確実に起こる出来事の一つは、新規企業が当初の足がかりを築いたあとで、製品・サービスの性能を上げ、より多くの顧客を獲得し、市場の高収益層に進出するという強いインセンティブを与えられることだ。その結果、新規企業と既存企業の間で必然的に戦いが始まる。

企業が製品・サービスを改良するのは、性能の高い製品・サービスに割高な価格を喜んで支払おうとする顧客層を獲得したいからだ。これは単なる願望ではなく必要であることが多い。

マイケル・ポーター教授によれば、企業が競争優位を生み出すための基本戦略は二つある。つまり差別化戦略と、コストリーダーシップ戦略だ[※1]（一般には、集中戦略と合わせて三つの基本戦略があるとされる）。市場の特定の階層を攻撃する低コストの競合企業が、価格優

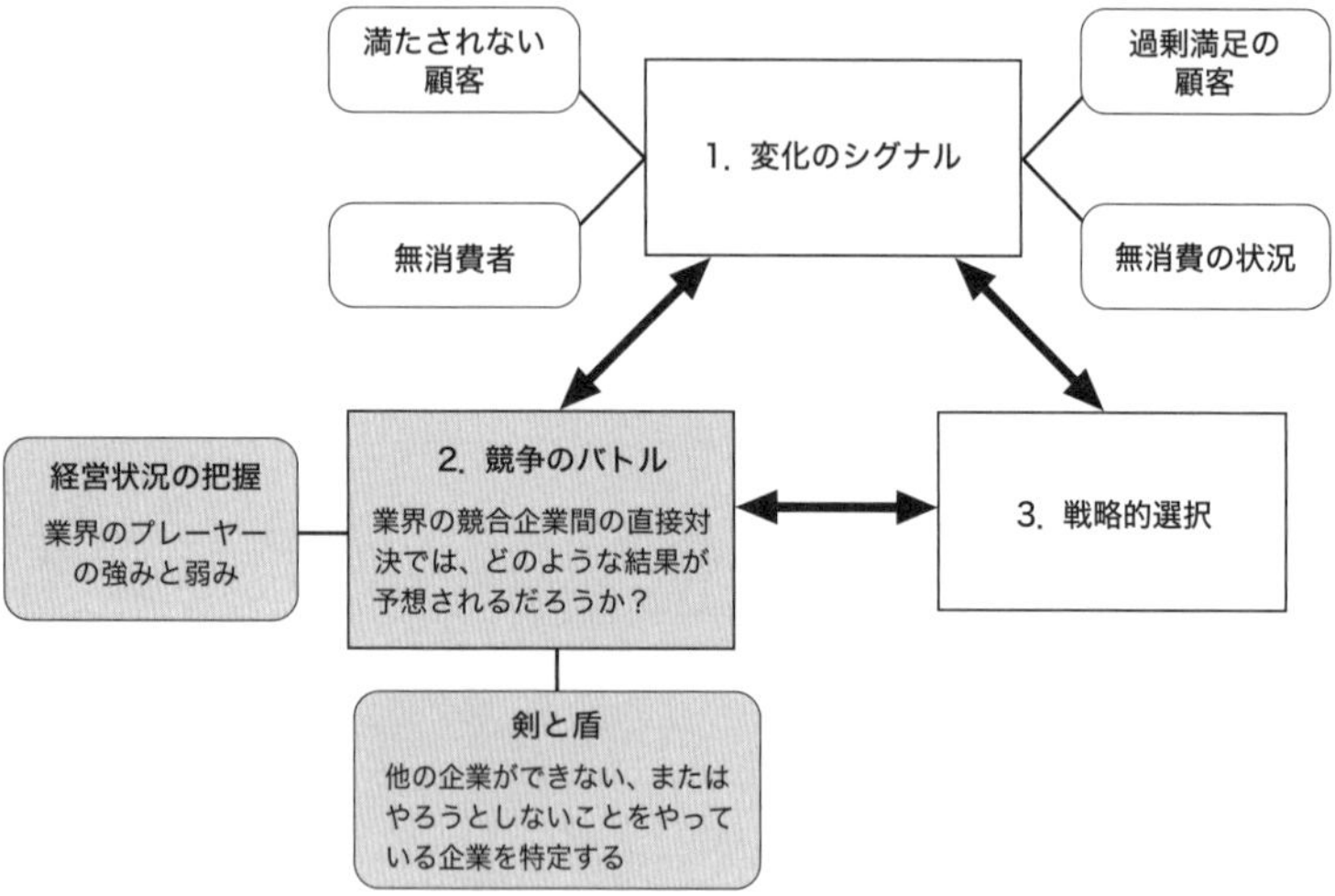

図2-1　競争のバトル

位性を有効に活かせるのは、高コストの競合企業がその市場に留まっている間だけである。低コスト企業は、高コスト企業を市場から駆逐してしまえば、ますます上位の市場に進出して、さらにコストの高い競合企業に戦いを挑まなくてはならない。同様に差別化戦略を通じて競争優位を生み出そうとする企業は、差別化した側面を重視してくれる新しい市場を探し続けなくてはならない。企業が優位性を維持するには、上位市場や新しい市場に向かうしかないのだ。

破壊的イノベーションを推進する企業の上位市場に向かう能力は、過小評価されることが多い。ウエスタンユニオンは、ベルのイノベーションを「おもちゃ」と片づけた。AT&TはMCIを、レーダー上の取るに足りない輝点とみなした。同様に、既存のリーダー企業のほとんどが、破壊的イノベーションを推進する競合企業の上位市場に向かう能力を過小評価した。実際、破壊的企業が具体的にどのようなイノベーションによって上位市場に向かうかは、まず予測できない。だが確実に予測できることが一つある。それは、破壊的企業が上位市場に向かうための方法を考案する動機づけをもっているということだ。なぜならそれが利益率を高めるための道筋だからである。

このパターンが、循環的なプロセスを示唆していることに注目してほしい。企業は最初に無消費者をターゲットにするとき、一般に彼らのニーズを十分満たせないため、上位市場に向かうための持続的イノベーションを推進する必要がある。このように顧客のニーズを満たそうとする企業は、いつか必ず顧客に過剰な性能を提供するようになる。その結果、ローエンド型破壊的イノベーションと置き換えのイノベーションの機会を自らつくり出し、競争基盤が変化する事態を招いてしまうのだ。ローエンド型破壊的イノベーションと置き換えは、要求の厳しくない顧客にとっては必要にして十分かもしれないが、より要求の厳しい顧客にとっては十分でない。つまり、上位市場に向かう持続的イノベーションを推進する必要があるのだ。これがくり返される。

企業はこのサイクルをくり返しながら、魅力的な価格を支払ってくれる顧客に到達するために、製品・サービスを絶え間なく改良し続け、性能向上曲線をのぼるうちに、既存企業の優良顧客に刻々と近づいていく。ここで考えなくてはならない重要な質問は、「既存企業はこの攻撃にどう対応するのか？ 逃走するのか、無視するのか、顧客を引きとめるために闘争するのか？ また闘争すると決めた場合、勝つだろうか？」である。

こうした質問に答えるためには、競合企業の経営状況を把握して、その強みと弱みを把握したうえで、「剣と盾」を携えて、競合企業ができないことや、しようとしないことをしている企業を探し出す必要がある。

■経営状況の把握――強みと弱みを評価する

企業はいつか必ず競争にさらされる。こうした戦いでの勝者を予測するには、競合企業の強みと弱みを評価することが欠かせない。わたしたちはこのトピックについて、これまでいろんな場所で論じてきたが、本書での狙いは、社外のアナリストが、社内で働く人たちにさえ見えないことの多い、企業の強みや脆さを見抜く方法を示すことにある。

たとえばあなたは友人に、土曜の夜に行われる高額の懸賞金がかけられたプロボクシングの試合で、どちらのボクサーが勝つと思うかと聞かれたとしよう。どちらのボクサーのこともまるで知らない場合、どうするか？ 急いで新聞を広げ、二人のボクサーの身長、体重、戦績、リーチなどが載っている表を調べるだろう。この比較表を見れば、それぞれのボクサーの強みと弱みを、そこそこ把握できるようになっている。

企業の経営状況を把握するのにも、これと似たような方法が必要だ。ほとんどの人は、最も目につく明らかなこと、つまり企業の資源の分析に終始する。企業の固定資産や技術、現金準備高、製品ライン、経営陣の経歴などを見て、優れた資源をもっているかどうかが成否を分けると考える。

序章で説明した資源・プロセス・価値基準の理論（RPV理論）を押さえておけば、何が企業の強みと弱みをつくっているかを、より包括的に理解できる。この理論によれば、資源とプロセス、価値基準（RPV）が、企業の強みをつくっている。企業は、自社のRPVに合った機会では成功し、こうした強みがかえって不利になるような機会では苦戦する。※2

企業のRPVを評価するには、次の質問に答えればよい。

一　企業は機会をものにするために必要な**資源**をもっているか、または動員できるだろうか？

二　企業の**プロセス**は、企業がしなければならないことを、効果的かつ効率的に実行するのに役立つだろうか？

三　企業の**価値基準**は、数ある選択肢のなかでこの特定の機会を優先するだろうか？

企業のRPVを洗い出すにはどうすればいいのか？　資源は目に見える場合が多い。また企業がくり返し解決しなくてはならない困難な問題を推測すれば、企業の中核的なプロセスがどんなものなのかがわかる。そして損益計算書と過去の投資履歴は、企業の価値基準を知る重要な手がかりになる。

表2‐1に、企業の経営状況を把握してRPVを評価する方法をまとめた。

用語	定義	何に注目するか
資源	企業がもっているもの、または利用できるもの	・有形資産：技術、製品、バランスシート、設備機器、流通網 ・無形資産：人的資本（従業員の経歴、蓄積されたスキル）、ブランド、蓄積された知識
プロセス	事業を行う方法（スキル）	・企業がこれまでにくり返し解決したことがわかっている困難な問題 ・典型的なプロセス：人材の確保・育成、製品開発、製造、予算計画、市場調査、資源配分
価値基準	優先順位づけの基準（動機づけ）	・ビジネスモデル ―企業が利益を上げる方法（たとえば売上収益とアフターサポート収益の組み合わせ方法など） ―コスト構造／損益計算書 ―規模と成長に対する期待 ・過去の投資決定：これまで何を優先してきたか

表2-1　経営状態を把握する方法

目に見える資源、目に見えない資源を洗い出す

一般に企業の資源は、簡単に洗い出せる。資源は、たとえば技術、製品、現金など、目に見えるものが多い。また目には見えづらい資源も、人的資源、蓄積された知識、確立したブランドなど、容易に推測できる。一例として、ウエスタンユニオンの強みに関する次の評価を考えてみよう。ウエスタンユニオンの資源は「四〇〇〇万ドルを超える資本金……および全米規模の混雑した通信ネットワークと、アメリカ中のほぼすべての市町村にある営業所から上がる年間三〇〇〇万ドルの純利益」だった。[※3] 一九八〇年代初めのAT&T分割によってつくられた地域電話会社の一つ、ベルサウスは、一〇万人近くの従業員、一四〇〇万本近いアクセス回線、一〇〇億ドルを超える収益、二〇〇億ドルを超える資産、全米の家庭につながる数百万マイルの銅線、そしてアトランタ、マイアミ、ニューオリンズで無線技術を開発するライセンスをもっていた。これらすべてが貴重な資源だった。

資源はとても柔軟性が高い。資源とは、企業が獲得、構築、売却、破壊できる「モノ」をいう。同じ資源を、複数の市場や組織で生産的に利用することもできる。資源について最後にひと言述べておくと、企業が資源を「所有」することはそれほど重要ではなく、資源を「利用できる」ことが大事なのだ。成功している起業家は、直接コントロールしている資源以外にも、活用できる資源をもっている。[※4]

困難な問題を推測することによってプロセスを洗い出す

外部のアナリストにとっては、企業の資源を洗い出すよりも、企業のプロセスの特質を理解することのほうがずっと難しい。プロセスとは、従業員が資源のインプットを、より価値の高い製品・サー

ビスやその他の資源に変換するために用いる、やりとりや調整、連携、意思疎通、意思決定のパターンをいう。[※5] 企業は同じ問題をくり返し解決する必要があるとき、その問題が生じるたびに、課題にうまく対処できるような公式、非公式のプロセスを生み出して、失敗のリスクを最小限に留める。頻発する仕事に対処するためのプロセスを開発し、利用しなければ、いちいち解決策を考案して時間を無駄にすることになる。実際、**組織学習**とはいろいろな意味で、プロセスを培い、それに従うさまざまな方法のことである。

プロセスが資源と違うのは、それが**変わらない**ことを前提につくられている点である。あるいはプロセスを変える必要がある場合は、緊密に制御された手順に沿って変えなくてはならない。[※6] プロセスは企業のスキルや強みを決定し、またそのスキルと強みによって企業にできないことや弱みが決定する。プロセスが、本来意図された課題を行うために用いられれば、課題を効果的に処理できるが、同じプロセスがまったく異なる課題に用いられれば、まったく融通が利かず、非効率に思えることが多い。

たとえば序章で取り上げた、マイクロソフトのソフトウェア開発のプロセスを考えてみよう。マイクロソフトには次世代ＯＳを開発するための厳密なプロセスがあるはずだ。このプロセスがなければ、開発は大混乱に陥ってしまう。マイクロソフトはそれぞれのソフトウェアプログラムをモジュールに分解し、それから開発の間中、プログラム全体をくり返しコンパイルする。このプロセスがあるからこそ、マイクロソフトは非常に複雑な課題を何度もくり返し処理できる。だがもし同じプロセスを使って、短い開発時間内に迅速にカスタマイズする必要のある、小規模なアプリケーションの開発を行おうとすれば、このプロセスはかえって弱点になる。

企業のプロセスを外部から判断するには、その企業が成功するために、これまでどんな問題をくり返し解決する必要があったかを考えるのが一番だ。電話会社は、いつでも正しく機能する、大規模で複雑な通信ネットワークを構築し、維持する必要がある。航空機メーカーのボーイングやエアバスは、サプライヤーの複雑なネットワークの連携を図らなくてはならない。ジョンソン・エンド・ジョンソン（J&J）は、新しい医療機器の認可を得る必要があるし、プロクター・アンド・ギャンブル（P&G）は、製品のマーケティング計画を策定する必要がある。企業がこれまで成功できたのは、こうした問題をくり返し解決する方法を開発してきたからにほかならない。行う必要があることをうまく行えるようにするプロセスが必要なのだ。

そのほか、たとえば資源をどこに投入するか、市場調査をどのように行うか、財務予測をどのように立てるか、社内で計画や予算をどのように交渉するかといった重要な決定を支援するための、目につきにくい補助プロセスがある。こうした企業の強みをつくっている重要なプロセスの中には、外部者には（ときには内部者にも）わかりにくいものも多い。だが要は、企業がこれまでくり返し適切に対処してきた問題をリストアップすることで、その企業のもっているプロセスを目に見える形で、かなり正確に把握できるということだ。逆に言えば、企業が過去に特定の問題や課題に取り組んだことがなければ、その課題を完了させるための最適化されたプロセスが社内に存在するはずがない。

損益計算書と過去の投資決定から価値基準を見きわめる

本書では**価値基準**という用語を特別の意味で使っている。本書でいう価値基準とは、企業にとって倫理的に許容できることだけではない。組織の価値基準とは、従業員が優先順位の決定を下す際に用いる判断基準のことだ。企業のどんな階層にいるどんな従業員も、こうした決定を日々下している。営業担当者なら、AとBのどちらの顧客に電話をかけるかを決めなくてはならない。電話する相手が決まったら、顧客とのやりとりを通じて優先事項を聞き取りながら、どの製品を売り込み、どの製品は勧めないかといった決定をその場で下さなくてはならない。エンジニアなら、今日はどのプロジェクトを進め、明日はどのプロジェクトに取り組むのか、あの設計とこの設計のどちらを選ぶのかといった決定を常に下している。

価値基準は、上級経営陣が下すより大きな戦略決定にも影響を与える。この企業とあの企業のどちらを買収するのか？　この事業部門の予算要求を承認し、あの部門の予算を削減するべきか？　価値基準は、企業の資源配分プロセスを支える基準である。資源配分プロセスとは、企業がどの脅威や機会に対処すべきかすべきでないかを決定する仕組みをいう。

企業の価値基準は、どうすれば見きわめられるのか？　その代わりになるものを探せばよい。企業の収益構造、コスト構造、絶対的な規模、最も重要な顧客、過去の投資履歴などはすべて、その企業の経営者の目にどのような戦略や投資が魅力的に映るのか映らないのかを理解する手がかりになる。経営者は、財務面で最も魅力的な機会を最優先すると考えてほぼ間違いない。

企業の価値基準を見きわめるには、まず損益計算書を調べよう。売上構成はどうか？　売上の大部分を雑多な製品から得ているのか、それとも特定の種類の製品か、アフターサービスから得ているのか？　企業は重要な収益源を破壊するような機会を優先するはずがない。企業が現在のコスト構造を維持するには、どれだけの粗利益率が必要か？　一般に、六〇％の粗利益率が必要なコスト構造をもつ企業は、二〇％の粗利益率の事業機会には関心をもたない。どれくらいの規模の事業機会ならば、企業は関心を示すだろうか？　年商五〇〇〇万ドルで一〇％の増収を目指す企業にとっては魅力的な機会も、同じく一〇％の増収を目指す年商五〇億ドルの企業は、歯牙にもかけない。二五〇〇万ドルの収益機会は、前者の企業の増収目標を五〇％満たすが、後者の企業にとっては〇・五％でしかない。どちらの企業が二五〇〇万ドルの市場への参入に、高い優先順位を与えるだろう？

ウエスタンユニオンの損益計算書と年次報告書を読めば、同社が長距離データ通信をいかに重視していたかがわかる。同社は収益のほとんどをこの事業から得ていた。一八六九年の年次報告書によれば、同社の管理職全員が以下の報告を義務づけられていた。「電信の送受信件数、総収入、電信を受注した営業所別の売上、電信を交換したその他の営業所別の売上、その他の自社回線の利用に対して受け取った金額、他社回線の利用に対して支払った金額、その他すべての支出」[※7]。同社の管理職はこうした数字によって評価されたため、それらを非常に気にかけていたことがうかがえる。

企業の価値基準を知るための次の手がかりは、顧客名簿だ。企業は最重要顧客のニーズに応える能力を高めるようなイノベーションを優先させなくてはならない。収益の多くを特定の顧客層から得ている企業は、その顧客層をターゲットにするイノベーションに重点的に取り組む可能性が高い。ウエスタンユニオンの主要顧客は、鉄道会社、新聞社、証券会社だった。こうした企業が特に重視していたのは、長距離リアルタイム通信、特にウエスタンユニオンの途切れないデータサービスによって、商品や株式の取引所から常時情報を得ることだった。また電信は、特に鉄道会社の運営と調整において重要な役割を担っていた。

企業の価値基準を見きわめる手がかりの三つめが、過去の投資決定を調べることだ。この企業はどのような事業機会に集中して投資を行い、どのような機会を見送ってきたのか？　ウエスタンユニオンが一八六〇年代と七〇年代に行った一連の段階的な投資決定を見れば、同社が長距離データ通信に圧倒的に重点を置いていたことがわかる。また投資履歴からは、同社の価値基準が中核サービスを増強するようなイノベーションへの投資を優先していたことがわかる。

企業の経営状況を把握し、資源、プロセス、価値基準を洗い出すことによって、企業ができることできないことを深く理解することができる。次のセクションでは、競合企業のRPVを比較し、本書で**非対称性**と呼ぶ重要な違いを見分けることで、直接対決の結果を予測する方法が得られることを説明しよう。

■剣と盾を探す

二つの企業が同じような能力と動機をもっている場合、どちらの企業も互いとの競争に関心があり、かつ競争を戦い抜くためのスキルをもっている。このような状況で、競争の勝敗を分けるのは実行スキルだが、これについてはほかの研究で十分論じられているため、本書では扱わない。[※8]

より興味深いシナリオが生じるのは「非対称性」、つまり動機づけやスキルにおいて企業間に重要な違いが存在するときだ。動機づけが非対称な状態とは、ある企業が別の企業のやりたがらないことをやろうとする状態をいう。スキルの非対称性が生じるのは、ある企業の強みが、別の企業の弱みであるような場合だ。

このセクションでは、三つのトピックについて考える。

一　非対称性は、破壊のプロセスをどのように促すか

二　非対称な動機づけという「盾」と、非対称なスキルという「剣」をもつ企業を、どのように見分けるか

三　非常に有望な破壊的イノベーションが期待はずれに終わり、熾烈な競争または既存企業の参入を招いてしまう状況を、どのようにして見分けるか

非対称性はどのようにして破壊的な新規参入企業の原動力になるのか

非対称性が存在するとき、破壊的攻撃企業は市場に参入して既存企業に干渉されずに成長することができ、また既存企業がようやく対抗する動機づけをもったときには、反撃を軽減できる。非対称な競争は、大企業の唐突とも思える破綻によって終わりを迎えることが多い。既存企業は合理的な対応を重ねているつもりが、結局は破滅的な結果を招いてしまうのだ。

破壊とは、非対称な動機づけとスキルを生み出し、それを活用する戦略である。破壊は当然のごとく、次の三段階のプロセスをたどる。

第一段階：新規参入企業が非対称な動機づけの「盾」に隠れて参入する。既存企業は初期にとった対応のせいで、「詰め込み」を招く。

攻撃側の企業が動機づけの非対称性を活用するせいで、既存企業は最終的に数十億ドル規模に成長する事業機会を見過ごしてしまう。新規参入企業は「レーダー網をかいくぐって飛ぶ」とよく言われるが、実はこうした企業は動機づけの非対称性を活用しているのだ。破壊的市場は、既存企業にとって

何の価値もないか、存在しないも同然の顧客から始まる。破壊的な事業機会は、当初の規模が小さすぎるために多額の投資の対象にはならず、経営陣は注目すらしない。

動機づけが非対称なとき、企業は既存企業の反撃から守られる。なぜなら既存企業は対抗することに関心がなく、たとえ対抗したとしても本気を出さないからだ。この戦いは、新規参入企業にとってはるかに大きな意味をもつ。「犬のけんかで勝敗を分けるのは、体の大きさではなく闘争心の大きさだ」という格言を忘れてはいけない。

非対称性を評価することは、競争の勝敗を予測するうえでとても重要だ。企業が脅威や機会に関する情報をどれだけもっているかは、勝敗にほとんど影響を及ぼさない。違いをもたらすのは、企業がその情報を使って**何をするか**だ。既存企業は新技術について、新規参入企業と劣らぬ知識をもっているのだが、プロセスや価値基準のせいで、最も規模が大きく最も目につく市場に、その技術を必然的に「詰め込んで」しまうのだ。

何が詰め込みを引き起こすのだろう？　一般に既存企業の経営者は、既存事業に役立つような方法でイノベーションを利用しようとする。彼らは既存市場を知り尽くしている。こうした市場は規模が大きく、測定可能である。企業にはそこに参入するための確立したプロセスもある。したがって、市場の既存企業は必然的に、あらゆるイノベーションを――持続的イノベーションであれ、破壊的イノベーションであれ――最重要顧客のいる中核市場に投入しようとするのだ。[※9]　一例として、もしウエスタンユニオンがベルから電話の特許を買い取っていたなら、おそらく研究所でこの技術に手を加え、同社の最も収益性の高い、リアルタイム長距離データ通信の顧客が使えるように改良してから、事業化していたに違いない。

既存企業が破壊性を秘めた製品・サービスを、自社のプロセスに送り込むと、破壊的でない製品・サービスができあがることが多い。革新的な製品の破壊的性質をそのまま受け入れるのではなく、必然的に既存のプロセスと価値基準に合わせて製品を変えてしまうのだ。主要顧客に訴求するように、また既存の業務モデルに合うように、イノベーションを変えてしまう。詰め込みの問題点は、イノベーションに本来備わった破壊的なエネルギーを取り除くような形で、イノベーションを変容させることだ。イノベーションの独自の特性が高く評価されるような状況ではなく、むしろ弱みになってしまうような状況で利用しようとするのだ。

詰め込み（図2-2）は、丸い穴に四角い杭を打ち込むようなものだ。詰め込みが生じていることは、どんな兆候からわかるだろうか？　企業が多額の費用をかけて製品の欠陥を修正するときや、買収した企業を統合化するために莫大な費用をか

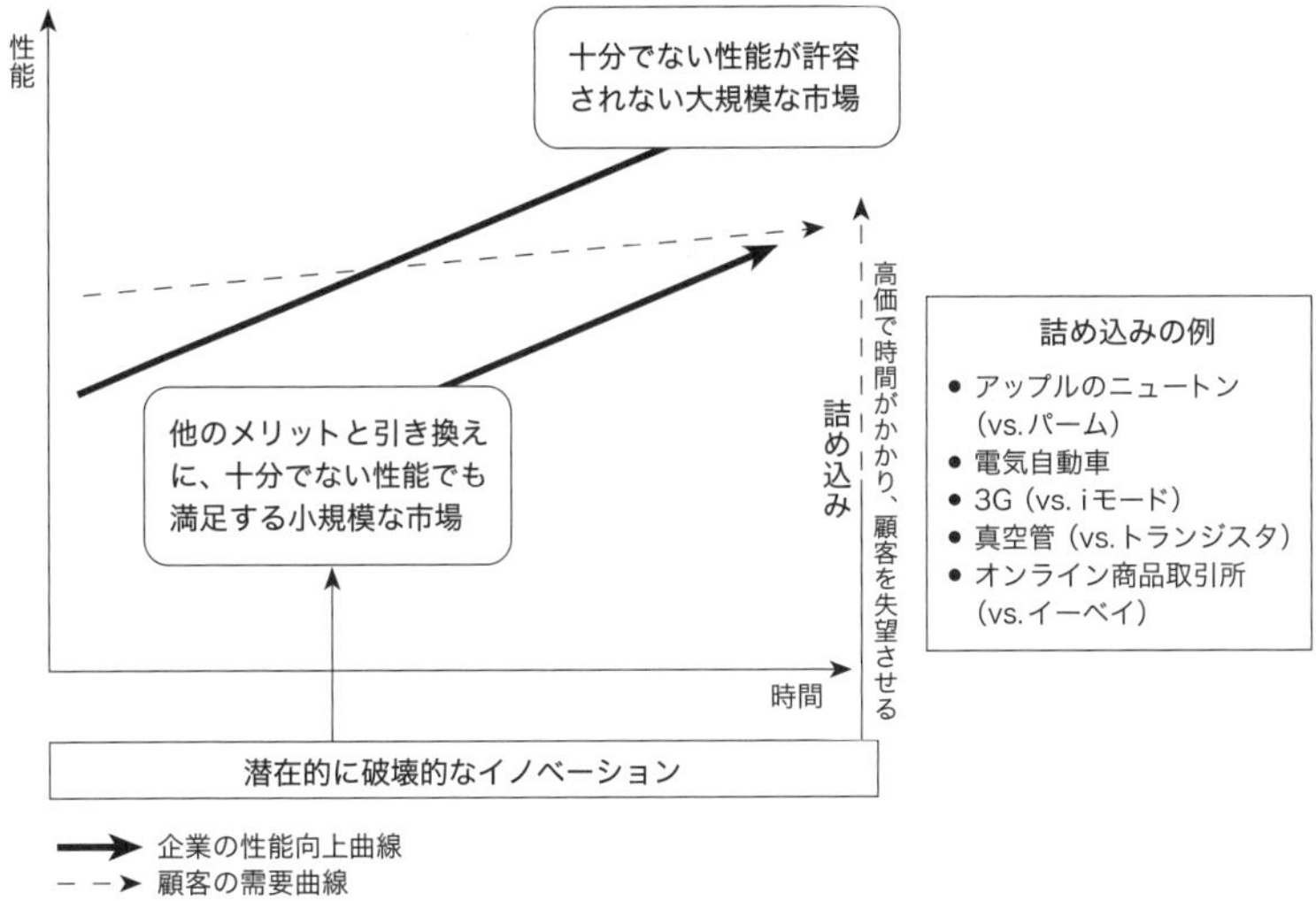

図2-2　詰め込み

けているときがそうだ。企業が製品に合わせて顧客の行動を変えようとしたり、顧客がほしくもない製品を無理やり押しつけるのも、その兆候だ。

たとえばコダックは一九九〇年代半ばに、デジタル画像技術が同社の中核事業を脅かしかねないことに気づき、研究開発に二〇億ドル以上を投じた。しかし同社はこの問題を、次のようにとらえた。「デジタル画像技術をどのように改良すれば、わが社の中核市場で銀塩フイルムに代わる有効な代替技術になるだろう?」。こうしてコダックは、高価格で高画質のデジタルカメラを開発しようとして、安価なデジタル画像技術がもたらした破壊的成長を大方逃してしまったのだ。結局、カメラの性能を高めるために二〇億ドルを投資した末に、ようやく超低コストカメラを市場に投入して高いシェアを獲得することができた。[※10] 本書ではこのあとの章でも、詰め込みの典型例をケーススタディとして取り上げ、真空管メーカーによるトランジスタの詰め込み(第七章)や、既存の無線通信事業者による次世代無線データサービスの詰め込み(第一〇章)について説明する。

詰め込みは常に行われているが、成功することはまずない。莫大な費用がかかるわりに、たいてい期待はずれの結果に終わる。詰め込みの概念は、多くの破壊的イノベーションが既存企業から生まれているのに、それらを最終的に事業化するのがなぜ別の組織なのか、その理由を説明するのに役立つ。企業は破壊的なアイデアが芽生えると、そのアイデアを主流市場に詰め込みたいという誘惑に屈してしまうのだ。「お客さまを大切に」という、広く実践されているスローガンを無視するのは不可能に近い。しかしイノベーションは主流市場にはねつけられることが多いため、不満をもったマネジャーやエンジニアは、既存企業を辞めて新しい会社を興し、イノベーションの真価を認めてくれる新しい市場を発見するのだ。

第二段階：新規参入企業は成長して改良を進め、既存企業は逃走を選択する

破壊的な攻撃企業は、独自の持続的性能向上曲線をのぼっていくうちに、やがて市場のローエンドに食い込むか、要求の厳しくない顧客を新しい利用環境に引き込むようになる。破壊的新規参入企業が市場に食い込み始めると、何が起こるだろう？　破壊による攻撃を受けた既存企業が、どんな対策をとれるかを説明するために、人が脅威を感じたときにどう反応するかを考えてみよう。わたしたちの体は即座に反応して、アドレナリンを放出し、心拍数が上昇し、呼吸数も増える。血流は重要でない部分から重要な部分に集中する。こうして体は「逃走」か「闘争」のいずれかの行動を自らに迫るのだ。

既存企業は自然と「逃走」を選ぶ。新規参入企業にとっては非常に魅力的な機会も、既存企業の目にはその後もあまり魅力的でないように映る。この非対称な動機づけのせいで、既存企業は必然的にローエンドから逃走し、この市場を新規参入企業に明け渡すのだ。AT＆Tは、当初既存の長距離市場のローエンドをMCIに譲り、ウエスタンユニオンは新しい地域通信市場をベル運営会社に譲った。

既存企業は満たされない顧客を獲得して割高な価格を得るために、上位市場に向かう持続的イノベーションをひたすら推進することを、肝に銘じてほしい。既存企業は、逃走を「好ましい」展開と考える。市場の上位層に満たされない顧客が大勢いるとき、既存企業は長期にわたって利益を上げながら上位市場に退却していける。既存企業が置き去りにしていく顧客は、往々にして最も魅力の薄い顧客であるため、逃走は増収（高価格が低価格を置き換える）と大幅な増益をもたらすことが多い。既存企業

は忠誠心が薄く、不満を抱えた、金払いの悪い（過剰満足の）顧客（部外者には「集中の妨げ」と呼ばれることもある）のことなど忘れ、代わりに忠誠心の高い、満足した、金払いのよい顧客に集中する。要するに、既存企業は条件のよい事業を手に入れる代わりに、条件の悪い事業を切り捨てるのだ。

業界で逃走が起こっているかどうかを、どうやって見きわめられるだろう？　既存企業の顧客構成や製品構成の変化、ローエンドの製品ラインの廃止、旧バージョンの製品の修理対応の終了などは、逃走の明らかな兆候だ。企業は逃走しているとき、「中核事業への集中」や「より収益性の高い機会の追求」を発表することが多い。また企業は攻撃企業から逃走するために、多角化を進めることもある。

第三段階：新規参入企業は非対称なスキルという「剣」を活用する

小さく始まった事業は次第に大きくなり、いつか既存企業が無視できないほどの規模になる。満たされない顧客の数は減少する。だが既存企業は追いつめられたとき、問題が二つあることに気づく。一つには、非対称な動機づけが邪魔をして、いまだに有効な反撃に出られない。新しい機会は大きく見えるが、それを追求するには異なるビジネスモデルが必要になる。さらに悪いことに、既存企業はいまや非対称なスキルにも翻弄されている。破壊的イノベーションは、一般に利便性や単純さ、カスタマイズ性、手頃さを中心とした新しいメリットを市場にもたらすことを念頭に置いてほしい。新規参入企業は独自の問題を着実に解決するうちに、自らの置かれた環境で成功するために必要なスキルを身につける。既存企業はいったん市場の最上位層に退却してしまうと逃げ場がなくなり、「闘争」せざるを得なくなるが、その頃には競争力を失い、不利な立場に立っている。競合環境が変化して破壊的企業が優位に立つようになると、既存企業が新しいスキルをすばやく開発するのは非常に難しくなる。

ベル運営会社は市場にしっかりした足がかりを築くまでに、人間の声を近距離間で伝送する技術に関する独自能力、つまり音響やネットワーク管理、顧客サービスなどのスキルを培った。ウエスタンユニオンは、こうしたスキルを何一つもたなかった。同社の事業では、このような問題を解決する必要がなかったのだ。かくして同社は非対称性の不利な側に立たされた。電話が二五年もかけて性能向上を遂げたあとでは、まともに張り合えるはずもなかった。同様に、ディジタル・イクイップメント・コーポレーション（DEC）は、パソコン組立業者の柔軟なプロセスに太刀打ちできず、シアーズは、ディスカウント小売業者の在庫回転率と低価格を前になすすべもなかった。

ここで重要なポイントは、電話会社が電話技術の導入から三〇年も経ってから、ようやくウエスタンユニオンを深刻に脅かし始めたということだ。同様に、携帯電話が固定電話事業を本格的に侵食し始めたときには、技術が誕生してから二五年も経っていた。どちらのイノベーションも、既存企業の中核事業とはまったく異なる市場で、非常に長い時間をかけて成長していった。つまり、既存企業が自社の中核事業が斜陽であることをデータから読み取る頃には、行動を起こそうにももう手遅れなのだ。タイムリーに行動を起こすためのシグナルは、健全な理論から得るしかないということだ。

破壊的イノベーションの環境では新規参入企業が勝つ。なぜなら、新規参入企業が（往々にしてそうとは気づかずに）非対称性を有利に活用できるからだ。既存企業の強みは、裏を返せば弱みでもある。既存企業は、優れた製品を要求の厳しい顧客に提供する原動力である価値基準に阻まれて、新規市場を追求できない。最終的に既存企業の最も強力なライバルになる新規参入企業は、こうした市場に合ったプロセスや価値基準を育んでいく。既存企業のプロセスは、既存顧客のニーズを満たすことはできるが、競合環境が変化して新たな能力が必要になれば、かえって弱みになる。破壊的攻撃企業から逃走すれば、短期的には業績が向上しても、競争に必要なスキルをさらに失うことになる。はた目には信じられないほどあっけなく終焉は訪れる。既存企業にできるのは、せいぜい成功した企業を遅まきながら買収して、究極の破滅を食い止めることくらいだ。

これに対して持続的イノベーションの環境では、既存企業が勝つ。なぜならこのとき、非対称性を有利に活用して攻撃するのは既存企業だからだ。たとえばある新規参入企業が、既存企業の最良顧客に急進的な持続的イノベーションを売り込もうとしたとする。この状況には動機づけの非対称性は存在しない。既存企業はこの市場を追求する強い動機づけをもっているからだ。既存企業のプロセスは、相対的な弱みではなく強みになる。急進的な持続的イノベーションを推進する企業は、ほぼ必ず長く熾烈な競争に身を投じることになる。新規参入企業が、既存のリーダー企業に先進技術をすばやく売却するか、または非常に我慢強く、潤沢な資金をもつ投資家がバックについているのでもない限り、既存企業は新規参入企業よりも多額の費用を投じて、よりよい製品・サービスを生み出し、やがては新規参入企業を市場から駆逐するだろう。[※11]

非対称性の剣と盾をもった企業を探し出す

変化のシグナルの質問がきわめて重要なのは、このように非対称性が強力な力を及ぼすからだ。無消費者や過剰満足の顧客を獲得するための新しい方法を生み出す企業は、そうした事業機会に魅力を感じない既存企業からほとんど干渉を受けないまま、新しい市場を創出するか、市場の低位層に参入することができる。こうした新規参入企業は、まったく異なるスキルやビジネスモデルを開発する可能性がある。

表2-2に、競争の勝者と敗者を見分けるのに役立つ、二種類の非対称性を特定する方法をまとめた。

非対称な動機づけを生み出す要因は三つあり、そのすべてが企業の価値基準と関わりがある。第一の要因は、事業機会の絶対的な規模に関するものだ。中小企業には興味深く、大きく見える機会も、大企業にはつまらない、些細な機会に見えるかもしれない。新興の電話会社にとって、新しい地域通信市場は広大に思われたが、ウエスタンユニオンの価値基準に照らすと、同じ市場が取るに足りないように思われた。同様に、世界のトップ企業が大きいと感じる成長機会は、新興企業にとっての成長機会とはまったく異なるはずだ。第二の要因は、事業機会において当初ターゲットとされる顧客と関係がある。破壊的イノベーションは、既存企業にとって望ましくない顧客や、存在しないも同然の顧客から始まる。新規参入企業は、既存企業が相手にしたくない顧客を獲得する動機づけを大いにもっている。第三の要因は、事業機会のビジネスモデルと関係がある。破壊的な新規参入企業は、既存企業が利益を上げる方法とはそぐわないビジネスモデルを用いる。こうした企業のビジネス

何に注目するか	定義	シグナル
非対称な動機づけ	ある企業が、別の企業がやりたがらないことをやっている（反撃から身を守る盾になる）	• 企業の規模と比較した市場の規模 • ターゲット顧客 • 既存のビジネスモデルとかけ離れたビジネスモデル
非対称なスキル	ある企業が、別の企業にできないことをやっている（攻撃に使う剣になる）	• 成功するために必要なプロセスと既存のプロセスの不一致

表2-2　動機づけとスキルの非対称性を特定する方法

モデルは、販売単位当たり粗利益が低く、資産回転率、つまり資産活用の効率性が高い傾向にある。破壊的イノベーションは標準的な既製品であることが多いため、顧客は販売後のサポートを専門的企業に頼るか自ら行うことになる。顧客との長期的関係と複数年にわたる保守契約をもとにしたビジネスモデルをもつ企業は、こうした貴重な収益源を破壊するような製品を販売したがらない。

非対称な動機づけが働いていることは、どうすればわかるだろうか？　二つの企業がまったく異なる行動をとり、しかもそれぞれにとってその行動が理に適ったものである場合、非対称性が存在することがわかる。またある企業が「儲からない」と称する業界を、別の企業が「重要な」業界と呼ぶときにも非対称性が働いている。一九九〇年代にシスコがネットワーク機器市場でシェア獲得に励んでいたとき、ＩＢＭはより収益性の高いサービスに専念するためにネットワーク機器市場から撤退した。これに対して、新規参入企業が開拓した新興成長市場を、既存企業が戦略的な優先事項と位置づけるのは、非対称性の不在を示す兆候であることが多い。

非対称なスキルは、企業が敵を攻撃する際に振りかざすことのできる武器になる。企業のスキルの大部分が、そのプロセスから生まれることを忘れてはいけない。プロセスは特定の問題をくり返し解決するうちに生まれる。こうしたプロセスは同じ課題をくり返し行うために設計されており、したがって柔軟性に欠けることが多い。スキルの非対称性が生じるのは、ある企業が同じ課題をくり返し完了するうちに、競合企業には真似できない独自能力を開発したときである。

競合企業間にスキルの非対称性が存在するかしないかを知る方法はあるだろうか？　企業がこれまでに何度も取り組んだ課題、それを行うための公式、非公式なプロセスが形成されたと考えられる課題をリストアップしてみよう。このリストを見ながら、破壊的イノベーションの市場で成功するには、どんな性質の課題が必要かを考えてみる。もし企業のプロセスが、こうした市場環境で求められる課題を遂行するのに役立ちそうなら、企業はその市場に必要なスキルをもっていることになる。どんな企業にも強みと弱みがある。ある企業が強みをもっている市場で、別の企業がもつ能力が弱みになってしまうなら、これら企業のスキルは非対称だと言える。

■有望な破壊的イノベーションが失敗する状況

破壊的新規参入企業が、成功に向かってばく進しているように思われるのに、既存企業が最終的に勝利するような状況が存在する。

非対称性を理解することで、破壊のプロセスが軌道を外れがちな二つの状況を見きわめられる。一つめの状況が生じるのは、業界環境のせいで、既存企業にとって「逃走」が受け入れがたい選択肢になるような場合だ。二つめの状況が起こるのは、新規参入企業が早い段階で差別化を実現するようなビジネスモデルやスキルを開発できず、その結果既存企業にとって「取り込み」が当然の選択になる場合だ。こうした状況では、急成長段階のあとに、熾烈な競争のバトルが起こると予想される。

逃走が不可能な業界環境

上位市場への逃走が、既存企業にとって自然な選択になるのは、ハイエンドに十分な規模の魅力的な市場が存在する場合に限られる。だが逃走は必ずしも可能とは限らない。企業が満たされない顧客のいる次の上位層に進出する能力をもたない場合や、満たされない顧客が存在しない場合、また既存企業がコスト構造やビジネスモデルのせいでローエンドから離れられない場合がある。

AT&TとMCIの競争について考えてみよう。MCIは何年もの間、AT&Tから本格的な干渉を受けずに成長していた。しかし最終的にAT&Tは、MCIに反撃せざるを得なくなった。AT&Tのビジネスモデルでは、巨額の固定費を多数のユーザーの間で按分償却する必要があったからだ。ハイエンドに逃走すれば、最も先進的な製品・サービスに対して割高な価格を支払う意志のある少人数の顧客に集中することになるため、逃走という選択肢は現実的ではなかった。AT&Tは、MCIに奪われた顧客を取り返す必要があったため、最後には反撃に転じた。その結果として起こった一九八〇年代と九〇年代の「長距離戦争」のせいで、両社は広告宣伝費に数百万ドルを投入するはめになり、そして競争の「勝者」は、ますます収益性の低下する市場でシェアを拡大する結果に終わった。

既存企業は逃走が不可能な状況では、闘争を選択すると考えられる。そうなると新規参入企業は、非対称な動機づけという盾の陰に隠れられなくなる。そしてこれが早い段階で起これば、新規参入企業には非対称なスキルを磨くだけの時間がない。その結果、市場シェアをめぐる熾烈な戦いが勃発することが多い。この考え方に立つと、なぜ航空業界で多くのプレーヤーが勝ち目のない状況に甘んじているのかを説明できる（第六章で詳しく取り上げる）。

非対称性が十分でない状況では、取り込みが自然な選択になる

このように既存企業は、進出できる上位市場がなければ逃走できない。既存企業が破壊的攻撃企業に反撃する強い動機づけをもつような状況は、ほかにあるだろうか？　それは、新規参入企業が既存企業と同じような方法で利益を上げているか、よく似たプロセスをもっている場合だ。新規参入企業

は、既存企業が魅力を感じないビジネスモデルを開発できなければ、あるいは破壊的事業に見合った独自のスキルを磨けなければ、まずい事態に陥る。新規参入企業は、小さく取るに足りない市場に既存企業が関心を示さないおかげで、**最初のうち**こそ成長できても、いったん市場の存在が知れ渡れば、既存企業は社内の資源を動員してイノベーションを取り込もうとするかもしれない。新規参入企業がこの事態を避けるには、既存企業がイノベーションの取り込みに魅力を感じないようにしなくてはならない。これができない場合、既存企業の動機づけは必然的に逃走から闘争に転じる。そして勝とうとする動機づけが同等であれば、新規参入企業と既存企業との直接対決では、既存企業が圧倒的に有利なのだ。

既存企業による取り込みを示す兆候とは何だろう？　一つには、既存企業が新規参入企業と似た製品・サービスの開発に取り組んでいることだ。また既存企業による破壊的新規参入企業の買収、統合は、取り込みを示す明らかなシグナルだ。ビジネスモデルやプロセスに非対称性が存在しない状況では、取り込みは既存企業にとって有効な対処戦略となる。

既存企業はそれでも破壊的イノベーションによって生み出される成長の大部分を逃してしまう場合がある。それはもちろん、取り込み戦略を始める**時期**と、それを実行する**場所**による。**成長志向型**の取り込みは、早い時期に開始する必要があり、かつ新規参入企業の中核顧客をターゲットにしなくてはならない。つまり、既存企業は新規顧客に訴求するように既存の製品・サービスを強化して、破壊的イノベーションを取り込む必要がある。[※12]　たとえば既存の電話会社は無線技術に直面したとき、成長志向型の取り込みを選択し、社内の資源を総動員して無線技術の開発に取り組み、新規顧客向けに売り込もうとした。

他方、**防衛型**の取り込みが生じるのは、技術開発の終盤段階に入ってからが多い。既存企業が市場の最も厚い階層で競争に敗れたことに気づき、新規参入企業の上位市場への参入を食い止めようとするのだ。オラクルは一九八〇年代に、ミニコンピュータ市場に破壊的なリレーショナルデータベースを投入した。[※13] IBMはこの市場でオラクルが圧勝したことを悟ると、メインフレーム市場のローエンドにリレーショナルデータベースを投入して、オラクルの攻撃を阻止しようとした。

企業が推進しているのが、成長志向型の取り込みなのか防衛型なのかを知るには、その企業のターゲット顧客や公式発表に注目すればいい。たとえば既存企業が破壊的企業の主要市場を戦略的に優先すると発表するのは、成長志向型の取り込みの明らかなシグナルだ。

わたしたちの理論によれば、成功に必要なスキルや動機づけを既存企業がもっていなければ、取り込みの努力は実を結ばない。だがそうでない場合、既存企業はいつか必ず技術を習得して、攻撃者を阻止するか飲み込んでしまうだろう。既存の電話会社は、ネットワークを構築、維持する能力をもち、すでに顧客を獲得しており、うなるほどの現金があった。これらは無線通信事業の新規参入企業にとっては、乗り越えがたい障壁だった。無線通信の新規参入企業は既存企業が魅力を感じるようなビジネスモデルを選択し、既存企業に学習する手段を与えてしまったために、長期的に不利な立場に立たされた。

要約すると、既存企業は破壊的な新規参入企業に攻撃されそうなとき、次の三つの行動のいずれかをとる。市場を明け渡すか、成長型の取り込みを試みるか、防衛型の取り込みを試みるかだ。表2-3に、これら対処戦略を見きわめる方法をまとめた。

戦略	定義	シグナル
撤退	既存企業が新規参入企業に市場を明け渡すこと	・企業が中核顧客への回帰を発表する ・市場の下位層を明け渡す ・ローエンド向け製品を廃止する計画
取り込み	既存企業が社内の資源を用いて攻撃に反撃しようとすること	・企業が破壊的イノベーションを構築または買収する
成長志向型	既存企業が新規参入企業の顧客をターゲットにする	・既存企業が中核製品に手を加えて新規参入企業の市場をターゲットにする ・既存企業が新規参入企業の市場を戦略的に優先すると発表する
防衛型	既存企業が既存顧客の周りに防壁を築き、参入を防ごうとする	・既存企業が既存の顧客基盤のローエンドに新製品を投入する ・新規参入企業の市場を優先しないと発表する

表2-3　既存企業の対応戦略を特定する方法

■相対性の原理

本章で取り上げたさまざまな概念から、もう一つ重要なことが言える。それは、破壊性は相対的な概念だということだ。企業は特定の資源・プロセス・価値基準（RPV）をもっているせいで、特定のフィルターを通してイノベーションを見るようになる。異なるRPVをもつ企業は、同じイノベーションを見ても、それぞれの目にはまったく違うものが映っている。たとえばインターネットが出現したとき、それを社内コストの削減手段とみなした企業もあれば、新しい成長を創出する手段ととらえた企業もあった。

相対性の原理は、「企業は持続的イノベーションなくしては、破壊的イノベーションを推進できない」という、一見逆説的な言明を説明する。企業はいったん破壊的な足がかりを築けば、その後のイノベーションによって、独自の性能向上曲線をのぼっていける。こうした追加的なイノベーションは、破壊的企業の以前の市場での地位に対して持続的イノベーションにあたるが、既存企業にとってはきわめて破壊性の高いイノベーションになる。なぜならこうしたイノベーションを通して、攻撃者はさらに大きな顧客集団のニーズを満足させる製品・サービスを提供できるようになるからだ。その結果、本章で説明した最終的な競争のバトルの環境が整うのである。

■まとめ

わたしたちの手法の第二段階は、競争のバトルを評価することだ。直接対決の結果を予測するには、まず競合企業の強みと弱みを評価する必要がある。ちょうどリーチや戦績といった指標をもとにボクサーを評価するように、資源（企業がもっているもの）、プロセス（企業が仕事をする方法）、価値基準（企業のやりたいこと）の観察を通じて企業を評価できる。競合企業の経営状況を把握することで、その強みと弱み、能力と動機づけを見きわめられる。

わたしたちが関心をもつ競争での勝者は、ほかの企業がやりたくないこと、またはできないことを行う企業である。企業はこうした非対称性に牽引されて、自然に破壊への道筋をたどる。新規企業は、無消費者や過剰満足の顧客を狙う新しい方法を生み出し、非対称な動機づけという盾に守られながら、新しい成長を生み出す。既存企業は反撃する意欲をもたない。新規参入企業は成長するうちに独自の製品・サービスを提供するための独自のスキルを身につけ、非対称なスキルという剣をもつようになる。既存企業が反撃する気になったときには、もう後の祭りだ。

競争のバトルを分析するには、次の重要な質問を考える。

□業界のプレーヤーのビジネスモデルはどんなものだろう？　動機づけは？　スキルは？
□業界のプレーヤーはどのような違いをもっているか？　市場のニーズを満たす方法に違いはあるだろうか？　対称性が存在するのはどこか、非対称性はどこにあるか？
□非対称性は、攻撃側の企業と既存企業のどちらに有利に働いているか？
□イノベーションはターゲット市場に自然になじむものだろうか？　詰め込みの兆候は見られないだろうか？
□企業がローエンド市場から撤退し、上位市場に向かおうとしている兆候はあるか？　向かうべき上位市場は残っているか？　その上位市場にいられるのは、あとどれだけの時間か？

これら二つのトピックを評価するうちに、重要な疑問が浮かんでくる。非対称性はどこから来るのだろう？　企業はどのような選択を行えば、成功の見込みを高められるだろう？　どのような選択を行うと失敗するのか？　次章ではさまざまな戦略的選択を分析することによって、こうした疑問に答えていこう。これらは、企業が自らに働いている力を逆手にとって、競合環境を変えようとする決定である。

第三章　戦略的選択——重要な選択を見きわめる

破壊は避けられるだろうか？　新規参入企業が下さなくてはならない、重要な決定とはどんなものだろう？　どのような市場を最初にターゲットにすべきなのか？　どのような組織を設計すべきか？　こうした決定は、どのような力に左右されるのだろう？　外部者がそうした力を観察する方法はあるだろうか？　既存企業はどのような対処戦略をとれば、新規参入企業の破壊的攻撃をかわせるだろう？　こうした対処戦略が成功する見込みを、どのようにすれば評価できるのか？

本書の分析的プロセスの第三段階では、企業が下さなくてはならない重要な選択を洗い出し、そうした選択がもたらす影響を理解する方法を説明する。新規参入企業がどのような「準備計画」を立て、どのようなバリューネットワークを選択したかを検証し、既存企業が「破壊の黒帯」を得たかどうかを検証すれば、戦略的選択の質問——「企業が下している決定は、その企業が最終的に成功する見込みを高めるのか、それとも低めるのか？」――に答えることができる。図3-1に、本章で取り上げるトピックをまとめた。

イノベーションの理論は、すべての企業に影響を及ぼす自然の力を説明する。こうした力は、企業のマネジャーが日々下すさまざまな決定を通して、かすかに現れることが多い。たいていの場合、既存企業は知らぬ間にこうした力に屈してしまう。これらの力のせいで、既存企業は自らが正しい合理的な決定を下していると思ってしまうからだ。

とはいえ、競争は必ずしも絶望的な終わりを迎えるとは限らない。企業は複雑な存在であり、また破壊の道筋にはさまざまな紆余曲折が待っている。競争の勝者が前もって決まっていることなどまずない。同じイノベーションを、破壊的イノベーションとして活用す

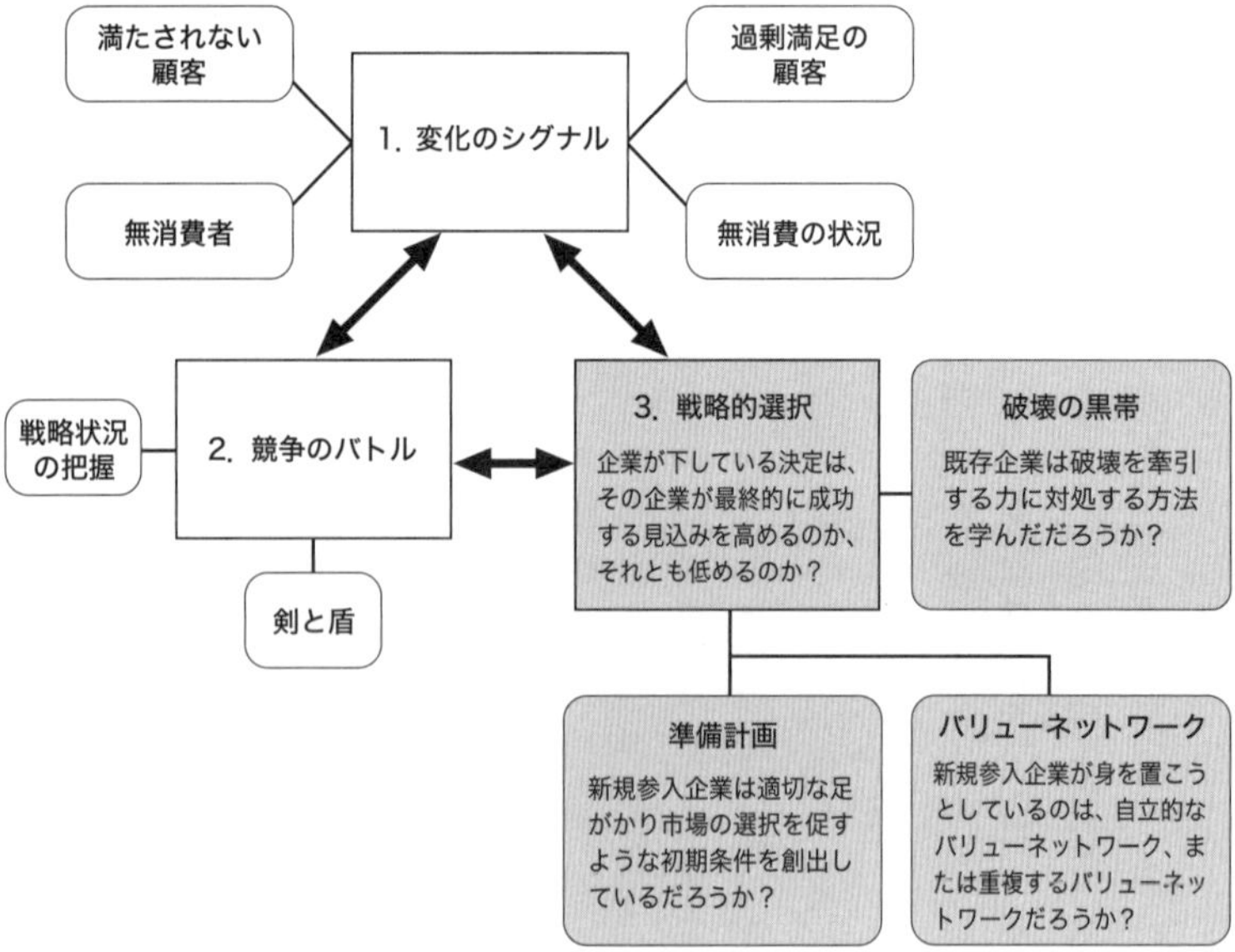

図3-1　戦略的選択

るか持続的イノベーションとして活用するかは、経営判断であることが多い。企業は優位性を生み出すことも、相手の優位性に対抗することもできる。ひと言でいえば、企業による**選択が成否を分けるのだ。**

本章では、業界の自然な進化の過程に変化を起こし得る、三つの重要な選択を取り上げる。

一　**新規参入企業が誤った準備計画を実行する：**準備計画とは、企業の人材採用、戦略策定プロセス、資金源に関するさまざまな意思決定をいう。誤った決定がつくる初期条件のせいで、新規参入企業は誤った市場に足がかりを築こうとする場合がある。

二　**新規参入企業が既存企業と重複するバリューネットワークを構築し、既存企業が取り込みを行いやすい道筋をつくってしまう：**バリューネットワークとは、上流のサプライヤーや下流の販路、その他の補助的な企業の集まりをいう。新規参入企業は、既存企業のバリューネットワークの中で競争するという選択を下すと、既存企業の価値基準への同調を求める圧力にさらされ、新規参入企業に何より必要な非対称性を失ってしまう。

三　**既存企業が破壊の黒帯を得て、自らに働く力を有利に活用する能力を身につける：**飛行機のパイロットが適切な機器とスキルがあれば重力に逆らって飛行できるのと同じで、企業も破壊をマスターすることができる。

豊富な資源と確立したプロセスを活用できる既存企業は、これら三つのうちのどの選択が下された場合にも、形勢を有利に逆転させることができる。

■企業は誤った準備計画のせいで誤った市場に足がかりを築く場合が多い

誤った参入地点、つまり誤った「足がかりとなる市場」から参入する新興企業は、またたく間に非対称性の不利な側に追いやられる。どんな新規参入企業も開業初日から悩ましい選択を迫られる。まったく新しい製品を開発するのは難しいし、新しい市場を開拓するのはさらに難しい。これに対して、大規模な既存市場は容易に特定できる。こうした市場の最も要求の厳しい顧客は、最も割高な価格を支払うことが多い。このような顧客の獲得を目指すのは、破壊戦略ではなく持続戦略だ。前章では、持続的イノベーションを軸とした競争ではなぜ既存企業が必ず優位に立つのを説明し、企業が破壊性をもつイノベーションを既存市場に詰め込むとき何が起こるかを説明した。

もちろん、このような動きは外からも観察可能である。だが新規参入企業がこうした危険な道を転がり落ちそうなことを、あらかじめ知る方法はあるだろうか？　前章のボクシングの例をもう一度考えてみよう。ボクサーの強みと弱みを現実的に理解するには、外見だけを見て「このボクサーはとても強い」とか「俊敏だ」と決めつけても埒が明かない。ボクサーがどんな準備計画を実行して戦いに備えたのかを理解する必要がある。そう

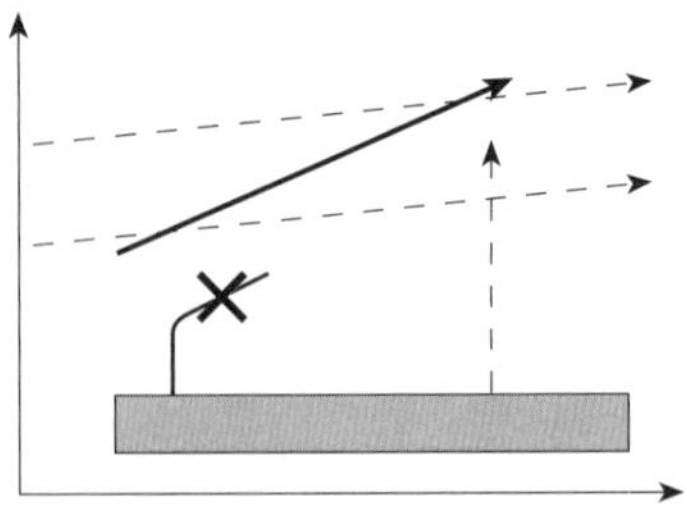

図3-2　戦略的選択：誤った準備計画のせいで誤った市場を足がかりにしてしまう

すれば、ボクサーの持久力や俊敏性などが、ずっとよくわかる。同じことが企業の強みと弱みの分析についても言える。もちろん、こういったことの中には、企業を外から観察するだけでわかるものもあるだろう。しかし俊敏性や持久力、反応のパターンは、企業が目下の課題に取り組むために準備をしたかどうか、した場合はどのような準備をしたかを検討することで初めて理解できる。

『イノベーションへの解』では、イノベータが戦略策定、人材採用、事業資金の調達といった重要な決定を下す際に役立つ、さまざまな理論を紹介した。[※1] 本章ではそうした理論を使って、企業が適切な戦略策定プロセスを用い、適切な人材を採用し、適切な資金源から資金を調達することによって、正しい足がかり市場を探しやすい条件を整えているかどうかを、外部者が評価する方法を説明する。

このような評価は、企業の中核に近い人ほど簡単に行える。だが中核から離れた人でも、何を質問すべきかがわかっていれば、こうした問題について洞察を得られるのだ。

表3-1に、企業の準備計画の重要な要素と、企業が活用すべきツールと理論、そして企業が実際に適切なツールを活用し

分野	適切なツール／理論	シグナル
戦略策定	不確実な状況では、創発的な力を活用して、適切な市場／ビジネスモデルを探す	・固定費の低いコスト構造は、柔軟な対応を可能にする ・市場のシグナルに適応しようとした実績 ・思い込みよりも実験を重視する事業計画
人材採用	企業が今後直面しそうな状況の「経験の学校」に通った人材	・新しいベンチャー企業が直面するであろう問題と似たような課題に、以前の職務で取り組んだことのある人材
資金源	不確実な状況では成長を気長に、利益を性急に求めるような投資家が必要になる	・投資家の価値基準（急成長を必要としているか） ・企業と投資家の関係

表3-1　準備計画を分析する

ていることを示すシグナルをまとめた。

適切な創発戦略を突きとめる

企業戦略は、一流のコンサルティング会社が分厚いバインダーにまとめる書類などでは到底とらえきれないものだ。企業の実際の戦略は、企業がどのような製品を発売し、プロセスを実行し、サービスを提供し、買収を行うかといった行動に表れる。経営者はトップダウンで意図的に戦略を指示することもできれば、ボトムアップで創発的にわき上がってくる戦略を採用することもできる。[※2]

企業は創発的な力を促すことで、適切なターゲット市場を発見しやすくなる。新市場型破壊的イノベーションを推進している経営者が唯一確信をもって言えるのは、「市場がどのように進化していくかはわからない」ということだ。創発的な戦略プロセスを用いれば、市場のシグナルを読み取り、それに合わせて戦略的行動を調整していける。

企業が創発的戦略のプロセスを採用しているかどうかは、どうすれば判別できるのか？　一つの方法が、上級経営陣に聞き取りを行うことだ。また、企業の行動を観察していればわかることもある。企業は思い込みから行動するのではなく、学習し適応できるような事業体制を構築しているだろうか？　大規模な先行投資を行う企業は、固定費を賄うために大口顧客や量販市場の顧客を獲得せざるを得ないことが多い。先行投資を少額に留めておけば、柔軟な対応が可能になる。当初の製品アーキテクチャが柔軟で構成可能なら、創発的要因に適応しやすい。

たとえ大規模な先行投資が必要な状況でも、主要な前提を検証し、それに応じてビジネスモデルを修正する方法を開発することはできる。[※3]「わかっていないこと」を認識し、未知を既知に変える手順をもっている企業を、投資家はもっと信頼すべきだ。企業の経営者の発言と行動の両方に注目しよう。経営者は「今後五年以内に一〇億ドル規模の市場が生まれるでしょう」と言うだろうか、それとも「もしXとYが起これば、五年以内に一〇億ドル規模の市場が生まれるでしょう。XとYが起こる確率は、次の方法で検証します」と言うだろうか。企業は投資を「段階的に」実施しているだろうか、つまりある程度まとまった金額を投資したあと、前進がはっきり目に見えるまでは、追加投資を控えるだろうか？

たとえば一九九六年に電気通信改革法が施行されると、多くの企業が地域電話市場への参入を試み、投資家は急成長を謳う事業計画に数十億ドルを注ぎ込んだ。こうした新規参入企業のほとんどが失敗し、多くの場合華々しい失敗を遂げた。この市場で暗黙のうちに――また検証もせずに――信じられていた前提は、「新規参入企業がRBOC（地域電話会社）の所有するネットワーク要素を簡単に利用できる」というものだった。もしも投資家がこれらの企業の事業計画の見通しから逆算して考えていたなら、この前提を検証し、市場の実態をきちんと把握するよう企業に要請することもできただろう。この前提を検証するには、たとえばVCE理論を用いて、新規参入企業とRBOCのインターフェースが本当にモジュール型かどうか、つまり特定可能、検証可能、予測可能かどうかを分析することもできた。モジュール性の不在が明らかになっていれば、投資家は事業計画の背後にある前提の誤りに気づき、異なる対象に投資していたかもしれない。

同様に、「帯域幅に対する需要と供給が爆発的に伸びる」という予測は、一九九〇年代末に生まれた多くのベンチャー企業を支えていた未検証の前提だった。需要の伸び悩みによって、これら企業の夢は打ち砕かれ、事業計画はただの数字の羅列になり、しゃれたオフィス家具はイーベイ行きとなった。多くの人が「絶対確実」だと考えていたことは、実は不確実だったのだ。

調査の行き届いた、入念に準備された事業計画をもち、不透明な状況での予測を信じ込んでいる企業を、投資家は怪しまなくてはならない。「顧客はこのよさがどうもわからないようだ。自分は何がほしいのかがわかっていないのだ」という発言には、前提を覆すような証拠が挙がっているのに、意図的戦略にしがみつく企業の姿勢が表れている。

意図的戦略が有効な状況もある。市場から明確なシグナルが得られ、勝つために必要な戦略が明らかになれば、意図的戦略に転換しなくてはならない。[※4]「厳密」「整然」といった手法こそ、こうした状況ではふさわしい。同様に、意図的戦略は持続的イノベーションを推進する大企業には、非常に有効である。

経験の学校を調査する

経営陣の資質は、成否を分ける重要な要素である。これは誰でも知っていることだ。新しいベンチャー企業を評価する際には、まず事業計画の最後のページに記された、創設者の経歴をチェックしろと教えられる。だが何に注目すればいいのか？　『イノベーションへの解』では、モーガン・マッコール教授の提唱する「経験の学校」の理論を指針として、採用決定を下す方法を説明した。人材採用は厳密な科学ではないが、この理論によれば、経営者は生まれながらにしてなるのではなく、経験によってつくられる。将来取り組まなくてはならない課題に、過去にも取り組んだことがある人材、つまりそのような「経験の学校」に通った人材は、成功する見込みが高い。言い換えれば、着目点さえ正しければ、経営陣の経歴は重要な手がかりになるということだ。

どんな企業も独自の難問を抱えていて、それを解決するための特定の経験の学校に通った経営陣が求められる。『イノベーションへの解』で説明したことは、ここでもあてはまる。企業が将来直面するとわかっている難問をリストアップして、経営者が過去に似たような課題に取り組んだことがあるかどうかを確かめるのだ。[※5]

不確実性の高い環境で破壊的イノベーションを推進する企業は、どのような問題を克服する必要があるだろう？　破壊的企業の経営者は、次に挙げる経験の学校の「講座」を、少なくともいくつか受講していることが望ましい。

□不確実性のきわめて高い環境で事業を行ったことがある
□一見得られそうにない情報を掘り起こすための計画を立案したことがある
□試行錯誤の末に、製品・サービスを利用できる、思いもよらない顧客を発掘したことがある
□詳細なデータだけに頼らず、理論と直感をもとに決定を下したことがある
□臨機応変な対応により、それほど資金を使わずに問題を解決したことがある
□企業の課題にふさわしいスキルを備えた経営チームを、ゼロから立ち上げたことがある
□やるべきことを速くやるために、社内の特定のプロセスを阻止、活用、あるいは操作したことがある

少なくともこうした課題のいくつかに取り組んだ経験のある経営陣は、破壊的イノベーションの推進を先導するのにふさわしい立場にある。もちろん、前のセクションで説明したように、創発的戦略

ではなく意図的戦略が必要な状況では、経営陣はまた別の問題に取り組まなくてはならず、そのために別の経験の学校に通っていなければならない。

適切な資金源を探す

スターバックスの紙ナプキンに計画を走り書きしている起業家から、数十億ドル企業で働くエンジニアに至るまで、どんなイノベータも資金を必要とする。イノベーションを事業化するには資金が必要なのだ。イノベータは、成長過程の節目ふしめでイノベーションに必要なものを与えるような価値基準をもっていなくてはならない。

『イノベーションへの解』では、破壊的イノベーションを推進する企業は「成長は気長に、利益は性急に」求めるべきだと説明した。だが投資家が、一気に成長を遂げることを投資対象に要求するような価値基準をもっていれば、そうも言っていられなくなる。

一般に業界ウォッチャーは、「名のある」投資家の太鼓判を得ているかどうかで、成功しそうな企業と失敗しそうな企業を判別しようとする。一流のベンチャーキャピタリスト（VC）は、ノウハウや経験、幅広い人脈をもち、最高の取引を見きわめる力がある。こうしたVCのふるいにかけられた企業なら、成功するに違いないと考えるのだ。

しかし投資家が企業に与えるのは、それだけではない。彼らは自分たちの価値基準を企業に押しつけるのだ。あらゆる企業がそうであるように、VCファンドも成長するにつれて価値基準が変化していく。一九九〇年代に多くのVC企業が、杓子定規的なデータ至上主義に転換し、市場が存在するという証拠を確認してからでないと投資を行わなくなった。このせいで、VCは直感のおもむくまま、破壊性を秘めた事業機会に投資しづらくなった（「ベンチャーキャピタリストと破壊的イノベーション」のコラムを参照）[※6]。綿密な定量分析や市場予測を要求する投資家は、一見すると性能の限られた製品を測定できない市場に投入している企業を退けてしまうかもしれない。本章の用語で言えば、そのような投資家は、意図的戦略を実行することを企業に強要し、創発的要因を認めようとしないのだ。さらに言えば、ファンドが成長して規模が拡大すれば、投資対象の企業に、一気に成長せよという圧力をますますかけるようになる[※7]。大成功を遂げるための市場として自然に目が向くのは大規模な市場だが、そうした市場は破壊的イノベーションの足がかりを築くにはふさわしくない場合が多い。

ベンチャーキャピタリストと破壊的イノベーション

最近の破壊的ベンチャー企業にとって、どこから資金を得るか（資金源）は成否を分ける重要な要因でないことを、わたしたちの研究は示唆している。ストレージ製造企業のEMCは自己資金で創設されたし、シスコがVCファンドに接近したのは、収益性の高いビジネスモデルを開発したあとだった。ブルームバーグは、マイケル・ブルームバーグとメリルリンチから出資を得て、破壊的な端末を市場に投入した。チャールズ・シュワブは一九七〇年代にディスカウント証券会社のビジネスモデルにVCの投資を求めたが、拒否された。

携帯情報端末（PDA）市場が生まれたときのことを考えてみよう。この市場の創出を助けた、または邪魔したのは、どこからの資金だろう？　企業の自己資金は役に立たなかったように思われる。

PDA市場を生み出そうとするアップルの取り組みは、壮大な失敗例として今では盛んに研究されている。アップルはニュートンの開発に、三億五〇〇〇万ドルを超える資金を投じた。多くの新技術を利用して超小型パソコンを開発しようとしたが、顧客の気を引くような性能をもつ製品はついぞつくれなかった。VCの資金も、破壊的イノベーションを目指す多くの企業の役に立たなかった。VCのクライナー・パーキンスは、ゴー・コーポレーションという新興企業に七五〇〇万ドルの出資を行ったが、この会社はあえなく破綻してしまった。こうした企業やVCは、この市場に参入するために総計一〇億ドル以上を投資したことになる。

他方、パームはVCから資金を得ていたが、足がかりを見つけるのに役立ったのはVC資金ではなかった。パームはパームパイロットの開発にわずか三〇〇万ドルしか費やしていない。当初パームは、メリル・ピッカード・アンダーソン&エアとサター・ヒル・ベンチャーズから投資資金を得て、「ズーマー」という名のPDAを開発したが、ビジネス誌の『ファスト・カンパニー』に「いろいろなことをお粗末にやるための端末」※と酷評され、アップルやゴーの製品と同様、失敗に終わった。だがパームは第二世代の開発に必要な資金を残しておいた。ズーマーを購入してくれた数少ない顧客がズーマーをどのように評価していたかを調査し、その結果、驚くべき発見をした。消費者がほしかったのはコンピュータに代わる製品ではなく、性能が限られているが使いやすい、コンピュータを補完する製品だったのだ。パームは電子アドレス帳などのアプリケーションだけしか使えない、比較的単純な機器を開発するというアイデアを思いついた。おかげでユーザーは複雑な手書き認識ソフトに頼らずに、直感的で簡単な手書き入力ができるようになった。パームパイロットは、ユーザーのコンピュータとシームレスに同期したため、消費者はいつも同じデータを使えた。単純、安価で、性能は限られているが、用事をきっちり片づけて、ユーザーを喜ばせたこの製品は、まさに破壊的イノベーションだった。

この必勝戦略を武器に、パームは別のVCから資金を得ようとしたが、その頃には携帯端末市場を取り巻く熱狂が急速に冷え込んでいたため、どの投資家も財布の紐が堅かった。最終的にパームはUSロボティクスという大手モデムメーカーに四四〇〇万ドル相当の株式で買収された。

パームはPDA革命を起こして莫大な市場を創出した。やがてこの市場から、大手コンピュータメーカーを破壊する製品が生まれることが期待されている。この革命を始動するのに最も貢献したのは、どのような資金源だろうか？　資金をベンチャーキャピタルと企業の自己資金とに分類すれば、世界を間違った切り口でとらえることになる。「よい金」の提供者とは、企業が少額投資と学習をくり返すことを通じて、有効な戦略とビジネスモデルを開発するように仕向ける提供者のことである。

※Pat Dillon, "The Next Small Thing: What Does It Take to Change the World? Obsession. Tenacity. And Lots of Mistakes," *Fast Company*, 1 June 1998.

企業の自己資金も、これと同じ欠点をもっている場合がある。特に、企業の成長が鈍化した場合がそうだ。いったん成長が止まった企業を、再び成長軌道に乗せるのが難しいことは、さまざまな研究が示す通りである。成長が失速した大企業が、業績を上昇軌道に戻すためには、新規事業を急成長させなくてはならない。※8 しかし破壊的イノベーションはよいワインと同じで、時間をかけてじっくり成長、熟成させる必要がある。

つまり、投資家の名に目を曇らされずに、その投資家がどんな価値基準をもっているかを見きわめる必要があるということだ。どうやって見きわめるのか？　企業に資金を提供している事業体のニーズを分析するのだ。その事業体は、利益を性急に、成長を気長に求めるような状況にあるのか、それとも破壊的なベンチャー企業に一気に成長するよう圧力をかけなくてはならない状況にあるのか？　投資家の価値基準と、資金を求める企業のニーズはマッチしているだろうか？　もう一つの重要な要因は、投資家と企業の関係である。投資対象企業と距離を置いた関係にある投資家は、企業がなんらかの波乱に見舞われると、資金供与をやめることが多いという研究結果が示されている。※9 破壊的イノベーションに波乱はつきものだ。あらかじめ企業の方向性が変化することがわかっている場合、そうした変化を許容できる投資家がついていることを確かめておくべきだ。

資金について、もう一つ考えるべき重要な点は、企業が調達する資金の額である。一般に、資金は多いほど望ましいと考えられ、莫大な資金を調達する企業が称賛される。確かに潤沢な資金があれば、多額の固定費投資が可能になり、資金を思うままに使って収益性を確立できる。だがこの潤沢な資金は企業にどのような影響を与えるだろうか。第一に、巨額資金の提供者すべてに魅力的な収益という見返りを与えるために、急速に成長しなくてはならなくなり、結果として企業を破壊の軌道に乗せてくれる、小規模で収益性の高い事業機会を退けてしまうかもしれない。第二に、あまりにも潤沢な資金があると、成功の見込みのない戦略にいつまでもこだわることになりかねない。何年も利益が出ない事業は、往々にして永遠に利益が出ないものだ。企業は利益を上げることによってこそ、さらに投資を行い成長する特権を得る。一般に、企業は製品を開発して初期市場に投入するために十分な当初資本を調達すべきだが、それを大きく超える額の資本を調達すべきでない。[※10] 財布の紐が堅い投資家が課す規律によって、企業はイノベーションを本当に評価してくれる顧客を探さなくてはならなくなる。多くの場合、「速く大きく」なるよう求める資金が望ましいのは、企業が適切な顧客を見つけ、収益性の高いビジネスモデルを開発したあとだ。

　企業の準備計画を理解することで、その企業がこうした荒波をうまく渡っていけるかどうかを判断できる。創発的な力を活用する企業は、新規市場を発見しやすいだろう。明白な市場をターゲットにしたいという誘惑を乗り越えた（か、少なくとも理解している）経営陣は、有利な立場に立てる。（節度の範囲内で）実験を奨励し、大規模な市場への進出を無理強いしない投資家がついていれば、百人力だ。

　しかし、たとえ企業が適切な行動をすべてとり、正しい足がかり市場を選んだとしても、二つめの落とし穴に落ちたのでは何にもならない。その落とし穴とは、顧客に到達する手段として、既存のバリューネットワークに頼ることだ。企業が非対称性を生み出すためには、競合企業から完全に独立した自立的なバリューネットワークの中に身を置くか、そうしたバリューネットワークを新しく構築する必要があるのだ。

■重複するバリューネットワークは既存企業による取り込みを助長する

どんな企業も、なんらかのバリューネットワークの中で活動している。バリューネットワークとは、上流のサプライヤーや下流の顧客、小売業者、流通業者、その他の提携企業や業界内の補助的な企業がつくる集まりをいう。従来型のコンピュータメーカーを例に考えてみよう。この企業は、マイクロプロセッサやモニターといった部品を購入し、できあがった製品を小売業者に販売し、その小売業者が最終消費者に製品を販売する。アフターサービス・コンサルタント、ソフトウェア企業、修理店などもすべて、重要な補助サービスを提供する。この企業群が開発するビジネスモデルと、共通の問題にくり返し対処するためのプロセスは、バリューネットワークの全参加企業間で一致していなくてはならない。

同調圧力をかけられやすい、重複したバリューネットワークの中で活動する企業は、十分な非対称性をもてない場合がある。サプライヤーや流通網、販売部隊、補助的企業が、既存の競合企業のそれと重複している場合、既存企業のバリューネットワークにとって理に適ったもの、つまり既存企業自体にとって理に適った製品・サービスを生み出せとい

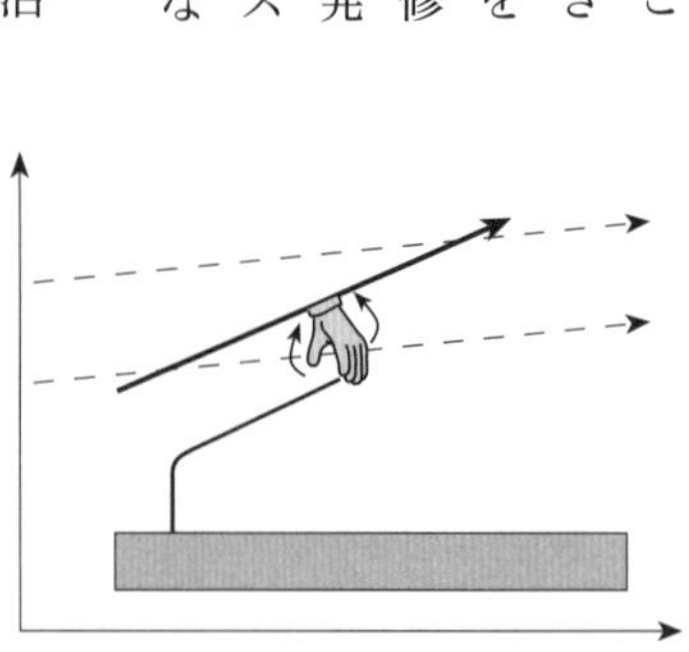

図3-3　戦略的選択：重複するバリューネットワークは取り込まれやすいビジネスモデルを生み出す

う、厳しい圧力にさらされることがある。

重複するバリューネットワークは、どのようにして対称な動機づけとスキルをもたらすのか？　たとえばローエンド型破壊的イノベーションを推進する企業について考えよう。この新規参入企業が破壊性をもつためには、相対的に低い価格でも魅力的な利益が得られるように、既存企業とは異なる製造方法を開発するか、間接費を低く抑える必要がある。だがもしこの企業が既存企業と同じサプライヤーを利用していれば、既存企業のコスト構造に適応せよという圧力にさらされるだろう。同様に、新規参入企業が既存の販売チャネルや流通／小売チャネルを通じて最終顧客に到達しようとするならば、自社のビジネスモデルをチャネルの資源配分基準に同調させなくてはならない。そうでなければ、販売部隊やチャネルは、新規参入企業の製品・サービスの販売を優先しようとはしないだろう。

たとえば新興の無線通信事業者は、「固定電話との通話を可能にする」という決定を下したことによって、固定電話会社と重複したバリューネットワークをもたざるを得なくなった。これは無線通信事業者にとって自然な選択だった。しかし無線通信事業者がいったん既存のバリューネットワークに自社サービスを接続すると、自社のビジネスモデルをバリューネットワークにとって理に適ったものにせよという強烈な圧力にさらされた。こうした企業は通話を相互接続させるために地域電話会社と協力し、適正な移転価格を設定し、既存企業と同じ機器を同じ業者から購入しなくてはならなかった。序章で指摘したように、既存の固定電話会社はこの重複したバリューネットワークを通じて、携帯電話の世界を新しい視点からとらえ直すことができた。無線通信事業者のビジネスモデルは既存企業のものに近づき、その結果既存企業が魅力を感じるようになった。新規参入企業が既存のものを補完するようなバリューネットワークをもてば、既存企業は新規参入企業に対抗しやすくなる。前章で説明したように、非対称性がなければ、既存企業にとって自然な対処戦略は撤退から取り込みに変わるのだ。

新興の無線通信事業者は、どうすればよかったのだろう？　既存の通信事業者を破壊するという明確な戦略をとるためには、新しい自立したバリューネットワークを生み出す必要があった。無線通信事業者は広範囲に分岐した通信ネットワークを構築する必要があると思い込んでいたが、実は消費者の大多数は、ほとんどの時間を自宅から一時間以内の場所で過ごしているのだ。したがって、固定電話のネットワークとの連動を最小限に抑えながら、破壊性を秘めた無線通信事業を拡大することは、理論的に可能だった。

たとえば携帯電話は、ほかの無線通信事業者の加入者とだけ通話ができ、ローミングはできない携帯電話サービスを発売してもよかった。あるいは、友だちと買い物をしながら話したいティーンエイジャーや、子どもと緊急時に連絡を取り合いたい親を当初のターゲットにしてもよかった。こうした顧客は割高な料金は支払ってくれなくとも、性能の劣った製品を喜んで受け入れ、ローミングができなくても気にしなかっただろう。電話会議で何時間も通話しなくてはならないビジネスマンには到底受け入れられない通話品質も、こうした顧客には気にならなかったはずだ。

この戦略は、アレクサンダー・グラハム・ベルがウエスタンユニオンを破壊するためにとった戦略と似ている。彼がターゲットにしたのは、半径三、四キロ内の相手としか連絡を取り合う必要のない、新しい顧客だった。これに対して無線通信事業者は業界の黎明期に、固定電話と重複度が高い補完的なシステムを構築する選択を下し、その結果十分な非対称性を生み出せなかったのだ。

企業のバリューネットワークが業界の破壊をもたらすのか、それとも既存企業による取り込みを促すのかを判別する方法を説明しよう。まず企業のバリューネットワーク内で活動する全プレーヤーをリストアップし、競合企業のバリューネットワークについても同様にして、どの部分が重複しているのかを調べる。次に、重複の度合いを評価する。このとき、特に新規参入企業のコスト構造とビジネスモデルが、重複によってどのような影響を受けるかを考える。重複度がゼロか低い場合、企業は非対称な動機づけを活用して非対称なスキルを生み出す可能性が非常に高い。反対に、バリューネットワークが補完的で重複度が高い場合、既存企業にとって自然な選択は、上位市場への退却ではなく取り込みになる。※11

本章の最後のセクションでは、既存企業が先を見通した選択を下すことによって、新規参入企業がどんな対抗策を講じようとも、破壊の力をマスターできることを示していこう。

■既存企業が破壊の黒帯をとる方法

飛行機が飛ぶのを見たからといって、重力の法則を反証したことにはならない。航空機の設計者は、揚力、抗力、抵抗といった力を活用することで、重力に逆らう乗り物を開発し、飛行を可能にしたのだ。パイロット志望者は状況に応じて異なる技術を用いて飛行、操縦する方法を航空学校で学ぶが、これと同じで、企業も破壊の力をコントロールするための戦略を学ぶことができる。シックスシグマ品質運動の原則と実施の専門家が黒帯《ブラックベルト》と呼ばれるように、企業も「破壊の黒帯」をとることができる。具体的には、新たに設立した独立組織を通じて破壊に反撃するか、破壊的成長をくり返し生み出す能力を社内で開発するのだ。

どちらの方法も「特効薬」ではない。既存企業が適切な準備計画を実行し、適切な戦略構築プロセスを用い、適切な経営者を採用し、適切な資金源から資金を調達することができなければ、スピンアウト組織をつくったり、社内で破壊のエンジンを開発しようとしても、必ず失敗する。

破壊を推進するスピンアウト組織をつくる

破壊的イノベーションは、まったくの新規参入企業にしか推進できないと考えている人が多い。だが理論上は、既存企業は新規参入企業に必ずしも破壊されるとは限らず、新しいベンチャー事業を設立して他社を破壊することもできる。一つめの有効な対処戦略（スピンアウト）を実行するには、完全に独立した事業体を設置し、その事業体に独自のスキルを開発し、独自の成功基準を確立する自由度を与える必要がある。[※12]

取り込みが、社内の能力を動員して破壊的攻撃企業を撃退しようとする試みであるのに対し、新しいベンチャーをスピンアウトさせるのは、干渉を受けない外部組織をつくって戦いに参入しようとする試みである。これまで破壊の脅威にうまく適応してきた企業は、この方法を実行している。IBMがパソコン業界への参入に成功したのは、独立した子会社をフロリダ州に設立したからだ。ヒューレット・パッカードは破壊的なインクジェット事業を、カナダのブリティッシュ・コロンビア州バンクーバーに設置

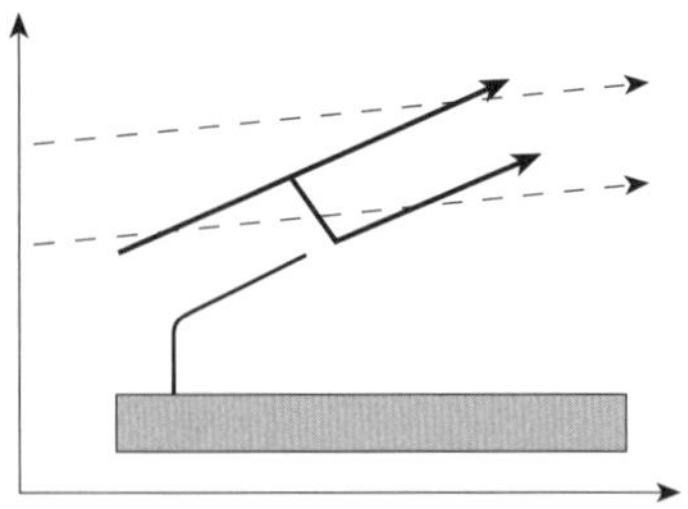

図3-4　戦略的選択：破壊の黒帯をとり、破壊を活用する方法を学ぶ既存企業

した独立組織に運営させた。インテルは破壊的なセレロンチップ事業を運営するためのグループを、イスラエルに設立した。テラダインは破壊的な低コストの半導体テスターを製造するために、独立組織を設置した。

既存企業がこの戦略を試みているかどうかは、簡単に判定できる。企業がこうした独立組織を設立する際には、前もって発表するのが通例である。しかしプレスリリースを読むのは、必要でも十分でもない。スピンアウト戦略の成否を判断するには、既存企業がスピンアウト組織の適切な要素を分離させ、その組織が独自の価値基準を設け、独自の準備計画を実行できるように取り計らう必要がある。逆に、企業がスピンアウト組織に既存のプロセスを「授け」、組織全体の価値基準を強要すれば、スピンアウト組織は組織のほかの部分となんら変わらなくなってしまう。企業が独立組織に社内のコスト構造やプロジェクトの承認プロセスを強要すれば、新しい組織は持続的なビジネスモデルをもつようになることが多い。それに、親組織はスピンアウト組織への支援を打ち切らない限り、そうした組織にすばやく成長するよう急かすことになる。[※13]

既存企業がこのような問題を乗り越え、スピンアウト組織に十分な自由度を与えれば、攻撃者に対してきわめて有利な立場に立てる。また破壊の道筋を歩みやすくするような資源やプロセスをスピンアウト組織に授けることで、形勢を有利に傾けることもできるのだ。

非常に重要な注意点が一つある。イノベーションを推進する組織をスピンアウトすることは、イノベーションマネジメントにおける万能の解決策ではないということだ。既存企業が満たされない顧客を獲得するために持続的イノベーションを推進する状況で、独立組織を設置すれば、親組織の確立されたスキルという重要な燃料が新組織から奪われてしまう。スピンアウト組織が理に適うのは、既存企業が事業機会を追求するためのスキルや、それを社内で開発する動機づけをもっていないときに限られる。

破壊の成長エンジンを構築する能力を開発する

既存企業にとれる二つめの対処戦略は、破壊的イノベーションをくり返し推進するプロセスを、社内に構築することだ。既存企業が破壊的イノベーションをうまく推進できないのは、自社のプロセスと価値基準では、破壊的、持続的イノベーションの両方に同時に対処することが許されないからだ。しかし『イノベーションへの解』の指針に従えば、破壊的イノベーションをくり返し推進できるプロセスを構築することができる。

破壊的イノベーションを何度も成功させている企業は、現状ではまだ見当たらないが『イノベーションへの解』の第一〇章で説明した四段階の手法を実行すれば、この道筋をたどれる確率が高まる。その手法とは、以下の通りである。

一　必要になる前に始める
二　アイデアを適切な形に変え、適切に資源が配分されるよう導く上級役員を任命する
三　アイデアを適切な形にするためのチームとプロセスを立ち上げる
四　破壊的なアイデアを見きわめられるよう、社員を訓練する

これらの四項目の一つひとつ、特に二つめと三つめの項目が重要である。破壊的イノベーションを

くり返し推進しようとする企業は、破壊的成長を育むための独立したプロセスをもたなくてはならない。このプロセスには、イノベーションが主流事業にとって本当に破壊的かどうかを判断するためのふるいと基準が含まれている必要があり、また持続的イノベーションのプロセスとは独立して運営されなくてはならない。強力な上級役員が資源配分プロセスを取り仕切り、破壊的イノベーションと持続的イノベーションをそれぞれ別のプロセスにふり分けなくてはならない。やみくもに投資を行うだけでは、破壊の能力を開発することなどできない。実際、金で問題を解決しようとするのは、一番やってはいけないことなのだ。破壊的イノベーションを担当する部署をつくればすむわけでもない。破壊的な事業機会を優先しない主流の価値基準から独立した、厳密で反復可能なプロセスがあれば、破壊的成長を立て続けに生み出すことは可能だ。

これら二つの対処戦略を組み合わせ、反撃のためのスピンアウト組織を設置するという一度きりの対応と、破壊をマスターするための社内能力を構築するという長期的戦略を並行して実行することで、既存企業は形勢を再び有利に傾けられるだろう。

■まとめ

本章では、破壊のプロセスに影響を与える戦略的選択について説明した。新規参入企業は、誤った準備計画を実行すれば、誤った顧客をターゲットにすることになり、重複したバリューネットワークの中に身を置けば、既存企業にとって補完的なビジネスモデルと能力を開発するはめになる。その結果、図らずも形勢を既存企業に有利に傾けてしまう。破壊の黒帯を取得した既存企業は、破壊の脅威をかわすスピンアウト組織をつくるか、破壊の力をくり返し活用する能力を社内で開発する能力をもっている。

戦略的選択を分析する際には、以下の質問を考える。

- □企業は正しい戦略が創発的に生まれる必要があるような状況に置かれているだろうか？　企業には創発的な力を促す自由度があるだろうか？　企業のマネジャーは、今後も再び起こり得る問題に、取り組んだ経験があるだろうか？　また経験から学習する能力を証明してきただろうか？
- □投資家の価値基準は、企業のニーズとマッチしているだろうか？　投資家が企業の場合、その成長は鈍化していないだろうか？
- □バリューネットワークは既存企業のものと重複しているだろうか？　答えがイエスの場合、重複の度合いはどれほどだろう？　バリューネットワークのせいで、非対称なビジネスモデルを生み出すのが不可能な状況だろうか？
- □これはスピンアウト組織をつくるのに適した状況だろうか？　スピンアウト組織には、必要なことを行う自由度があるだろうか？

ここまでの章では、このプロセスを順を追って説明してきたが、戦いの勝敗を予測するのはそう簡単なことではない。複数の問題が互いに絡み合っている場合もある。したがって理論を活用するアナリストは、常に変化のシグナルに目を配り、競争のバトルを評価し、戦略的選択について考える必要があるのだ。

第四章　イノベーションに影響を与える市場外の要因

イノベーションの新規参入企業の原動力とは何だろう？　こうした原動力に影響を与える、市場外の要因とは何だろう？　市場外のプレーヤーは、イノベーションのペースを加速させるためにどんな措置をとれるだろう？　イノベーションを阻害する措置、あるいは何の影響も及ぼさない措置とはどんなものだろう？　介入が必要でない状況、適切な介入が奏功する状況、介入がほとんど効果を上げない状況を見分けるには、どうすればいいだろう？

本章でも引き続き通信業界を例にとって、第一章で説明した動機づけ／能力の枠組みを発展させ、市場外の要因がイノベーションに与える影響を評価する方法について説明しよう。※1

アメリカ政府が掲げる目標の一つに、国民の福祉全般を増進することがある。そのため政府は市場の失敗を明らかにして対応策を講じ、業界内のイノベーションを加速させようとすることが多い。これまでは、「政府の介入はイノベーションを阻害する」のが常識だった。介入が多いほどイノベーションは阻害され、少ないほどイノベーションが促される、という暗黙の前提がある。

この単純な見方は、政府の支援なくしては開発または活用できなかった、多くのイノベーションを考慮に入れていない。たとえばインターネットは、国防総省国防高等研究事業局（DARPA）などの政府組織に属する科学者や技術者による数十年間の研究から生まれた。また政府は国立衛生研究所（NIH）の研究への資金提供を通じ、医療の近代化において重要な役割を果たしている。

イノベーションの創出と活用における政府の役割はもちろん、研究や開発計画に直接資金を提供するだけに留まらない。実際、イノベーションの自然な進展と、政府が市場を監督するためにとる措置との間には、明白で予測可能な関係がある。

■動機づけ／能力の枠組み

第一章では、イノベーションが繁栄できる市場環境には、二つの要因が見られると説明した。それは動機づけ（勝者を待ち受ける黄金入りの壺）と能力（資源を獲得し、それをビジネスモデルに組み入れ、できあがった製品・サービスを顧客に提供する能力）である。市場外の要因、たとえば業界の標準や労働組合、文化規範、技術開発の現状、国の知的財産インフラ、そして最も重要な政府規制などは、イノベーションを推進する動機づけと能力に影響を及ぼす。

動機づけ／能力の枠組み（図4-1）は、縦軸に動機づけ、横軸に能力をとった2×2のマトリックスで表すことができる。政府の政策（やその他の市場外の要因）によって、それぞれの軸における市場の位置が変化する。したがって、このマトリックスを使えば、あらゆる政策、規制、その他のイノベーションに関する計画の影響を評価できる。

図４-１には、業界の四つの状況を示している。イノベータが動機づけも能力もふんだんにもっている「温床」、イノベーションを開発、活用する能力に欠ける「足かせ」、イノベーションを開発、活用する動機づけがない「燃料不足」、動機づけも能力もない「ジレンマ」である。それぞれについて説明しよう。

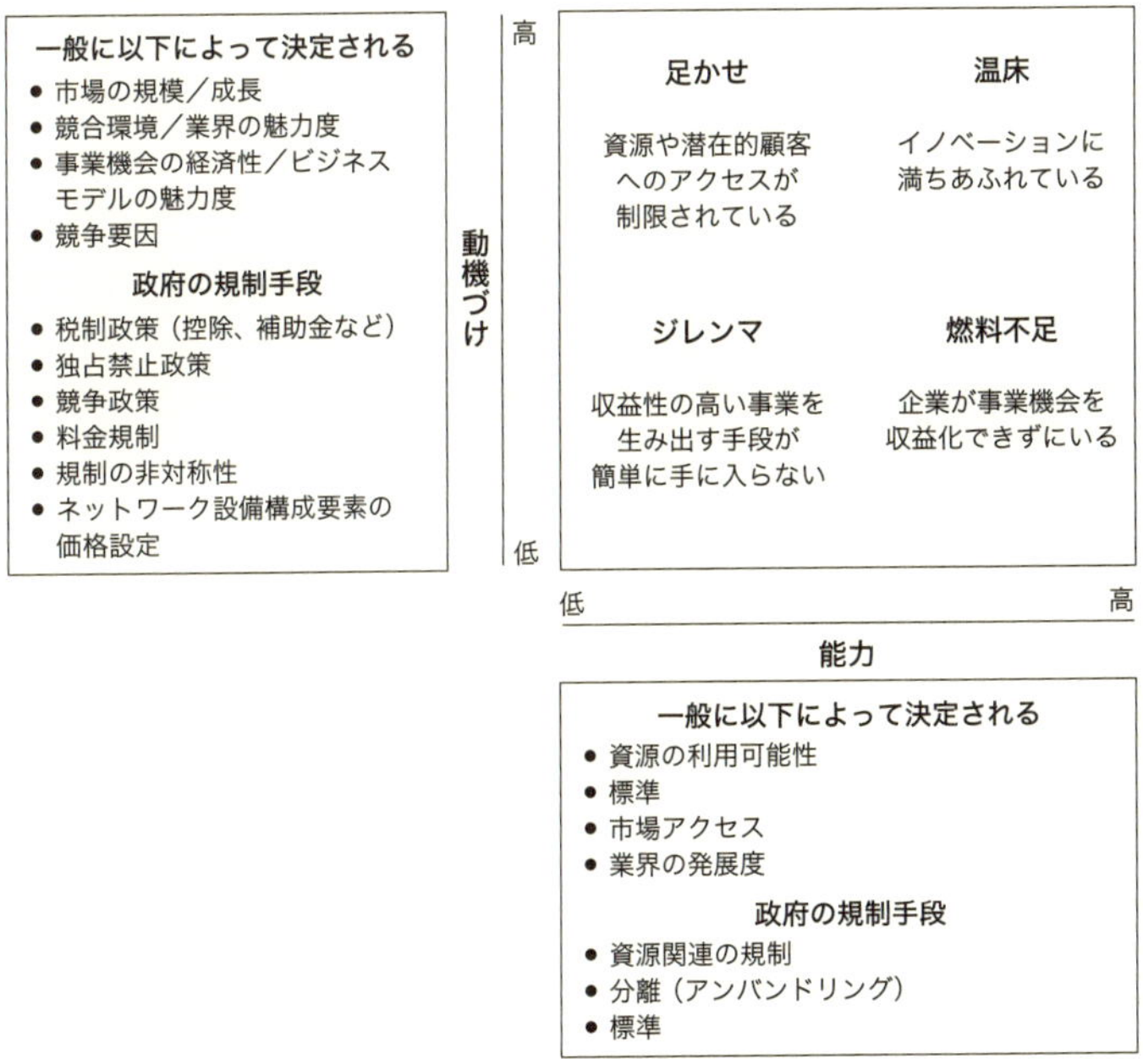

図4-1　動機づけ／能力の枠組み

温床――イノベーションの泉

動機づけと能力が十分ある業界は、図4-1の右上の領域に位置する。これを「温床」と名づけた。温床はイノベーションに満ちあふれている。[※2] 既存企業と新規参入企業は何の制約にもとらわれず、既存企業には収益性の高い持続的イノベーションを追求する機会があり、破壊性を秘めた新規参入企業には主要な既存企業を攻撃する機会がある。[※3]

テクノロジー関連業界の多くは、これまで温床の領域にいた。たとえばディスクドライブ業界を考えてみよう。この業界の急速な成長が強い動機づけをもたらした。イノベータは何の制約もない環境で、持続的、破壊的イノベーションの両方を自由に推進した。業界はイノベーションに満ちていた。これこそが、クリステンセンが破壊的イノベーションの理論の基礎となる研究で、この業界を研究対象に選んだ理由の一つだった。

足かせ――障壁はあるが可能性もある

足かせの状況では、企業には虹の向こうに黄金入りの壺が見えるのだが、なんらかの制約があって、その壺に手が届かない。政府は必要なインプットや顧客集団へのアクセスに影響を与えることを通して、こうした状況を創出したり是正したりする重要な役割を果たしている。公的所有権や通商政策などに関する措置も、起業家が有望なアイデアを製品化できるかどうかに影響を及ぼす。

無線通信業界のような極端なケースでは、政府は重要な「原材料」を、つまりサービスを提供するのに必要な周波数帯を実際にコントロールしている。したがってイノベータが新製品のアイデアを考案、活用できるかどうかは、政府に大きく左右される。

クアルコムのスピンアウト企業、リープワイヤレスの苦悩を考えれば、イノベータが成長し、上位市場に進出する能力が、「能力の障壁」によって大きく阻害されることがわかる。リープは二〇〇〇年一〇月にテネシー州ノックスビルで、「クリケット」のブランドで自社営業圏内でのプリペイド型かけ放題サービスを提供し始めた。加入者はローミングができず、通話の詳細な内訳も受け取らず、ほかの無線通信事業者の提供する多くの高度な機能（携帯電話からのウェブアクセスなど）を利用できなかった。

リープはローエンド型破壊的イノベーションのあらゆる特徴を備えていた。自宅やその周辺でほとんどの時間を過ごし、無料の長距離通話時間をそれほど必要としない過剰満足の顧客をターゲットにした。リープのサービスは低コストがウリだった。プリペイド型だったため、コストのかかる信用審査も必要なく、料金滞納者を探しあてる必要もなかったからだ。また性能が限られていたことで、運用経費を継続的に抑えることができた。リープは、既存企業の最も収益性の低い加入者からなる、市場の低位層にサービスを提供して収益を上げられるよう、クリケットのサービスを設計した。主婦から学生、地元の商店主まで、誰もがこぞって加入したため、リープは国内の無線通信事業者の中でも屈指の成長を遂げた。※4

しかし二〇〇三年四月、リープは連邦破産法第一一章に基づく破産保護を申請した。本書執筆時点で、同社の株価は五セント足らずで取引されていた。破壊的イノベーションの有望なビジネスモデルをもっていたリープは、どこで道を間違ったのだろう？　リープは既存企業が主な収益源としていた最上位層の主要都市圏市場を避け、いわゆる**輝く島の市場**に製品を投入した。この市場はデンバー、ピッツバーグ、バッファローのような他の都市から離れていて外部との取引も少ない自己充足型の市場で、夜に上空から見ると輝く島のように見えることからこう呼ばれる。これは非対称性を生み出すための適切な手法だった。しかし島の市場の数にも限りがある。リープは既存市場でゆるやかな成長を目指すこともできたが、財務上、急速に成長する必要があった。急成長を続けるためには、新しい周波数帯を次々と獲得して新しい都市でサービスを提供し続けなくてはならなかった。しかし主要都市で利用可能な周波数帯はすでに割り当てられていた。周波数帯の不足から、リープは思うように業量を拡大できなかったのだ。※5

新規参入企業であれ既存企業であれ、たとえ資源が無限にあったとしても、政府の政策に阻まれて顧客に到達できなければ革新的な製品で成長を生み出すことはできない。政府による措置の中でも、たとえば許認可や最低品質基準の要求事項などによって、特定の顧客層、特に破壊的イノベーションの中核である要求のゆるい顧客層へのアクセスが制限されれば、企業のサービス提供能力が阻害されることがある。

もちろん、顧客へのアクセスが何の規制や取り締まりも受けなければ、消費者に悪影響が及ぶため、政府による監督もそれなりに必要だが、イノベーションの活用は消費者の生活を大幅に向上させることができるのだ。たとえばAT&Tは一九七〇年代後半に、政府によってボイスメールサービスの提供を禁じられた。ボイスメールサービスは、AT&Tが法律上、提供を禁じられていた「情報サービス」の一種とみなされたためである。その後一九八八年の修正同意審決（MFJ）によって、地域電話会社が同サービスを提供することがようやく許可された。マサチューセッツ工科大学（MIT）教授ジェリー・ハウスマンの推定によれば、この規制対応の遅れによって、一〇億ドル相当の消費者利益が破壊されたという。※6 この事例は、消費者を保護するはずの取り組みが、安価で便利な技術の利用によって恩恵を享受し、生活を大いに向上させる機会を、消費者からかえって奪う結果になったことを示している。

この種の障壁は市場の最低位層を保護することが多く、そのせいで破壊性をもったイノベーションを市場の最上位層に詰め込もうとする傾向がますます助長される。性能が劣っている破壊的イノベーションは、最低品質基準ではじかれることが多い。こうした規制のせいで、ある顧客集団に破壊的製品を販売できないイノベータは、その集団に到達する唯一の手段として、資金の潤沢な既存企業に頼るしかなくなる。第二章では、既存企業が破壊的イノベーションを既存市場に詰め込み、イノベーションに本来備わっている破壊的エネルギーを打ち消してしまうことを説明した。このことは、特に医療業界に致命的な影響を及ぼしている。なぜなら食品医薬品局（FDA）の厳密な要件によって、製品は最も要求の厳しい顧客のニーズを満たすことを求められるからだ。このように規制が厳しい業界では、起業家は破壊性のあるアイデアを活かせず、最大公約数的な製品をつくってしまうことが多い。

とはいえ、適切なターゲットを探すことは不可能ではない。創意あふれるエンジニアや戦略家は、十分な動機づけがあれば、どんなに威圧的で厳しい障壁であっても迂回または克服できるものだ。マイクロチップの製造工程に欠かせない光リソグラフィーの分野では、性能向上を阻むかに思われていた理論上の限界が、当たり前のように破られ続けている。科学者は、それまで想像もできなかった新しい方法によって、確立された根本的な自然法則とみなされているものを、次々と乗り越えている。※7光リソグラフィーの技術進歩により、一枚のチップ上に搭載できる回路がますます増えれば、プロセッサの速度はムーアの法則に従って今後も向上するだろう（第七章で説明する）。

燃料不足——イノベーションは起こり得るが、現実には起こらない

サービスを生み出し、それを顧客に提供する能力がありながら、そうする動機づけをもたない企業は、マトリックスの右下の「燃料不足」の領域にいる。ここにはイノベーションを推進する機会はあるが、企業はそれを収益化する方法を見つけるのに苦労する。起業家精神を焚きつける「燃料」がなければ、イノベーションが成功する見込みは薄い。

動機づけに影響を及ぼす要因には、市場の規模や成長性、業界の全般的な魅力度、業界内の特定のビジネスモデルの魅力度、競争のレベルなどがある。

政府は新規参入企業と既存企業の両方の動機づけに、さまざまな法的、規制的手段を通じて影響を与えることがある。通信業界でのこうした手段の例として、料金規制、相互接続料金や中間財の算定方式、税制政策、独占禁止政策、競争政策などがある。こうした仕組みが、イノベータが設計できるビジネスモデルの境界線を決定する。

政府の政策や規制措置は、業界の全プレーヤーを対象とする場合もあれば、一部のプレーヤーだけを対象とする場合もある。政府は規制された市場や、少数の大手プレーヤーの支配する市場で競争を促進するために、ある集団には動機づけを与え、同時に別の集団の動機づけを削ぐような、非対称な措置をとることが多い。

一般に政府は、既存企業の動機づけに影響を与える仕組みを規制の対象にする。たとえばエネルギー業界や情報通信業界では、公益企業や電話会社が課すことのできる料金の上限を決めるプライスキャップが、コスト削減・節減のイノベーションを通じて業務効率の改善を促す強力なインセンティブになっている。企業は業務効率を改善すればするほど大きな利益を留保できる。これと対照的に、収

益率方式の料金規制は、収益率に上限を課すことで利益を制限しようとする規制である。政府がこのように利益に上限を設けることで、既存企業が新しい事業機会に投資する動機づけが阻害されるという批判がある一方で、コストやリスクの高い技術改良を政府が補償することで、イノベーションを促進するという見方もある。

家庭用の電話料金を低く抑えて電話サービスの普遍的利用を促進しようとする従来の規制は、なぜ地域電話市場で競争を促すのが難しいのかを、少なくとも部分的に説明する。政府の規制計画表を見れば、新規参入企業が地域電話市場に参入する動機づけをほとんどもたない理由がわかる。

資源を獲得し、それを使って顧客の望む製品を生み出す能力をもった企業は、思いがけない、常識を覆すような利益創出方法を思いつくことがある。これはインターネットの世界でくり返し見られる現象である。誰もがネットビジネスを簡単に始められるようになったことで、新しいビジネスモデルが思いがけないほど大量に生まれている。ビーニー人形とペッツのディスペンサーを交換するオンライン市場、つまりイーベイが最も収益性の高いネットビジネスの一つになるなど、誰が想像しただろうか？

ジレンマ——イノベーションの欠如

温床の対極にある領域が、ジレンマである。ここに位置する企業は、イノベーションを推進する動機づけも能力ももたない。動機づけ／能力の枠組みによれば、このような環境にあるイノベータは、イノベーションを創出し、活用することができないとされる。

動機づけ／能力の枠組みのまとめ

この枠組みによると、「温床」の領域ではイノベーションの創出と活用が盛んに行われ、「足かせ」の領域でも、動機づけが能力を補えばイノベーションが起こるが、「燃料不足」の領域ではイノベーションが起こる確率は低く、「ジレンマ」はイノベーションにとって死の落とし穴になる。

第一章では、市場外のプレーヤーがイノベーションへの障壁を取り除くための施策を講じているかどうかを確認する方法を説明した。たとえばＣＰＥと長距離通信市場では、政府が能力を促進するための措置を講じたことが、イノベーションの成功をもたらし、政府の不介入政策が、インターネットの成長を加速させた。[※8]

政府の施策が及ぼす影響を評価する方法を理解するには、もう少し掘り下げて考える必要がある。次のセクションでは、一九九六年通信改革法について分析し、一見適切と思われる措置が根本的な問題を解決できない場合があることを見ていこう。

■競合環境を変革しようとする政府の試み——一九九六年通信改革法を分析する

画期的な一九九六年電気通信法（通信改革法、ＴＲＡ）は、イノベーションに欠けているインプットを補い、業界を「温床」に向かわせようとする政府の試みに思われた。[※9] 理論上、成功は間違いないとされ、実際、競争は激化した。ケーブルテレビ（ＣＡＴＶ）会社が出現して脅威となり、料金が低下した地域もあった。それでも、多くの人がこの法を失敗とみなしている。通信法を詳しく分析すると、政府がよかれと思って行ったことが、かえって害を及ぼす場合があることがわかる。このケースからは、三つの教訓が得られる。①動機づけを生み出すことは困難であり、危険を伴う、②能力を生み出すのは思った以上に難しい、③一度に両方を生み出そうとすれば、壊滅的な結果を招きかねない。表4-1に、アメリカ通信業界に氾濫する略語をまとめた。

業界の概要

一九九六年通信法は、アメリカ経済に劇的な効果を及ぼした。通信法の起草者は、従来の規制構造が時代遅れになったという認識から、競争と自由市場原理を通じて業界における成長とイノベーションを後押ししようとした。抜本的な競争促進型の改革と、その結果として起こったイノベーションの波を、この政策の成果として称賛する人が多い。反面、いわゆるドットコムバブルと通信バブルの崩壊や、CLEC（序章で簡単に説明した）の失敗、そして巨額の投下資本の消失が、この法の欠陥の証拠だとして批判

略語	名称（英／日）	説明
CLEC	Competitive Local Exchange Carrier／競合地域電話会社	新規参入企業
IXC	Interexchange Carrier／広域通信事業者	長距離通信事業者（MCA、AT&T、スプリント）
PSTN	Public Switched Telephone Network／公衆交換電話回線	電話回線網
RBOC	Regional Bell Operating Company／地域電話会社	地域電話会社（ベライゾン、SBCなど）
TELRIC	Total Element Long-Run Incremental Cost／長期増分費用方式	FCCによって定められたUNEの価格決定方式
TRA	Telecommunications Reform Act／通信改革法	業界の規制を撤廃した1996年の法律
UNE	Unbundled Network Element／ネットワーク設備の構成要素	CLECがTELRICを通じて利用できたRBOCの回線の一部

表4-1　用語集

する声もある。確かにこの法はある面では失敗したものの、特定の種類の収益性の高いイノベーションの種を蒔いたのは事実である。その理由を説明しよう。

一九九五年の通信業界は、今とはまるで違っていた。参入企業の多い地域通信市場を除けば、まったく競争が行われていなかった。地域電話会社（RBOC）は、政府の保護のもとで、電話サービスの独占を謳歌していた。CATV会社と電力会社は、規制により電話事業への参入を認められていなかった（ただし当時の技術では、どっちみち参入できなかった）。携帯電話技術はようやく成熟しようとしており、インターネットはまだ出現し始めたところだった。

動機づけ／能力のマトリックスでは、一九九五年時点での地域電話市場における潜在的競合企業は、どのように分類されるだろうか。[※10] RBOCは、最後の一マイルという、個々の家庭や企業への独占的なアクセスをもっていたため、地域電話市場でイノベーションを起こす能力を唯一もっていたが、地域電話事業を主に利益を生むドル箱としか見ていなかった。RBOCの主な動機づけとなっていたのは、当時きわめて収益性の高かった長距離通信の寡占市場に参入する方法を見つけることだった。RBOCは既存の規制によって参入を阻まれていたのである。長距離通信事業者（業界ではIXC〈広域通信事業者〉と呼ばれる）は、地域通信市場の顧客の獲得を目指す動機づけはあったが、そのための能力を欠いていた。

ほかのすべての潜在的競合企業は、動機づけと能力の水準が相対的に低かった。CATV会社は、おそらくすべての潜在的競合企業の中で最も大きな動機づけをもっていた。業界アナリストは、電話事業を当然ながら成長エンジンとみなしていた。CATV会社は、音声、映像、データの包括的なサービスを顧客にワンストップで提供することで、収益源を増やし、顧客満足度を高めることが、成長への近道だと考えていた。しかもCATV会社はすでにアメリカのほぼすべての家庭に回線を引いていた。

政府は一九九六年法を施行することで、規制緩和を通じて障壁を取り除き、競争を促進することを狙った。この法律は、「アメリカの通信サービスの消費者に、低価格と高品質のサービスを保証し、新たな通信技術の急速な導入を促すために、競争を促進し、規制を減らすこと」を謳っていた。※11 政府は暗黙のうちに因果性の「理論」の中で、競争が激化すれば必ずイノベーションが起こると思い込んでいたふしがある。興味深いことに、AT&Tとベル研究所は競争の不在にもかかわらず、このうえなく革新的で世界でも群を抜いて優れた通信システムを何十年にもわたって開発していた。

とにかく一九九六年法は、一九三四年通信法によって生み出された通信規制体制に対する抜本的な改革だった。一〇〇ページを超えるこの法律には、実にさまざまな具体策が盛り込まれていたが、主要な条項は以下の通りである。

□CATV会社、電力会社、放送局、IXC、競合アクセス事業者（CAP）に、地域電話サービスの提供を許可する。
□RBOCに、保有するネットワーク設備の構成要素（UNE）を競合企業に再販することを義務づけた。FCCはのちに、長期増分費用方式（TELRIC）と呼ばれる計画に基づいて、UNEの価格を決定した。FCCの解釈によれば、TELRICの定めた価格は、業界トップクラスのネットワーク技術の「将来見込原価」を推定し、減価償却費を加味したものである。※12
□RBOCが地域通信市場を競合企業に開放するという条件で、RBOCの長距離通信市場への参入を許可した。RBOCは一四項目のチェックリスト（セクション二七一と呼ばれた）を満たすことで、地域通信市場が自由競争に開放されていることを証明すれば、FCCに対して長距離通信サービスへの参入許可を申請することができた。

□RBOCに、独立的な子会社を通じてインターネットへの高速アクセスなどの先進的サービスを提供する許可を与えた。

政府は能力と動機づけを同時に高めることによって、業界内の全プレーヤーを「温床」に向かわせようとした（図4-2に、政府が意図したことと、その結果をまとめた）。政府はCLEC、IXC、CATV会社の**能力**を高めようとして、地域ネットワークのアンバンドル（分解）義務を施行し、CATV会社の地域通信市場への参入を妨げていた制限を撤廃した。規制当局（FCC）は、のちに新規参入の**動機づけ**をもたらせること

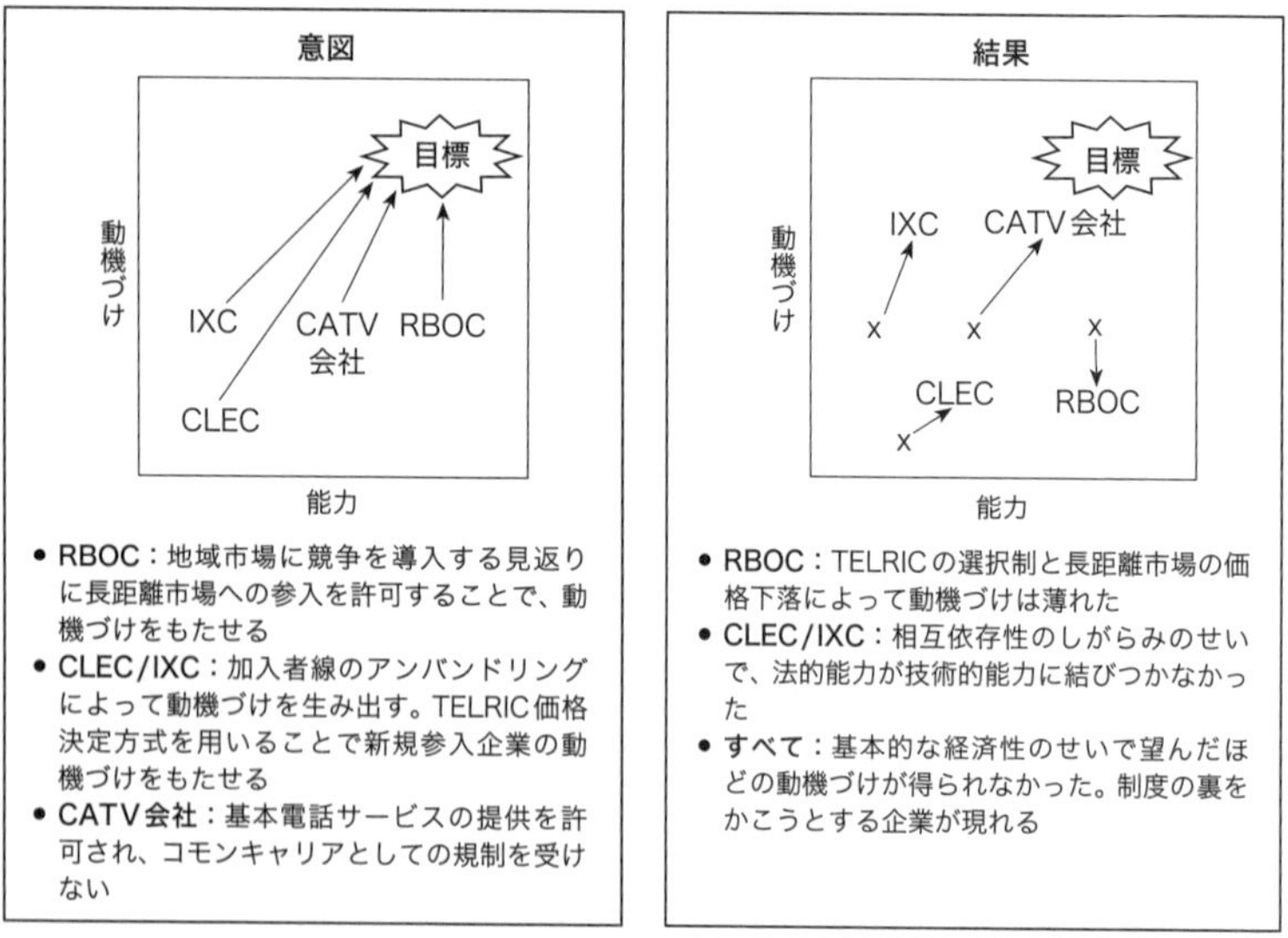

意図
目標
動機づけ
IXC
CATV会社
RBOC
CLEC
能力
● RBOC：地域市場に競争を導入する見返りに長距離市場への参入を許可することで、動機づけをもたせる
● CLEC/IXC：加入者線のアンバンドリングによって動機づけを生み出す。TELRIC価格決定方式を用いることで新規参入企業の動機づけをもたせる
● CATV会社：基本電話サービスの提供を許可され、コモンキャリアとしての規制を受けない
結果
目標
動機づけ
IXC
CATV会社
x
x
x
CLEC
RBOC
x
能力
● RBOC：TELRICの選択制と長距離市場の価格下落によって動機づけは薄れた
● CLEC/IXC：相互依存性のしがらみのせいで、法的能力が技術的能力に結びつかなかった
● すべて：基本的な経済性のせいで望んだほどの動機づけが得られなかった。制度の裏をかこうとする企業が現れる

図4-2　一九九六年通信改革法の意図と結果

を狙って、地域ネットワーク設備の構成要素（UNE）を競合企業が購入できるように、TELRICという価格決定方式を導入した。CATV会社はドミナント規制（一定以上のシェアをもつ通信事業者に対する規制）から除外されたことで、競争に参入する動機づけができ、また自社のネットワークを新規参入企業に提供する必要もなかった。もしもこうした施策が意図した通りの効果を上げ、動機づけと能力を生み出していたなら、IXC、CLEC、CATV会社は「温床」の領域に入り、その結果イノベーションは活況を呈していたことだろう。

しかしこの法律は、いくつかの予期せぬ結果を生んだ。問題の一つは、どんな結果が望ましいかということについて、意見の一致が見られなかったことにある。[※13] 一部の政府関係者は、地域通信市場で二、三社の競合企業が、いわゆる「設備ベースの競争」を行うことが望ましいと考えた。彼らの念頭にあったモデルは長距離通信市場で、そこではMCIとスプリントが自前の長距離ネットワークを積極的に構築し、RBOCのネットワークを地域通信にのみ利用していた。また別の政府関係者は、新規参入企業ができるだけ早く規模を拡大し、サービスを構築するために積極的にUNEを購入することを望んだ。

市場では、規制によってつくられた能力が、ただちに収益性の高い事業機会を生み出すことが期待された。実際、数百社が市場になだれ込んだ。資本市場はCLECに潤沢な資金を投入し、高い成長率を強いた。ベンチャーキャピタルは一九九八年から二〇〇〇年までに、新興企業に一〇〇億ドル近い資金を注ぎ込んだ。上場されたCLECの一九九九年末時点での時価総額は九〇〇億ドル近かった。

しかしほどなくして、CLECはさまざまな問題にぶち当たった。ほとんどのCLECが自前のネットワークを構築するための投資をほとんど行わずに、リースされた設備を利用してネットワークを構築しようとした。CLECは、RBOCの協力が思ったほど得られず、RBOCのネットワークに接続することを難しく感じた。政策立案者はRBOCに対して長距離期通信市場への参入というニンジンをぶらさげてCLECへの協力を義務づけたのだが、長距離通信市場では（主に無線通信事業者の成長による）競争激化によって料金が下落したために、せっかくのニンジンも魅力を失った。

政策立案者はRBOCの抵抗をある程度予想していたが、技術的障壁は思った以上に大きく、既存のネットワークとの統合に関わる難問を解決することは困難をきわめた。だが投資家は、サービスの構築、提供に関わる技術的困難から、事業を確立し拡大するのに多大な時間を要することを理解していなかった。

利益はなかなか上がらなかった。ハイテクバブルが弾けると、投資家は一斉に手を引き、一九九六年から二〇〇三年までの間に約五〇社のCLECが倒産した。[※14]上場したCLECの時価総額は、二〇〇一年末には約四〇億ドルにまで激減した。一部の分野では新規参入企業が生き残った。しかしこの法律によって政府が意図したように、競争がただちに激化し、競合環境を一変させるようなイノベーションが市場を埋め尽くすことはなかったのである。

多くの政策立案者がこうした結果に当惑と苛立ちを覚えた。しかしこの結果は、政策の影響を予測するうえで理解しなくてはならない、三つの重要な原則を浮き彫りにしている。

一　適切な動機づけをもたせるのは難しい。なぜならノイズはシグナルと間違われやすく、また根本原因に対処するのが難しい場合があるからだ。

二　能力を生み出すのは難しい。なぜなら法律によって能力を与えても、必ずしも企業の業務能力や技術力が向上するわけではないからだ。
三　法的措置によって企業を「ジレンマ」の領域から救い出すのは非常に難しい。

原則一　適切な動機づけをもたせるのは難しい

政府は市場の失敗を是正することによって、イノベーションを大いに活性化する動機づけを企業にもたせることもあるが、適切な動機づけをもたせるのは非常に難しい。第一に、政府は「市場が最適に機能していない」という真のシグナルを、「市場が機能していないのは、別のところに根本原因がある」というノイズと取り違えることが多い。第二に、たとえ政府が根本原因を特定できたとしても、それに対処するのは難しい場合がある。これまで、政府が事業機会を一時的に生み出し、過剰な期待をあおっても、結局はその場限りの変化しかもたらさなかった例は枚挙に暇がない。アナリストは、政府が動機づけを操作しようとする動きが見られたときには、それが意図せぬ結果を招く可能性を考慮に入れなくてはならない。法律に基づく強みは一時的なものが多く、また創意あふれる起業家が制度の裏をかいて、政府の提供する事業機会につけ込むおそれがある。

一般に、政府が潜在的競合企業の動機づけを高めようとして施策を講じるのは、市場に参入する新規企業が不足している（と政府が考える）状況に対応するためである。政策立案者はこうした状況を規定する特徴を、競争上の不均衡を示すシグナルと解釈し、是正する必要があると考えることが多い。競争不足を、市場が機能不全に陥っていてイノベーションの自然なプロセスが阻害されていることを示すシグナルとして解釈してよいのは、どのような場合だろう？　一つの状況は、既存の規制の枠組み、またはなんらかの外部性が市場の不均衡を招いているときだ。では一見シグナルに見えるものが実はノイズでしかないのは、どういう場合だろうか？　それは、専門的企業の新規参入を阻害している根本原因が、業界の基本的な経済性にあるか、または相互に依存的なシステムにある場合だ（原則二で説明する）。地域通信市場における経済性の歪みは、明らかにイノベーションを阻害していた。数十年に及ぶ規制がもたらした市場価格の歪みのせいで、新規参入企業は地域市場への投資に魅力を感じなかったのだ。

シグナルに対処し不均衡を是正するための措置が、実際に動機づけをもたらすことはあるものの、ノイズに反応してしまったり根本原因への対応を間違うと、見せかけの動機づけをもたらすこともある。これは重要な区別である。企業の行動に影響を与えるために、補助金や助成金といった、なんらかの金銭的インセンティブが与えられることが多い。しかし本物の動機づけは、競争の激しい市場で利益を上げられる、公正で公平な機会から生まれるはずだと、わたしたちは考える。

見せかけの動機づけは、政府がテーブルに金塊を置いて、経営者に特定の行動をとらせようとするのに似ている。ティーンエイジャーが、やってはいけませんと言われたそのことをやってしまうように、見せかけの動機づけは、政策立案者が考えもしなかった行動を促すことが多い。市場に基づくシステムは、事業機会を活用するための資源配分に長けている。だが企業は斬新な方法で規制を迂回して、政府が意図した是正に対処することなく、金塊をさらっていくことが多いのだ。

長年にわたって投資を阻害してきた内部相互補助の仕組み（長距離通信市場の利益で地域市場の赤字を補填する）や、プライスキャップ規制の問題を解決するのは、気の遠くなるような難題だった。※15　もしも政府が地域通信市場の基本的な問題に本気で取り組んでいたなら、消費者の支払う料金は受け入れがたいほど高くなっていただろう。政府はその代わりにTELRICを通じて見せかけの動機づけをもたらし、CLECに持続できないビジネスモデルを開発させた。このほかにも、企業が政府の予期しなかった方法で規制制度を悪用して料金間のさや取りを行ったり、収益性の高い分野だけに参入する「いいとこどり《クリームスキミング》」のビジネスモデルを開発したといった例はいくらでもある。[※16]

見せかけの動機づけをもたらそうとする試みが、成功することはあるのだろうか？　これが唯一成功するのは、政府と投資家が有望なビジネスモデルやイノベーションを、市場環境の変化における競争力学として、辛抱強く支援するスタミナをもっている場合に限られる（第六章で説明する、エアバスの事例がこれにあたる）。辛抱強さがあれば、見せかけの動機づけを本物の動機づけに変えることは可能かもしれない。しかしこのケースでは、投資家はCLECが持続可能な戦略を見つけるまで辛抱強く待てなかった。実際問題として、そうした長期的な観点をもち続けることができるのは政府だけかもしれない。[※17]ＭＣＩが有望な競合企業になったのは、非対称な規制によって何年もの間暗に保護されていたからだという見方が大勢を占めている。

原則二　法律に基づく能力が、技術的能力や業務能力をもたらすとは限らない

政府は判で押したように新規参入企業に能力を与えようとすることが多い。なぜならそれが最も簡単な政策的対応に思われるからだ。新規参入企業に希少な資源を与えたり、既存企業の固定的インフラを解体させ、新規参入企業向けに再販させるのは、比較的容易なことに思われる。企業の市場参入を阻んでいるのが法的な障壁だけであれば、このやり方は大きな成果を上げるが、技術上、業務上の障壁が真に参入を阻んでいる場合はあまり効果がない。

法的障壁が参入を阻んでいるのは、どういうときだろうか？　それは、市場に投入する準備ができたイノベーションを携えた新規参入企業が、市場の門で押し合いへし合いして、参入する方法を模索しているときだ。このような状況で政府は、今にもモジュール化しそうなインターフェースを特定、開放すれば、イノベーションと競争を促進できるはずだ。

無線通信業界は、これまで競争の温床だった。なぜなら政府は一九九〇年代半ばに携帯電話サービスの提供をより多くの企業に許可したからだ。この結果、ダイナミックな競争市場が生まれた。無線データ通信市場では、企業はいわゆる「無認可周波数帯」（二・五から五ギガヘルツの周波数帯）で認可を受けずに営業することが許された。この決定により、イノベーションの事業化を目指す企業の商業的活動が活発化した。

もしもCLECが自社技術をUNEに簡単に接続できていたなら、一九九六年通信法も、これと同じように成功していたかもしれない。だが企業が何かを行う法的能力をもっているからといって、それを行う技術的能力や業務能力をもっていることにはならない。RBOCの本部間でモジュール化を促すことは、複雑で時間のかかるプロセスであることが判明した。CLECは自社技術をRBOCの独自仕様のネットワーク構造と統合化する必要があったが、その構造は数十年の独占的支配の間に生み出された相互依存性に満ちていたのだ。

理屈のうえでは、地域通信ネットワークは、モジュール化が容易な成熟度の高い技術で構成されていてもおかしくなかった。しかし相互依存性からモジュール性への移行を後押しする主要因である競争がなかったために、RBOCは相互依存性の高いシステムを維持することができた。※18 競争がないために、既存企業には業務のどの側面についても標準化するインセンティブが働かなかった。独占的企業は、この「盾」によって競争の力から自らを守り、相互依存的な方法で問題解決を図りながら、市場からさらに利益を搾り取っていった。ベル・システムの従業員は通信ネットワークの精緻で複雑な構造をよく理解していたために、新しい解決策を考案することができ、システム内の複雑な相互作用を暗に理解していたおかげで、外部者には解決できない問題を解決することができた。

相互依存性のしがらみは、ネットワーク設備の品質や状態といった、単純と思われる知識を習得することから、既存の業務支援システムとの統合などのより複雑な作業に至るまで、多岐にわたった。ＲＢＯＣの抵抗を抜きにしても、新規参入企業はこうした技術的な相互依存性に加えて、「バブル水準」の潤沢な資金をもつ企業のきわめて不確かな需要を当て込んで、あまりにも野心的なネットワーク構築計画を立てたせいで、劇的な破綻を迎えることになったのである。

ＭＣＩとＣＬＥＣの決定的な違いは、以下の点にあった。ＭＣＩは自前のネットワークを構築し、特定可能、計測可能、予測可能な（第一章で説明したモジュール性の三要件）インターフェースの箇所で、他社のネットワークに接続することができた。なぜならＭＣＩが参入する以前に、ＡＴ＆Ｔがすでに二つの独立した事業部門（地域、長距離）を設置しており、それらは簡潔なインターフェースを通して相互に接続していたからだ。これに対してＣＬＥＣは、自前のネットワークを構築せず既存のネットワークと接続したが、その接続方法はそれまで規定されたことがなく、相互依存性のしがらみに満ちていた。

この法律が競争を促すことに成功した分野はあるだろうか？　最近ではＣＡＴＶ会社が、既存企業を脅かす有望な競合企業に成長している（ＣＡＴＶ会社については第一〇章で説明する）。[※19]　この分野では、能力を促進しようとする政府の措置が、イノベーションを導いた。

ＣＡＴＶ会社は、ＣＬＥＣの成功を阻んだ技術的な相互依存性とは無縁だった。すでにほぼすべての住宅につながるインフラをもっており、ＲＢＯＣのネットワーク設備をリースする必要はなかった。既存の電話回線を利用することに伴う構造的、経済的障壁に制約されていなかったため、電話サービスの提供に必要なネットワークの拡充を自由に行うことができた。ケーブル網の拡充には莫大な費用がかかったが、ＣＡＴＶ会社がインフラ全体を所有していたため、いつ、どの部分に新しい技術を導入するかを柔軟に決められた。

そのうえＣＬＥＣの倒産が相次ぐ中、政府は次第にＣＡＴＶ会社を地域市場に競争を生み出すための最も有望な手段とみなすようになった。ＦＣＣのマイケル・パウエル委員長は、〔業界に回線が一種類しか存在しないという〕単一回線のシナリオを回避するために措置をとる意向をくり返し表明した。パウエルは二〇〇一年に行ったスピーチで、政府が「住宅につながる複数のプラットフォームと回線を開放し、利用可能な状態にしておく」必要があると語っている。[※20] この発言に暗に込められていたのは、ＣＡＴＶ回線が、住宅につながる一つの回線として、ブロードバンドおよび電話サービスを通じて、将来に業界で重要な役割を果たせるはずだという確信だった。

原則三　「ジレンマ」から抜け出すのは困難で時間がかかる

政府はジレンマの領域で、最も困難な状況に直面する。この領域では、政府が措置を講じるのに時間がかかり、しかもそれが成功する見込みは薄い。

政府は基礎的な科学研究に的を絞ることによって、企業がジレンマを脱する手助けができる。一般に、基礎研究には巨額の長期的な先行投資が必要で、また必ずしも成果が上がるとは限らない。研究対象の技術は未完成であるか、まだ存在もしない。研究者は、技術を発見できるかもしれないという期待や、学びたいという意欲が満たされることを唯一の見返りとして研究に励む。市場はこうした研究努力に資源を振り向けることができない場合があり、事業機会に追求する価値があるかどうかを判断する役目は、政府などの機関に任されることが多い。言うまでもなく、この種の投資によって資金を得た重要なイノベーションは枚挙に暇がない。

競争が停滞している既存市場で、政府が急いで競争的な環境を生み出そうとしているときは注意が必要だ。政府はこうした状況で、あらゆる手を尽くして能力と動機づけを同時に高めようとする傾向がある。政策立案は妥協の産物であることから、このような取り組みはほぼ必ず失敗する。法案を可決させるための駆け引きの中で法案は骨抜きになり、予期せぬ深刻な影響を招くことが多い。既存企業が悪質な操作を行ったり、新規参入企業が規制の変更がもたらした短期的な機会に乗じる貧弱なビジネスモデルをつくったりするのがオチだ。

この状況では、一気に市場の変革を図ろうとする「ビッグバン」方式よりも効果的な方法が二つある。

一　二つの根本的な問題のうちの一方に集中する：もう一方の問題については、起業家自身が対処方法を考え出せるような環境をつくる必要がある。動機づけは、要因としては能力よりも強力だが、その予測不可能な性質から、政策手段にするにはリスクが高い。動機づけ／能力の枠組みによれば、政府は能力を促進するような政策から始めたほうが成功する見込みが高い。特に、参入する動機づけはあるが能力に欠けるプレーヤー層を政府が特定できるなら、大きな効果が期待できる。

二　破壊のプロセスを加速するような政策を考案する：イノベーションへの障壁があまりにも多い場合、また障壁があまりにも根深く対処できない場合は、破壊を促すことが得策である。破壊を加速させれば企業は隣接するさまざまな市場から飛び出し、変化が遅々として進まないように思われる市場に劇的な変化を強いるだろう。放任的手法が破壊をかえって促進することがある。企業は製品開発費を調達するほかの方法を、自力で見つけ出すことになるからだ。放任的手法では、不満をもった起業家がその市場から撤退し、主流顧客にとっては性能の劣る製品でも喜んで受け入れてくれる消費者がいる、ほかの市場や状況を探すだろう。

ＴＲＡ法の分析のまとめ

この法律はいくつかの点では成果を上げた。ＲＢＯＣはイノベーションを活発化させ、新しい市場への参入に取り組み始めた。一部の地域通信市場では競争が激化した。インターネットは爆発的な成長を遂げた。ＣＡＴＶ会社が地域電話市場における有望な競合企業に成長した。しかしいくつかの要因のせいで成功が阻まれた。見せかけの動機づけは予測せぬ影響を招いた。新規参入企業は、相互依存性のしがらみに悩まされた。法的能力がただちに技術的能力を生み出すことはなかった。ではわたしたちのモデルによれば、政府はどのような手法をとるべきだったのだろうか？

おそらくＴＲＡはこれほど包括的である必要はなく、すべての潜在的参入企業を対象とする代わりに、一種類のプレーヤーに焦点を絞るべきだった。政府はＲＢＯＣをネットワーク事業とマーケティングサービス事業を行う二つの組織に分割すべきだった（「構造的分離」と呼ばれる考え方である）。政府はＣ

LECが技術上の問題に直面することを見越して、市場をあれほどあおるべきではなかった。政府がよりゆるやかで理に適った手法をとっていれば、地域通信市場でより長期にわたって競争を活性化できただろう。

■動機づけ／能力の枠組みを用いる

第一章では、動機づけ／能力の枠組みを使う三段階の方法を説明した。

一　企業の現在の動機づけと能力を書き出して、現在の環境がそれぞれの種類のイノベーションにとって望ましいかどうかを考える。望ましいものでない場合、イノベーションを阻害している主な障壁を見きわめる。

二　市場外のプレーヤーが、企業の動機づけや能力に影響を与えるような措置を講じているかどうかを判断する。

三　そのような措置が、イノベーションへの主な障壁を取り除くためのものかどうかを判断する。もしそうであれば、その措置はイノベーションを促進すると期待できる。

表4 - 2に、本章で説明した適切な介入が奏功する状況（法的な障壁または経済性の歪みがイノベーションを阻害している状況）と、介入がほとんど効果のない状況（技術的障壁とジレンマの状況）を判別する方法をまとめた。

状況	判別方法	何が起こり得るか	シグナル
市場外の要因が状況を改善し得る	・実証済みの技術をもった企業が市場外の障壁のせいで市場に参入しない ―能力に対する法的障害のために参入できずにいる ―経済性の歪みが動機づけを阻害している	能力または動機づけを高めるための正しい措置	・法的障害をターゲットにした、または歪みの原因を是正するための市場外のイノベーション ・新規参入企業の成功
		経済性の歪みに対処せず、人為的な動機づけをもたらすような措置	・規制を逆手に取ったビジネスモデルをもつ新規参入企業（操作）
市場外の要因が状況を容易に改善できない	・新規企業が市場に参入するための技術的能力をもっていない（相互依存性が求められる）	能力を高めようとする措置が失敗する	・新規参入企業は法的能力が高まったにもかかわらず苦戦する
	・業界に動機づけも能力もない	「ビッグバン」方式の措置を強引に進める	・法案と規制の最終版は総花的で内容がない ・規制を逆手にとったビジネスモデルをもつ新規参入企業（操作）

表4-2　介入が成功する状況

■まとめ

市場外の要因がイノベーションの力に与える影響は予測可能である。こうした要因は、イノベータが新しい製品・サービスを開発、活用する動機づけまたは能力に影響を与える。能力または動機づけを高めようとする措置はイノベーションを活性化させる傾向にあり、能力や動機づけへの障壁を築くような措置はイノベーションを阻害する傾向にある。

動機づけ／能力の枠組みは、イノベーションへの障壁を理解し、介入がイノベーションにどのような影響を与えるかを理解するのに役立つツールである。イノベーションを阻害しているのが市場の不均衡である場合（動機づけをくじく）、または法的障壁である場合は（能力を制約する）、政府の介入によって業界を温床の領域に押し上げることができる。これに対して、イノベーションへの障壁が技術的障壁であるか、貧弱な経済性である場合は、政府の介入が業界を温床に押し上げる可能性は低い。

重要なポイントは、業界が市場外の措置によってイノベーションを促進できる状況にあるからといって、イノベーションを促進できるとは限らないということだ。市場外のプレーヤーは、障壁を取り払うために適切な措置をとる必要があるが、そうした措置が政治的に難しい場合がある（たとえば動機づけを高めるために、短期的な料金引き上げが望ましい場合など）。残念ながらそのような状況で政治的に好ましい措置をとれば、問題を悪化させることがある。

また問題が深刻であればあるほど、それを一つの措置で是正できる可能性は低くなる。こうした政策立案者のジレンマにおいて政府にできる最善のことは、破壊的イノベータに新しいバリューネットワークの創出を促し、これを通じて一見変えようのない業界を最終的に変革することである。

第二部

理論に基づく分析の実例

第一部では、イノベーションの理論を用いて業界の変化を予測するための直感を養う方法を説明した。第二部ではその直感をさらに発展させ、本書の原理を活用して教育、航空、半導体、医療、通信の五つの業界の将来を覗き見る方法、そして海外のイノベーションを分析する方法を示していこう。

どんな業界であれ、その将来に関心がある人たち――経営幹部、ミューチュアルファンドのマネジャー、政策立案者、ウォール街の株式アナリストなど――は、同じ根本的な質問に答える必要がある。どのイノベーションが脅威になり、どれが事業機会になり、どれが不発に終わるだろうか？ どの企業が、業界の成長をうまく活用できる立場にあるのか？ 業界構造は、これからどのように変化するのか？ 企業が行う選択のうち、成功を導くものは何か？ 失敗を導くものは何か？

これらの質問に答えるにあたって、アナリストは一般に注意深い観察とデータ収集に頼ることが多い。予測を上回る業績を上げる企業を、好ましいトレンドを示す兆候と解釈して、業績予想を上方修正し、期待を下回る企業については下方修正する。株価はニュースに反応して乱高下する。だが未来は本当にこれほど不安定なのだろうか？

たとえばアトランティック・コースト・エアラインズ（地域航空会社）は二〇〇三年七月二八日に、ユナイテッド航空との一四年間の提携を終了し、格安航空会社として独立することを発表した。大口顧客が失われることを悪材料と判断した投資家は、続く四八時間の間に同社の株を叩き売り、株価は二日間で三分の一も下落した。しかしアトランティック・コーストの決定が、もしかして賢明な決定だったという可能性はあるだろうか？ どうすればそれを見分けられるだろう？

理論はシグナルをノイズと区別する助けになる。どこを、何を探せばいいのかを教えてくれる。理論を用いれば、どの企業が自らを破壊するための種を蒔いているのか、将来の成長のための種を蒔いているのかがわかる。

第二部では、五つの業界それぞれに章を割き、優れたイノベーションの理論を使って業界の歴史の重要な出来事を理解し、大きな方向転換の到来を告げる変化のシグナルを明らかにし、来るべき競争のバトルを評価し、変化の進展を左右する戦略的選択を分析する方法を示す。第九章「海外のイノベーション」では、理論を使えば経済全体の成長力に影響を及ぼす要因を分析できることを説明する。

これからの各章では、第一部で説明したイノベーションの理論のすべてを、同じウェイトで取り上げるわけではない。業界の経済事情や発展段階によって、業界の将来を予測するのに適した理論が異なるからだ。読者がこれらの章を読むことで、どんな業界、イノベーション、トピックについても分析を構成できる直感を身につけてくれれば幸いである。

第五章　破壊の学位——教育の未来

イノベーションの理論は教育にもあてはまるだろうか？　教育という環境における無消費者とは、誰のことをいうのか？　教育の提供者が生徒を過剰満足させることはあるのか？　無消費者と過剰満足の顧客に到達するために、組織はどのような仕組みを用いることができるのか？　主要大学にとっては、今後どのような動向が脅威となるだろうか？　競合環境が変化しつつあることを示すシグナルとはどんなものか？　大学はどうすれば対応できるのか？　市場外のプレーヤーは業界にどのような影響を及ぼしているのか？　イノベーションはわが国の問題の多い公立学校制度を立て直すのに役立つだろうか？　イノベーションの理論は、教育の未来について何を教えてくれるだろう？

本書のツールを用いれば、電話から航空機、博士課程まで、多くの業界の未来に対する洞察を得ることができる。本章では理論のレンズを教育業界に向け、主に高等教育について考えたい。[※1]

イノベーションは教育とは対極にあると考える人が多い。しかし重要なイノベーションが、教育の提供方法を一変させている。二〇〇四年時点で、インターネット経由で遠距離教育を提供する営利組織や、企業内大学、一部のコミュニティカレッジが急成長を遂げている。

こうした動向のすべてに破壊の特徴が見られる。フェニックス大学やコンコード・ロースクールなどの営利組織が提供するオンライン教育は、これまで教育を消費していなかった数千人の成人の受講者に、空き時間を利用して学位を取得する機会をもたらしている。従来型のMBAプログラムが毎年数千人のMBAを量産する一方で、ゼネラル・エレクトリック（GE）・クロトンビル、モトローラ大学、IBMの経営研修プログラムなどは、社員や管理職が抱える特定の問題を解決するための、具体的で驚くほど高度なスキルを教えている。コミュニティカレッジは、看護や情報技術といった多くの分野の職業に、金のかかる四年制の教育機関に通わずに、資格をより安く取得する方法をもたらしている。

本章では、まず高等教育において無消費者と過剰満足の顧客を見きわめる方法を説明し、続いてこうした顧客層の獲得を目指す、新しいプレーヤーの出現について詳しく見ていきたい。次に破壊的イノベーションが非対称性を利用して上位市場に進出するにつれて、最も由緒ある組織さえもが圧力にさらされることを説明する。このことは、適切な対応をとらない大学には凶報かもしれないが、教育サービスを受ける側にとっては朗報だ。破壊とは、製品・サービスを安価で、便利で、使いやすくする、基本的な仕組みをいう。破壊的イノベーションの波が市場を席巻するとき、必ず消費が増える。

破壊はすでに広い意味での高等教育で進行している。より単純で、便利で、安価なサービスが提供されているおかげで、人々はより多くの教育を消費できるようになっている。あらゆる教育レベルでますます多くの人が学べるようになれば、社会的、経済的福祉が向上する。破壊的ビジネスモデルは、これまで無消費者だった人々に、質の高い教育への扉を開くだろう。

本章の最後では、公立小学校を苦しめている問題を簡単に見ていこう。イノベーションの力は公共部門には及ばないと考える人が多いが、公立学校の最下位層にも、新市場型破壊的イノベーションが花開こうとしている。学校はますます多くの教科を、民間企業に段階的かつ合理的に外注できるようになり、やがて公立学校制度は大きく変わるかもしれないのだ。

■変化のシグナル――フェニックス大学、コンコード・ロースクール、企業研修、コミュニティカレッジ

二〇〇四年初めの時点で、変化のシグナルはそこかしこに見られた。そのうち、今も進行中の重要な動向を三つ挙げると、営利目的の教育機関、企業研修、コミュニティカレッジの成長である。これらのイノベーションは、破壊を喜んで受け入れる顧客層である、無消費者と過剰満足の顧客をがっちりつかまえた。そこで、まずは高等教育でこうした集団を見きわめる方法を説明しよう。

多くの無消費者と過剰満足の顧客が存在することを示す兆候

教育における無消費者とは、日々起こる問題を解決するのに役立つ教育を受けたいが、そのための

時間や資金をもたない人たちをいう。高等教育を消費していない人の中には、さらなる教育を受けることに関心をもたない人もいる。教育を受けても、やるべきことをやる助けにはならないと考える人たちだ。このような人は新しいものごとやスキルを学ぶ必要も意欲もないため、わたしたちのいう無消費者にはあてはまらない。だがアメリカ人の四〇%を占める、高校に進学しない人や、大学院に進学しない人たちの多くが、教育を受けることで解決できるような問題や障壁に日々直面している。[※2] しかし彼らは時間的、金銭的な資源やスキル（テストのスコアや適切な経歴）をもたないばかりに、教育を受けられずにいるのだ。

たとえば多くのビジネスマンは、キャリアアップに役立つ、カスタマイズされた研修を受けたいと思うだろう。だが自分の希望するＭＢＡプログラムに出願するために必要な経歴がなかったり、集中的なプログラムを受ける時間がないかもしれない。彼らこそが、新市場型破壊的イノベーションによって獲得し得る無消費者だ。

第一章では新市場型破壊的イノベーションを、無消費者がこれまでやりたいと思いながらできなかったことを、簡単にできるようにするイノベーションと説明した。『イノベーションへの解』の第三章ではこのトピックを掘り下げ、顧客は重要な「用事」を片づけるために製品を「雇う」のだと説明した。片づけるべき用事の理論によれば、製品はなんらかの状況と結びつくとき、成功する。わたしたちは日々さまざまな状況の中で暮らしている。一日のうちにいろいろな問題が生じ、こうした問題を解決するためにあたりを見回して、適当な製品を雇う。わたしたちの陥る状況に対応できる製品が、本物のキラーアプリになる。消費者はすでに片づけようとしていた用事を、製品のおかげでより簡単に片づけられるようになるからだ。

人々が本当にやり遂げたいと思っている用事を見きわめ、それをより簡単に片づけられる製品を開発できれば、従来型の市場調査では見つけられなかった新しい市場を発見できる。既存製品ではうまく片づけられない用事を理解することによって、既存顧客を喜ばせ、無消費の状況にいる人たちを新規顧客として獲得できる、真に革新的な製品に関するヒントが得られるだろう。

「用事」の考え方は、高等教育にどうあてはまるのだろう？　多くの無消費者は、ただ「学習する」こと以外にも、片づけたい用事をもっている。学習はもちろん大切だが、それは「成功したい」という、より幅広い用事の一環であることが多い。人が人生のどの時期にいるかによって、この用事はさまざまな形になって表れる。

□仕事に就きたい
□問題を解決したい
□次の査定で昇進するために、資格をとりたい
□特定のレベルの教育課程を修了したという証明書がほしい
□長期的なキャリアアップの見込みを高めるために、箔づけがほしい

無消費者は、こうした用事をより単純に、安く、簡単に片づけられるようなイノベーションを歓迎する。

また、無消費の「状況」もある。ほとんどの大学は、不便で集中化された場所で、対面授業を通して教育を提供している。受けたいときに受けたい場所で教育を消費できないとき人は、無消費の状況

にいるという。

無消費者や無消費の状況が存在すること自体には、多くの人が気づいているだろう。しかし破壊を示すその他のシグナル、つまりローエンド型破壊的イノベーションの機会を示す過剰満足の顧客、モジュール化による置き換え、最終消費者への接近についてはどうだろう？

高等教育機関が、少なくとも一部の潜在的な学生のニーズを過剰満足させている兆候がある。ここでは仮に、カレッジや大学がそれぞれの学費に見合った成果を提供していると考えよう。一九八〇年から二〇〇〇年までの間、アメリカの四年制大学の授業料は、毎年約八％のペースで増加したが、これは同期間中のインフレ上昇率の二倍以上のペースだった。他方四年制プログラムの入学者数は、過去一〇年間で〇・五％と、カタツムリのようなペースで増加した。[※3]

ほかの市場と同様、高等教育でも、大半の生徒が学校に求めるものは、時代を経てもあまり変わっていないと考えていいだろう。つまり、どのようなイノベーションが学費の着実な上昇を牽引しているにしても、従来型の大学は学生に多くを提供しすぎていることになる。新たに加わった機能のうち、不要なものはあるだろうか？　学校にフットボールチームがなくてもかまわない学生もいるだろうし、医学部や化学研究室はいらないという学生もいるだろう。それに美しく手入れされた芝生や華美な建物など不要という人もいるだろう。

最も要求の厳しい学生は、こうした追加機能を求めるかもしれない。実際、こうした追加機能は、要求の厳しい学生が大学を雇う用事には必要だろう。たとえば「多様な学生と交流する」「親の目の届かない場所ではめを外す」といった用事である。また自分というブランドを磨き、希望の仕事に就く見込みを高めるために、評判のよい大学名を履歴書に書きたい人もいるだろうし、あらゆる分野で最も優秀な教授からできる限り多くのものを学びたい人という奇特な人もいるだろう。一流大学は、こうした学生は過剰満足させていないかもしれないが、授業料の値上げに対する不満の高まりや、より単純で安価な選択肢（以下で説明）への需要の伸びを見ると、学校が一部の学生を過剰満足させているのは明らかだ。

同様に、専門職養成大学院（プロフェッショナル・スクール）も一部の学生を過剰満足させているように思われる。このような教育機関の包括的で相互依存的構造のカリキュラムは、実業家や弁護士、医師、エンジニアを志望する多くの学生のニーズを過剰満足させているかもしれない。たとえばＭＢＡプログラムを考えてみよう。最高の総合的ＭＢＡプログラムは高度に統合化されている。その根底にあるのが、「あらゆる事業活動は密接に関連し合っているため、未来の経営者は製品開発を学ばなければマーケティングを理解できないし、製造を学ばなければ製品開発を理解できないし、原価計算を学ばなければ製造を管理できず、組織設計を学ばなければ原価計算を学べない」といった考え方だ。経営責任者の仕事は、あまりにも包括的で相互依存的なため、どの一つの側面を理解するためにも、**すべての側面を理解する必要がある**というわけだ。そのような理由から、主要な経営大学院のカリキュラムは広範にわたって統合化されている。

このやり方には問題点が三つある。第一に、従業員を二年制の集中的なプログラムや経営者教育プログラムに派遣している企業は、従業員が必ずしも必要なスキルを身につけて戻ってくるわけではないことに気づいている。一流校に派遣され、分野の垣根を越えた総合的な手法で学んだ従業員は、入社してから三つめないし四つめの任務で必要になるかもしれないことを学んだ、オールラウンドプレーヤーになる。しかし彼らの多くは、部下が差し迫った問題を抱えていても手助けすることができず、そのためにさらに現場で訓練を積む必要がある。大まかな原理を教える短期のコースでさえ、広く浅くしか教えないことがある。社会人に必要なのは、学ぶべき時期に学ぶべきことを学ぶための方法なのだ。

第二の問題点として、相互依存的なカリキュラムでは、企業が金のかかる集中的なプログラムに従業員を派遣する間、その人材を戦力として活用できない。優秀な幹部候補生を派遣して教育を受けさせる企業は、とびきり優秀な人材を長期間失うことになる。MBAの機能がますます高まり、プログラムの受講に伴うコストがますます高騰する中、MBA卒業生はひと昔前の卒業生よりも高い給料を要求する（それだけの価値がある）のは当然という話になる。だが新しい経営人材を求める企業の多くが、一流大学のMBA卒業生の求める初任給の額は既存の給与体系にそぐわないと感じている。

第三の問題点として、従業員に管理者教育を受けさせても、組織全体としてそのコストに見合った利益を得られないと感じている企業が多い。幹部候補生がせっかく教育を受けても、旧態依然の体制の中に戻れば、結局は周りに同化してしまう。

要約すると、高等教育には無消費者と過剰満足の顧客の存在を示す兆候が現れている。興味深いことに、本章で説明する高等教育の破壊的な動きの多くが、どちらの顧客集団にも訴求するのだ。つまり、低コストで利便性、カスタマイズ性が高いため、過剰満足の顧客を喜ばせるとともに、無消費者層にも参入でき、そのうえ教育を新しい状況にもたらすことができるのだ。次のセクションでは、企業が破壊的イノベーションを活用して、こうした顧客層に到達しようとしていることを示す、変化のシグナルについて説明しよう。

営利の教育機関が新しい状況にいる新しい顧客に教育を提供している

営利の教育機関は、これまで既存の大学が見過ごしてきた消費者に到達する、新しい方法を見出すことによって成長を遂げてきた。こうした消費者は、特定のスキルを学び、重要な資格を得ることで、主要な用事をより簡単に、より安価に片づけるのに役立つ、相対的に単純な製品を喜んで受け入れる。

このセクションでは、二つの大手営利組織を取り上げる。フェニックス大学は正式認可を受けた大学で、従来型のキャンパスとインターネット講座の両方を提供している。コンコード・ロースクールは、完全なオンラインの法科大学院で、ワシントンポストの子会社、カプラン・インクによって運営されている。フェニックス大学の事例を通して破壊的成長を説明するほか、相対性の原理についても考えていこう。またコンコード・ロースクールの事例を通して、動機づけと能力への障壁から離れた周縁部で企業が成功できることを見ていきたい。

フェニックス大学――インターネットを活用して破壊的成長を推進する

一九七六年創立のフェニックス大学は、従来型の教育機関ではニーズを十分満たされなかった、従来の学生とは毛色の異なる、成人受講生の獲得を目指している。こうした無消費者に単純な製品を提供して、彼らがすでに片づけようとしていた用事をこなす手助けをしている。その用事とは、キャリアを広げるためのスキルや学位を得ることだ。

フェニックス大学は当初キャンパスをつくらず、場所を借りてそこで短期のプログラムを提供していた。一九七八年に認可を受けると学生は政府奨学金を得られるようになり、それ以来同校は着実な成長を続けている。学生のほとんどは年齢が高めで（二三歳未満の学生は受け入れていない）、特定のスキルを便利な方法で身につけたいと考えている。フェニックス大学はこのニーズに応えるために、約六週間にわたって週一回のペースで開催される専門的な講座を提供し、勤労社会人にとって非常に意味のある学位を提供している。二〇〇四年時点で、同校は会計、経営管理、ビジネス、教育、福祉、刑事司法、経営、マーケティング、看護、医療、技術といった分野で学位を授与している。

フェニックス大学は、従来型の大学に行く気がない、または行けない無消費者に的を絞っているため、インターネットの普及が追い風になった。インターネットを教育に利用すること（eラーニング）により、同校はより便利かつ低コストで、より多くの無消費者に到達することができた。[※4]

フェニックス大学は一九八九年にまずオンラインのMBAプログラムをダイヤルアップ接続で提供した。ネットスケープが最初のブラウザを開発する、はるか以前の話だ。学生はコンピュータとモデム、ワープロと表計算のソフト、電子メールを送受信する機能さえ準備すれば、誰でも受講できた。コースは一単位当たり二五〇ドル、学位取得にかかる総額は約一万ドルだった。[※5] プログラムの初年度には一五〇人の学生が参加した。

フェニックス大学の当初のオンラインプログラムはほかと比べて単純な仕組みで、リアルタイムの指導がないという意味で非同期的だった。しかしこれにより、大学は従来型の大学で学位を取得するための資金や時間がない、多くの顧客に到達できた。彼らにとってこれに代わる選択肢はまったく教育を受けない状態だったから、このプログラムは大いに歓迎された。

フェニックス大学は、目を見張るほどの破壊的成長を遂げた。二〇〇三年末時点で全米に一〇〇以上のキャンパスをもち、約一五万人の学生を教え、うち五万人超がオンラインの学生だった。従来型の大学が授業料の値上げを計画すると激しい抵抗にあうのに対し、フェニックス大学はこの急成長のビジネスをうまく運営していた。なぜだろう？　それは同大学のサービスが、学生の重視する性能の向上曲線をどんどん上がっており、その性能がまだ十分でないからだ。おかげでフェニックス大学は非常に大きな利益を上げられるのだ。親会社のアポロ・グループは、二〇〇三年に一三〇億ドルの売上に対して二億五〇〇〇万ドル近い純利益を上げ、同社の株価は一九九五年の新規株式公開（ＩＰＯ）から二〇〇四年までの間、年率六五％も上昇している。フェニックス大学オンラインのために発行された業績連動株は、二〇〇一年から二〇〇四年初までの期間中、年率七〇％を上回る上昇を見せている。[※6]

フェニックス大学が技術を導入した方法は、第二章で説明した、破壊とは相対的な概念だという重要な考えの正しさを立証している。同じイノベーションが、見る企業によってはまったく違うものに見えるのだ。eラーニング自体は、持続的イノベーションでも破壊的イノベーションでもない。重要なのは、企業がどのような形でeラーニングを導入するかである。フェニックス大学はインターネットでその教育方式を支え、より多くの成人受講生を引きつけ、優れたコスト効率でサービスを提供できた。同様に、できるだけ多くの人に教育をもたらすことを憲章に謳っているコミュニティカレッジなどの公的教育機関も、より多くの学生にコスト効率よく到達するためにインターネットを導入している。従来型教育機関も、教室で行う授業を補足したり追加の学術資料にアクセスできるようにするなど、主に既存の教育方式を強化するためにインターネットを導入した。いずれの場合も、組織は現行の教育方式を持続させるためにインターネットを活用している。

これに対して一流大学は、インターネットを利用して既存のものよりも劣るサービスを提供したためにうまくいかなかったが、それでも既存の用途でこうした既存サービスと競争し続けた。これからあるオンラインの高等教育プログラムが陥った困難を考察し、消費に対抗しようとする企業には警戒が必要だと理論が教える理由について考えてみよう。

コロンビア大学による初のeラーニングサービス、ファザム・ドットコムは苦戦した。大学は当初、ファザムを生涯学習の学生向けのeラーニングの場として位置づけ、シェイクスピアやアフリカ系アメリカ人の研究といったテーマを取り上げる、学位取得を目的としない高額の講座を売り込んでいた。しかしこのターゲット市場は、すでに書物やテレビ、インターネットといった、多くの単純で低コストの手段を通して教育を消費していた。生涯学習の学生は、ぼけを防止したり、余暇時間を過ごしたり、趣味に必要なスキルを身につけたり、現代情勢を知るために、こうした製品をすでに雇っていたのだ。ファザムは、彼らが教育を雇って片づけようとしていた用事にはそぐわなかった。講座は高額で、不便で、拘束時間が長かった。当初の戦略は予想通り難航した。ファザムは続いて生涯学習の学生以外にも、学部生や大学院生、教師向けに講座を提供するという戦術に出たが、こうした集団もすでに良質な製品をほかで消費していた。三年の期間と二五〇〇万ドルの資金を注ぎ込んだ末に、コロンビア大学は二〇〇三年にこの取り組みを断念し、学内の非営利組織を通じてオンライン講座を提供することを決定した。※7

遠距離教育プログラムが年率三三%で成長し、二〇〇五年までに五〇〇〇万人の学生が遠距離教育を利用するとアナリストが予測する中、コロンビア大学はいったいなぜ失敗したのだろう？※8 コロンビア大学は典型的な罠にはまったのだ。顧客が用事を片づけるために使っている既存製品より劣った製品を提供しても、成功できるはずがない。企業が常に探さなくてはならないのは競合企業を破壊する方法であって、顧客を混乱させる方法では決してない。顧客が用事を片づけるのを手助けしようとする企業は、顧客がその用事を片づけるために、「いま何を雇っているのか」を考える必要がある。もしも企業の製品が、いま顧客が雇っている製品に比べて劣っているなら、失敗するのは目に見えている。成長を牽引した企業は、無消費と競争し、顧客が同じ用事を片づけるのに雇うことができた製品よりも安価で便利な製品を提供した。[※9]

こうした企業が例外なく乗り越えなくてはならないハードルは、市場外の障壁である。次に取り上げるコンコード・ロースクールは、既存の障壁が問題にならない場所に行けば成功できるという実例である。

コンコード・ロースクール——無消費者を探し、政府による障壁を回避する

二〇〇四年時点で、コンコード・ロースクールはアメリカ有数の完全オンライン法科大学院だった。教育業界の多くの民間企業と同様に、同校は発展の初期段階に、高等教育認可機関や業界団体などの強力な市場外のプレーヤーにどのように対処するかを決定する必要があった。市場外の要因は、動機づけと能力に同時に影響を与えると考えられる（コラム「教育における市場外のプレーヤー」を参照）[※10]。独立系のeラーニング事業者は、認可を得るのが難しいため、政府の融資制度をなかなか利用できず、その結果動機づけが削がれがちである。こうした要因のせいで、教育におけるイノベーションは一筋縄ではいかない。

教育におけるイノベーションを阻害している規制の多くは、農耕社会のために確立された旧来の教育方式を念頭につくられたものだ。これまで政府は、生徒が教室で教師に教わる時間を増やし、生徒に何の知識も授けずに学位だけを乱発する「学位工場」を規制することによって、教育制度の健全性を保とうとしてきた。

政府が業界に最も大きな影響を与える方法は、莫大な資金のコントロールを通じた方法である。二〇〇〇年に政府は四〇〇億ドル近くの資金を高等教育機関に与えた。重要な転機となった一九六五年高等教育法は、「大学の教育資源の充実を図り、高等教育および高等教育の生徒に財政的支援を与える」ことを目的としており、同法の条項は、高等教育機関への進学を目指す学生にとって政府が重要な資金源であると位置づけている。二〇〇〇年時点で、高等教育機関で学ぶ学生の半数以上がなんらかの学資援助を受けていたが、連邦および州政府がその七〇％以上を提供し、補助金、奨学金、勤労就学プログラムの形で、七〇〇億ドル近い資金を提供していた。

一九六五年法は、第三者の認可機関に重要な役割を与え、これにより高等教育機関は一定の基準を満たすことを要求された。連邦政府の学資援助は、認可された教育機関に通う生徒しか利用できない。従来ほとんどの認可制度にはオンラインスクールを評価するための適切な基準がなく、それが強力な障壁となって、新興企業がeラーニングサービスを提供する能力を阻んでいた。

そのうえ一九六五年法の条項により、遠隔教育で学ぶ学生が全体の過半数を占める大学に通う学生は、連邦政府の学資援助の対象から外されていた。この法律の目的は、修了証書を乱発するだけの、いわゆるマスプロ大学《ディプロマミル》を規制することにあった。同様に、教育省の規定により、学生は連邦政府の学資援助を得るためには、週に一二時間以上の講座を履修する必要があった。

　最後に、教材の利用に対する規制が、新興企業が顧客に訴求する能力を阻害していた。たとえば一九七六年著作権法は、演劇と文学作品の利用に関する指針を定めており、オンラインコースで許可なく利用できるのは、演劇以外の文学・音楽作品に限られている。


　改革を実行すると口で言うのは簡単だが、政府や大組織の変革は時間がかかるうえ、真に積極的な改革というよりは、すでに起きた変化への事後的な適応である場合が多い。企業がこうした状況でとれる行動は二つある（図5-1）。一つは、莫大な資源を投じて強力なロビー能力を開発し、規制を自らの有利に導くこと。二つめは、規制をありのまま受け止め、市場の周縁部に参入する機会ととらえることだ。ここでは古い格言が役に立つ。酸っぱいレモンを与えられたら、抗議してレモンを返品することもできるし、かんしゃくを起こしてレモンを投げつけることもできる。だがレモネードをつくることもできるのだ。

　たとえばコンコードの学生は当初、カリフォルニア州の司法試験しか受けられなかった。アメリカ法曹協会の規定により、コンコードの学生はカリフォルニア州の司法試験に合格してからでないと他州の試験を受けられなかった。これに対して認可された従来型のロースクールの学生は、卒業後どの州の司法試験でも受けることができた。マサチューセッツ州の法廷弁護士になりたい人にとって、マサチューセッツ州の司法試験すら受けられないコンコードは、のっけから対象外だった。

　コンコードはどうすればよかったのか？　ロビー活動を試みることもできた。だがこの方法には多額の金がかかり、またおそらく規制を変えようという意欲に欠ける業界団体の気まぐれに振り回されることになっただろう。コンコードが実際にとったのは、古典的な新市場型破壊的イノベーション戦略だった。コンコードは、「弁護士になりたい」という用事以外の用事を片づけようとしている、無消費者の市場に参入すればよいのだと気がついた。法律を学びたい人は多いが、そのすべてが弁護士として開業したいわけではなく、仕事のために法律の仕組みを学びたい人もいる。こうした消費者は、司法試験を受けられなくてもまったく気にしなかった。

　この戦略は功を奏しているように思われる。コ

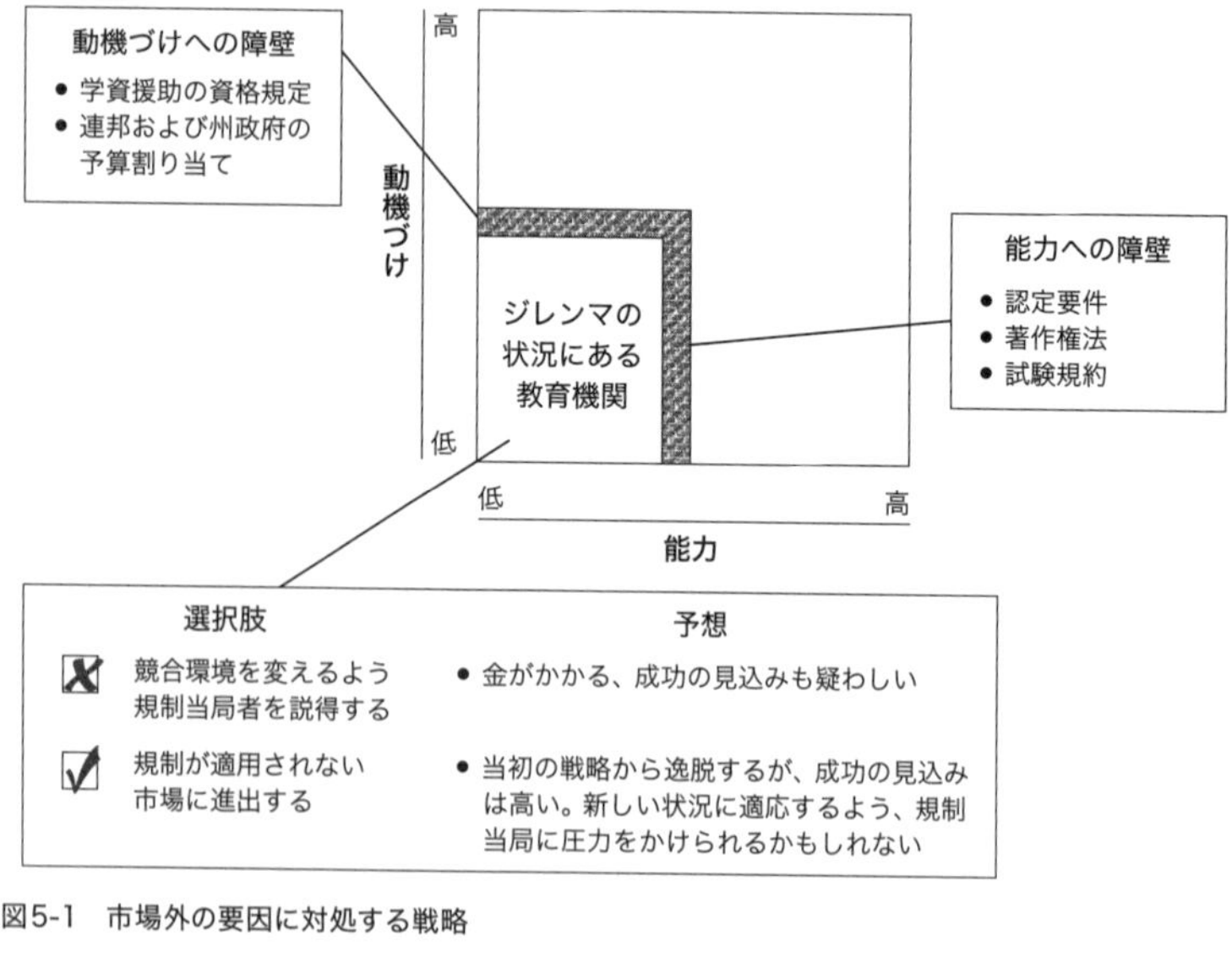

図5-1　市場外の要因に対処する戦略

ンコードの学生数は一九九八年の三三名から、二〇〇三年には一〇〇〇人を超えるまでに増加した。コンコードの学生の四〇％以上が大学院の学位を一つ以上もっており、企業のＣＥＯ、医師、銀行家、エンジニア、起業家、専業主夫・主婦などが学んでいた。コンコードは地理的制約や、家庭や職場の事情、旅行上の制約に阻まれて、それまでロースクールに通えなかった学生、つまり古典的な無消費者に教育サービスを提供しているのだ。[※11]

政府による障壁に苛立つ企業は、コンコードにならって障壁が問題にならない市場セグメントを見つけ、そこに破壊の根を張るべきだ。その後性能向上を図り、より幅広い階層にサービスを提供できるようになれば、顧客の圧力を通じて規制を変えられるかもしれない。この手法は直接規制を変えようとするやり方よりも、長期的に成功する確率が高いとわたしたちは考える。

コンコード・ロースクールやフェニックス大学のような教育機関は、無消費者と過剰満足の顧客に到達するための、低コストで便利な方法を生み出した。こうした機関は、破壊的イノベーションの特徴を備えているが、従来型の大学と見た目も方向性も似ている。従来型の大学は、こうした教育機関からの圧力にもさらされている。次のセクションでは、企業研修の普及の状況と、企業研修がどのようにして破壊的成長を生み出したかを説明する。

企業研修はニーズに合った教育サービスを提供できる

企業研修プログラムは、従業員が具体的な問題を解決する戦略を学ぶ便利な手段として、近年目を見張るほど増加している。正確な推定値は入手困難だが、市場全体の規模は二〇〇三年時点で一〇〇億ドルから三〇〇億ドルの間とされた。アメリカには二〇〇〇の企業内大学があるといわれる（一九九〇年代初めには、わずか四〇〇だった）。[※12] 企業が経営研修を企業戦略に結びつけようとしていることや、インターネットを通じて提供される教材の利便性と品質が着実に向上していること、また数百万人のマネジャーという「とらわれの参加者」（否応なく参加させられる人たち）が存在することを考えれば、企業研修は従来型のMBAプログラムに対する破壊的脅威になり得る。

近年多くの企業が研修に数百万ドルの資金を投じている。自前の大学や教育機関を設立して、さまざまな資格や単位、学位を提供している企業もある。二〇〇一年にゼネラルモーターズ（GM）の企業内大学は、同社の八万六〇〇〇人の役員と管理職、専門職、技術職の従業員に、一五〇〇の講座を通じて延べ二〇万日の教育を提供した。[※13] GM単体が年間に提供した教育は、同じ時期のペンシルベニア大学ウォートンスクールのMBAコースで行われた最初の二学年の全授業にほぼ相当する。GEは経営研修に一〇億ドル以上を投じたと報じられており、この研修の大部分が、ニューヨークのハドソン渓谷にある約六万四〇〇〇坪のクロトンビル・キャンパスで提供されている。IBMは五億ドル以上をかけて研修カリキュラムを開発し、マネジャーが必要なことを必要なときに学べるよう、ジャストインタイム方式で研修を提供できるようにした。またIBMは最近、他社にプログラムを販売する事業部としての認可を受けた。マサチューセッツ州の精密射出成形機メーカーで、九〇〇〇名の従業員を擁するナイプロは、マサチューセッツ州の認可を受けたナイプロ・インスティテュートに出資し、高校レベルのESL（第二言語としての英語）、文系準学士（AA）、理学士（BS）、理学修士（MS）、MBAの各プログラムを提供している。[※14]

こうした動きがどのようにして破壊的成長を生み出しているのか？　これまで経営研修を希望する

従業員は、二年間のＭＢＡプログラムか、最近ではより短期だがやはり高額な経営者向けＭＢＡプログラムを受けるしかなかった。多くの消費者が受講するためのスキル（大学での成績やテストのスコア）や資源（時間と資金）をもたず、選ばれた少数の人しか受講できなかった。企業内大学は、ＭＢＡの学位を取得するために勉強しようとは思わないが、ＭＢＡプログラムで教えられる知識や教訓を必要としている数千人の従業員に、経営教育の世界への扉を開いたのだ。

そのうえ企業研修は、一人ひとりのニーズに合った教育を提供できる。従来型のビジネスプログラムは、企業のマネジャーに全般的な経営理論を教え、多様なビジネスリーダーの人脈を提供するのに適していても、個々の企業や従業員のニーズに合った教育を提供するのには適していない。企業研修プログラムには、キャンパスも社外の同窓生の強力な人脈もない。しかしモジュール型のカスタマイズ可能な企業研修には、相互依存的なＭＢＡプログラムには太刀打ちできない強みがある。それは、各従業員のニーズに合った教育である。たとえばマネジャーは三日間のカスタマイズされた戦略的思考の講座を受講し、学んだことを活かして、よりよい組織戦略を立てることもできる。新製品開発に関する一週間の研修を受けて、開発プロセスを改善する方法を考案することもできる。一流校のカリキュラムが統合化されているのに対し、企業内教育業界は細分化が進んでおり、数百の専門的企業が教材を制作し、講座を設計、提供している。

どんなに単純な教育サービスであっても、日々の業務で直面する問題に直接活かせるスキルを学べる機会となれば、従業員は喜んで受け入れる。マネジャーは二年間の一般的なＭＢＡプログラムよりも、仕事で直面する問題と直接関係のあるプログラムのほうから多くを学んでいることを示す証拠がある。これは驚くべきことではない。企業内大学は、従業員が仕事で直面する具体的な問題を解決する能力を大幅に高めてきたのだ。企業内大学が普及する以前は、企業のマネジャーは特定の問題に直面しても、それを解決するために教育を「雇う」ことはできず、自力で解決するか高価な経営コンサルタントを雇うしかなかった。

企業研修は数百万人の無消費者や過剰満足気味の消費者を喜ばせた。ここでもインターネットが、効果的な研修サービスを開発する企業の取り組みに役立った。企業はオンラインコースの内容をカスタマイズし、非常に低いコストで提供できる。こうした企業内の取り組み以外にも、トムソンをはじめとする多くの営利企業や専門的コンサルティング会社が、企業研修の成長を牽引している。

先に取り上げた営利企業と同様、企業研修は利便性などの新しいメリットを無消費者に提供できる。本章で取り上げる最後の事例では、コミュニティカレッジが、特に知識を「ルールベース」の方法で提供できる分野では、必要にして十分な教育を低コストで提供する手段になり得ることを説明していこう。

コミュニティカレッジは過剰満足の顧客に低コストのサービスを提供する

コミュニティカレッジは低コストの教育方式であり、全米で従来型の四年制大学にニーズを過剰満足させられた学生に、教育を受ける機会を提供している。コミュニティカレッジは四年制組織のように社交経験や多様な学位は提供しない。学生は大学に通い特定の科目分野で能力を身につけ、学歴を高めてキャリアを広げるという用事のためにコミュニティカレッジを雇っているのだ。コミュニティカレッジが四年制大学よりも低いコストで教育を提供できるのは、教員が研究や発表を行わず、学生を教えることを専門としているため、人件費を抑えられるからだ。この結果、コミュニティカレッジは、より安価で利便性が高く、学生のニーズに完全に合致した選択肢を提供できる。

最近では四年制大学に編入する前に、一般教養課程を履修する手段としてコミュニティカレッジに目を向ける学生が増えている。アリゾナ州のコミュニティカレッジ一〇校は、二〇〇〇年から二〇〇三年までの間に年率一〇％のペースで成長した。二〇〇三年にペンシルベニア州レバノン郡にあるハリスバーグ・エリア・コミュニティカレッジの学生数は三一％増加し、イリノイ州ケーン郡のエルジン・コミュニティカレッジは同一五％の増加を見せている。※15

コミュニティカレッジが、どのようにして破壊的成長を牽引できるかをわかりやすく説明するために、看護教育における最近の動向について考えてみよう。看護準学士（ADN）取得プログラムは、正看護師になるための安価で便利な手段として、過去四〇年間で急速な成長を遂げている。

一九五〇年代には看護師の不足が深刻化した。ミルドレッド・モンタグ（看護学の第一人者）は、コロンビア大学教員養成大学の博士論文で、既存の看護理学士（BSN）課程が、看護師のキャリアに関心のある学生に、余計な科目を提供しすぎていると指摘した。※16 正看護師は州の資格試験に合格するために一定の知識をもっている必要があったが、理学士課程はこうした基礎知識のほかに看護理論や教養教育といった余分な課程も提供していた。これは過剰満足だった。

全米の教育機関はモンタグの論文をもとに、基礎知識に特化し、期間が短く（四年制ではなく二年制）、単純で低額のADN課程を開発した。特にコミュニティカレッジは、ADN課程を低コストで効率的に提供できた。まもなくADN課程は、正看護師を教育する主要な手段になり、ADNの課程数は一九五八年の七課程から一九九〇年代半ばには八五〇課程を超えるまでに急増した。今日では正看護師

の六〇％以上が、ＡＤＮ課程の修了生である。[※17]

四年制の理学士課程と二年制の准看護師課程では、費用と拘束時間の面で大きな違いがあるにもかかわらず、前者のほうがよりよい看護教育を提供しているという決定的な証拠はない。ある北東部の優れた四年制課程の教授はこう語っている。「看護学士（ＢＳＮ）は学術的知識に優れ、看護の理論や歴史に通じているが、臨床的には［二つのタイプは］おそらく同等だろう」。[※18] 準学士は、専門分野で働こうとする看護師や、大学院に進もうとする看護師には十分でないが、正看護師になろうとする人たちにとっては必要にして十分以上なのだ。

教育業界は変化のシグナルに満ちている

こうしたイノベーションはすべて、高等教育を変革する可能性を秘めている。営利教育機関は、無消費者が必要な教育を簡単に得られるようにすることで、成長を遂げてきた。企業研修によって、企業のマネジャーは学びたいことを学びたいときに学べるようになり、高価なＭＢＡプログラムに行く必要はなくなった。コミュニティカレッジは、一般教育課程を教える低コストの手段を提供している。こうしたすべてが、より多くの人たちに、より多くの教育を、より低いコストで提供できることを約束している。それはよいことだ。だがわが国の主要大学にとってはどうなのか？　こうした動向は脅威になるだろうか？　次のセクションで業界に潜む教育機関間の競争について考え、その答えが「イエス」であることを示そう。

■大学は来るべき競争に警戒せよ

前のセクションでは、教育を提供する革新的な方法が、業界の成長を牽引していることを説明した。こうしたイノベーションのすべてが性能向上と拡張を実現し、ますます多くの顧客に到達している。このような破壊性を秘めた事業機会は、わが国の従来型の教育制度に終止符を打つことができるのか？　教育には、はっきりとした非対称性が存在するのだろうか？　イノベーションの理論というレンズを通して見ると、「イエス」という物議を醸す答えが導き出される。非対称な動機づけが今後も破壊的成長を牽引するだろう。企業は、従来型の大学に対して非対称なスキルを開発しつつあり、やがて一部の大学は圧力を感じるだろう。わが国の名門大学はまだ何十年もの間安泰でいられるかもしれないが、このまま手をこまねいていると、新興の教育機関がカスタマイズ性と利便性を中心とした独自のスキルを開発する中、教育の拡充を図る機会を逃してしまうリスクがある。

潜在的な競争を評価するための第一段階は、既存企業の経営状況を把握して、資源、プロセス、価値基準の観点から動機づけとスキルを分析することだ。そこでわが国の四年制大学の最高峰である、ハーバード、スタンフォード、デューク大学に例をとって考えてみよう。

一流大学は強力な資源をもっている。知名度抜群の教授陣と同窓生、莫大な寄付金、広大なキャンパス、広く知られたブランドなどだ。主要大学は何十年もの間トップの座を守るために、研究者を発掘、育成し、優秀な学生を引きつけ、つなぎとめ、最高の指導を行う効果的なプロセスを開発してきた。具体的には教授の採用、研究、教職員の評価、学生の選抜方法、カリキュラム開発、物理的な製造工程管理などのプロセスを通じて、世界トップレベルの研究を行い、最も優秀な学生を引きつけ教育する能力を生み出してきた。

ほとんどの大学は非営利組織ではあるが、それでも大学の価値基準はその財政状況に左右される。大学は教職員に給与を支払い、施設を維持し、研究活動を支援しなくてはならず、こうした経費を賄うために、相対的に高額な授業料を徴収する（または政府からの資金提供を受ける）必要がある。それに一流大学は最高の大学になり、最高の学生に最高の教育を授け、最高の研究者に最高の研究を行わせる使命があると考えている。こうした価値基準が主要大学の資源配分決定の原動力になっている。しかし非営利組織という立場が、ある重要な違いをもたらしている。一流大学は、営利企業に比べて、成長する動機づけをそれほどもたないのだ。

先にこの業界の破壊的な新規参入企業が活用し、現在も活用し続けている二つの非対称性について説明した。それはターゲット顧客の非対称性と、ビジネスモデルの非対称性である。第一に、本章で取り上げたイノベーションは、主要大学がターゲットとする顧客とはまったく違う学生集団を対象としている。破壊的企業は、主要大学にとって魅力的ではない学生層（ライフステージ、テストスコア、成績などから見て異なる学生層）にサービスを提供することで成功している。これぞまさしく非対称性である。第二に、破壊的な教育機関は、大規模なキャンパスや設備、高給の教授陣を必要としない独自のビジネスモデルをもっている。この非対称性があるからこそ、主要な私立大学を到底支えられない授業料でも、利益を出すことができるのだ。[※19]そのうえ学位取得課程とは別に、特別な目的のための短期講座を提供することも多い。こうした講座は、一流大学の教育方式にはなじまない。

このような盾の存在が、営利大学や企業研修の提供企業、コミュニティカレッジを喜ばせるような事業機会をなぜ主要大学が追求するよう動機づけられないのか、その理由を説明する。[※20]こうした力が働いているからこそ、従来型の四年制大学は、たとえ自由入学方式の公開講座を提供したとしても、それを成長するための戦略としてではなく、固定費を有効活用する方法として提供するだろう。このように破壊性を秘めた企業は非対称な動機づけを有利に活用し、その盾に隠れて成長することができる。

新規参入企業は非対称なスキルを開発しているのだろうか？　そうであることを示すさまざまな兆候がある。新規参入企業は学生のニーズに合った、低コストの便利な教育サービスを提供する、独自能力を身につけつつある。破壊性を秘めた企業は新しい教育方法を習得している。数年がかりの多分野にまたがる課程の代わりに、高度に専門的な短期の講座を提供している。また情報通信技術を活用して学習のプロセスを容易にする独自能力を開発し、オンラインで数千人の学生とのやりとりを管理する方法を学習しつつある。

ほとんどの主要大学は自らが競争の最前線に立っていると考える。少ない募集人数に対して、ますます多くの応募者が殺到し、学生やその家族は今後も教育に喜んで数万ドルを支払ってくれそうだ。今はまだ破壊的イノベーションの脅威を心配すべき時期でないようにも思われる。主要大学は当然、統合化された綿密な教育には必ず市場が存在すると考える。しかし企業は非対称な動機づけという盾に守られながら成長し、非対称なスキルという剣を磨き続けている。今後破壊が起こるとすれば、それはどのようなものになるだろうか？

予想される展開――ゆるやかな破壊

教育業界と一口に言ってもさまざまな分野があるため、ここでは経営教育を例にとって考えることで、イノベーションの理論が教育機関全般について何を教えてくれるかを理解するとしよう。

第一に、MBAプログラムの授業料が高騰する中、幹部候補生を新卒学生から直接採用して、企業内大学に送り込む企業がますます増えている。こうした企業内大学は、「自分の価値を高める」という用事では、主要大学と当面競争しない。だが「必要な資格を取る」「いま抱えている問題を解決する」といった用事をますますうまく片づけられるようになれば、最も優れた教授陣に最も優れた教材を制作させたいという動機づけをもつようになる。こうした教材は、ビデオやDVD、インターネット経由で提供されるようになるだろう。

したがって差別化の源泉は、〔バリューネットワーク内の〕価値を組み立てる主体である大学から、講座の講師へとシフトするだろう。リエンジニアリングの講座を、分野の第一人者であるマイケル・ハマーから受けるのは非常に価値あることだが、その講座を大学で受けるか、企業内大学やオンライン講座で受けるかは問題でなくなる。

一流大学が痛みを感じるようになるまでには、長い時間がかかるかもしれない。最初に圧力を感じ始めるのは、二番手、三番手の大学だろう。実際、一九九〇年代には二〇〇以上の大学が閉鎖されている。[※21] 競合環境が変わっていることがはっきりしてから手を打っても、もう手遅れだろう。つまり破壊が起これば、新規参入企業がますます多くの学生集団を無消費の状況から消費の状況に引き入れるが、そこでは主要大学に特有の強みが、特有の弱みになるのだ。主要大学は新規参入企業と競争しようとしても、対応は後手後手に回り、コストもかかり、学生のニーズに十分応えられない。その結果、一流の教育機関は、最も高度な専門分野でまだ集中的で双方向的な教育を必要とする最優秀の人材という縮小する一方のパイをめぐって、競い合うはめになる。やがて従来型大学の数は、間違いなく急減するだろう。

主要大学の対応——ローエンドに向かって「スケート」するか、反撃を開始する

主要大学がこの破壊的襲撃をかわすにはどうすればいいのか？　逃走は選択肢にないようだ。主要大学はすでにターゲットを非常に絞っているため、さらに上位の市場に満たされない顧客がそれほどいるようには思えない。主要大学には、主に三つの選択肢がある。何もせずに万事うまくいくよう祈るか、市場のローエンドに参入して教育モジュールで利益を上げるか、独自の破壊的サービスを生み出して反撃するかだ。

一つめの選択肢は、破壊的脅威を無視することだ。主要大学は、いまも独自の用事（社交、卒業生に大学のブランドを与えるなど）を片づけることにかけては優れているため、そうしたサービスを求める学生集団がいつの時代にもいてくれることを願うだろう。もちろんこれは十分あり得る対応だが、この戦略が有効なのは、破壊的イノベーションの性能が向上しないか、性能向上を図る動機づけを新興企業がもたない場合に限られる。

二つめの選択肢は、バリューチェーン内の十分でない箇所に「スケート」していくことだ。もう一度ＭＢＡプログラムを例に考えてみよう。これまでは統合化されたプレーヤーに価値が集中していたが、競争基盤が利便性とカスタマイズ性に移るにつれて、十分でない特性は、「すべての学生に一人ひとりが学ぶ必要のあることを、必要なそのときに与えること」に変わる。これを実現するためには、教育モジュールとそれを使った指導法を開発し、企業研修の担当講師が一人ひとりの学習者のニーズに合わせて、優れた教材を簡単に組み合わせて提供できるようにする必要がある。今日の主要大学

は、こうした「十分でない」特性で性能を向上させる教育モジュールを開発するのに適した態勢にあるように思われる。もし開発に成功すれば価値を獲得できるはずだ。一流大学の主要教授は今も企業研修に関わっているし、企業研修の担当講師は主要大学のケーススタディや研究報告を利用している。ちょうどインテルが、ただのマイクロプロセッサではなく付加価値の高いチップセットやマザーボードの製造を決定したように、主要ビジネススクールは教育モジュールを開発することによって、企業研修プログラムの「インテル入ってる」になれるのだ。主要校がこうしたモジュールを提供すれば、企業は教材を組み合わせて、講座を設計し、組み立て、提供することによって、受講者の教育・研修ニーズにさらにきめ細かく応えられる。主要校が目指すべきは、担当講師がごく簡単に、生徒の気を引くような方法で、優れた教材を教えられるようにすることだ。もし主要ビジネススクールがこの方向で取り組み、独自の破壊を推進すれば、業界全体の成長を加速させ、企業のマネジャーの考え方により大きな影響を及ぼし、いま上げている利益の大部分を今後も確保できるだろう。

三つめの戦略は、主要大学が破壊を加速させるだけでなく、自ら破壊者となって、より幅広い層に到達できる単純なサービスを提供し、新しい市場を生み出すことだ。この戦略が成功する見込みを評価するには、大学が他分野に優先的に資源を配分しようとする価値基準にどう対処するかを注意深く観察する必要がある。最高の人材に最高の教育を提供したいという使命感は、一般大衆に必要にして十分なサービスを提供する方針と真っ向から対立する。

二〇〇四年現在、主要大学は無消費者を見つけるためのまったく新しい方法を試みている。なかでも特に興味深いのは、海外に低コストの教育を提供する方法だ。ウニベルシタス21という国際的な大学のコンソーシアムは、トムソン・ラーニングと提携してウニベルシタス21グローバルを結成した。

この組織は二〇〇三年にオンラインのＭＢＡプログラムを開設し、また情報システム学修士の学位を導入する計画を発表した。プログラムはアジア市場に照準を合わせている。中国をはじめとするアジア諸国ではＭＢＡプログラムの需要が高い。高いコストと海外で二年も暮らすことに伴う困難のせいで、アジアの学生はビジネススクールで学びたくても学べないことが多い。彼らは典型的な無消費者だ。ウニベルシタス21グローバルのオンラインＭＢＡプログラムは、受講料が約一万ドルで、インターネットアクセスがあれば誰でも受講できる。この戦略は成功確率がずっと高い。なぜなら何千人もの無消費者に、大学院の学位を取得する手段を提供するからだ。

業界サマリー

高等教育

□**変化のシグナル**：営利の教育機関、企業研修プログラム、コミュニティカレッジはすべて低コスト型／新市場型方式によって破壊的成長を生み出している。

□**競争のバトル**：従来とは異なる学生をターゲットにする独自の手法を用いることによって、非対称な動機づけを利用しながら成長する。新しいプレーヤーは一人ひとりに合った便利なプログラムを提供する独自の能力を身につけられる。

□**戦略的選択**：主要大学は独自の破壊的サービスを提供するか、破壊的新規参入企業にモジュールを提供するかどうかを決めなくてはならない。

■公立学校——破壊を利用する

最後に、わが国の公立学校を苦しめている諸問題を、イノベーションの理論のレンズを通して考えてみよう。公立の幼稚園から一二年生までの初中等（K-12）教育の成果は、学校によってまちまちではあるが、総じて振るわない。公立学校は次から次へと押し寄せる予算削減の波に飲まれ、学校に対する不満が高まっている。アメリカは初等教育にどの国よりも多くの予算を投じているのに、わが国の生徒は国際標準テストでは十数位に甘んじているのだ。[※22] 理想的な教育制度とは、どこにいる生徒にも教育の機会を与え、一人ひとりの能力を十分に引き出すものだが、公立学校はこの仕事をうまくやっていないと誰もが疑いなく思っている。初等教育を提供する方法を一変させるような破壊の機会はあるだろうか？　このセクションでは、初等教育を提供する方法を一変させると多くの人が信じている二つのイノベーションについて考える。それは、チャータースクール〔公募型の研究開発校〕と、コンピュータを利用したインターネット教育である。わたしたちのレンズを通すと、チャータースクール運動は最終的にそれほどのインパクトを与えないように思われる。チャータースクールは、学校による上位市場への参入を促すという重要な役割を果たしてはいるが、破壊よりは持続を目的としているように思われる。その一方で、講座を提供する手段としてインターネットを利用することは、段階的かつ合理的に根本的な変化を起こせるため、破壊性が非常に大きいように思われる。

チャータースクール——持続を目的として設立される

チャータースクール法は、一九九〇年代初めに諸州で制定され始めた。[※23] この法律によって、個人や集団が、既存の教育制度に縛られない独立した公立学校を設立できるようになった。こうした新しい学校は、州または地域政府との間で業績目標を定めた契約、つまり「特別認可（チャーター）」に署名する必要がある。この法律の立案者は、チャータースクールを先進的なイノベーションの実験場にすることを狙っていた。チャータースクールは、公立学校を制約している諸要件をおおむね免れているからだ。

一九九〇年代を通じて、教育改革を志す人たちがチャータースクールを次々と設立した。二〇〇二年秋の時点で、全米三六州とコロンビア特別区（ワシントンDC）で、二七〇〇校のチャータースクールが運営され、五七万五〇〇〇人を超える生徒を教えていた。これは全公立学校の生徒数の一・五％ほどに過ぎないが、一九九九年には一〇一〇校が二六万六〇〇〇人を教えていたことを考えれば、著しい伸びと言える。チャータースクールは一般の学校に比べると、都市部に開設され、生徒数は二〇〇名未満、アフリカ系とヒスパニック系の生徒の割合が高く、学校給食が無料または減額で支給されるといった特徴をもつことが多い。それに加えてチャータースクールでは、教職歴が短い教師が雇われる傾向にある。

前述したように、企業が破壊的戦略を推進する目的は、既存企業に太刀打ちできない市場支配力と成長軌道を確立するためだ。破壊的戦略は強力な既存企業に、新規参入企業と「闘争」するより「逃走」（または無視）するほうが魅力的であるように思わせる。しかしこれはチャータースクールの戦略が意図することではない。チャータースクールの目的は、持続的イノベータとして、むしろ闘争を生み出すこと、つまり公立学校間の競争を促すことによって革新と向上を促すことにある。実際多くの州がチャータースクールを手厚く援助して、特別な支援を必要とする生徒の成績を公立学校よりも効果

的に伸ばしていけるよう図っている。[※24]

初等教育という環境においては、もちろんこれは望ましい動きだ。公立学校はこれまで生徒のニーズを満たすことに腐心してきた。公共の初中等教育制度は、人口のさまざまな階層のニーズを十分満たしていないという強力な論拠がある。公立小学校は多難な状況にある。最低限のコストで最高の教育を提供しようとするが、生徒が必要とするものはそれぞれ違う。学校制度は、落ちこぼれ寸前の生徒から、学習障害の生徒、優等生まで、多様な生徒を同時に教育しようとしており、最大公約数的な教育を提供せざるを得ない。公に定められた規定のカリキュラムという制約の中で教育をカスタマイズする責任は、教師に一任されている。おそらく既存の学校は、たいていの状況では改革を成功させ、ニーズを満たされていない学生に対処できるようになるだろうが、制度上の制約（政府、地域の教育委員会、社会経済要因など）に阻まれて、改革を行うのが非常に困難な現状がある。

チャータースクールは、既存の学校と似た教育方式を踏襲しているため、生徒がより多くの教育を消費できるように破壊を起こせる――つまり一人ひとりの生徒が、必要とするときに必要な教育を受けられるようにできる――可能性は限られている。

希望の光――オンラインスクールと動機づけの非対称性

先に説明したように、さまざまな種類の高等教育機関がそれぞれまったく異なる方法でeラーニングを導入しているが、どのケースでも既存のビジネスモデルを持続させる意図で導入されていた。では、公立学校制度におけるコンピュータ利用学習について考えてみよう。eラーニングが及ぼす影響は持続的だろうか、それとも破壊的だろうか？　その答えは、導入のためにどのような戦略が用いられるかによって異なる。今のままの学校の教室にコンピュータを導入しても、既存の教育方式を徐々に改善する以外のことはほとんどできないだろう。教師や学校運営者が、いま握っている権力や権限を手放すとは思えない。生徒の必要に合った教育を提供するのにコンピュータがどれほど役立つかという議論が、今後親や学校運営者の間で行われるだろう。これまで学校は、主に既存制度を補完するかその実績を高める目的で、コストを付加するような方法でコンピュータを導入してきた。[※25]

しかし今もすでに新市場型破壊的イノベーションが驚くほど古典的な形で始まっている。エイペックス・ラーニング（マイクロソフトの共同創設者、ポール・アレンが創設）は、オンライン講座のサービスを開発した。学校はこれを利用することによって、既存の学校制度内で、より多くの上級教科課程（アドバンスト・プレイスメント〔AP〕コース）を、より多くの生徒に提供できる。APコースとは、優秀な高校生が履修できる大学レベルの科目で、修了時に共通試験で良好な成績を収めれば、大学の単位として認定される。ほとんどの高校にはAPコースの莫大な無消費が存在し、多くの学校が生徒にAPコースを提供していないか、提供していたとしても、履修可能な三四コースのうち、ほんの一部しか提供していない。二〇〇三年初めにエイペックスは、全米四八州で五万人近くの生徒にAPコースを提供していると発表した。[※26] このシステムを利用すれば、個々の学校では専任の教師を置くに値するほどの需要がない科目については、学区全体の需要を合算してAPコースを設置できるのだ。

同様にマサチューセッツ州に本拠を置くバーチャル・ハイスクールのコンコードは、一九九六年にオンライン授業を開始し、二〇〇三年時点で一二〇名の教師が一二〇の講座を、一七五校で学ぶ三二〇〇名の生徒に教えていた。バーチャル・ハイスクールは、革新的な会員制方式で運営されている。学校は年会費を支払ってコンソーシアムに加盟し、加盟校同士で講座を提供し合う。おかげで加盟校の生徒は、チャールズ・ディケンズ論やAP生物学、ベトナム戦争といった、多様なテーマの講座を履修できる。バーチャル・ハイスクールは、農村部や都市周辺部の学校で成功を収めている。加盟校の約八〇%が生徒数一五〇〇名未満、二七%が六〇〇名未満の高校で、講座を履修している生徒の圧倒的多数が高校二、三年生である。こうした学校は規模が小さく、基礎教育課程を提供するのでさえ精一杯で、専門的な課程を提供できる余裕がないのだ。

ではこの戦略は破壊的だろうか? ここには明らかな非対称性が作用している。エイペックス・ラーニングやバーチャル・ハイスクールなどの営利企業が対象とするのは、公立学校が提供したい科目ではなく、公立学校が予算上の制約上、提供する必要がなくなれば安堵するような科目なのだ。学校は今後も予算削減圧力にさらされ、毎年応急措置として、非主要科目を打ち切っていかざるを得ない。だが生徒から学習の選択肢を完全に奪う代わりに、エイペックスやバーチャル・ハイスクールのようなeラーニング提供企業に外注すればいい。これとは対照的に、eラーニング提供企業には、より多くの科目をより効果的に教える方法を開発する動機づけがある。学校は予算削減圧力にさらされれば、受講者が少ない科目を打ち切る必要に迫られる。これに対してeラーニングの提供企業は「先日外注して頂いた科目はよかったでしょう。この科目も是非提供させてください」と申し出る。eラーニング企業には、学校が削減したい科目を提供したい動機づけがあるのだ。eラーニング企業は性能向上に努め、学校の予算が削減されるたびにますます多くの科目を提供し、少しずつ主要科目に近づいていく。他方学校は、合理的で段階的なプロセスを通して、ますます多くの科目をeラーニング企業に外注するだろう。eラーニング企業は非対称な動機づけを足がかりに成長を続け、大規模な生徒集団に利用しやすい教育を提供する独自の能力を開発する。やがて学校は、教師が直接指導を行う従来型の授業をほとんど行わなくなるだろう。

破壊された教育界はどのように変わるだろうか？　生徒はまだ学校に通うが、学校の内部は様変わりする。生徒はコンピュータが並ぶ教室でオンライン講座を受け、学校で過ごす時間の大部分をオンラインでの作業に費やすだろう。学校は音楽や演劇、体育の授業を行い、教師は一人ひとりの生徒の直接指導により多くの時間を費やすようになる。※27　納税者の負担もずっと軽くなる。つまり、全当事者の利益になるのだ。

なぜこのような新市場型破壊的イノベーションを通じた変革が成功し、「教室にコンピュータを詰め込む」やり方が成功しないのか。その理由は、この変革では学校の運営者や委員会が劇的でリスクの高い政策や戦略上の意思決定を行う必要がなく、段階的で理に適った決定を行うだけですむからだ。ここで再度強調しておきたいのだが、この破壊はほかのすべての破壊と同様、いきなり主流市場に投入されれば、変革的な影響を及ぼすことはない。この破壊を成功させる唯一の方法は、まずは無消費と競争し、それから主流市場に向かって一歩ずつ合理的に歩んでいくことだ。eラーニング企業は、このような戦略を遂行すれば、結果的により多くの生徒にアクセスし、より低いコストでより質の高い指導を実現し、教師をより喜ばせることができるだろう。

■まとめ

教育業界には、破壊の力が駆けめぐっている。フェニックス大学のような新規参入者が、非対称な動機づけを活用して成長し、相対的に単純で利便性の高いサービスを通じて、これまで見過ごされてきた顧客に到達している。こうした教育機関は今後も性能向上に努め、カスタマイズ性と利便性を提供する能力に磨きをかけるだろう。企業の研修担当者は、従業員にとってより利用しやすく、意味のある教育を提供するだろう。コミュニティカレッジは過剰満足の学生を対象に、まずは一般教養課程を提供し、その後さらに多くの講座を提供する能力を磨いていくだろう。ひと言で言えば、今後教育界が一変することを示す、明らかな変化のシグナルが現れ始めているのだ。

新しいビジネスモデルや技術の融合が進む中、今後も変化が続いていくのは確実である。新興組織はたとえ時間がかかっても、何か予期しないことが起こらない限り、必ず性能向上曲線をのぼっていく。わが国の一流大学は、非常に要求の厳しい顧客に新興の教育機関がまだ提供できないサービスを提供し続ける間は、まだ安泰かもしれない。だが多くの大学がただちに措置を講じない限り、まもなく破壊の力に脅かされるだろう。ウエスタンユニオンが何と言って電話技術を退けたかを、肝に銘じておこう。

同様に、新興組織は破壊的戦略を通じて、わが国の公立学校制度に劇的な変革を起こすことができる。なぜ改革の取り組みの多くが、真の変革をもたらせずに終わっているかと言えば、人間が大きな改革に対して本能的に抵抗を感じるからだ。またなぜ破壊がこれほど強力かと言えば、まったく合理的に思われる、段階的な決定を通して起こるからなのだ。別の言い方をすると、教育の提供者と改革者は破壊的戦略を遂行すれば、何一つ劇的な決定を下すことなく劇的な変化を起こせるのだ。

本章から引き出せる一般的な教訓は、次の五つだ。

□誰もが消費を行っているように思われる環境にも、無消費は存在する。

□無消費者が重視する用事を簡単に片づけられるようにすることは、成長への近道である（フェニックス大学や企業研修など）。
□企業は同じイノベーションをまったく異なる方法で導入することがある（eラーニングなど）。
□企業は市場の周縁部から始め、それから中核市場に進出すれば、政府規制の網をかいくぐれる（コンコード・ロースクールなど）。
□どんな組織も――非営利組織でさえ――スキルと動機づけをもっており、それらが組織にできること、できないことを決定する。

第六章　破壊が翼を広げる——航空の未来

どの航空機メーカーが優位に立っているのだろうか？　将来はエアバスやボーイングのような大手航空機メーカーが市場を支配するのか、それともエンブラエルやボンバルディアのようなリージョナルジェット・メーカーが主流になるのだろうか？　主要航空会社はなぜまともな利益を維持できないのだろう？　単にイノベーションを起こす力がないのか、それとも何か別のことが起こっているのだろうか？　なぜサウスウエスト航空はこれほど成功しているのだろう？　格安航空会社は今後どれほど成長できるのか？　地域航空会社にはどのような未来が待ち受けているのか？　航空業界を劇的に変えるのは、どのようなイノベーションだろうか？

航空機の飛行は現代の奇跡である。毎日数万便のフライトが、一世紀前には考えられなかったような速度で、人々や物資を世界各地に運んでいる。本章では引き続き特定の業界に的を絞った分析を行い、航空業界の二つの主要な市場セグメントの将来を覗いてみよう。それらは航空機製造と民間航空の分野である。わたしたちの評価をまとめると次のようになる。

一 リージョナルジェット（地域間輸送用旅客機）のメーカーは、業界大手のボーイングとエアバスに、真の破壊の脅威を突きつけている。

二 格安航空会社は、非対称な動機づけの盾の陰に隠れられないため、業界に根本的な変化をもたらす可能性は低い。皮肉にも「逃走《フライト》」という選択肢は、大手航空会社にはない。

三 もしも地域航空会社が——または次世代超軽量ジェット機（エアタクシー）のメーカーが——主要航空会社の支配から抜け出ることができたら、業界に根本的な変化をもたらすだろう。

本章では、まずわたしたちの理論が、航空業界の過去における重要な動向について何を教えてくれるのかを見ていこう。また変化のシグナルになりそうなものを指摘し、来るべき競争のバトルについて考え、破壊が実際に翼を広げるかどうかを左右する重要な戦略的選択を特定する。

■航空機製造における動向——ボーイングからボンバルディアまで

まずは航空機を実際に設計、製造しているメーカーについて考えよう。このセクションでは、最も要求の厳しい顧客をめぐる競争の中でどのようにして複占状態が生じたか、これらの強大な複占企業から離れたところで二つの新興企業がいかにして新市場を創出したか、そして競争が起こればなぜこうした破壊的新規参入企業が優位に立つのかを説明しよう。

主要航空機メーカーは、製品を航空会社に販売する。これまでメーカーの最も要求の厳しい顧客は、乗客を安全に数千キロ先まで運べる航空機を求める主要航空会社だった。主要航空会社は、数百キロ飛べる小型の航空機も必要とした。また市場の下位層には数人の乗客を運ぶ短距離用の小型機だけを必要とする小規模な航空会社がいた。

顧客のニーズを満たすのは骨の折れる仕事だ。航空機製造は複雑な技術を要し、経済的なリスクが高い。次世代航空機を建造する（わたしたちの用語で言うと、上位市場を狙う急進的な持続的イノベーションを推進する）ために、どのような投資が必要かを考えてみよう。[※1] 一九九〇年代にエアバスは市場の最上位層をターゲットに据えた。それまではボーイングがこの超大型長距離航空機の市場を747型機と777型機で支配していたが、エアバスはボーイングに対抗するためにA380を開発した。二〇〇四年にエアバスが製造を開始したA380は、アナリストに「空飛ぶクルーズ船」と呼ばれ、座席数は五〇〇を超え、一機当たりの価格は二億ドルもする。オプションでラウンジやレストランを追加することもできる。エアバスはA380の開発に約一〇年の歳月と一〇〇億ドルの費用をかけ、また文字通り数百社からなる広範なサプライチェーンを設計し、緊密に連携させる必要があった。そのほか機体の部品を最終組み立て工程まで運搬するために、新しい道路やその他のインフラ整備に投資する必要があった。腰が引けていてはとても参加できない戦いである。

市場の最上位層を勝ち取ろうとするエアバスの努力は、同社の歴史にもふさわしい試みである。同社は一九七〇年に業界参入を検討した際にも、すべての新規参入企業が等しく経験する基本的な選択を迫られた。既存市場によりよい製品をもって参入するか、無消費者の獲得を目指すか、それとも既存顧客に新しいメリットを提供するかだ。エアバスは最初の選択肢を選んだ。

この決定は、ある意味では予想通りだった。エアバスは、成功すれば最も高い名声が得られるであろう、最も大規模な市場を狙うべくして狙った。当時ボーイング、マクドネル・ダグラス、ロッキードが、業界のハイエンドで心地よい三社独占を享受しており、市場は魅力的に思われた。予想通りの決定は予想通りのリスクを伴った。エアバスは、失うものが大きいと判断した大手企業にたちまち警戒されるようになった。エアバスが成功できる唯一の方法は、大きな損失に耐えられる懐の深い投資家をもつことだった。幸い、ヨーロッパの諸政府と緊密な関係にあったエアバスにはそれが可能だった。エアバスはゆっくりと、しかし着実に市場に食い込んでいった。破壊的イノベーションの理論が予測する通り、この成功には驚くほどの費用がかかった。諸政府がエアバスに与えた補助金を、専門家は三〇〇億ドルほどと推定している。[※2]市場規模は三社を賄う程度であり、四社は多すぎた。だがエアバスはロッキードとマクドネル・ダグラスに勝つことができた。そして、ロッキードは一九八〇年代に民間航空機市場から撤退した。その後ボーイングは、一九九七年にマクドネル・ダグラスを約一四〇億ドルで買収し、世界の航空機市場の支配を賭けて、エアバスと四つに組んで戦える巨大企業となった。

両社の経営状況を見てみると、よく似たスキルと動機づけをもっていることがわかる。両社とも、少数の非常に高額な航空機を大手航空会社に販売するという方法で、利益を上げている。両社とも、基本製品をわずかに変えた製品群を製造し（たとえばボーイング737‐200、‐300、‐400など）、航続距離と定員数を増やした派生型を販売している。これまで両社は世界有数の〔従来型の〕フルサービス航空会社に対する一次サプライヤーという、栄えある地位を獲得するための投資を優先してきた。両社とも、複雑な製品開発と複雑なサプライチェーンを管理する能力を磨いてきた。しかし変化へのシグナルに目を向けると、これとはまったく異なる市場で、エンブラエルとボンバルディアが生み出してきた破壊的成長に目を奪われるのだ。

エンブラエルとボンバルディアは新しい市場で成長を創出した

ボーイングとエアバスが上位市場に向かう抜き差しならない競争にとらわれている間に、二つの小さな企業が密かに新しい市場を生み出していた。[※3]

カナダの航空機メーカー、ボンバルディアは、ボーイングとエアバスの土俵で戦う代わりに、一九九二年にカナディア・リージョナルジェット（CRJ、のちにCRJ-200と改称）を発売し、リージョナルジェット市場を生み出した。ボンバルディアと、ブラジルに本拠を置くエンブラエルの初期のリージョナルジェットは機能性が限られていた。[※4] 座席数は三〇席ほどで、航続距離は一〇〇〇キロ足らずだった。これはワシントンDCからジョージア州アトランタまでの距離にほぼ相当する。

こうした限界があったため、もしもリージョナルジェットが当初ボーイングの最も利益の大きな顧客を狙って、「消費」と競争していたなら失敗していたはずだ。こうした顧客は、両社の初期の製品を劣っているとみなしただろうし、非常に懐が深い大手航空機メーカーであれば失うものが大きいと判断し、猛烈に反撃していただろう。

しかしボンバルディアとエンブラエルはそうはせずに、自社に合ったニッチを見つけ、より小規模な地域航空会社をターゲットにした（地域航空会社の成長については、本章でのちに詳しく説明する）。地域航空会社がそれまで唯一購入できたターボプロップ航空機は、音が大きく、速度も遅く、航続距離も非常に短かった。[※5] また悪天候による事故が相次いだために、寒冷な気象状況での飛行に向かないと考えられていた。両社のジェット機によって、地域航空会社はたとえばニューハンプシャー州レバノンやニューヨーク州イサカ、ユタ州セントジョージのような辺鄙《へんぴ》な場所から主要空港まで乗客を運ぶ能力を高めることができた。

興味深いことに、こうして遠隔地の空港からハブ空港（大型拠点空港）へ向かう乗客が増え、航空交通量が全体的に増加したことで、ボーイングとエアバスの大型航空機の売上も増加した。より長い路線と、そうした距離を飛行できる航空機に対する需要は伸びていった。

この成長は変化のシグナルだった。エンブラエルとボンバルディアは、相対的に性能の限られた製品を発売することで、それまでジェット機の無消費者だった地域航空会社を獲得する方法を見つけた。両社は非対称な動機づけの盾に守られながら、成長を生み出していった。既存の大手航空機メーカーは、この新興市場に関心をもたなかった。小型機を低価格で販売する事業機会は、大型航空機を割高な価格で販売する機会とは比べものにならなかったのだ。

リージョナルジェット・メーカーは競争のバトルで優位に立てる

ボンバルディアとエンブラエルは、ジェット機の規模と航続距離を増やすことができれば大きな見返りが得られることを知っていたため、製品改良に取り組んだ。一九九五年当時、エンブラエル（ERJ‐145）とボンバルディア（CRJ‐200）は、五〇席のジェット機を一五〇〇万ドルから二〇〇〇〇万ドルの価格で販売していた。ボンバルディアは二〇〇一年に約七〇席のCRJ-700を発売し、エンブラエルは二〇〇四年初めに七八席の航空機の発売を予定していた。また両社の次世代航空機（CRJ-900とERJ-190／195）は、座席数が一〇〇を超え、それぞれ約三〇〇〇万ドルで売り出される予定だった。[※6]

リージョナルジェット・メーカーは性能向上を重ねるうちに、既存の航空機市場にジリジリと近づいていった。また地域航空会社は需要の多い路線で、従来型の航空会社に取って代わり始めた（このあと説明する）。リージョナルジェット・メーカーの次世代航空機は、従来型の航空会社が短距離路線に利用するのに、必要にして十分な性能を提供するだろう。

もしも今後従来型の航空会社がより小型の航空機を利用するようになれば、ボーイングとエアバスは非常に深刻な問題を突きつけられるだろう。なぜならこの戦いに勝つためには、自社のスキルと動機づけという壁を乗り越えなくてはならないからだ。リージョナルジェット・メーカーは低価格の航空機でも利益を上げられる。また主として既存企業とほとんど接点がない、自立的なバリューネットワーク内で活動している。リージョナルジェット・メーカーは、中距離の小型航空機を製造して利益を上げる独自能力を開発していた。これに対してボーイングとエアバスのコスト構造と能力は、大規模で複雑な航空機の製造に適している。エンブラエルの一株当たり利益（EPS）が一九九八年から二〇〇三年までの間、年率約三〇％で上昇したのに対し、ボーイングのEPSは同期間中に年率約五・五％で低下した。[※7]

ボーイングとエアバスは、ボンバルディアとエンブラエルのようなリージョナルジェット・メーカーの猛攻に対抗できるだろうか？　イノベーションの理論によると、ボーイングとエアバスは今後も業界内の真の成長の大部分を逃し、ますます大きな圧力にさらされるだろう。これを避けるには、破壊の力に適応するために積極的な対策を講じなくてはならない。

たとえばボーイングが破壊的侵入を回避できるかどうかは、717型機によって下位市場からの攻撃を阻止するという戦略の成否にかかっている。717型機はマクドネル・ダグラス製のMD‐95の改良版で、座席数は約一〇〇席だが、次世代リージョナルジェットより高価なうえ、重量もかなり重く、より多くの燃料を必要とする。また717型機はマクドネル・ダグラスの設計をもとに製造されているため、この航空機を操縦するパイロットは特別な訓練を受けなくてはならない。さらに悪いことに、717型機は市場のローエンドにとってはあまりにも高価だった。このように、717型機はボーイングの製品群の中で最悪の航空機とアナリストに酷評され、まともな需要は見込めそうになかった。

ではボーイングはどうすればよかったのか? 一つめの選択肢は、社内に小型機を開発するグループを設置することだ。ボーイングが開発を成功させるには、二つの大きな問題を克服する必要がある。第一に、プロジェクトに適切な人材を集めるという問題。第二に、ボーイングは「大きな小型機」(ボーイングの巨額の間接費と開発プロセスという基準で見れば小型機に入る)を開発する限り、自社のコスト構造を敵に回すことになる。[※8] こうしたプロセスをとびきりうまく切り盛りしない限り、失敗は目に見えている。ボーイングの対応として当然予想されるのは、市場のローエンドから撤退し、エアバスとの競争に専念することだ。実際に、ボーイングがこの戦略をとろうとしていることを、さまざまな兆候が示している。同社がいま最も力を入れている7E7は、同等規模の航空機よりも航続距離が長く、燃費に優れており、古典的な持続的イノベーションである。[※9]

二つめの選択肢として、ボーイングは独立した組織を設置して、この組織にリージョナルジェットの競合機を開発させてもいい。言うまでもなく、ボーイングはこの時点でエンブラエルとボンバルディアの持続的性能向上曲線に参入することになる。ここではリージョナルジェット・メーカーが既存企業、ボーイングが新規参入企業になる。だが破壊的イノベーションの理論によると、この戦略が成功する見込みは低い。三つめの選択肢は、ボーイングがリージョナルジェット・メーカーを買収し、経営に口出しせず自由にやらせることだ。コストは高くつくが、ボーイングは少なくとも破壊的成長の分け前には与れる。この道筋で成功を続けるためには、買収企業を親会社の中核業務からできるだけ分離しておく必要がある。

この状況では攻撃側が有利であることをイノベーションの理論は示している。リージョナルジェット・メーカーは、これまで非対称な動機づけの盾に隠れながら、非対称なスキルを磨いてきたのだ。

市場のハイエンドは一夜にして消滅するわけではない。従来型の航空会社は、近年苦境に陥ってはいるとはいえ、今後も次世代航空機を必要とするだろう。しかしボーイングとエアバスは、適切な対策を講じない限り、ますます金がかかり容赦なく縮小していくパイに成長投資を集中させながら、次の一〇年を過ごすはめになる。

業界サマリー

航空機メーカー

□**変化のシグナル**：リージョナルジェット・メーカーは新しい市場で成長を創出し、いまや既存市場に侵入しつつある。

□**競争のバトル**：既存企業のプロセスと価値基準は重荷になり、新規参入企業が有利な立場に立っている。

□**戦略的選択**：既存企業は自ら破壊的成長を推進する決定を下すこともできる。

■航空会社の動向――サウスウエスト航空からエアタクシーまで

今度は航空機メーカーから、民間航空会社に目を向けよう。航空業界の革新的なビジネスモデルについては、どう考えればいいのだろう？　このセクションでは、四つの問題を取り上げる。第一に、サウスウエスト航空の、郊外の二次空港をつなぐ二都市間直行便をもとにした破壊的成長が、限界に近づこうとしていることを説明する。第二に、格安航空会社は業界に参入できるものの、収益を上げながら成長を維持するのは難しい。なぜなら業界の経済事情のせいで、既存企業にとって「逃走」が魅力的な選択肢にならないからだ。第三に、地域航空会社が既存のものと重複するバリューネットワークを構築する決定を下したことによって、既存企業が取り込みやすそうなビジネスモデルが生まれたように思われるが、結果的には取り込みが困難であることを説明する。最後に、架空の二地点間エアタクシー会社が、新市場型破壊的イノベーションを推進し、業界を大きく変える力を秘めていることを説明する。

まずはアメリカの確固たる既存企業、つまりアメリカン航空、コンチネンタル、デルタ、ノースウエスト、ユナイテッド、USエアウェイズといった、従来型の国内、国際航空会社を見ていこう。

既存企業の概要と経営状況の把握

一九八〇年代と九〇年代は航空業界にとって幸せな時代だったと言われる。だが景気の低迷と二〇〇一年九月一一日の悲劇的な事件のせいで、二〇年間に及んだ飛行機旅行ブームに陰りがさした。一九八〇年から二〇〇〇年までの間、アメリカの民間航空機の有償旅客は年間約三億人から六億人を超えるまでに増加した。業界全体の平均ロードファクター〔総座席数に対する有償旅客の割合〕は右肩上がりの上昇を続け、八〇年の約五九%から、二〇〇〇年には過去最高の約七二%に上昇している。[※10] 大手航空会社はそれぞれの主要市場で圧倒的なシェアを占めていた。こうした明るいデータだけを見ていると、収益性が高く成長中の企業がひしめく業界が想像できる。

しかし実はこの期間中、最大手の航空会社は安定的な収益を上げていなかった。一九八〇年から二〇〇〇年までの二〇年間で、業界全体が純利益を達成したのは一一年間に過ぎず、[※11] 一九八一年から八三年までと、八六年、そして九〇年から九四年までの計九年間は赤字だった。アメリカの六大航空会社（アメリカン、コンチネンタル、デルタ、ノースウエスト、ユナイテッド、USエアウェイズ）が一九九二年から二〇〇〇年までに上げた総収益は六〇〇〇億ドルを超えていたが、この時期の六社合計の純利益はわずか一三五億ドルだった。[※12] ちなみにマイクロソフトは二〇〇〇年単年で九〇億ドルの収益を上げている。その後状況がさらに悪化すると、収益は目も当てられないほどになった。二〇〇二年と二〇〇三年には、（ユナイテッドとUSエアウェイズを含む）巨大航空会社が次々と連邦破産法一一条を申請した。航空ビジネスは、優良企業さえもが生き残りに苦労する、ひどい稼業のように思われた。[※13]

実際、民間航空会社として成功するのは至難のわざである。業界に参入するには莫大な資本が必要で、大型航空機は何億ドルもするうえ、高い人件費と燃料費のせいで運航費がかさむ。安全基準は非常に厳しい。民間航空会社を運営するには、高度な訓練を受けたパイロットをはじめとする何千人もの従業員と、信じられないほど入り組んだ物流システムを含む複雑なバリューネットワークを管理する必要があった。航空会社はこの複雑さに対応する方法を編み出すうちに、独自のプロセスと価値基準をもつようになり、やがてこれらが新規参入企業にまたとない機会をもたらしたのである。

航空会社はそれぞれ数百万ドルを投じて、ハブ＆スポーク方式のシステムを構築している。それぞれが各地の大都市にハブ（拠点空港）をもち、そこから放射状にスポーク（航空路線）を伸ばし、多くの小規模な空港に接続している。このシステムを通じてロードファクターを高め、資本コストを分散させ、乗客が複数の経路で目的地に到達できるようにしている。

航空会社がこのシステムをつくったのは、最も重要で要求の厳しいビジネス客のニーズに応えるためだった。ビジネス客はどこへでも簡単に日帰りで行ける能力を要求する。また旅費はたいてい会社もちだから料金には無頓着なことが多く、ニーズに応じて予約後の変更に柔軟に対応してもらえるなら高い割増料金を喜んで支払う。二〇〇一年にビジネス客は全旅行マイル数の一〇％を占めるに過ぎ

なかったが、収益ベースでは三分の一を超えていた。※14

では既存企業の二〇〇四年時点での経営状況はどうだったのか？　これら企業の資源は見ての通り、航空機、従業員、ハブ&スポーク方式のネットワーク、顧客、そして確固たるブランドである。主なプロセスには、広範なネットワークの維持管理、パイロットやクルーの訓練、複雑な料金設定方式の運用、顧客囲い込みのためのロイヤルティプログラムの運営などがある。価値基準は、最も要求の厳しい顧客であるビジネス客に重きを置いている。だが航空会社の状況と、破壊の脅威にさらされているその他の業界の主要企業の状況には、大きな違いが一つある。ほとんどの業界（たとえば鉄鋼や百貨店など）の主要企業は、上位市場に逃走し、価格にうるさい顧客を破壊的企業に譲り渡すことで、逆に収益性を高めることができた。しかし主要航空会社にはそれができない。この業界は本質的に固定費が高いために、最も要求のゆるい予算重視の旅行客を切り捨てられないのだ。

こうしたスキルと動機づけをもっているからこそ、航空会社は激動の業界でも生きていける。だが矛盾するようだが、これらは航空会社の問題の一因でもある。大手航空会社のスキルと動機づけは、新規参入企業に機会をもたらしているのだ。非対称な動機づけの盾に隠れて業界に参入した初期の企業に、サウスウエスト航空がある。同社は新市場破壊型／ローエンド破壊型の混合型破壊者として成長を遂げた。

サウスウエスト――複製を通じて破壊的成長を遂げるが、その成長は限界に近づいている

サウスウエストは既存企業の反撃を難しくする、二つの盾をつくった。二地点間をつなぐ路線構造と、低コストのビジネスモデルである。一九六〇年代にテキサス州の三人の起業家が、ヒューストン、

ダラス、サンアントニオを結ぶ航空会社のサウスウエストを創設した。[※15] 当時これらの都市間を旅行するには、車かバスを利用する人がほとんどで、フライトの便数は非常に少なく料金が高かった。サウスウエストは無消費と競争することで、これらの路線に参入した。安価で便利なフライトを提供することによって、車の代わりに飛行機を利用できるようにしたのだ。これに加えてサウスウエストの創設者は、ヒューストン国際空港とダラス・フォートワース空港の代わりに、郊外の二次空港であるヒューストン・ホビー空港とダラス・ラブフィールド空港を利用するという重要な決定を行い、コストを節減した。こうした二次空港は利用の増加を歓迎した。また発着便が少なかったため、サウスウエストは乗客の乗降をすばやく行うことができ、高額の空港使用料を節約できた。

サウスウエストはこのようなつつましい幕開けから、徐々に他の都市にも運航を拡大していった。同社のビジネスモデルは、その後もメリーランド州バルティモア、ニューハンプシャー州マンチェスター、カリフォルニア州オークランドといった郊外都市間を、手頃な料金で往復できるようにすることに焦点を絞った。三〇年後、サウスウエストはアメリカで最も収益性の高い航空会社になり、二〇〇四年三月時点で同社の時価総額は、アメリカン航空、デルタ、ノースウエスト、ブリティッシュ・エアウェイズを合わせたよりも大きかった。

サウスウエストのサービスは、劣っている部類に属していた。行き先が限られ、路線数は少なく、二地点間の直行便がほとんどだった。無料の食事サービスもなく、座席の指定もできなかった。しかし消費者は、この相対的に単純なサービスに大喜びした。サウスウエストを利用する以外には、飛行機を使わないという選択肢しかなかったからだ。

小都市の空港しか使わないというサウスウエストの手法が、一つめの非対称な動機づけを生み出した。主要航空会社は二地点間、特に小都市間のフライトには関心がなかったのだ。二つめの盾は、低価格でも大きな利益を上げられるビジネスモデルである。なぜこのようなビジネスモデルを構築できたのか？　同社は標準的な航空機を利用することで、航空機の保守管理と従業員の研修にかかる費用を節約した。余分なサービスを省くことで運航費を節約できた。乗客や荷物の積み下ろしを速めることで、空港使用料を節約し、航空機の稼働率を高めた。『イノベーションへの解』の第七章では、成功するために必要な能力がまず資源から発生し、その後プロセス、価値基準、文化へと移っていくことを説明した。サウスウエストの重要な強みは、格安航空会社としての立ち位置を支える、プロセスとビジネスモデルだったのだ。

二〇〇四年時点でサウスウエストは、ほかの破壊的企業の一般的な方法とは異なるやり方で成長を生み出していた。サウスウエストは上位市場に進出して既存企業から顧客を奪うのではなく、新しい路線に次々と参入することによって、そのビジネスモデルを複製し続けてきたのだ。同社はその間、競争にはほとんどさらされていない。なぜなら主流のハブ&スポーク方式のネットワークに参入するという誘惑に負けずに、自立したバリューネットワーク内に留まっているからだ。アメリカには、大型航空機に対応できる未開拓で未活用の空港がたくさんあったため、サウスウエストはこの拡大方式を通じて何年もの間収益を上げながら成長することができた。

しかしサウスウエストの戦略にも限界があるかもしれない。すべての二次空港に進出してしまえば、あとはハブ&スポークに似た方式のネットワークを構築して上位市場に進出するか、成長を止めるか、新たな破壊的成長市場を生み出すしかない。二〇〇三年末時点で、サウスウエストが主要航空会社と直接対決することで、さらなる拡大を図ろうとしている兆候が見られた。たとえば同社は二〇〇四年五月にフィラデルフィア国際空港発着便を計画していることを発表し、USエアウェイズに真正面から攻撃をしかけた。サウスウエストの襲撃は、確実にUSエアウェイズの反撃を招くだろう。このとき問われるのは、はたしてサウスウエストが、弱体化した競合企業との直接対決に勝てるほど独自のプロセスに磨きをかけているかどうかだ。しかしサウスウエストは注意しなくてはならない。ほかの格安航空会社から学ぶべき教訓が一つある。

格安航空会社の参入は既存企業の逃走ではなく闘争を促す

前のセクションでは、従来型の航空会社が、基本的なサービスさえあれば満足する一部の顧客を過剰満足させていると指摘した。過去二五年間で多くの格安航空会社が、こうした顧客の獲得を目指して、ローエンド型破壊的イノベーションをしかけている。アメリカの格安航空会社、たとえばピープル・エキスプレス、レノ、フロリダ・エア、ニューヨーク・エア、ワールド、プレジデンシャル・エアウェイズ、スピリット、アメリカン・トランスエア、エアトラン・エアウェイズ（旧バリュージェット）、ジェットブルーなどはすべて、ある時点で市場の最低位層での成長を生み出した。ヨーロッパでも同じ動きが見られた。ブリティッシュ・エアウェイズやスイス航空のようなヨーロッパの主要航空会社の業績が低迷していた一九九〇年代後半に、ライアンエアーやイージージェットのような格安航空会社が利益を上げながら着実に成長していた。だが格安航空会社には問題がある。ビジネスモデルの非対称性を利用して、市場のローエンドでシェアを伸ばすことはできても、シェアがある程度まで大きくなると、主要航空会社は固定費の高いコスト構造のせいで、市場のローエンドを奪還する必要に迫られ、ただちに反撃に出ようとする。言い換えれば、格安航空会社は動機づけの非対称性を利用して上位市場に進出し、反撃を招かずにシェアを伸ばすという常套戦略がとれないのだ。主要航空会社は破壊的攻撃に対して脆弱だが、逃走できず、ローエンドに留まって次々と来る攻撃に耐えなくてはならない。航空業界がいつまで経っても収益性が低いのはこのためである。

二〇〇四年時点で、アメリカの最もよく知られた格安航空会社の一つが一九九九年に創設されたジェットブルーだった。ほかの格安航空会社と同様、ジェットブルーはまず需要の多い長距離路線である、ニューヨーク－ロサンゼルス路線（JFK空港と、ロサンゼルスに隣接するロングビーチとを結ぶ路線）をターゲットにした。

旅行代理店、インターネットそして相対性

既存航空会社はインターネットを利用した予約技術を持続的イノベーションとして、つまり既存のビジネスモデル内でコストを削減する手段として導入している。しかしインターネットは、対面で予約をとるフルサービスの旅行代理店に対してはきわめて破壊的だった。インターネットのおかげで、これまで専門の旅行代理店にしかアクセスできなかったチケットのデータベースを誰でも検索できるビジネスモデルが生まれた。ウェブでのチケット販売は、高い間接費を賄わなくてはならないフルサービスの旅行代理店にとっては意味がない。しかしエクスペディア、オービッツ、トラベロシティ、プライスラインはすべて、インターネットによって消費者自身を旅行代理店にすることで、新しい成長を生み出してきた。

ジェットブルーはコストが根本的に低いビジネスモデルを構築した。同社は労働組合をもたず、新しい標準的な航空機（エアバスA320）を使用した。同社の予約係はインターネットベースの技術を利用して、自宅で予約を受け（「旅行代理店、インターネット、そして相対性」を参照）、ペーパーレスの航空券を発行している。乗客は空港の自動チェックイン機（キオスク）を使ってチケットを発券する。機内サービスは限られた種類のスナック（イメージカラーの青いポテトチップスなど）とドリンクだけだった。

このような違いが積み重なって、大きな違いを生んだ。二〇〇三年当時、ジェットブルーが乗客一人を一マイル（約一・六キロ）運ぶコストは約六セントで、サウスウエストよりも二〇％、主要航空会社の平均よりも約五〇％低かった（図6-1）。[※16] 低いコストにもかかわらず、同社は乗客一人ひとりに衛星放送サービスのディレクTVやゆったりした革張りのシートといった、魅力的なアメニティ（快適な環境）を提供した。ジェットブルーのIPOは大成功を収めた。二〇〇二年と二〇〇三年には黒字を計上し、二〇〇四年三月二四日時点での市場総額は二三億ドルと、アメリカ

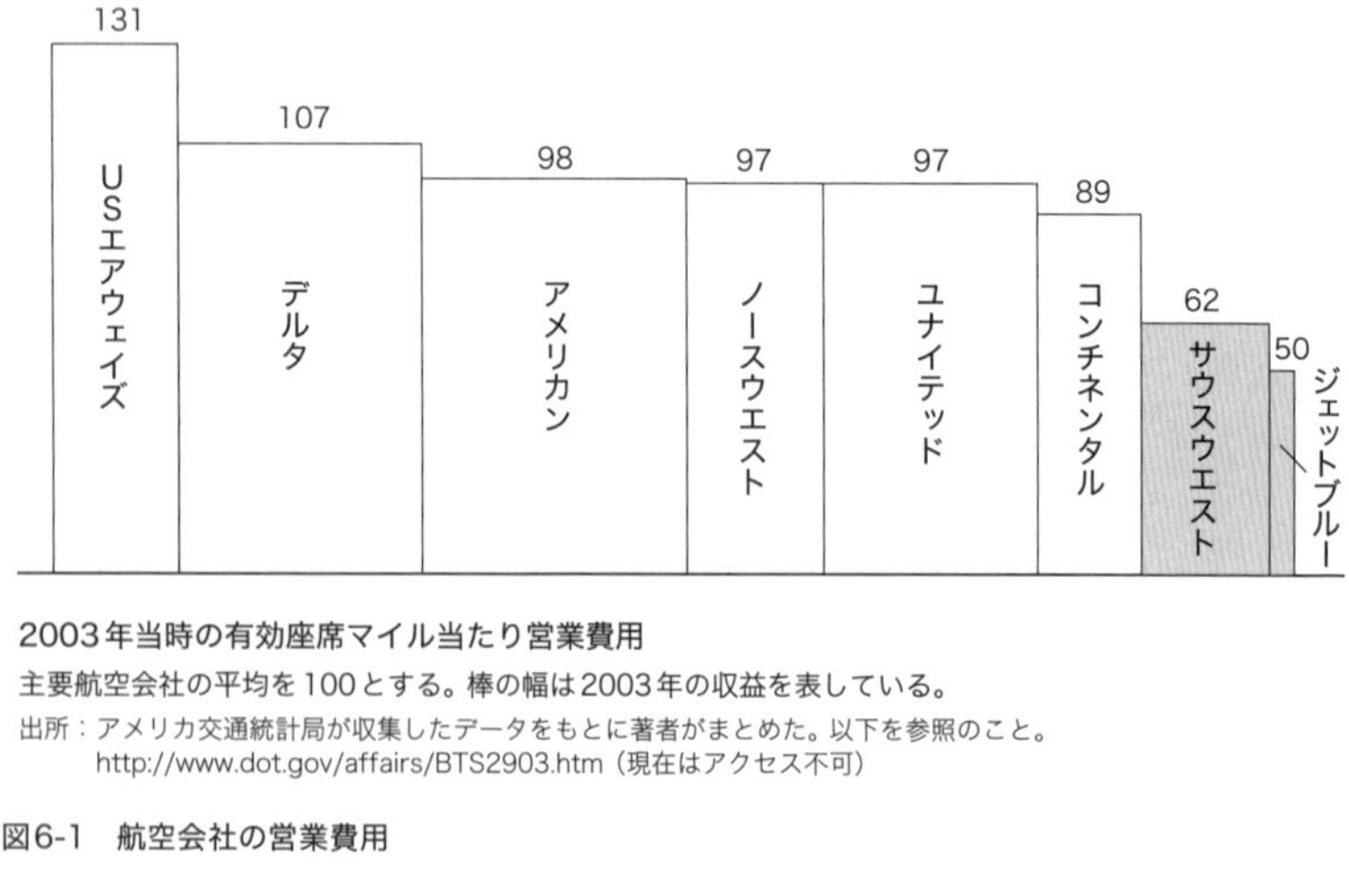

2003年当時の有効座席マイル当たり営業費用

主要航空会社の平均を100とする。棒の幅は2003年の収益を表している。

出所：アメリカ交通統計局が収集したデータをもとに著者がまとめた。以下を参照のこと。
http://www.dot.gov/affairs/BTS2903.htm（現在はアクセス不可）

図6-1　航空会社の営業費用

ン航空を約五〇%上回っていた。[※17]

ジェットブルーなどの格安航空会社は、ローエンド型破壊的イノベーションの特徴をすべて備えている。低コストのビジネスモデルをもち、市場の最も要求のゆるい顧客に相対的に単純で安価な製品を提供している。主要航空会社は、これまで二つの方法で対抗しようとしてきた。すなわち、航空会社の中に別の航空会社をつくる方法と、積極的に反撃する方法だ。それぞれの戦略を詳しく見てみよう。

航空会社内の航空会社

格安航空会社をつくろうとする航空会社の試みは、ほぼ必ず失敗に終わっている。たとえばUSエアウェイズのメトロジェット、コンチネンタルのコンチネンタル・ライト、ユナイテッドのウェストコースト・シャトル、デルタのデルタ・エクスプレスなどだ。このため、二〇〇二年末にデルタが約七五〇〇万ドルを投じて自社内にソングという名の格安航空会社を再び立ち上げると発表した際や、ユナイテッドが事業の約三〇%をコードネーム、スターフィッシュ（のちにテッドと命名）という格安航空子会社に譲渡すると発表した際、アナリストたちが十分な根拠をもって懐疑的な反応を示したのも無理はない。[※18]

イノベーションの理論のレンズを通すと、なぜ航空会社が苦戦しているのかがよく理解できる。格安航空会社を社内で運営するには、まったく異なるスキルと、それ以上に異なるコスト構造が必要になる。航空会社内の格安航空会社は当然ながら社内の対立を招く。労働組合のパイロットがストライキを起こすこともあるだろう。格安航空会社のコストが徐々に上昇するかもしれない。なぜなら格安航空会社はさまざまな決定を徐々に下すうちに、従来型の航空会社にますます近づいていくからだ。

たとえ航空会社が格安サービスの導入に成功したとしても、親会社の業績が悪化して対応が必要になれば、格安航空部門は必ず厳しい閉鎖圧力にさらされる。立ち上げ費用と低い利益率は、本業が厳しい時期には資源の無駄遣いとみなされる。これはディジタル・イクイップメント・コーポレーション（DEC）がパソコン事業に進出したときの経験を彷彿とさせる。DECはパソコンの開発に二〇億ドルをかけ、使命感からパソコン市場に四度も進出した。だがパソコンの利益率は、同社の中核事業のミニコンピュータの利益率には及ばず、そのたびごとに市場から撤退するはめになった。

この状況は、既存企業が完全なスピンアウト組織を設置することによって、成功確率を最も高められる状況だ。もしも航空会社が独立した組織を設置しなかった場合、組織が成長し、スキルを高めていく中で、既存事業を共食いする自由を親会社から与えられているかどうかを、外部者は注視する必要がある。航空会社内に航空会社を立ち上げても、新しい部門に完全な自由を与えなければ、やがて失敗するのは目に見えている。

積極的な反撃

主要航空会社は格安航空部門の経営には苦労してきたが、二つめの対処戦略を推進することによって、最終的に格安航空会社による度重なる攻撃を撃退している。その戦略とは、複雑なダイナミックプライシングの能力を駆使して、定期便の座席ごとに格安料金を設定する方法である。第二章で説明した通り、破壊の典型的な道筋では、既存企業は市場のローエンドから撤退し、上位市場の満たされない顧客に集中する。しかし皮肉なことに、航空業界では本質的に「逃走《フライト》」が不可能なのだ。

なぜだろう？　簡単に言えば、固定費が相対的に高いため、取引量の多い市場のローエンドを明け渡すことができないからだ。大量市場を明け渡せば、壊滅的な影響が及ぶことがある。※19　最も利益の薄い乗客でさえ、余った座席を提供するのにかかる（ほんのわずかな）限界費用を賄ってくれる限り、利益に貢献するのだ。そのうえ航空会社はニーズを満たされない顧客を獲得する能力が限られている。たとえば定刻通りに到着したい、もっと便利な時間に出発したいと顧客が願っていても、航空会社はそのような特別サービスを提供できるほど、こうした要素をコントロールできないのだ。それに航空会社には、そうしたビジネスモデルを支える航空機を開発できる自由度もなく、主要航空機メーカーが数十年かけて開発するイノベーションに頼るしかない。このような要因が積もり積もって、既存企業は逃走ではなく闘争を選ばざるを得ないのだ。

主要航空会社は変動費が相対的に低いため、有効な反撃戦略をとれる。主要航空会社の乗客一人当たり限界費用は、低コストの破壊的企業の平均的な料金よりもずっと低いため、主要航空会社は個々の路線の料金を下げて、格安航空会社を痛めつけることができる。この方法は、既存企業と格安航空会社の双方にとって痛み分けとなる。たとえばジェットブルーが二〇〇四年一月にボストン発の路線の運航を開始した際、アメリカン航空はその日のうちに、ジェットブルーと重複する路線を二往復した顧客には、世界中どこへでも行けるチケットを提供すると発表した。同様にデルタも料金を下げて、同社のアトランタのハブ空港からジェットブルーを駆逐した。

格安航空会社のまとめ

既存企業が闘争を求めるからといって勝てるとは限らない。既存企業には資源と非常に大きな動機づけがある。ここで重要なのは、ジェットブルーなどの格安航空会社が、既存企業が反撃できないようなビジネスモデルをすでに構築しているかどうかだ。革張りのシートやディレクTVでは、十分とは言えない。それらは資源に依存した強みであり、したがって簡単に模倣できるからだ。ジェットブルーなどの格安航空会社が成功するには、既存企業が反撃する能力や意欲をもたないような、独自のプロセスと価値基準を構築する必要がある。わたしたちの分析によれば、ローエンド型の手法では、必要なビジネスモデルの非対称性を生み出せない。実際、二〇〇四年時点では、格安航空会社（と既存企業）の長期的な業績見通しは不透明である。このままローエンド顧客をめぐる戦いが続けば、どの企業も利益を上げられない。

格安航空会社は、ほかの方法をとれないだろうか？　サウスウエストの場合で言えば、同社のモデルの強力な優位性の一つは、非ハブ空港から二地点間直行便を飛ばしていることにある。格安航空会社がとれる戦術として、新市場型破壊の手法に沿って既存企業が運航していない路線を狙い、既存企業との競争を完全に回避する方法がある。ジェットブルーが二〇〇三年六月に、リージョナルジェットを多数購入する計画を発表したのは、この計画の布石かもしれない。同社が成功の見込みを高めるには、こうしたジェット機を使って二次空港や三次空港間の二地点間運航を提供するか、リージョナルジェット機の高い経済性を活かして、小都市間を簡単に行き来できるようなミニハブをつくるなどして、主要航空会社の大型ハブとの直接対決を回避すればいい。次のセクションでは、まさにこの方法で成長してきた地域航空会社を見ていこう。

地域航空会社は取り込み可能なビジネスモデルを構築している

リージョナルジェット・メーカーの破壊的な台頭とともに成長してきた地域航空会社も、破壊のエネルギーに満ちあふれている。地域航空会社は主要航空会社に庇護を求めることが多いが、最終的に主要航空会社を破壊する可能性を秘めている。

地域航空会社は、リージョナルジェットを購入し始めた一九九〇年代初めに注目を集めるようになった。[※20]初期の小型リージョナルジェットを利用して、十分なサービスが受けられない地域を往復する二地点間直行便を提供した。これは従来型の航空サービスに代わる、低コストの代替サービスである。地域航空会社の航空機はコストが低く、高い人件費がかからず、小規模で使用料の安い空港を利用できるからだ。地域航空会社の路線が搭乗率五〇%で元がとれるのに対し、大型機を利用する長距離路線の損益分岐搭乗率は六三%である。[※21]地域航空会社は一九九〇年代末に並外れた成長を遂げた。上場大手五社の地域航空会社の有償旅客マイル数（ＲＰＭ）が、一九九七年から二〇〇一年まで年平均成長率二六%で増加したのに対し、同期間に主要航空会社のＲＰＭは年率一・六%の伸びを示すに留まった。[※22]

地域航空会社はこれほどの成長をどうやって達成したのだろう？　ハブ&スポーク方式を補完する方法をとったのだ。二〇〇二年時点で、地域航空会社の路線の六〇%以上が、大手航空会社のハブ&スポーク方式のインフラに接続していた。[※23]この取り決めによって、地域航空会社は従来型の航空会社と重複するバリューネットワークにはっきり属することになった。このため、全国規模の航空会社を補完するようなビジネスモデルを構築する必要が生じた。地域航空会社は大手航空会社とゲートを共有し、共同運航方式を利用して事業を緊密に連携させた。おかげで顧客はさまざまな航空会社の中から選んでチケットを購入できるようになった。地域航空会社の一部には、定額報酬契約を結び、さながら大手航空会社の子会社のようになったものもあった。

国内航空会社にとって意味のあるビジネスモデルを採用した地域航空会社が、脅威を呈するほどの規模に成長したとき、何が起こっただろう？　固定電話会社が無線通信事業者の買収、統合化に魅力を感じたのと同様、主要航空会社は地域航空会社を利用すれば、自社のハブ&スポーク方式を簡単に拡張できることに気がついた。デルタは二〇〇〇年初めにコムエアを買収したほか、アトランティック・サウスイーストを所有している。アメリカンは、エグゼクティブ、フラグシップ、シモンズ、ウイングス・ウエストを傘下にもつ、アメリカン・イーグルを所有している。エクスプレスジェット（コンチネンタル・エクスプレスという名称で運航）は、二〇〇二年にIPOを行う以前は、コンチネンタルの完全子会社だった。現在でもコンチネンタルは五三％の株式を所有している。

取り込みにも問題がある

このような関係は、どう見ても問題をはらんでいる。主要航空会社は小規模な地域航空会社と、つかず離れずの共生関係を結んでいるつもりかもしれないが、地域航空会社の破壊性を封じ込めておくのは難しいかもしれない。こうした関係における力関係はいきなり変化することがある。

リージョナルジェットの航続距離が短く、定員数が少なかった時代には、潜在的な衝突が露呈することはなかった。しかしリージョナルジェット・メーカーが航空機の航続距離と規模を拡大していけば、いつか衝突が起こるだろう。地域航空会社は、より長距離で収益性の高い路線を運航するための、より確実で安価な手段に成長しつつある。統合化された航空会社は地域航空会社の成長を許していれば、今後ますます厳しい圧力にさらされるだろう。[※24] 契約の力関係を利用して、地域航空会社を小規模なままに留めておける主要航空会社でさえ、アトランティック・コーストやスカイウエストなどの独立系の地域航空会社からの圧力を感じるはずだ。

戦いは間近に迫っている。地域航空会社の破壊力に今後も歯止めをかけるのは、既存のハブ&スポーク方式を破壊するよりも、補完したいという地域航空会社自身の意志である。地域航空会社は乗客を獲得し乗り換えを可能にするためには、主要航空会社が必要だと考えているために、これまで「飼い主」の手を噛もうとはしなかった。また既存企業の重要な路線に進出する地域航空会社も、格安航空会社と同様の問題に直面する。既存企業には逃走より闘争を選ぶ動機づけがあるのだ。

難しい選択と激化する競争は、業界の問題を悪化させるばかりだ。最終的に大手航空会社は、地域航空会社の取り込みをさらに進める以外に、選択の余地がなくなるように思われる。運航費用を節減するリージョナルジェットを、既存のビジネスモデル内に持続的イノベーションとして導入することは、特に業界がますます収益圧力にさらされれば、無視できないほど魅力的な選択肢になる。

ほかに道はないだろうか？　地域航空会社が真に破壊的なビジネスモデルを構築できるような仕組みはないのか？　本章で先に述べたように、地域航空会社は小型のハブ&スポークシステムを立ち上げることで、自立的なバリューネットワークを生み出せる。破壊的な企業は二次、三次空港の全国ネットワークを急遽こしらえ、これによって既存インフラをまったく利用せずに、アメリカ中どこへでも行けるようになる。この自立型のバリューネットワークは重要な非対称性を支えるだろう。すなわち地域航空会社は、ノースカロライナ州ローリーダーラムのような主要航空会社のコスト構造には小さすぎて収まらない空港にハブをつくることもできるのだ。

破壊を目指す地域航空会社は、たとえ必要な行動をすべてとったとしても、破壊の道筋を進むのは難しいと感じるかもしれない。状況によっては、自立的なバリューネットワークを構築するのは非常に困難な場合もあるだろう。小型のリージョナルジェットでさえ、発着できる空港はそれほどないのだ。

だがもっと小型の航空機が発着できる、何千もの小規模な飛行場はどうだろう？　アメリカの人口の九八％が、公共用の飛行場から二〇マイル（約三二キロ）以内に住んでいる。[※25] 二〇〇四年初めの時点では、こうした飛行場の利用者は、企業や航空マニア、裕福なジェット機所有者に限られていた。しかし次世代の低コスト小型航空機を利用すれば、二地点間を結ぶエアタクシー業界を生み出せるかもしれない。

本章の最後のセクションでは、架空のエアタクシー会社（月並みだがエア・タクシー・カンパニー、略してATCと呼ぼう）を例にとって、航空業界を大きく変える可能性が最も高い戦略的選択について見ていこう。

新興のエアタクシー業界が非対称性を構築、活用するにはどのような選択が必要か

小型航空機のコストが低下するにつれて、多忙で裕福なビジネスマンの中には、日々のフライトの煩わしさから逃れるために、小型機を直接または共同で所有する人たちが増えてきている。二〇〇四年時点で、こうした二地点間の直行便を利用できるのは、数百万ドルもする自家用ジェット機で飛べるほど裕福な人に限られていた。だがジェット機の価格が下がるか、または購入、運航コストが低く、信頼性の高い航空機が開発されれば（コラム「破壊的な航空機」を参照）、ATCは二地点間直行便を一般消費者に提供できるだろう。

破壊的な航空機

二〇〇四年初めに、ニューメキシコ州に本拠を置く新興企業エクリプス・アビエーションは、航空業界を根本的に変える可能性をもった航空機の開発を進めていた。創設者バーン・レイバーンは、マイクロソフトの社員番号一九番として学んだ原則を航空業界にもたらそうとした。個人投資家（ビル・ゲイツ含む）から三億ドル近くの出資を得て、同社は六人乗りの超小型ジェット機「エクリプス500」を開発した。航続距離約一〇〇〇海里（二〇〇〇キロ、ボストンからマイアミまでの距離にほぼ相当）、最大速度は時速四〇〇マイル（約六四〇キロ）だった。機体価格は約一〇〇万ドルを予定し、運航コストは一マイル当たり約七五セントだった。これは最も近い競合製品であるセスナ・エアクラフトのセスナ・サイテーションCJ-1（運航コスト一マイル当たり約一ドル五〇セント）の価格の約三分の一、ジェネラル・ダイナミクスのガルフストリームの価格の一〇％以下だった。エクリプス500の離陸滑走距離は約二〇〇〇フィート（約六〇〇メートル）、着陸滑走距離は約二五〇〇フィート（約七六〇メートル）である。アメリカの人口の九八％以上が、理論上はエクリプス500ジェットの発着が可能な飛行場から二〇マイル以内に住んでいる。エクリプスはこの航空機の発売を二〇〇六年に予定し、二〇〇三年末時点で二〇〇〇件を超える受注があった。

本書執筆時点で、同社はまだ多くの技術的なハードルを乗り越える必要があり、政府の承認を得る必要があった。だがエクリプスは素晴らしい破壊的成長を生み出せるかもしれない。同社は航空業界のフォードを目指しているという。つまり、航空機の所有を、無消費者である大衆にもたらすことだ。もちろん、エクリプスは社用ジェット機の最も過剰満足の顧客にターゲットを当てることで、単純なローエンド型破壊的イノベーションを起こすこともできる。いずれにせよ、同社の動向は注目に値する。

ATCは、二つの重大な選択を迫られる。ターゲット市場と、既存の航空会社とのつきあい方に関する選択だ。破壊のモデルによれば、最も大きなインパクトを与えられる方法は、自立的なバリューネットワークをつくり、その中で業界全体を破壊し得るビジネスモデルを育むことによって、無消費者の獲得を目指す方法だろう。

ATCが最初に直面する大きな問題は、当初ターゲットにする市場の選択だ。一つの選択肢として、需要が大きく最もうまみのある路線、たとえばニューヨーク―ワシントンDC間やサンフランシスコ―ロサンゼルス間などの路線を「いいとこどり」する方法がある。これを選んだ場合、短期的な成長は見込めるが、失うものが多い既存企業の怒りを買うことは避けられない。わたしたちの理論は、最も与《くみ》しやすい競争相手、すなわち無消費をターゲットにすべきだと教えている。ATCは、社用ジェット機を購入するだけの資金力はないが、従来型の航空会社では行きにくい辺鄙《へんぴ》な場所に製造工場やサプライヤー、提携先をもつ企業をターゲットにしてもいい。こうした無消費者は、工場やサプライヤーに行きやすくしてくれるサービスを歓迎するだろう。ATCがとれるもう一つの選択肢は、リージョナルジェットが発着できる空港がない地域にサービスを提供することだ。こうした地域はアメリカには多く、またおそらく発展途上国にはさらに多くある。小規模な空港（滑走路に毛が生えたようなものでいい）をいくつか建設し、数台の小型機を飛ばすほうが、運輸インフラ全体を構築するよりコスト効率が高いかもしれない。ATCにとって幸いなことに、既存企業はこうした周辺市場での動向を見過ごすことだろう。

ATCはどのような準備計画を進めれば、適切なターゲット市場を発見する見込みを最大限に高められるだろう？ 何百機もの航空機を購入し、一夜にして全国ネットワークを構築しようとするよりも、創発的戦略をとるのが得策だ。[※26]「作れば顧客がついて来る」方式ではなく、需要に応えるサービスを提供するのだ。

またこの場合、どんな経験の学校が役立つだろう？ 過去にほかのサービス業で、創発的戦略プロセスを通じて新市場型破壊を生み出した経験のあるCEOが理想的だ。主要航空会社の評判のよい上級役員を招聘してCEOに据えるのは、よい案とは言えない。なぜならこのCEOは、経験の学校でまったく異なる事業の経営方法を学んでいるからだ。実際この種のCEOは、自分が最も精通している市場、つまり大規模で計測可能な市場を当たり前のように選ぶだろう。

また、どんな投資家から資金を得れば、ATCが成功する見込みが高まるのか？「成長は気長に、利益は性急に」求める投資家がいれば、適切な戦略が早く現れるだろう。ベンチャーを急速に成長させる必要に迫られた投資家から資金を得るのは、死の宣告になりかねない。急拡大路線をとれば、非常に要求の厳しい顧客のニーズを満たすことを強いられるが、それは強力な既存企業が最も重視している顧客なのだ。

ATCが下さなくてはならないもう一つの重要な決断は、バリューネットワークの選択だ。ここでもやはり安易な選択は、既存の航空ネットワークと重複し、その見返りとして自社の航空機に乗客を引き入れられるような支線ネットワークを構築することだ。しかし第三章で述べたように、重複するバリューネットワークへの参入は、結果的にＡＴＣの長期的な価値創出力を削ぐことになりかねない。これに対して自立的なバリューネットワークを構築すれば、既存企業がイノベーションを取り込みづらくなるため、ＡＴＣはより多くの無消費者を獲得し、また十分な時間をかけて既存企業には対抗できない独自のスキルを磨くことができる。

ＡＴＣはもちろん、そのほかの問題にも取り組む必要がある。エアタクシーのための堅牢なインフラを構築するのは、複雑きわまりない仕事だ。たとえばわたしたちは今日飛行機に乗るとき、到着した空港には、最終目的地に行くためのよく整備されたタクシーやレンタカーのインフラがあって当然と考える。これは制約要因になるかもしれないが、エンタープライズ・レンタカーなどの企業にとっては、独自の新市場型破壊をしかけるチャンスでもある。

以上は解決可能な問題だと、わたしたちは考える。ターゲット市場とバリューネットワークを適切に選べば、ＡＴＣは二一世紀最大の成長企業の一つになれるだろう。

業界サマリー

民間航空会社

□**変化のシグナル**：格安航空会社はローエンド型破壊による成長を生み出している。地域航空会社は新しい環境で成長を生み出している。

□**競争のバトル**：既存企業は格安航空会社に対抗する動機づけをもっている。重複するバリューネットワークは地域航空会社の取り込みをもたらす。

□**戦略的選択**：注目すべき重要な選択は、ターゲットにする路線とバリューネットワークの設計に関するものだ。自立的なバリューネットワークと新しい路線構造は破壊を促す。

■まとめ

航空業界の未来は、短期的には過去とそれほど変わらないものになると理論は示唆している。しかし長期的な傾向や要因が作用するうちに、最終的に業界構造は今とはまったく違うものになるだろう。

航空機製造の側では、ボーイングとエアバスが、今後も市場のハイエンドの支配をめぐって熾烈な戦いをくり広げるだろう。両社は互いとの競争に気をとられて、最も心配しなければならない脅威を見過ごしてしまう。リージョナルジェット・メーカーは今後も上位市場に向かって飛躍を続け、ある時点でボーイングとエアバスは、衰退中の市場をめぐって争っていることに気づくだろう。端的に言って、ボーイングの選択肢は二つある。エンブラエルとボンバルディアを買収するか、またはまったく新しい市場を生み出す／ローエンド向けの優れた航空機を開発することによって両社を破壊するかだ。

大手の民間航空会社はさまざまな前線で脅威にさらされている。今後も多くの格安航空会社が参入し続け、ジワジワと攻撃してくるだろう。動機づけの非対称性が存在しないため、破壊的な格安航空会社は業界を大きく変える可能性は低いが、ターゲットにすべき上位市場の顧客をもたない既存企業にとっては、これからもずっと厄介な存在であり続ける。既存企業が報復しづらくする方法を見つける格安航空会社が、長期的には最も成功する確率が高いだろう。

地域航空会社は一九九〇年代の業界の成長の大部分を牽引した。全国的な航空会社は一見すると地域航空会社を取り込んだようにも見えるが、両者の関係は問題をはらんでいる。地域航空会社が今後サービス改善を重ねるうちに、既存企業はさらに大きな圧力にさらされる。しかし独立的な地域航空会社さえもが重複するバリューネットワークに属しているため、おそらく今後も業界では根本的な再編が見られないまま、全面的に熾烈な戦いがくり広げられることだろう。

激しい荒波が近づいている。将来的には、どの企業も利益を生み出せなくなる可能性がきわめて高い。ではこの状態から抜け出せる可能性が最も高い存在として、どの企業に注目すればいいのか？主要な既存企業はスピンアウト組織をつくるか社内で能力を開発することによって、破壊の力を有利に活用できる。格安航空会社と独立系地域航空会社は、自立的なバリューネットワークをつくるという大胆な決断を通して、新市場型破壊をしかけられる。二地点間を結ぶ新興のエアタクシーは、無消費者に到達する、新しいバリューネットワークを生み出すことができる。こうした動向のどれもが、業界全体の劇的な再編をもたらす可能性があるのだ。

航空業界を取り上げた本章からは、次の五つの一般的な教訓を引き出すことができる。

□スキルと動機づけは、企業の強みと弱みを決定し、新しい種類の企業に機会をもたらし、またそれぞれの企業が破壊的成長にどのように対応するかを決定する。
□非対称な動機づけを有利に活用すれば、既存企業の反撃を招かずに成長を創出できる（エンブラエル、ボンバルディア、サウスウエストなど）。
□企業が破壊の脅威にどのように対応するかは業界の環境にも左右される（たとえば、大手航空会社はローエンドから逃走できないため、闘争を選ばざるを得ないなど）。
□破壊性のある企業は、重複するバリューネットワークに属することによって、あえて既存企業に取り込まれやすいビジネスモデルを選択する場合もある（地域航空会社など）。
□当初のターゲット市場とバリューネットワークを適切に選択することで、破壊性を高められる。

第七章　ムーアの法則はどこへ向かうのか？——半導体の未来

半導体業界をつくったのは、なぜ既存企業ではなく新規参入企業だったのだろう？　業界の企業は、これまでどのような問題を解決してきたのか？　こうした問題を解決するために、バリューチェーンはなぜ今のような形で組織化されたのか？　過剰満足の兆候は見られるだろうか？　過剰満足は、バリューチェーンの構造にどのような影響を与えるだろう？　これはインテルのような既存企業にとって、朗報なのだろうか？　今後状況が変化すれば、どのような企業が成長を獲得するのだろう？　今後業界のどの部分が利益ある成長を遂げ、どの部分が低迷しコモディティ化に向かうのか、そしてそれはなぜだろう？

ハイテクと実質的に同義で使われている「半導体」という用語を耳にすると、近未来的な白い機密作業服《バニースーツ》を着た労働者が働く、巨大な製造工場のイメージが浮かんでくる。[※1]半導体の製造プロセスは非常に精密で、目に見えないほどのちり一つでチップが損傷することがあるため、工場は清潔に保たれなくてはならない。インテル、モトローラ、東芝、テキサス・インスツルメンツ、サムスン、台湾セミコンダクター・マニュファクチャリング・カンパニー（TSMC）といった、世界に名だたる企業が、この業界にはひしめいている。

半導体がパソコンに欠かせないデバイスなのは常識だが、最近ではありとあらゆるものに使われている。自動車には五〇個のマイクロプロセッサが搭載され、ブレーキシステムからエンジンに至るまでのすべてを制御している。携帯電話やDVDプレーヤーなどの消費者向け機器も半導体に依存している。

本章ではわたしたちの手法によって、半導体業界の過去、現在、未来を分析する。まずはイノベーション理論を用いて業界の過去を説明できることを示そう。半導体業界の歴史は、一九四〇年代に起こった新市場型破壊的イノベーションであるトランジスタにさかのぼる。この業界は複雑で多くの読者になじみがないことから、今日の業界構造についてもある程度詳しく説明する。とはいえ理論を疎かにするつもりはない。バリューチェーン進化の理論と破壊理論は、業界がなぜ今のような構造をもつに至ったかを説明してくれる。

こうして議論の準備を整えたところで、続いて変化のシグナルを探してみよう。ここまでの章では新しい市場や状況の中で成長を模索するさまざまな機会について説明したが、本章の分析では、次の挑発的な質問を中心に議論を進める。すなわち、マイクロプロセッサのメーカーが、顧客が使いこなせる以上の過剰な性能を提供していることを示す兆候は見られるだろうか？

答えはイエスだとわたしたちは考える。この業界は数十年にわたって、いわゆる「ムーアの法則」をひたすら追求してきた。この法則は、業界の先駆者でインテルの共同創設者のゴードン・ムーアが唱えた予測で、チップ上の配線の幅を微細化することによって、シリコンウエハーの同じ面積に搭載できるトランジスタ数が、一八カ月から二四カ月ごとにコストの上昇を伴わずに倍増するというものだ。[※2] つまり、コストはそのままに性能が倍々に上がっていく。しかし二〇〇四年時点で、ムーアの法則を追求している企業が、市場の要求がゆるい顧客層のニーズを過剰満足させかねない兆候が現れていた。

過剰満足は業界に甚大な影響を及ぼす。新興企業は、利便性とカスタマイズ性の面で競争できるようになる。こうした面での性能向上を果たすために、業界のバリューチェーンが再編される必要が生じる。古い世界での成功は新しい世界での成功を保証するものではなくなる。

半導体メーカーは過去三〇年間にわたってムーアの法則を追求し続け、目覚ましい成果を上げている。しかし業界の成功を牽引してきた要因そのものが、新規参入企業によって業界がつくりかえられるような状況を生み出してしまったのだ。イノベーションの理論のレンズを通して見ると、半導体業界の未来が過去とまったく違ったものになろうとしていることがわかる。

■状況説明——ムーアの法則を実現するための業界構造

半導体業界は意外なニッチ市場に根づいた破壊的イノベーションから生まれた。その後の持続的イノベーションは、処理速度と容量の向上をひたすら追求するものだった。十分でない面の性能向上を図るためには、バリューチェーンの特定の部分が最適化され、相互依存的になる必要があった。「統合保存の原則」によれば、バリューチェーン内の相互依存的で最適化された部分は、モジュール型で構成可能な部分によって囲まれていなければならない。

業界の歴史と概要——破壊からデジタル信号プロセッサまで

一九四七年にベル研究所の研究者が、最初のトランジスタを開発した。トランジスタとは電灯のスイッチのようなもので、基本的にオンかオフのどちらかの状態にある。一つのトランジスタは一つの仕事しかできないが、複数のトランジスタを組み合わせて、一つひとつに特定の仕事を与えることで、テレビ、電話、コンピュータなど、わたしたちが今日当たり前のように思っている科学の奇跡が現実のものになるのだ。ベル研究所が一九四八年にトランジスタの発明を発表した際には、あくびをもって迎えられた。『ニューヨーク・タイムズ』は、四六面の「ラジオのニュース」と題したコラムの最後で、このニュースを報じている。ちなみに次の告知のほうが扱いが大きかった。「『ワルツタイム』の放送は、NBCラジオで金曜夜九時からたっぷり一時間、三週連続でお届けします」[※3]

初期のトランジスタは、テレビや卓上ラジオなどの電子機器に使われていた真空管に比べて劣っていた。トランジスタは真空管よりもずっと小型で耐久性に優れていたが、真空管を利用していた製品に必要な量の電力を処理できなかった。それに真空管を使った製品は、小売業者、流通業者、修理店からなる広範なバリューネットワークを生み出していた。こうしたバリューネットワークの全プレーヤーが、真空管の特性を利用して利益を上げていた。[※4]

しかしトランジスタは、その特性（小型で低消費電力）のおかげで、聴覚障害者用の補助機器に最適だった。一九五二年にソノトーンが、それまでの三本の真空管の代わりにトランジスタを利用した補聴器を開発した。このトランジスタを製造したのは、ニュージャージー州ジャージー・シティにあるゲルマニウム・プロダクツ・コープという名の小さな企業だった。[※5]

トランジスタが次に用いられた大きな商業市場はポケットトランジスタラジオだった。ここでもトランジスタはその特性のおかげで、ポケットラジオに最適だった。初期のポケットトランジスタラジオは性能が悪く安っぽい音がした。だがティーンエイジャーには、「うるさい両親の目を逃れてロックを聴く」という用事があった。[※6]ソニーのトランジスタラジオはこの用事をうまく片づけることができたため、無消費と競争することによって、まったく新しい市場を生み出した。音質がどんなに悪かろうと、ティーンエイジャーは大喜びだった。なぜなら彼らにとってそれに代わる選択肢は、「ラジオをもたない」ことだったからだ。

トランジスタは当然のごとく性能向上を重ね、最終的に真空管を駆逐した。真空管のメーカーは、この間何をしていたのだろう？　こうした企業は当初からトランジスタに気づいていた。このイノベーションを取り込もうとして、今の価値にして数億ドルの投資を行い、トランジスタの改良に取り組んだ。なぜこれほど大規模な投資を行う必要があったかといえば、初期のトランジスタはこうしたメーカーの中核市場、つまり卓上ラジオと据え置き型テレビに使うにはまったく不十分だったからだ。つまり、既存企業はトランジスタの通電能力を高め、中核市場のニーズに応えられるものにしようとした。つまり、トランジスタを既存製品に詰め込もうとしたのだが、うまくいかなかった。ウエスチングハウス、ＲＣＡ、ゼニス、ゼネラルラジオ、ＧＥ、レイセオンなど、真空管時代の大企業はどれも、新興の半導体業界の主要企業になれなかった。

トランジスタの導入に続く数々の持続的イノベーションが、現代の半導体業界を生み出した。一九五八年にあるエンジニア集団が、二個のトランジスタをシリコン結晶上に搭載する方法を開発し、最初の集積回路を製作した。集積回路はその後メモリチップやマイクロプロセッサといった製品に発展し、業界は一九六〇年から二〇〇二年にかけて年平均成長率約一四％の成長を遂げた。※7

今日の半導体業界には、チップの設計、製造に関わる三種類の企業が存在する。第一が、垂直統合型デバイスメーカー（IDM）と呼ばれる企業で、設計と製造を手がけている。第二が、ファウンドリと呼ばれる、製造に特化した企業である。半導体製造は世界の歴史上類を見ないほど複雑な製造プロセスで、四〇〇を超えるステップが必要とされる。補助的なプロセスでさえ、信じられないほど複雑である。インテルのウェブサイトには、従業員が機密作業服を着用する際の四三のステップが紹介されている。※8ウエハー製造施設、いわゆる「ファブ」と呼ばれる製造施設が、ますます高価で複雑になるにつれ、設計の仕事は行わない製造専門の企業が登場した。世界最大手のファウンドリである台湾セミコンダクター・マニュファクチャリング・カンパニー（TSMC）は、一九九三年から二〇〇二年まで年率三三％超の増収を達成し、二〇〇二年の売上高は四七億ドル近かった。※9

第三が、チップの設計だけを行い、製造をファウンドリに委託する企業である。ザイリンクスやテンシリカといった企業がこれにあたり、「ファブレス」（ファブをもたない）企業と呼ばれる。

そのほかに、製造プロセスを支える二種類の補助的な企業がある。アプライド・マテリアルズや東京エレクトロンといった半導体製造装置メーカーと、テラダインやアジレントなどの半導体製品を検査するための装置をつくる企業だ。

半導体企業は、パソコンから携帯端末（PDA）、自動車などさまざまな機器の製造業者向けに製品を販売している。二〇〇一年当時、半導体の三大最終市場はコンピュータ（市場の五五％を占める）、通信機器（同二五％）、家電製品（同一五％）だった。

コンピュータの頭脳にあたるマイクロプロセッサの市場規模は、二〇〇一年で四〇〇億ドルだった。この市場を支配しているのはインテルで、八〇％を超えるシェアを握っている。要求の厳しいサーバーやワークステーションの製造業者が、最も強力なマイクロプロセッサを使用し、それほど要求の厳しくないパソコンの製造業者は、やや性能の劣るマイクロプロセッサを使用している。[※10]

製造プロセスと統合保存の原則

この業界ではより性能の高いチップへの持続的な需要に応えるために、適切な箇所では最適化され、適切な箇所ではカスタマイズ可能な製造プロセスをつくる必要が生じた。バリューチェーン進化の理論と統合保存の原則を用いれば、最適化とカスタマイズ性がなぜ、どこで起こったのかが理解できる。

従来マイクロプロセッサの性能のうち、十分でない側面は速度だった。業界のバリューチェーンでは、マイクロプロセッサの性能を最適化することが最も重視されていた。

バリューチェーンのプレーヤーが、この目標を達成するにはどうすればよいだろう？　デバイスの処理速度は、チップの製造原料を除けば、主に電子の移動距離によって決まる。一つのシリコンチップに集積できる機能が増えるにつれて電子の移動距離は短くなり、処理速度も上がる。回路をつくる配線の幅が微細化すればするほど、チップに実装できる機能は増える。したがって、そのために特殊な製造装置が必要になる。それぞれの製造ステップが、できる限り微細な機能と配線を実現するために全力を尽くさなくてはならない。こうした限界に挑むには、創意と実験をくり返す必要がある。※11 うまくいけば最高の結果が得られるが、このように可能性の最前線を切り拓こうとする場合、各プロセスステップの失敗率は非常に高く予測不能である。また企業は、欠陥があることがすでに判明している半完成品に取り組んで時間を無駄にしたくないため、各プロセスステップが終わるたびに、中間製品を在庫としてもち、検査し、また在庫に戻し、それからそれを次のステップに移す必要がある。在庫が必要な理由は二つある。第一に、製品のどれだけの割合が検査ステップを通過できるかを、正確に予測することは不可能である。第二に、このプロセスを組立ラインとして運営することはできないからだ。最適化するには、それぞれのプロセスステップで異なる段取り時間とサイクルタイムを設定する必要がある。この複雑さに対処する唯一の方法が、仕掛品（WIP）の在庫をもつことなのだ。

業務管理の専門家から見れば、これは「バッチ」プロセスのようなものだ。このプロセスでは、特定の機能を担う装置が「ベイ」〔湾の意味〕に集められ、それぞれのベイは装置の性能と稼働率を最適化するように構成される。大量のウエハーのバッチが、あるベイの装置で処理されると、続いて次のベイの装置へバッチごと運ばれ、そこで検査され、またバッチごと次のプロセスステップで処理される。在庫がベイ間のインターフェースの緩衝剤になるおかげで、機器間のウエハーの流れを一連の製造ステップが進行するペースと同期する必要が軽減される。サイクルタイムが非同期的であり、また検査と保管をくり返す必要があることから、製造プロセスはコストが高く、比較的時間がかかる。ちょうど混雑したスーパーマーケットの長いレジ待ち行列に並ぶ買い物客が、一歩ずつ前に進んでいくように、ウエハーもこうした在庫品が並ぶ工場内を、前のウエハーが一つのステップを終えるたびに、一ステップずつゆっくり進んでいく。二〇〇四年時点で、ウエハーのバッチがファブの全行程を完了するのに、長くて三カ月もかかる場合があった。※12

バリューチェーン進化の理論と、それに関連する統合保存の原則を通して考えれば、この業界のバリューチェーンがどのようなもので**なければならない**かがわかる。統合保存の原則では、最適化される必要のある部分はすべて、構成可能なものによって囲まれている必要がある。図7-1に示した通り、最も微細な形状を実現するためには、各プロセスステップで用いられる装置のアーキテクチャが相互依存的で独自仕様でなくてはならない。この最適化をサポートするために、仕掛品の在庫が各プロセスステップ間のモジュール型インターフェースの役割を果たしている。言い換えれば、各プロセスステップは最適化されている。しかしステップ間のつながりはモジュール型である。このモジュール型のプロセスがプロセッサを生み出しているのだ。このプロセッサ自体は相互依存的で、最適化されたアーキテクチ

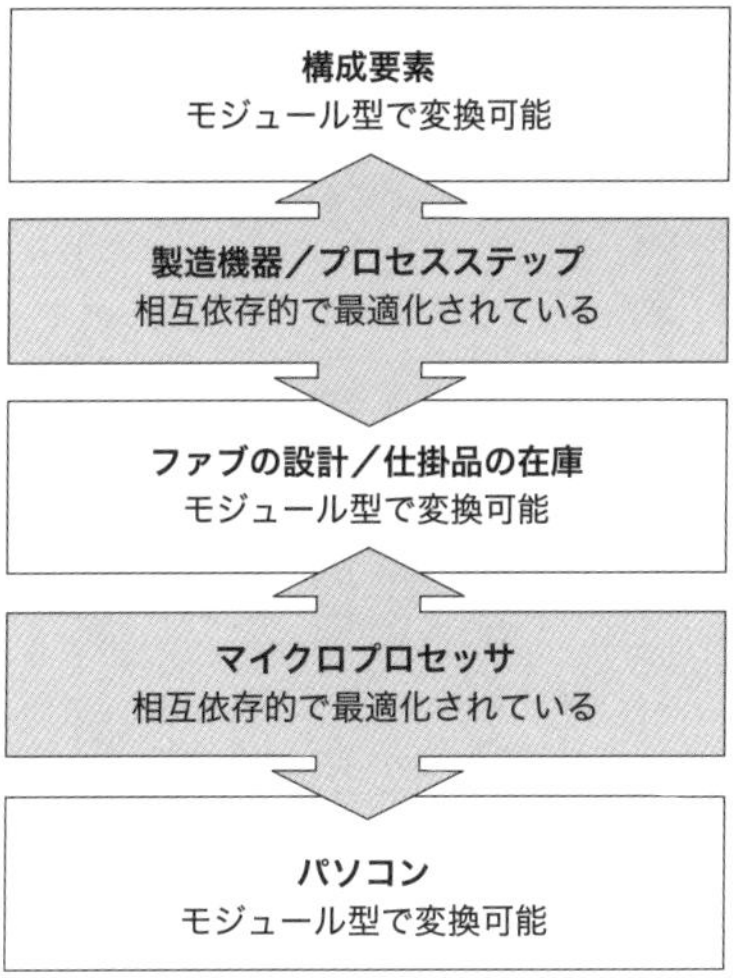

図7-1　半導体における統合保存

ヤである。コンピュータなどの最終製品はモジュール型であり、最適化されたマイクロプロセッサを中心として構成される。統合は、プロセス全体の一つおきのステップで保存され、各ステップはモジュール型のものによって仲介される。

■変化のシグナルは過剰満足の顧客を指し示している

これまで、この方法は素晴らしくうまくいっていた。過去三五年間、科学者や設計者、製造業者は、思いもよらない方法を何度となく考案して、ムーアの法則を実現してきた。製品設計者はチップの性能を時計のように規則正しく向上させてきた。顧客は性能向上に大喜びし、処理速度の速いチップを製造する企業に大きな見返りを与えてきた。半導体の高性能化によって一世代前は夢でしかなかった多くの用途が実現した。

その結果、前例のないほどの経済的利益が生み出されてきた。二〇〇一年のあの恐ろしい景気低迷期にも、この業界は一四〇〇億ドル近い収益を叩き出していた。一九九〇年代後半のアメリカの生産性の伸びのほぼ六分の一が、半導体業界の向上に由来するという専門家の分析もある。[※13]

しかしこれは過去の話だ。将来はどうなるのか？　この業界の分析のほとんどが、ある一つの疑問に終始している。すなわち、企業は今後もムーアの法則によって定義された性能向上曲線を実現していけるのだろうか？　この質問に言外に含まれているのは、次のような考えだ。もし答えがイエスであれば過去に成功した企業が将来も成功し、ノーであれば過去に成功した企業は将来苦境に陥るだろう。

だが、もし性能はムーアの法則に沿って向上を続けるが、そのことが重要でなくなるとしたらどうだろう？　将来成功するためには、従来とまったく異なる方法で競争する必要があることを示す、変化のシグナルは見当たらないだろうか？

市場の一部の階層で過剰満足が生じているとわたしたちは分析している。過剰満足があるために、利便性とカスタマイズ性を提供する新興企業が市場に参入する余地ができる。そしてこうした新しい価値提案を実現するために、業界のバリューチェーンの根本的な再編が必要になるだろう。

過剰満足の兆候

もしムーアの法則が今後もマイクロプロセッサ事業で最重要視されるとしたら、それはマイクロプロセッサの高速化を求める満たされない顧客が存在するか、同じシリコン面積により多くの機能を集積するニーズが満たされていない場合に限られる。二〇〇四年初めの時点では、市場の要求の厳しい階層に満たされない顧客がまだ存在することを示す、強力なシグナルが見られた。サーバーはほとんどの用途で必要にして十分以上の性能に届きつつあるが、３Ｄゲームやデジタルビデオファイル編集、テキストから音声へのリアルタイム変換といった新しい用途は、今後も世界最速のマイクロプロセッサにも重い負担をかけるだろう。こうした製品の設計者は、おそらく今後も自分たちのニーズに最も応えてくれるマイクロプロセッサにかなり割高な価格を支払おうとする。だが一般に言って、最も高い性能を要求する階層の規模は主流階層の規模のほんのわずかでしかない。

既存企業がこうした満たされない顧客を満足させられるかどうかを知るには、ムーアの法則の実態を理解しておく必要がある。もし歴史がなんらかの指針になるなら、今後も意欲的なイノベータが、不可能に思えることを成し遂げ思いがけない方法を生み出して、ムーアの法則の延命を図り続けるだろう。いつかある時点でムーアの法則に解決困難な物理的限界が訪れるかもしれないという懸念はあるが、わたしたちが唯一確実に言えるのは、今後もイノベータが解決策を探し出す動機づけをもち続けるということだ。

だからといって、ムーアの法則を実現することが今後も成功に不可欠かどうかはわからない。新しい、夢のような用途が開発されることへの希望はいつの時代にもある。しかし歴史を振り返ってみると、夢のようなものは夢のまま終わることが多い。つまり、いずれ要求の厳しい用途が開発されなくなるか、開発のペースが予測をはるかに下回るようになるだろう。だがたとえ新しいハイエンドの用途が出現し続けたとしても、技術の最先端に向かって突き進めば、ほぼ必ず顧客を置いてきぼりにすることになる。そしてそのような過剰満足の階層にこそ、破壊が根づくのだ。

顧客が過剰満足に陥っているかどうかを見分けるにはどうすればいいのか？　一つのシグナルは、顧客が製品のすべての機能を使いこなしていないことだ。これを確認する方法はあるだろうか？　最近は処理能力の向上にまったく無関心なユーザーが増えている。大多数の消費者がコンピュータをワープロと電子メール程度にしか使っていない。この大多数にとってはハイエンドのマイクロプロセッサ、たとえばインテルのアイテニアムやペンティアム４、ＡＭＤのアスロンなどは明らかに過剰である。[※14]ウィンドウズＸＰは、処理速度がペンティアム４の半分でしかないペンティアム３でも十分動作する。これは顧客が過剰満足に陥っていることを示す兆候だ。

もう一つのシグナルは、業界で専門的企業が勢いを増していることだ。専門的企業が、機能性それ自体では統合型企業に太刀打ちできないことを念頭に置いてほしい。しかし専門的企業はより機敏な行動をとり、よりカスタマイズされたソリューションを提供できる。このような動きは実際に見られるだろうか？　ＩＤＭは当初ファウンドリを歯牙にもかけなかった。受託製造業者が、複雑なプロセスを運営できるはずがないと考えていたのだ。ところが二〇〇四年になると最大手のＩＤＭでさえもが、生産の少なくとも一部をファウンドリに委託していた。より小規模なファブレス企業の出現も、顧客が過剰満足に陥っていることの兆候である。

こうしたシグナルから、二〇〇四年時点で企業が一部の顧客を過剰満足させていたことがわかる。ある意味、この評価は驚くにあたらない。ムーアの法則を実現し続けるには処理能力を毎年六〇％ずつ向上させていかなくてはならない。だが設計者がトランジスタを活用する能力は、年に二〇％程度しか伸びていない。新製品の設計サイクルや製品設計の予算を考えれば――それにもちろん、人々の生活が変化するペースを考えれば――わたしたちがムーアの法則が実現するようなペースで、トランジスタを活用できないことは明らかだ。比較的単純な回路の設計者にとっては、使いようのないトランジスタが巷にあふれている。半導体工業界（ＳＩＡ）が取りまとめた、米国半導体技術ロードマップ（ＮＴＲＳ）は、すでに一九九〇年代後半にこの「設計ギャップ」を指摘している。[※15]チップが市場のニーズに十分応えられなかった時代には、設計ギャップは問題にならなかった。しかしチップが必要にして十分以上になり、過剰満足の顧客が莫大な数に膨れあがれば、競合環境は一変するだろう。

過剰満足の影響

過剰満足が起こると、企業には競争基盤を変えるチャンスが生まれる。このとき企業は機能性ではなく、顧客の望み通りのものを必要なタイミングで提供する能力で勝負するようになる。言い換えれば、過剰満足の顧客が「十分でない」と考えるものが、性能から利便性に変わる。つまりこの変化によって、チップの購入者は自分たちの望み通りの特性や機能をますます要求するようになり、その一方で必要としない特性や機能にはますます対価を支払いたがらなくなるということだ。このような特定のタスクに特化したチップを開発するためには、業界全体をそれまでとはまったく異なる方法で再編する必要がある。この変化は劇的で、まず市場の下位層から始まり、次第に上位市場に浸透していくだろう。

この業界でのカスタマイズ性と利便性とは、どのようなものになるだろう？　テンシリカを例にとって考えよう。このシリコンバレーの新興企業は、ウェブサイトでエンジニアがシステムオンチップ（SOC）をカスタマイズできるサービスを提供している。知的財産（IP）ブロックを自由に組み合わせて、カスタマイズされた製品をつくることができる。これらのブロックはレゴのようなものだ。レゴの中には、たとえばシリアルポートのインターフェースを管理するといった単純なタスクを行う小型のものもあれば、より複雑なタスクを行う大型のものもある。エンジニアはIPブロックを独自の方法で組み合わせることによって、自社の特定の製品に最適な、十分に機能するプロセッサをつくれるのだ。テンシリカの製品は、汎用マイクロプロセッサのすべての機能に太刀打ちできるわけではないが、エンジニアの工夫次第で、特定の最終用途（たとえば医療業界向けに最適化された携帯端末など）のために性能をカスタマイズし最適化することができる。

ロジック回路の世界でも、機能性を犠牲にして利便性を追求している企業がある。ザイリンクスは、プログラマブルロジック回路の主要メーカーである。※16　一九八四年に創設されたザイリンクスは、簡単に言えば単一チップ上に多くの機能を集積し、ユーザーがその中から特定の機能を選んで使えるようにしている。このため一部の機能が無駄になるものの、エンジニアは特定の要求を満たすチップを設計することができる。ザイリンクスはネットワーク機器と家電製品の分野で強力な地位を築いており、二〇〇三年には一〇億ドルを超える売上高を記録した。

三〇年ほど前は、顧客が自分のプロセッサをパーソナライズしたりカスタム設計するなど考えられず、高度な訓練を受けた専門家が、数年がかりでチップを設計していた。何がカスタマイズ化を容易にするのだろう？　第一章で説明したように、広く受け入れられるルールの誕生によって、末端の消費者に近いところにいるユーザー（この場合で言えば製品のエンジニア）が、それまで深い専門知識が必要とされたことができるようになる。過去二〇年間に業界の諸企業が持続的イノベーションの軌跡をのぼるうちに生み出した設計ルールのおかげで、今ではそれほどスキルがない人でも必要にして十分な製品をつくれる（コラム「半導体におけるルール」を参照）。

実際、テンシリカが最終的に目指しているのは、設計のブロックを簡単に選んでシリコン基板上に載せられるようにして、ソフトウェア開発者でも特定のソフトウェアに最適なプロセッサをつくれるようにすることだ。

過剰満足が生じなければ、専門家でない人たちがルールをもとに新しい製品をつくることはできない。なぜなら技術の最先端に到達するにはルールを次々と破る必要があるからだ。しかし過剰満足の世界でなら、企業のエンジニアはルールに従って一部の機能を無駄にしながら、自分たちの目的に必要にして十分なカスタムチップを設計できるのだ。

もちろん、それでも誰かがカスタムチップを製造しなくてはならない。そこで、次は競争基盤の変化が製造プロセスにどのような影響を及ぼすかを見てみよう。「十分でない」ものが変化すれば、バリューチェーン全体も変わる必要があることを説明していく。

製造業者への影響――統合化されたプロセスステップから統合化されたプロセスへ

ファブレス設計企業の数が増えていることは、ファウンドリにとって恩恵である。ファウンドリはこれまで長い間、業界の地味な分野とみなされてきた。しかし新たなニーズを満たす必要が生じたことで、製造プロセスやそのプロセスを支える企業、そして利益が生じる場所が大きく変化する。統合保存の原則を通して、新たに十分でなくなった面を最適化するために、バリューチェーン全体を通して統合がシフトしなくてはならないことを説明しよう。

半導体設計におけるルール

初期の半導体の設計は非常に複雑で、設計に必要なスキルをもっていたのは高度な訓練を受けた専門家だけだった。サイプレス・セミコンダクタのCEO、T・J・ロジャースは、一九七〇年代のチップ設計について、『ハーバード・ビジネス・レビュー』のインタビューに次のように語っている。「最大のネックは、まずバロース製の中央メインフレームの利用許可を得て、基本的な計算を実行させ、回路を設計し、それから製図技師に頼んで、何カ月もかけて手書きで設計を起こしてもらう必要があったことだ。（中略）これが当時の苛立たしく面倒で非生産的なチップ設計の環境だった」[※1]

業界が成熟するにつれ、半導体製造業者は次世代半導体設計の指針となる厳密なルールを開発していった。設計者は何がうまくいったのか、いかなかったのかを見きわめ、配線の幅や間隔などに関する指針を生み出し、最終的にこうしたルールを複雑な電子設計自動化（EDA）ソフトウェアプログラムに埋め込んだ。電気技術者は詳細な回路理論を学ぶよりも、プログラミングのロジックとEDAソフトウェアの操作方法を学ぶのにより多くの時間をかけるようになった。EDA技術を使いこなせるエンジニアが、実質的に新しいタイプの設計専門家になった。

業界のハイエンドの最も厄介な問題を解決するには、まだ専門家の知識と反復的で直感的な設計が必要だった。しかしそれほどスキルの高くない人でも、EDAソフトウェアを搭載した機器を使えば、それまで専門家にしかできなかった仕事ができるようになった。設計者は、もはやチップのレイアウトの背後にある回路まで理解する必要はなくなった。先進的なコンピュータシミュレーションを通して、コンピュータ上で不良な設計を破棄し、残りの設計を修正できるようになった。その結果どうなったか？　専門家でない人でも、ルールを使って必要にして十分なカスタムチップを設計できるようになったのである。[※2]

※1　T. J. Rodgers, and Robert N. Noyce,"Debating George Gilder's Microcosm: T. J. Rodgers vs. Robert Noyce," *Harvard Business Review*, January-February 1990.

※2　この記述の大部分は、二〇〇二年二月二六日にマサチューセッツ州ボストンで、著者の一人がインテルの元従業員ランディ・ステックに対して行ったインタビューをもとにしている。ステックは、ロジック（レイアウト理論）と回路（物理レイアウト）のプロセス設計を最適化するルールを、実験を通してどのようにして発見したかについて語ってくれた。たとえば設計者は、マイクロチップ上で配線を通してはいけない部分、つまりパターンを発見した。こうしたルールが整備されたおかげで、設計者は有効なチップレイアウトに関する既知のルールに明らかに反するプロトタイプを製造も検査も行わずに破棄できるようになったという。

前に述べたように、機能性を最大限に高めるために相互依存的なプロセスステップを構築し、こうしたステップをモジュール型のステップでつなぐようになったために、半導体の製造には数カ月を要することもある。これまではペンティアムプロセッサの製品ライフサイクルが十分長く、顧客のニーズが十分予測可能だったため、製造サイクルのスピードは問題にならなかった。

しかし製品ライフサイクルの短期化が急速に進み、プロセッサのカスタム設計がますます必要になる市場では、製品の納入に二カ月も要するファブが受け入れられるはずがない。競争に勝つには、数日で納入する方法を実現しなくてはならない。ファブは仕掛在庫量の多いバッチプロセスから、仕掛在庫量の少ない、連続フロープロセスへと移行する必要がある。このような状況で成功するウエハーファブとは、トヨタの自動車生産方式に似た方法で集積回路を製造する方法を考案した企業である。

このめまぐるしい構成可能な世界では、「十分でない」ものは製造プロセスそのものになる。したがって、製造プロセスは相互依存的で独自仕様にならなくてはならない。つまり統合保存の原則に従えば、プロセス内のステップ間のつながりを最適化することになる。これを実現するには、各プロセスステップ（およびそのプロセスステップに必要な装置）を最適化戻しして構成可能にし、ステップ間のフローを最適化する必要がある。各ステップからできるだけ確実で信頼性の高いアウトプットを得られるようにして、中間製品に時間をかけないようにしなくてはならない。アウトプットの信頼性を高めるには、仕掛品と在庫をなくすようにプロセスステップを調整する必要がある。つまり、可能性の最前線から後退するということだ。そしてこれを行う最も確実な手段は、既知の製造技術を利用することである（コラム「次世代技術への影響」を参照）。図7-2に、過去の世界で必要だった相互依存的なプロセスステップ（左）と、将来の相互依存的なプロセス（右）の違いを示した。

二〇〇四年時点で、この変化が実際に起こっているという兆候が見られた。ＴＳＭＣやその他のファウンドリ、たとえば台湾のユナイテッド・マイクロエレクトロニクス・コーポレーション（ＵＭＣ）などは、単一ウエハー処理方式（トヨタの生産方式の半導体版）に移行しつつある。これは単一のウエハーが、ウエハー仕掛品の山の中で待つ必要がなく連続的に流れていくものだ。

　製造プロセスにおけるこのような変化が、ファウンドリに装置を納入する企業に影響を及ぼすのは明らかだ。ファウンドリが購入する機器はモジュール型で構成可能でなければ、プロセス内のすべてのステップにわたって一枚一枚のウエハーの流れを同期化できない。その一方でファウンドリは、〔発注元の半導体メーカーの〕チップ設計者が守らなくてはならない設計ルールをすでに規定し始めている。同様に、装置メーカーもファウンドリが定める基準に標準に従わなくてはならない。以前はこの逆だった。

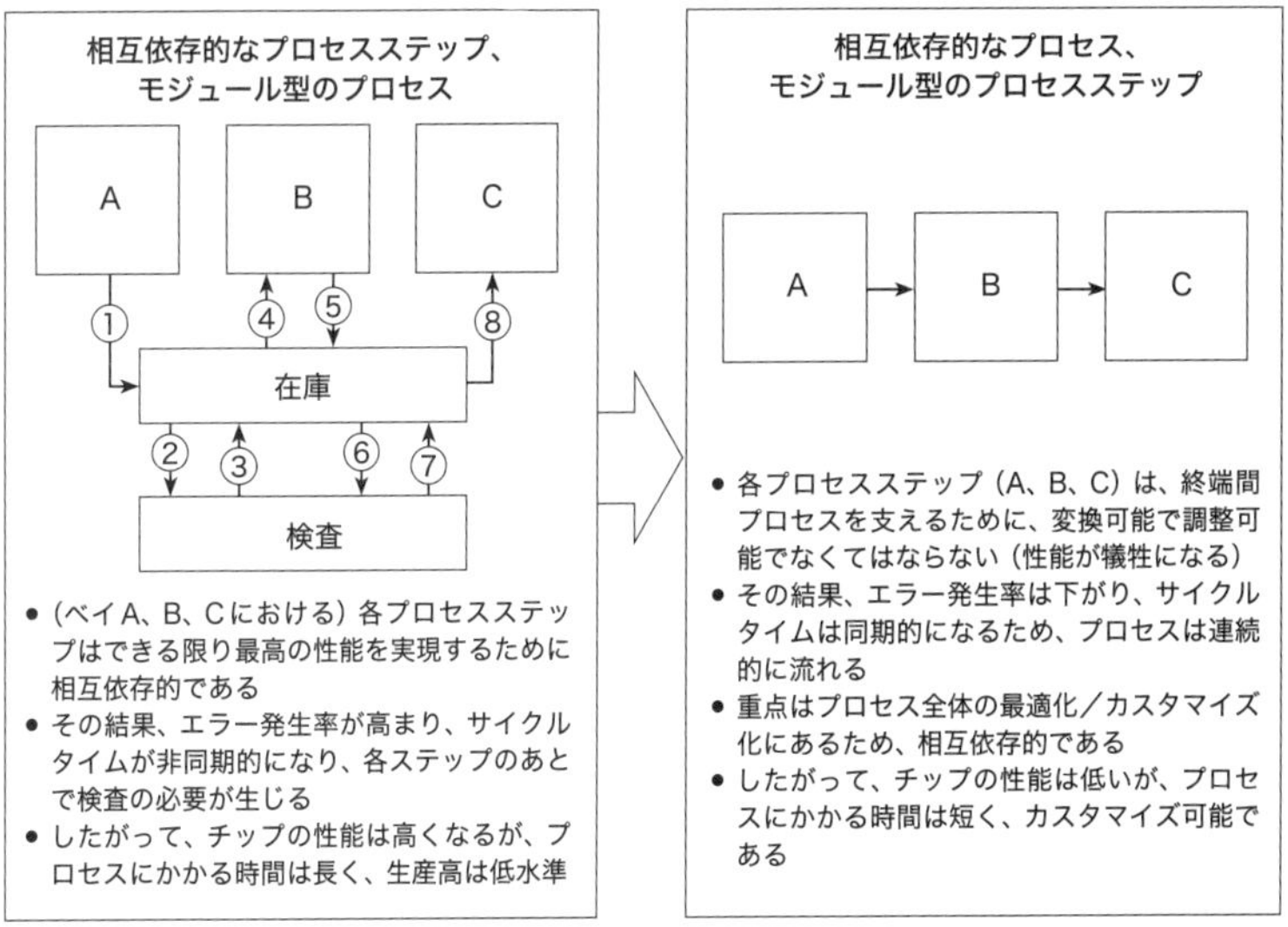

相互依存的なプロセスステップ、
モジュール型のプロセス
A
B
C
①
④
⑤
⑧
在庫
②
③
⑥
⑦
検査
• （ベイA、B、Cにおける）各プロセスステップはできる限り最高の性能を実現するために相互依存的である
• その結果、エラー発生率が高まり、サイクルタイムが非同期的になり、各ステップのあとで検査の必要が生じる
• したがって、チップの性能は高くなるが、プロセスにかかる時間は長く、生産高は低水準
相互依存的なプロセス、
モジュール型のプロセスステップ
A
B
C
• 各プロセスステップ（A、B、C）は、終端間プロセスを支えるために、変換可能で調整可能でなくてはならない（性能が犠牲になる）
• その結果、エラー発生率は下がり、サイクルタイムは同期的になるため、プロセスは連続的に流れる
• 重点はプロセス全体の最適化／カスタマイズ化にあるため、相互依存的である
• したがって、チップの性能は低いが、プロセスにかかる時間は短く、カスタマイズ可能である

図7-2　過剰満足の世界に起こる変化

ではアプライド・マテリアルズや東京エレクトロンのような装置メーカーは、フローを最適化するために簡単に設定できるような、モジュール型で柔軟な装置を製造するにはどうすればよいだろう？　こうしたメーカーが製造する装置は、やがてモジュール型のサブシステムで構成されるようになる。一つひとつの部品が相互に作用する方法が明確に定義された基準によって規定されるおかげで、サブシステムは交換可能になる。このようなサブシステム内の設計は、相互依存的で独自仕様になる。したがって、重要なサブシステムを供給する企業の業績は好転する。なぜなら「十分でない」ものが、部品やサブシステムになるからだ。

もう一つ、まだ答えられていない重要な疑問がある。こうした動向は、インテルにとってよいことなのか、それとも悪いことなのだろうか？　次のセクションでは迫り来る競争のバトルについて考え、この変化こそが真の脅威になり得ることをわたしたちの理論を使って説明する。しかしインテルが、この脅威をチャンスに変える力をもつ、世界でも数少ない企業であることを強調しておきたい。

次世代技術への影響

二〇〇四年時点では、最先端の効率的な製造設備を建造するのに三〇億ドルほどの費用がかかった。こうした工場は「三〇〇㎜ファブ」と呼ばれる。なぜなら直径約三〇〇ミリメートルのシリコンウエハー上のチップを製造しているからだ。このチップは集積度が高いため、三〇〇㎜ファブは確実に処理能力を高め、単位コストを下げることができる。

興味深いことに、プロセスの構造が変化するせいで、次世代技術の開発に取り組む企業は逆に後れをとってしまうおそれがある。仕掛在庫量の少ない連続フロープロセスを実現したほかの業界、たとえば自動車業界などでは、最も単純で、最も信頼性が高く、最も実績のある装置を選んだ企業が成功している。言い換えれば、信頼性が高く、よく理解されたプロセス技術を利用した機器は、最先端技術を用いた機器よりも同期化されたプロセスフローに構成しやすかった。最先端技術は、さまざまな欠陥がまだ修復されていない状態にあるからだ。

そのうえ三〇〇㎜ファブには、量産製品のスループットを高められるという大きな強みがある。しかし顧客の需要が小ロットのカスタマイズされた製品にシフトするにつれて、この強みは薄れるだろう。

このような状況では、三〇〇㎜ウエハーの製造を可能にする最新の設計技術は、性能向上と生産のコストダウンを重視する市場の最も要求の厳しい階層で開発されるだろう。しかし市場のほかの階層ではこうした機器はいつか支配的になるが、それはおそらく遠い先のことだろう。

■最後に勝つのは誰か？——競争のバトルと戦略的選択を評価する

もしこの業界が自然のままに進化していくならば、業界の変化を牽引するのは新規参入企業である可能性が高い。スピード、カスタマイズ性、利便性という新しい競争基盤で有利な新規参入企業は、主要IDMにとって真の脅威になる。価値を獲得するには、すばやく動かなくてはならない。こうした新規参入企業は非対称な動機づけをもとに成長する。新しい価値提案を実現するために独自のスキルを構築し、やがてそのスキルを既存企業が対抗できないほどのレベルにまで磨き上げる。このような新規参入企業が既存企業に取り込まれやすいビジネスモデルを構築する誘惑に打ち勝つには、正しい準備計画に従わなくてはならない。

なぜ既存企業はこのような動向に対抗しようとしないのか？　既存企業は自然な力に流されれば、最終的に終焉を迎えるまでムーアの法則を追求し続けるだろう。しかしながら、インテルはこうした力を減殺できる可能性が高いと、わたしたちは考える。これまでもインテルは破壊の機会をものにする類い希な能力を発揮しており、来るべき戦いではそれが強みになるだろう。

企業の経営状態の把握――新規参入企業が非対称性を利用して攻撃する

競争のバトルの勝者を予測するための最初のステップは、経営状況の把握である。インテルは二〇〇四年初めの主要既存企業として、どのような経営状況だったか？

インテルには強力な資源がある。工場、研究者、特許、ブランド、そして巨額の現金を競争に投入できる。それにプロセス関連の強力なスキルがある。プロセスは同じ課題をくり返し成功させるうちに生まれることを忘れないでほしい。大手メーカーへの販売、最先端製品の開発、きわめて複雑な製造プロセスの管理などはすべて、これまでインテルがくり返し解決する必要があった問題の例である。

次に分析すべき分野は、既存企業の資源配分決定を動かしている価値基準である。第二章で説明した通り、まず損益計算書から見てみよう。インテルは非常に大規模な企業で、これまで高い粗利益率を維持してきた。二〇〇〇年から二〇〇二年までの間、インテルの平均年間売上高は三〇〇億ドル近くで、粗利益率は四九％から六二％の間で推移した。注目すべきもう一点は、過去の投資履歴だ。インテルはこれまで次世代製造技術に莫大な投資を行ってきた。次世代三〇〇㎜工場に数十億ドルを投じ、規模の経済を実現して、業界のハイエンドを支配する計画もある。三つめの指標となるのは、同社の最大にして最重要な顧客である。これまでは主要コンピュータメーカーが、インテルの収益を支える顧客だった。

インテルのスキルと動機づけを理解することによって、なぜテンシリカやザイリンクスのような新規参入企業が、業界の変化を牽引する可能性が高いかがわかる。インテルはムーアの法則に沿って性能向上を実現させ**ざるを得ない**のだ。同社のプロセスは困難きわまりない問題を解決し、よりよい製品を開発する能力をもたらしている。同社の最も収益性の高い顧客は、現在の性能レベルに満足していない。同社の価値基準はより高い利益率を約束する、より処理速度の高い製品の開発の原動力となっている。インテルには性能向上を進める以外にほとんど道はないのだ。しかし同社はこの道を歩むうちに、新規参入企業のために事業機会を生み出し続けている。これが典型的なイノベータのジレンマのようだと思った人は、その通りだ。インテルの成功要因そのものが、新興企業のために攻撃するチャンスを生み出しつつあるのだ。

インテルはそのままの状態では新規参入企業の初期市場に参入する動機づけがない。カスタムチップの市場の多くは、インテルが関心をもつには規模が小さすぎる。テンシリカにとって二〇〇〇万ドル規模の市場は巨大でも、インテルにとっては誤差の範囲内でしかない。

新規参入企業は、既存企業の目には受け入れがたく映るビジネスモデルを選べばいい。たとえば新規参入企業は確立されたルールを利用して設計を顧客に製造をファウンドリに任せれば、研究開発に費用をかける必要がなくなる。実際、プロセッサのアーキテクチャがモジュール型になり、構成されたコアの組み立てがルールベースになれば、プロセッサの設計はバリューチェーン内のコモディティ化された収益性の低い段階になるだろう。これはまさにモジュール型コンピュータの設計がコモディティ化した際に起こったことである。

ファブレスチップ企業の株式を買うために今すぐブローカーに電話をしようという人は、バリューチェーン内の、かつて収益性が高かったこの段階がコモディティ化していることをよく考えて頭を冷やしたほうがいい。ファブレス企業は気をつけていないと、業界の価値のすべてが、利便性の恩恵を受ける顧客と、カスタムチップの部品を供給する企業、そして製造業者に「スケート」していってしまう。モジュールを組み立てるメーカーは、差別化が不可能で、模倣可能な作業を行う限り、利益を獲得できないのが常だ。ファブレス企業はカスタマイズ化が起こる部分をしっかり支配して、価値をもたらすような問題を解決するよう気を配らなくてはならない。また低コストのビジネスモデルを上位市場に導入できる企業が有利だと理論は教えている。市場のローエンドに甘んじる企業は、やがて競争が激化すれば利益を食いつぶされてしまう。

したがって、非対称な動機づけの盾は安全なように思われる。では新規参入企業は、既存企業のスキルとは相容れないようなスキルを生み出せるだろうか?

インテルの研ぎ澄まされたプロセスは、高性能を切望する満たされない顧客をめぐる戦いでは、とてつもない強みになるが、カスタマイズされた製品を求める顧客に到達する能力を阻害する。厳密な製造プロセスがあるために、カスタマイズ製品を製造する能力が妨げられる。同社の販売部門は、まったく異なる販売サイクルになかなか適応できず、マーケティングプロセスを根本的に変える必要に迫られる。バリューチェーン進化のモデルによれば、「高速《ファスト》ファブ」の運営は、将来バリューチェーン内の魅力ある利益を生み出す場所になるだろう。IBMやインテルのようなIDMにとって良いニュースは、ファブを所有していることだ。悪いニュースは、そのファブが高速ではないことだ。古いプロセスに縛られない新規参入企業は、カスタムプロセッサを迅速に供給できる、独自のよりよいプロセスを開発できるだろう。

新規参入企業が今後も改良を続けることを前提とすれば、こうした企業はいずれ既存企業の顧客を引き抜き始める。その当然の結果として、既存企業は逃走を選び、新興市場または既存市場のローエンドを破壊的イノベーションで攻撃する新規参入企業に譲り渡し、市場のハイエンドで利益を追求するだろう。半導体業界にはまだ満たされない顧客が存在するように思われるため、この戦略は利益を生み、成功するだろう。しかしその結果、市場の最も急速に成長している分野を、新規参入企業に譲り渡すことになる。そして満たされない顧客の数が減少し始めたが最後、既存企業は困難な状況に陥る。攻撃側の企業は独自のスキルを精緻化しているため、既存企業が反撃するにはもう手遅れなのだ。

どのような選択が競合環境を変えられるか？

このような競合環境が変わるのは、次の二つの動向が生じたときである。第一は、新規参入企業が欲を出して、準備計画そっちのけで大きな市場に性急に飛びつくことだ。この動きは簡単に観察でき、また壊滅的な結果を招くだろう。破壊を試みる新規参入企業は、望みのない戦いを避けなくてはならない。性能が十分でない製品を、要求の非常に厳しい顧客がひしめく大規模な市場に背伸びして投入しても勝ち目はない。アナリストは新規参入企業の経営陣、投資家の要求、戦略策定プロセスに常に目を配っていれば、新規参入企業が正しい進路を歩み続けられるかどうかを判断できるだろう。

第二の動向は、既存企業が破壊の脅威の高まりにどのように対応するかということだ。先に述べたように、既存企業は逃走を選ぶ可能性が高い。では既存企業は、こうした破壊性を秘めたビジネスモデルを取り込めないものだろうか？　理論によれば、答えはノーだ。取り込みが成功するのは、既存企業が必要なことを行うのが容易になるようなプロセスをもち、ほかの選択肢よりも取り込みを優先させる価値基準をもっているときだ。新興市場の規模が小さいこと、こうした市場ではまったく異なるビジネスモデルが必要になること、またこうした市場に参入するために独自のスキルが必要になることを考えれば、このような状況で取り込みが成功する確率は低い。取り込みを試みる既存企業は、結局は詰め込みを行うはめになると、わたしたちは予想する。カスタマイズ性を求める市場に汎用製品を詰め込んだり、要求の厳しい顧客にカスタマイズされているが性能の不十分な製品を無理に提供しようとして失敗するのだ。

このシナリオは当然ながら、インテルのような既存企業が、直面するジレンマに自然のままに対応することを前提としている。だがもしインテルの経営陣がこうした変化が起こりそうなことをあらかじめ察知し、適切な行動をとるならば、通常であれば新規参入企業が生み出す成長をインテル自身の手で必ずや獲得できるだろう。インテルは破壊的イノベーションに取り組む独自の能力を実証してきた。破壊の黒帯を取得するのも間近だ。ＡＭＤやサイリックスが、入門機レベルのコンピュータシステムに搭載する安価なプロセッサで市場シェアを伸ばしてきたとき、インテルは独立した組織をイスラエルに設置して新しいチップ、セレロンを開発し、下位市場からの攻撃を鈍らせた。二〇〇三年にはモバイルPC向けに最適化された、セントリーノ技術を導入した。セントリーノは機能性こそ劣るが、ワイヤレス用途をサポートし長時間のバッテリー駆動を可能にする。※17

またインテルがマサチューセッツ州ハドソンの工場で開発したストロングアーム論理回路は、カスタム構成された破壊的なバリューネットワークの中で、インテルの旗印を掲げて健闘している。もしインテルが今後もこの技術を利用して、カスタマイズ性と少量受注の迅速な出荷に適したビジネスモデルとプロセスを開発することができれば、反撃は成功するかもしれない。しかしバリューチェーン進化の理論によれば、利益はマイクロプロセッサから離れた場所にシフトすることを忘れてはいけない。インテルがこの付加価値段階で勝利したとしても、それほど意味がないかもしれない。将来魅力的な利益を上げるのは高速ファブである。現在インテルのファブは、速度が遅くなるよう構成されている。財務アナリストはインテルに対して、古いファブを閉鎖し、UMCやTSMCのような企業に製造を委託せよと圧力をかけるだろう。だがもちろん、インテルにとってよりよい選択肢は、ファブを維持しより高速に構成し直すことだ。競合企業が設計するチップを迅速に供給するのもいいだろう。

業界サマリー 半導体

□**変化のシグナル**：次世代製品に対するプレミアムが減少していること、専門的企業が出現したこと、顧客が機能を使いこなしていないことは、過剰満足の顧客の存在を指し示している。

□**競争のバトル**：カスタマイズ化を求める市場は、中核市場に比べると規模が小さい。カスタム製品を提供するには独自のスキルが必要だ。

□**戦略的選択**：新規参入企業は成長を獲得するためにはすばやく行動する必要がある。インテルの破壊の脅威を認識し、対処する能力は実証済みである。

■まとめ

理論を用いて半導体業界の未来を分析するには、ムーアの法則の先にあるものに目を向けなくてはならない。状況が変化すれば、過去に成功したやり方が将来は失敗に終わるかもしれない。何も考えずにムーアの法則を追求するだけの企業が自動的に成功できるはずがない。

主要企業が次世代製品で割高な価格を要求できなくなるときには過剰満足が生じている。それまで巨大企業しか足を踏み入れようとしなかったニッチな市場用途で小規模な企業が驚くほど勢いを増すのは、競合環境の変化を示すシグナルである。理論の力を借りなければ、こうした動向を無意味なノイズと片づけてしまうだろう。理論の力を借りれば、こうした動向の本来の意味を理解し、大きな変化が起こる兆候としてとらえられるのだ。

競争基盤が機能性から市場への製品投入速度、カスタマイズ性、利便性へと変われば、その変化は業界全体に波及する。業界のバリューチェーンは、納期短縮を実現するために再編されなくてはならない。バリューチェーン内のそれまで独自仕様で収益性の高かった段階はコモディティ化される。それまでコモディティ化され収益性の低かった段階では、独自仕様の製品・サービスが必要になり、その結果ずっと魅力的な利益を上げられるようになる。

将来の成長市場は、今日の均質的な汎用製品カテゴリーの中には見当たらない。今日は強みである業務プロセスやコスト構造は、明日には弱みになるかもしれない。市場の各階層でまったく異なるビジネスモデルが支配するだろう。ここで問うべき重要な問題は、こうした市場で成功するために必要な能力と組織構造を生み出すのはどの企業かということだ。

変化のシグナルは、来るべき競争のバトルで既存企業が非対称の不利な側に立たされることを示唆している。積極的な行動を起こさなければ、今日の有力企業も明日は落伍者になりかねない。

半導体を取り上げた本章からは、次の四つの一般的な教訓を引き出すことができる。

□統合保存の原則により、競争基盤が変化すればバリューチェーンの再編が必要になることがわかる。

□顧客が性能向上に対価を支払いたがらなくなることと、ある付加価値段階に特化した非統合型企業の参入が、過剰満足の兆候である。
□過剰満足が生じれば、企業は競争基盤を変え、ルールベースの設計と製造を活用して、製造を顧客に近づけることができるようになる。
□破壊的ビジネスモデルは、非対称な動機づけをもとにした死角やスキルギャップを活用しているため、既存企業にとって反撃するのが難しい。

第八章　肥大化した業界を治療する――医療の未来

イノベーションの理論は、医療にもあてはまるだろうか、それとも医療は特殊なのだろうか？　医療提供者は顧客を過剰満足させることがあるだろうか？　医療における非対称とは、どういう状況をいうのか？　この業界で、「それほどよくない」製品をほしがる人などいるだろうか？　第三者支払制度のような市場外の要因は、破壊にどのような影響を与えるのか？　企業は破壊的成長を牽引するために、どんな選択をすべきか？　政府は破壊を促すために、どんな施策をとれるのか？

本章では、部屋の隅に静かに座っている体重四〇〇キロのゴリラに目を向ける。[※1]　医療はきわめて重要な業界で、アメリカの支出の七分の一を占める。将来予測がこれほど重要な業界が、ほかにあるだろうか？　予測は、ジョンソン・エンド・ジョンソン（J&J）、メルク、ＨＣＡ、メドトロニックといった業界の主要企業に投資している数百万人にとって重要なだけではない。これはわたしたちの命、子どもたちの命にも関わる問題なのだ。

二〇〇四年の新聞報道をおおむね信じるなら、医療業界は危機的状況にあった。アメリカの医療制度が提供できる医療の質は非の打ちどころがない。しかしその質の高い医療は、提供に時間がかかることが多く、まるで提供されないこともある。またコストも上昇していて、企業はその負担を従業員にますます転嫁している。[※2] 保険未加入者が増え、不満を表明する人たちの数も増えている。多忙な医師は八分間の診療で患者を次々とこなしていく。加入している保険プランによって、受けられる治療、受けられない治療が決まり、後者が日を追うごとに増えている。業界を分析した書籍には、「裏切られた信頼」「患者の血を流す」といった不吉なタイトルが並ぶ。

しかしこのような危機の中にも、破壊的イノベーションによって医療を再編する未曾有の機会が存在する。本章ではまず三つのケーススタディを通して、医療における破壊によって、人々がよりコスト効率の高い医療をより便利な環境で受けられるようになることを示す。一般に科学の進歩が、こうした破壊を実現するための燃料になる場合が多い。次に将来に目を向け、破壊的イノベーションの力を活用している企業の存在を示す変化のシグナルを指摘し、こうした企業が成功確率を高めるために、どのような戦略的選択をすればよいかを説明する。また医療に関する考察を通じて、市場外の要因についてもより詳しく検討し、イノベーションをさらに促すためにどのような改革が必要かを考えていこう。

本章では、医療業界に生じ得る競争のバトルを深く分析することはしない。競争のバトルは確かに重要な意味をもち、勝者が出れば敗者も出るだろう。しかしわたしたちの思い描く未来での真の勝者は、ますます便利になる環境で、ますます低いコストで自分の健康管理ができるようになる消費者なのだ。

本章の最後では、理論に基づく分析へのよくある批判について考える。「うちの業界はほかとは違うから理論は通用しない」といった批判である。医療業界が複雑なのは間違いないが、優れた状況ベースの理論は、特定の業界にとらわれず、あらゆる業界にあてはまる。医療ほど特殊な業界でも、イノベーションの理論は業界の変化を予測する有益な手段になる。

それではイノベーションの理論を使って、医療業界で新しい成長を生み出す見込みが最も高い分野を特定し、市場のシグナルを読み解き、いま起こりつつある変化について考え、イノベーションがどのようにして医療業界を再編できるかを予測しよう。

■医療における破壊――ルールは利便性を高め、消費を増やす

破壊的イノベーションによって、より安価で、確実に効果のある治療が実現し、その結果より多くの人が、より質の高い医療を、より多く消費できるようになる。このセクションでは、こうしたイノベーションを三つ取り上げる。

一　妊娠検査薬：女性は妊娠しているかどうかを、自宅で安心して検査できるようになった

二　血糖値測定キット：糖尿病患者が自分で簡単に血糖値を測定できるようになった

三　血管形成術：外科医でない医療従事者が、それまで手に負えなかった疾患に、インターベンシ

ョン治療を提供できるようになった

医療におけるその他の破壊的イノベーションの例に、独立系の外科外来センターや臨床検査センターがある。こうした破壊的イノベーションには共通点が一つある。どのケースでも、それまで治療費の高い医師が不便でコストの高い施設でしか提供できなかった治療を、それほど訓練を受けていない医療従事者がより便利でコストのかからない施設で効果的に提供できるようになったのだ。

妊娠検査――ウサギからキットまで

一九〇〇年代初めに、妊娠かなと思った女性は何をしただろう？[※3] 当時は、妊娠の経験のある母親や友人に相談して妊娠の兆候を教えてもらうか、医師の診察を受けて大ざっぱな視診や触診で調べてもらうしかなかった。ときには何カ月も月経が来ないまま、お腹が「目に見えて」膨らんでくるまで気づかないこともあった。

一九三〇年代の女性は何をしただろう？ 驚いたことに、当時は妊娠を調べるためにウサギが必要だった。当時の医師は妊婦を見分ける方法は知らなかったが、妊娠した女性の尿に、ウサギの生殖器内の抗原に反応を起こすホルモンが含まれていることを知っていた。この検査をするためには、ウサギに女性の尿を注射し、ウサギを殺して卵巣の変化を調べる必要があった。そういう理由から「ウサギが死にました」という言い回しが、妊娠したことの婉曲表現になったという（ウサギは妊娠の有無にかかわらず死んだのに！）。ウサギの検査は当て推量よりはましだったが高額だった。特別な実験室設備と、検査結果を判断する専門家、それに生きた動物の大規模な飼育場が必要だったからだ。

一九六〇年代の女性は、何をしただろう？　女性はまだ不便な集中化された施設に行く必要があった。だが医師は何を調べればよいかを知っていた。女性は妊娠すると、ヒト絨毛性ゴナドトロピン（ｈＣＧ）と呼ばれるホルモンが、血液（血清）や尿に多量に分泌される。医師は女性の血清中のｈＣＧレベルを検査することができた、最初の検査はラジオイムノアッセイ（ＲＩＡ）法[※4]といい、簡単に言えば、女性の血清と抗原（試験管の底に塗布された）、ｈＣＧと結合する放射性同位体とを混ぜ合わせるものだ。混合と洗浄をくり返すうちに、抗原と結合したｈＣＧが放射性同位体と結合する。検査技師は放射性同位体を確認できれば、もとのサンプルにｈＣＧが存在していたと判断できた。

この検査は大きな前進だった。正確で妊娠を明確に判定できたため、女性は大まかな予定日を知ることができた。この検査は比較的単純なルールに沿って行われたが、それでも有毒な放射性物質を扱う訓練を受けた、金のかかる専門家が関わる必要があった。やがて検査は進歩し、放射性物質の代わりに酵素が使われるようになり、もとの血清サンプルにｈＣＧが存在していれば一連の反応の末に酵素の色が変化した。

現代まで時間を早送りしよう。今の女性はどうするだろう？　近くの薬局に行って、家庭用妊娠検査キットを一〇ドルで購入する。家庭用妊娠検査キットが初めて製品化されたのは、一九七〇年代だった。初期の検査はあまり性能がよくなく、化学実験セットのようなものだった。使い方が難しく、間違った結果が出ることも多かった。それでも消費者の強い要望に応える形で、家庭用妊娠検査キットの精度、感度、使いやすさは、予想通り急速に向上していった。[※5]

検査薬の完成型は一九九〇年代に発売された。これはワンステップの手を汚さないキットで、あまりにも簡単なため、結果を読み違えようがなく、精度は一〇〇％近い。検査スティックを朝一番の尿で濡らし、五分間待てばそれでおしまいだ！　青色のラインが出れば妊娠しているし、色が変わらなければ妊娠していない。妊婦検診のために医師にかかる必要はあるが、検査キットが非常に優れていて正確なため、判定が間違っていることはまずない。アメリカの妊娠検査キットの売上は年間二億ドルを超え、[※6]検査の一人当たり消費量は検査が不便で高額だった頃の数倍に増えている。この成長を牽引したのは科学の進歩である。おかげで女性は、以前には考えられなかったような状況で妊娠検査を消費できるようになったのだ。

血糖値測定における動向

家庭用血糖値測定キットの進歩も同様の変化をもたらした。糖尿病患者は医師の助けを借りずに、自分で正確に血糖値を測定できるようになった。[※7]一九八〇年以前の糖尿病患者は、精度の低い尿検査で我慢するか集中化された施設に足を運び、研究所の高価な検査機器を使って技師に検査してもらうしかなかった。家庭用血糖値測定テストがこれを変えた。今では指先を針で刺して検査紙に血を一滴垂らせば、電子モニターに数値が表れる。

今日の糖尿病患者は、こうした小型モニターをどこにでも携行し、これまで専門家に大きく頼っていた病気の検査や処置を自分で行えるようになった。一日に数回検査をして血糖値を正確に測定し、必要に応じて適切な処置を行う。こうした進歩が高価な検査機器のメーカーを市場から駆逐した。便利な血糖値計を使う患者は、糖尿病ケアについては医師よりも知識が豊富なことが多い。実際、医師の診察を受ける必要もほとんどないのだ。その結果、内分泌科医の提供するサービスへの需要は減っているが、糖尿病患者は以前よりもずっとよい状態にある。

心臓の治療

最後の例として、狭心症による胸の痛みを感じたとき、どうなるかを考えてみよう。狭心症は、冠動脈疾患の一症状である場合もある。冠動脈疾患が起こるのは、アテローム性動脈硬化症の結果、動脈の内側にプラーク（ふくらみ）ができて、心臓に血液を運ぶ動脈がふさがるか詰まってしまうときだ。一九五〇年代に動脈閉塞を起こした患者は、全身に倦怠感を覚え、悲劇的な死を迎えることが多かった。安静にするのが一番の薬だった。唯一の望みは、心臓への負担を軽減して、細胞が閉塞した血管から受け取らなくてはならない酸素の量を減らすことだった。

その後医師たちは、異なる方法で実験に取り組み始めた。足の静脈を一本とって心臓に挿入（移植）することで、閉塞した血管を迂回《バイパス》し、心臓内の血流を維持する方法だ。冠動脈バイパス移植手術（CABG、バイパス手術とも呼ばれる）は現代医療の奇跡の一つだが、リスクが高く費用も高額で、回復に数週間かかる。また非常に高度な技術を身につけた心臓外科医が、複雑な機器を使って行う手術である。患者の体への負担がきわめて大きいため、最も差し迫った状態、手術が生死を分けるような場合にしか行われない。

もう一つの方法が誕生したのは一九七〇年代で、アンドレアス・グルンツィッヒが血管形成術と呼ばれる治療法を開発した。血管形成術は侵襲性がずっと低く簡単に行える。胸部を開いて心臓を停止させてから動脈を移植する必要もなく、（侵襲的手術を行う訓練を受けていない）心臓専門医にも行える。患者のそけい部の近くに小さな穴を開け、そこから注意深くカテーテルを差し込み、動脈に沿って心臓の近くまで進める。カテーテルが動脈の閉塞した部位に正確に到達すれば、カテーテルの先端についたバルーンを膨らませ、動脈硬化の原因となっているプラークを動脈壁に押しつけて動脈を押し広げればよい。

血管形成術は破壊的イノベーションである。バイパス手術よりもずっと単純で、ずっと安価だ。特別な訓練を受けた外科医でなくても処置を行える。侵襲性が低いため、リスクがずっと低く、回復に要する時間も短い。動脈が部分的に閉塞しているが、バイパス手術を受けるほどではなかった患者も、こうしたインターベンション治療を受けられるようになった。心臓専門医はこれまで心臓外科医に紹介していた心臓病患者を今では自分で治療できる。

新市場型破壊的イノベーションの例に漏れず、初期の血管形成術は冠動脈バイパス移植（CABG）に比べて効果が薄く、最も重症の動脈閉塞には使えなかった。また血管形成術には、再狭窄と呼ばれる共通の問題が存在した。細胞の過剰増殖により、施術の数カ月後にプラークがもとあった部位が再び閉塞してしまう問題だ。しかしインターベンション治療を行わない状態（部分的閉塞の患者とその心臓専門医にとっては、以前はそれが唯一の選択肢だった）に比べれば、この治療法ははるかにメリットが大きかった。

血管形成術は、グルンツィッヒが初めて公開治療を成功させて以来、予想通り改良を続けてきた。一九八〇年代末にステント（網目の筒状のもので、カテーテルが取り除かれたあとも体内に留置される）が開発されると、再狭窄が起こる確率が大きく低下した。また最近の発明（たとえば施術後の閉塞を予防する持続放出性の薬剤でコーティングされたステントなど）のおかげで、再狭窄の確率はさらに低下する見通しである。

血管形成術の治療件数は、一九七九年から一九九九年まで年率約四〇％という勢いで増加し、一九九七年にはCABGの手術件数を超えた。CABGは一九九七年から二〇〇一年にかけて減少している。[※8] 心臓外科医は心臓専門医によって破壊される痛みを感じ始めている。しかしどんな破壊の場合もそうだが、その結果より多くの人が以前よりもずっとよい状態になっているのだ。

破壊は治療をより安価に、より便利にする

これらの三つのケースのそれぞれで、破壊的イノベーションは二つの変化として、医療の提供者が消費者に近づいた。一つめの変化を牽引した。医療提供者はピラミッド状の構造を形成している。底辺にいるのはもちろん患者で、その上に看護師、そのまた上に一般開業医、それから専門医ときて、最上位には超専門医が君臨する。ピラミッドを上にのぼるたびに人数は減り、より高度な訓練が必要になり、より高額の報酬を受け取る。[※9] 図8-1の左側に示した提供者レベルで起こる破壊では、効果的な治療を提供する能力がピラミッドの下方に向かい、患者が看護師の領域へ、看護師が一般開業医の領域へ、一般開業医が専門医の領域へそれぞれ移れるようになる。

心臓病の治療における進歩が、このパターンを説

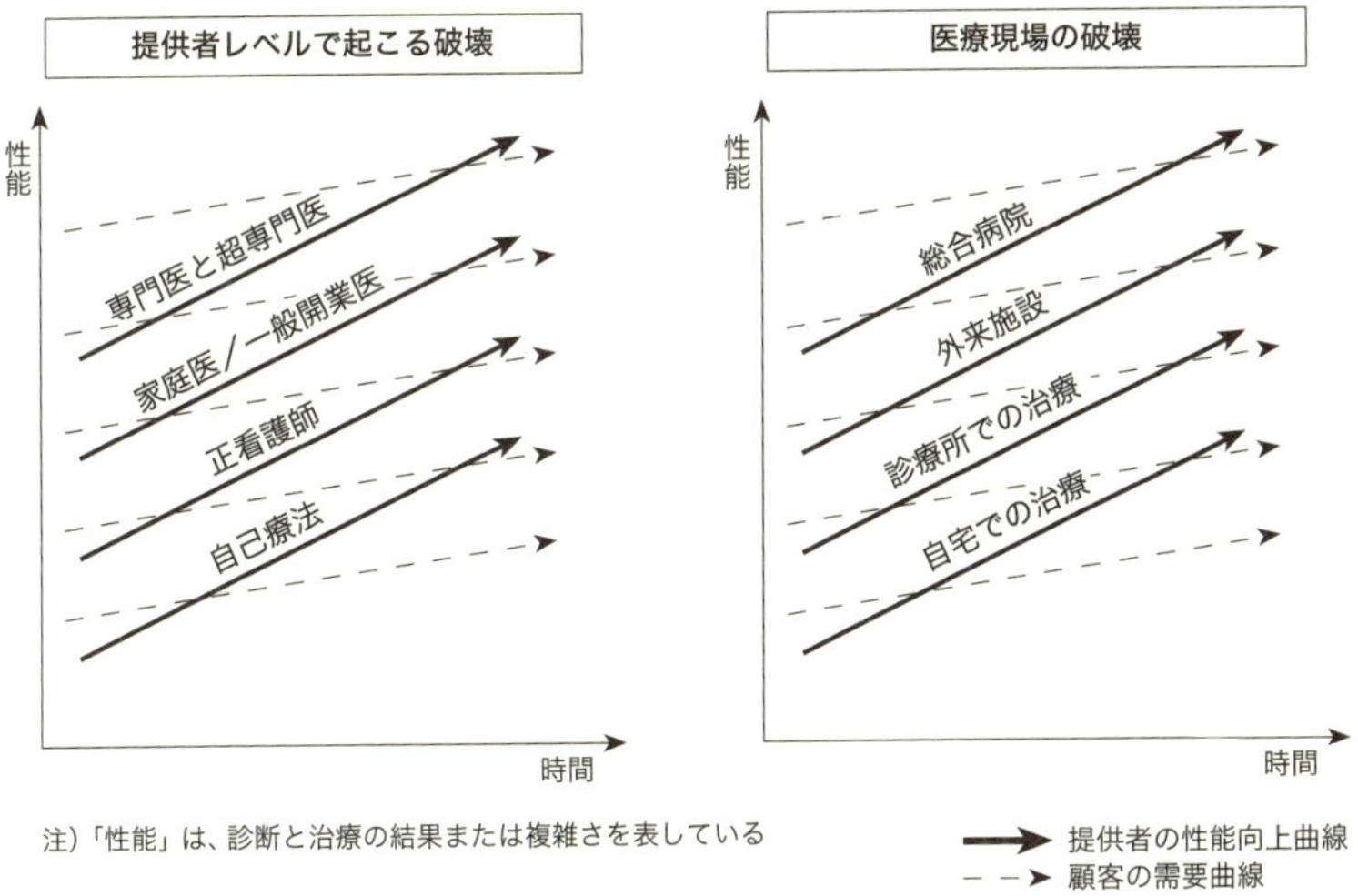

注）「性能」は、診断と治療の結果または複雑さを表している

図8-1　医療における破壊

明する。血管形成術の進歩によって、いつしか心臓専門医が心臓外科医を破壊し始めた。

提供者レベルの破壊は、一般的な新市場型破壊的イノベーションと同じように始まる。こうしたイノベーションは、それほどスキルのない提供者に、無消費者に到達する能力を与え、治療をより多くの人に拡大する。それほどスキルのない提供者は、スキルの高い提供者による治療が必要なほど症状が重くない患者に治療を施せるようになる。

提供者のレベルの破壊は人々を不安にさせることも多い。「ちょっと待ってくれ。専門医がいなくなってしまうのか？」と。実は破壊的イノベーションのおかげで、専門医はさらに困難な医療の問題解決に専念できるようになるのだ。別の言い方をすると、破壊が起こっても、世界の最も優秀な最も高度な訓練を受けた専門医の仕事がなくなるわけではない。彼らはその高度なスキルや訓練に最もふさわしい、より困難な問題に集中できるのだ。[※10]

破壊がもたらす二つめの変化として、医療がより便利で安価な施設で提供されるようになることが挙げられる。これは医療現場の破壊（図8－1の右側に示した）である。総合病院の専門医のチームが最も厄介な症例を治療し、消費者は自宅で最も軽い症例を治療できるようになる。妊娠検査薬における一連のイノベーションによって、当初は病院で行われていた検査が近くの診療所へ、そして自宅で行えるようになったことを思い出してほしい。これは一般的なパターンの一つの表れである。技術進歩のおかげで、以前は病院に行かなければ受けられなかった治療を診療所で、そしてやがては自宅で受けられるようになる。破壊的イノベーションによって、それほど高額でない医療提供者と医療現場が上位市場に進出し、ますます高度な治療を行えるようになるのだ。

一般にこの両方のレベルで、個人による自己治療への前進を可能にするものは何だろう？　それは治療の指針となるルールの誕生である。困難な問題をルールをもとに定型的に解決できるようになれば、ますますスキルの低い人たちが、以前は高価で複雑な病院で専門的なスキルがなければ提供できなかった医療を便利な環境で提供できるようになる。

偉大な科学——医療における破壊の原動力

当初、まだものごとの道理がまだよく理解されておらず、診断と治療が科学よりは芸術に近かった頃、専門家は金のかかる病院で疾患を治療し、反復的な問題解決モードで診断、治療を行う必要があった。専門家は訓練と経験を通してパターンを認識する力と、どんな解決策がうまくいきそうかという直感を培っていた。その後、科学が進歩するにつれて徐々に、それぞれの病気に対する医療の提供が芸術から科学へと変わっていった。この転換によって、それほど訓練を受けていない医療提供者でも、それまで最も高度な訓練を受けた専門家の判断とスキルがなければ手に負えなかった問題を、明らかなルールに沿って徐々に解決できるようになっていった。

疾病の原因が明らかでないとき、または医療提供者が症状を示す大まかな言葉（鬱、ぜんそく、白血病など）でしか疾病を説明できないときに、効果的な治療を行うには、資格をもつ専門家の判断が必要になる。しかし疾病が正確に診断されるようになれば、標準化された最良の治療法を確立できる。このおかげで、それほど訓練を受けていない、それほど高額でない医療提供者が上位市場に進出し、以前よりも低い価格でよりよい医療を提供できるのだ。

図８‐２の簡単な2×2のマトリックスに、この現象を表した。水平の軸は問題の解決策を規定するルールの明瞭度を示しており、ルールが存在せず臨機応変な問題解決が必要な状態（左端）から、

明確なルールが存在し、ルールに基づいて問題を解決できる状態（右端）までである。縦軸は解決策を実行するために必要なスキルを表している。高度な訓練が必要な解決策は縦軸の上端に、ほとんど訓練がいらない解決策は下端に位置する。

横軸の左端に位置するのは、確実な効果が得られる診断や治療の手順が存在しない疾患である。たとえば脳が非常に複雑で繊細なために診断が難しい神経障害や、併存疾患（患者が相互に予測不能な方法で作用する、相互依存的な複数の疾患をもっている状態）のせいで複雑化した疾患、一通り検査しても原因がわからないときに下される「ゴミ箱」診断（慢性疲労症候群など）などがこの例である。

右端に位置するのは、診断と治療の手順が明確なルールによって規定されている疾患だ。正確なデータによって明確な診断が得られ、実証済みの治療戦略が示される。たとえば連鎖球菌性喉頭炎は、簡単な試験紙で正確に診断できるようになったことで、最近このカテゴリーに移ってきた。

一般に問題は図8-2の左上の領域で始まり、左上

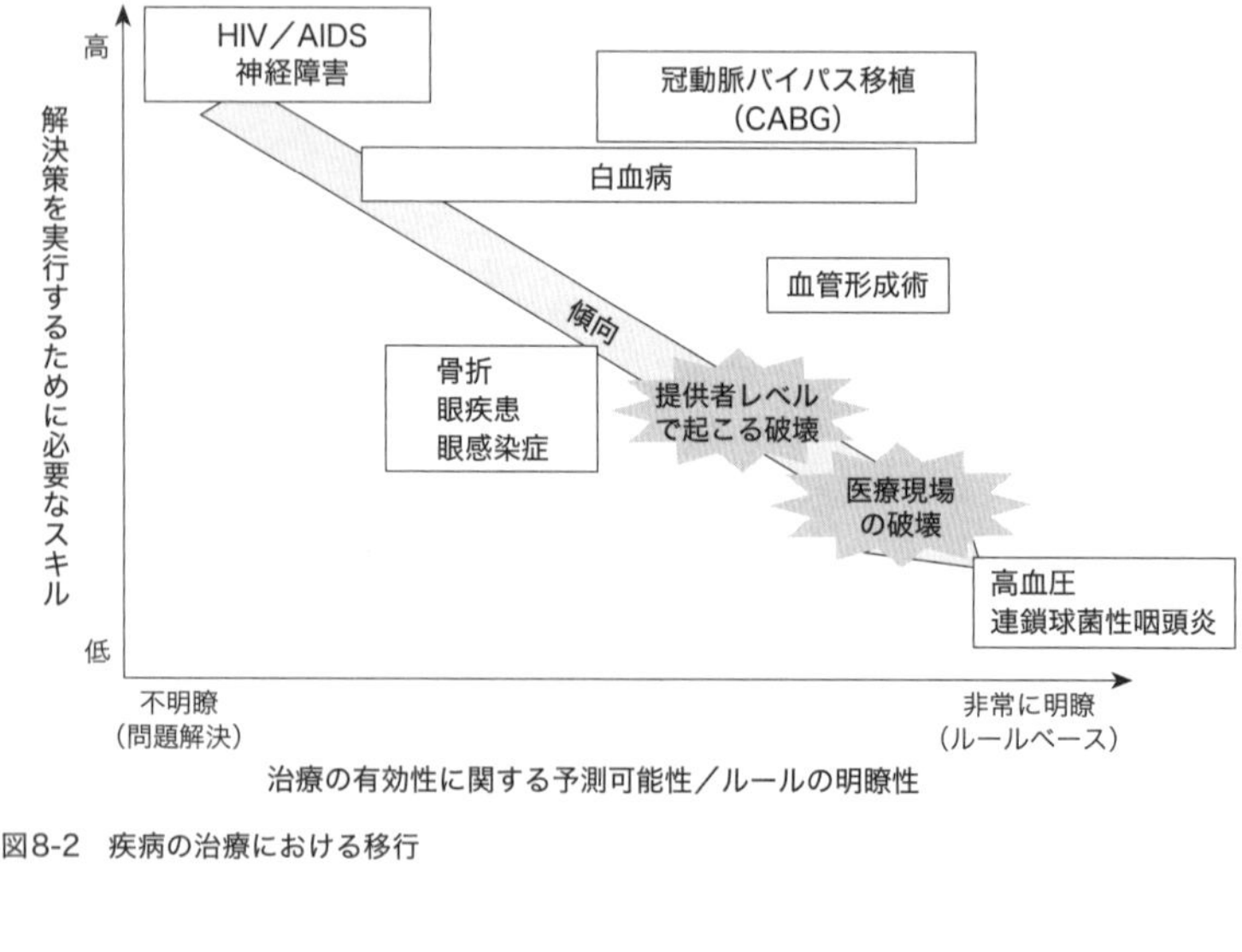

図8-2　疾病の治療における移行

から右下の領域に移行するとき、破壊が起こる。

一つ重要なことを述べておこう。解決策の実行が厳密なルールに基づいていても、専門家のスキルが必要な場合がある。このようなケースは図8‐2の右上の領域に該当する。たとえばCABG手術は、おおむね標準化されていて、外科医は明確なルールに沿って手術を行うが、それでもそうした手順を実施するのはまだかなり難しいのだ。とはいえほとんどのケースでは、より明確なルールが整備されれば（右方向への移動）、スキルをもたない提供者の上位市場への進出を可能にする単純な製品の開発が促される。

こうして医療における破壊がどのようなものか、何がそれを促しているのかを理解したところで、今度はどのような種類のイノベーションが破壊的変化をもたらすことができるのか、企業が破壊性を実現するにはどのような選択を下すべきか、そして市場外の要因がどのような影響を及ぼすのかという問題について考えよう。

■医療で変化のシグナルを見分け、戦略的選択肢を検討する方法

科学的進歩が続く中、無提供者による無消費者の治療を可能にする新市場型破壊的イノベーションと、医療を低コストで提供する方法を生み出すローエンド型破壊的イノベーションの可能性が、この業界にはあふれている。

無消費者を探し出すのは難しくない。疾患を抱えながら治療を受けずにいる人たちは無消費者だ。また治療が必要になるほど重症になるまで待たなければならない人たちや、病院で治療を受けてい

て、それ以外の場所では医療を消費していない人たちもそうだ。ここには無消費と並列する概念がある。外来診療所が病院のような治療を提供できない場合、無提供者と呼ぶ。また看護師が医師と同じことができない場合、看護師はその特定の状況における無提供者になる。

たとえば科学的、医学的訓練を一二年間も積んだ医師が、簡単に結果が出る検査紙を使って連鎖球菌性喉頭炎の診断を下すような場合、患者は料金を支払っているその医師の能力をほんの一部しか活用していないことになる。世界で最も複雑な疾患を治療する設備や人員の整った大学の医療センターで、単純でリスクの低い処置を受ける患者は、料金を支払っている能力のほんのわずかしか活用していない。どちらの場合も、患者が受けている医療のレベルとコストは患者が利用できる医療を上回っている。

わが国の医療制度のコストと効果を改善する取り組みで、ほとんど進歩が見られない理由の一つが、質という言葉がむやみに使われていることにある。破壊の図の左上の領域（図8-2の左上部分）の診断と治療の有効性と信頼性が保証されていない状況においては、質の高い医療とは、最も有効性と信頼性が高い医療を得ることをいう。だが図の右下の領域（図8-2の右下）の有効性と信頼性が十分以上に高い状況では、質の高い医療とは、必要な医療をできるだけ早く便利に安価に得ることをいう。

どのような動向が変化のシグナルになるかを説明するために、二〇〇四年初めの時点に見られる、二つの潜在的な破壊について考えよう。

一　**心臓病の薬物療法**：これは新市場型の、提供者レベルの破壊である

二　**正看護師による一次医療**（プライマリケア）：これは新市場型とローエンド型の混合型の、医療現

場の破壊である

新市場――心臓の治療（続き）

巨大な新市場型イノベーションの機会の例として、ゲノム革命以上の例はない。ゲノミクスとは全生物の遺伝子地図の研究であり、その真の目的は、人間が置かれる可能性のあるあらゆる遺伝子環境を網羅的に分類することにある。実際、医療は一つの理論なのだ。もし医師が患者の疾患を正確に分類でき、疾患がどのようなものかを理解できるなら、それを治療する方法を指図できるはずだ。問題は、優れた分類方式がない場合が多いことだ。たとえば現在異なる種類のガンが一緒に分類されているのは、さまざまな種類のガンを区別するための信頼できる方法がないからだ。問題があまりにも相互依存的すぎるためである。

一般に、この欠陥は実験を通して時間とともに改善されることが多い。以前は白血病は一つの病気と考えられていた。だが同じ治療を行っても、人によって異なる反応が見られたため、世界第一級の最も優秀なガン専門医たちは、経験と直感、問題解決スキルを駆使して治療を重ねていた。ゲノムの理解が進むにつれて、かつて白血病と呼ばれていたものが実は少なくとも六種類の異なる病気で、それぞれが特有の遺伝子パターンによって識別できることがわかった。同じ治療でも効く人、効かない人がいたのは、そもそもかかっている病気が違ったせいだったのだ。そして今では遺伝子パターンを検査することで、それぞれの病気を正確に診断できるようになった。おかげで医療提供者は近い将来、それぞれの病気について標準的で最適な治療法を確立し、有効だという確信をもって提供できるようになるだろう。

心臓病の治療に話を戻すと、世の研究者は心臓病患者に共通する遺伝子構造を解明すべく日夜奮闘している。遺伝暗号を解読できれば、心臓病のリスクが高い人は若いうちから適切な薬を飲み始めることができる。こうした治療から予防への移行によって、やがてわたしたち一人ひとりが専門的な医療提供者を破壊できるようになる。在宅健康管理・治療用機器の進歩がさらなる破壊的成長を生み出せば、わたしたちは自分の健康を主体的に管理し、将来の病気を予防できるようになるだろう。

これが、医療における無消費の状況である。破壊はこれまで医療を消費する術をもたなかった人たちに到達し、治療から予防への移行を実現し、新しい状況での治療を可能にするのだ。

ローエンド／新市場型の混合——看護師によるケア

現在用いられている治療手段の多くが、顧客のニーズを完全に過剰満足させている。耳感染症、連鎖球菌性咽頭炎、鼻炎などの症状が、純粋なルールベースの治療法に移行した結果、医者の診察を受けることは、患者のニーズに対して過剰満足の状態になった。[※11] たとえば息子が母親に耳が痛いと訴えた。母親はすべての症状に覚えがあり、必要な処方薬も知っているのに、自分で処方を書くことはできない。そこで彼女はこう思う。「まあ、必要な薬はわかっているのに、この忙しい日に三時間も医院で待たなくてはならないなんて」。この状況で「十分でない」のは医師のスキルではなく、さっさと治療を受けることなのだ。

この母親がミネソタ州に住んでいるなら、この州に本拠を置くスーパーマーケットのカブ・フーズやターゲットに入っているクリニックに行けばいい。このクリニックはミニット・クリニックという企業が経営していて、親切な正看護師か医師助手が決められた一連の疾病を診断、治療してくれる。

ここでは医師も診察予約も必要ない。患者の大多数が一五分以内に診察を終え、同じスーパーに入っている薬局で処方薬を受け取れる。正看護師が用いる技術は特別のものではない。だが低コストの便利なビジネスモデルに組み込まれると、破壊的な医療提供方法の重要な要素となって、よくある症状に対して「質」（患者にとっての質）の高い医療を提供できるのだ。

高度に訓練された専門家が不便な施設で治療を行っているほとんどの症例が、破壊の対象になり得る。医療を個人の消費者に近づけるイノベーションはすべて、正しく導入されれば、莫大な成長を生み出す可能性を秘めている。この成長には、ローエンド型破壊の要素（過剰満足の顧客をターゲットにする）と新市場型破壊の要素（無提供者が新しい状況で疾患を治療できる）がある。

医療従事者は、看護師中心のビジネスモデルに不安を感じることが多い。「看護師が病気を見逃したら？　きちんと治療できなかったら？」といった心配の声が聞かれる。だがここでのポイントは、今日の正看護師が**すべての**疾患を治療することではない。よく整備されたルールが存在する**特定の**状況では、正看護師の訓練を受けた提供者が十分以上の治療を提供できるということなのだ。正看護師や医師助手は、特定の疾患に関しては、医師と少なくとも同等以上の治療を提供できるという研究結果がある。[※12] 実際、患者は看護師による親身な治療を受けられることを喜んでいるのだ。看護師は質の「十分でない」点（利便性など）で顧客の要求に応えられるような訓練とスキルを積んでいるからだ。

看護師中心の医療では、看護師がよく整備されたルールでは解決できなかった問題をもつ患者を、医療提供体制の一つ上の階層に紹介する仕組みが欠かせない。これは、わたしたちがかかりつけの医師に期待することとなんら変わらない。かかりつけの医師は自分の知らない症例に遭遇すれば、必要に応じて専門医に紹介してくれるはずだ。

業界を大きく変える破壊は生活の向上をもたらす

心臓病治療薬や看護師中心のプライマリケアといったイノベーションは、無消費者に医療を提供するか、過剰満足の顧客に新しいメリットを与えることを通して、医療業界を大きく変えることができる。しかもこの種のイノベーションは、人々が医療を雇って片づけようとしている用事にぴったりなのだ。現在の医療制度は、「困った問題をどうしても解決したい」という用事を片づけるには素晴らしくうまく働く。だが多くの人が片づけようとしているのは、ほかの用事だ。[※13] たとえば慢性病患者の治療を目的とする、いわゆる疾病管理会社は、過去二〇年間伸び悩んでいる。その理由の一つは、病気全体を治療することを目標に掲げているからだ。こうした企業は顧客が片づけようとしている用事を理解しようともせずに、最も複雑な問題にも対処できるよう詳細な科学的専門能力の開発に邁進している。だが軽度の慢性病患者の多くが片づけようとしている用事は、「医療制度と関わり合いにならずにすむこと」なのだ。用事をもとにした分類は、破壊と同様、医療で成長を生み出すためのカギである。疾病管理会社を立ち上げ、経営する取り組みの多くが無駄に終わっているのは、それが顧客の望んでもいない性能向上曲線をのぼろうとする取り組みだからだ。

多くの人たちが片づけようとしている本当の用事は何だろう? 「元気なままでいたい」「自分の健康は自分で管理する」「必要な薬はもうわかっているから早く出してほしい」といったことだ。消費者がこうした用事を片づけやすくするイノベーションが成功する。興味深いことに、こうした用事のいくつかを満たすための最良の提供方式は、わたしたちが一般に医療と聞いて思い浮かべるものとはかけ離れているかもしれない。たとえばスポーツジムにいる栄養士やセラピストは、こうした用事をどんな医師よりもうまく片づけてくれるかもしれないのだ。

疾病管理会社はこのような用事に特化することで、破壊性を高められるだろう。次のセクションでは、企業がそのほかにどのような戦略的選択を行えば、業界における破壊的動向をよりよく活用できるかを考えよう。

成功する破壊的企業――無提供者が過剰満足の顧客や無消費者に到達できるようにする

企業にとって最も重要な選択、そして企業が最も誤ることの多い選択は、当初のターゲット市場の選定である。[※14] 医療の破壊を目指す企業が成功するには、無提供者が過剰満足の顧客や要求のゆるい顧客に到達できるようにするのが得策だ。

企業はターゲット市場を選定するにあたり、基本的に二つの選択を行う必要がある。どのような状況をターゲットにするか、そしてどの医療提供者をターゲットにするかである。第一に、どのような状況や患者をターゲットにするかを決定する。最もつらく困難な疾病をターゲットにしたいという誘惑は常にある。こうした患者は特定しやすいし、苦痛を和らげるためなら金を惜しまないからだ。衰弱性の病気に苦しむ人たちの生活の質を高めることはもちろん大切だ。だがそうしたからといって、患者が治療費を無理なく支払うことができる、便利で効果の高い医療業界は実現できない。こうした変化は、破壊を通じてこそもたらされるのだ。

医療企業はたいてい、最もスキルの高い専門家がよりよいサービスを提供できるように高度な技術の開発に重点的に投資を行う。不可能な問題を解決するには、複雑で高価な、まだ実用化されていない技術が必要になるため、コストや質、手頃さなどの目標が後回しにされるおそれがある。このような投資だけでなく、医療の提供と治療を単純化して失敗が起こらないようにする最新技術の開発にも投資を行うべきだと、破壊的イノベーションの理論は教えている。
もし医療業界が、わたしたちの日々の生活に影響を及ぼす、より一般的な病気の破壊的な治療方法を開発し、その技術を改善していくことに力を入れれば、より多くの人たちがより質の高い治療を、より簡単に受けられるようになるだろう。
たとえば超音波機器大手ATLアルトラサウンド（のちにフィリップスによって買収）からスピンオフした、ソノサイトの選択について考えてみよう。これまで超音波機器業界は、高性能機器を製造するGEや東芝、フィリップスなどの大手企業によって支配されてきた。この機器は反射音波を利用して体内の臓器やその他の組織を可視化する仕組みだが、一台数十万ドルと高価で、熟練技師にしか扱えない。ソノサイトは巨大企業との直接対決を避け、それまで超音波装置を使えなかった場所で使えるようにする方法の開発に取り組み、二〇〇二年には重さ約一・四キロの手持ち型超音波モニターを発売した（大手企業の機器はすべて据え置き型である）。このモニターは新しい用途を実現した。たとえば緊急救命室（ER）の医師は、この機器を使って患者の状態をすばやく確認できる。また医師や看護師は、これまで勘を頼りに行い、失敗することも多かったカテーテルの挿入を、この機器を使って誘導できるようになった。ソノサイトの機器は巨大企業が販売する三〇万ドルの機器に比べれば性能が大きく劣っていたが、それまで超音波技術とは無縁だった種類の医師も、この機器のおかげで技術を使いこなせるようになったのだ。[※15]
最初のターゲット市場を定め、その市場に投入する革新的な治療方法を開発したら、次に提供者のターゲットを定める必要がある（もちろん、個人消費者向けの製品の場合はその必要はない）。企業は簡単で便利な治療方法を高度なスキルをもった提供者に使わせようとすることが多い。しかしこのようなやり方は失敗を招きがちだ。というのもこうしたイノベーションは、提供者が実施している、定評があり高い成果を上げている方法に比べれば見劣りがするからだ。成功する見込みが最も高いのは、特定のスキルや訓練をもたないがために市場から閉め出されている、無提供者向けに機器を販売することだ。無提供者が機器を比べる対象は機器が使えない状態である。だからこそ製品は喜んで受け入れられ、そして例によって性能向上曲線をのぼっていくことができる。ソノサイトは、心臓外科医や産婦人科医といった要求の最も厳しいユーザーをターゲットにはしなかった。

この方法をとれば非対称性を活用できる。一般に低位層の提供者は、高位層の提供者による治療を受けるほど症状が重くない患者の治療や、高位層の提供者が取るに足りないと考える処置を足がかりにする。低位層の提供者はより高額の報酬が見込めそうな治療法を追加していく動機づけがあり、高位層の提供者は報酬が低い治療法から撤退する動機づけがある。

彼らはこのような選択を下すうちに、それぞれ非対称なスキルを身につけるようになる。低位層の提供者は疾患を治療するうちに、新しい製品や医療処置を提供するための独自のスキルを身につける。そして既存市場に参入できるほど治療能力が高まった頃には、既存の提供者はそれに太刀打ちできるスキルをもたず、攻撃者がそれまでに培ったスキルや経験を構築する必要が生じる。学習曲線を最初からやり直して、必要なスキルを学ばなくてはならなくなる。[※16]

破壊的イノベーションを推進する企業の助けになる選択が、もう二つある。第一に、新しい医療提供モデルをもとにした事業を行う企業は、既存のバリューネットワークとの統合化を最小限に抑えるべきだ。たとえば既存の保険提供の仕組みを利用すれば、既存の提供者に意味のあるビジネスモデルをもつことになるうえ、保険会社がそれぞれの種類の提供者に割り振る役割にも制約される。既存企業とのつながりを緊密に保つことは短期的には得策に思われても、長期的に見ればまったく新しい価値提案を開発する自由度が損なわれてしまうのだ。

第二に、企業は採用決定を慎重に検討しなくてはならない。この業界で重視されることの多い「経験の学校」の一つに、高度な医療訓練がある。だがこうした訓練を受けた上級管理者は、優れたプロセスを基盤とするローエンド型破壊的ビジネスモデルを監督する仕事にはあまり向いていない。医学の素養はあるに越したことはないが、重要なのは同じプロセスをきっちりくり返すことを求められる業界での経験なのだ。※17

このような選択を正しく下せる企業が、このセクションの最初に説明したような足がかりを見つけられる可能性が最も高い。もちろん、そう簡単には事は運ばない。新薬には政府の承認が欠かせないし、看護師中心の医療企業は、医療費の支払制度のせいで低コストのビジネスモデルが高コストに見えてしまうという問題に対処する必要がある。適切な選択をすべて行っても市場に参入できない場合もあるだろう。市場外の要因は避けては通れない。次のセクションでは、第一章で説明した動機づけ／能力の枠組みを用いて、こうした要因を理解する方法について考えよう。

市場外の要因は業界変化において重要な役割を果たす

当然ながら、医療におけるイノベーションには、市場外の要因が非常に大きな影響を与える。医療業界はあまりにも膨大で複雑なため、こうした要因がどのような作用を及ぼすかを理解するだけでも大変なことだ。わたしたちが行っている研究の目的の一つは、破壊を起こしやすい制度を設計する方法を正確に理解することにある。とはいえ大きな目で見れば、動機づけ／能力の枠組みは、イノベーションに影響を与える動向を理解するのに役立つはずだ。

　このセクションでは、図8‐3を詳しく説明する。まず始めに医療制度内の「温床」にあたる領域の例を示す。次に、第三者支払制度などが企業のイノベーション意欲を削いでいることを説明する。そして最後にライセンス規定などの要因が企業の能力を制約していることを示す。わたしたちが最も伝えたい重要なメッセージは、これまでわが国の医療制度によって、消費者が破壊の中核をなす重要なトレードオフ（二者択一）を行うことを阻止されてきたということだ。政府がこうしたトレードオフを消費者に迫るような措置をとれば、企業の動機づけは高まり、その結果破壊的イノベーションが次々と生まれるだろう。

　前に説明した通り、動機づけ／能力の枠組みによれば、イノベーションが頻発するのは企業にその動機づけと能力がふんだんにあるとき

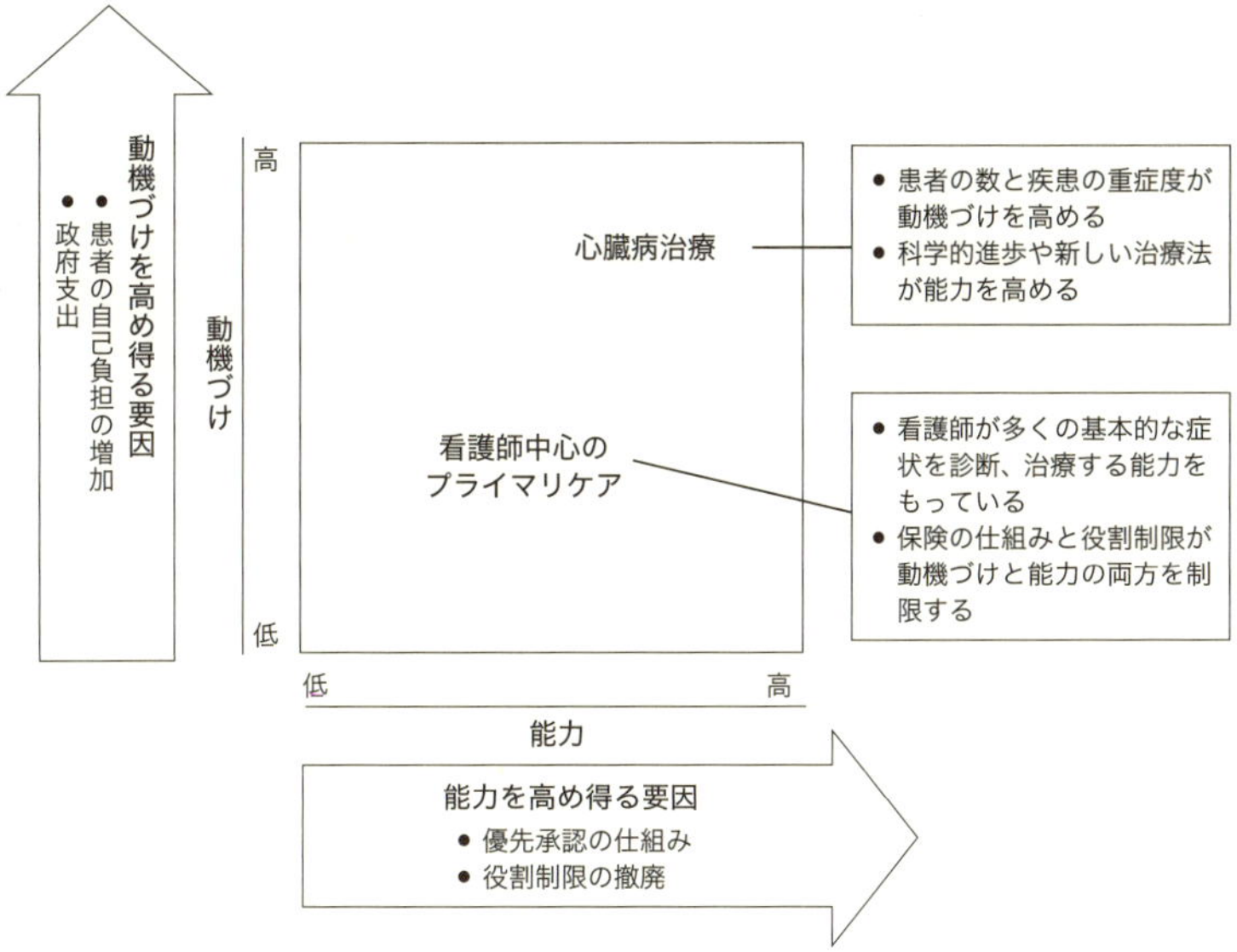

図8-3　医療における市場外の要因

だ。たとえば心臓病治療は科学的進歩によって図8‐3の右上の領域に押し上げられた。人体生理学の理解が進み、血管形成術などの技術が開発されると、心臓専門医はかつて手に負えなかった問題を解決する能力を手に入れた。需要は拡大している。政府は機器や医薬品を積極的に承認し、保険会社はさまざまな治療方法の費用をカバーするだろう。心臓病治療はイノベーションにあふれている。企業は血管形成術を向上させる新しい機器の開発競争に勤しみ、心臓病にかかっているか、かかりやすい数千万人のアメリカ人の状態を改善するような新しい薬物治療の開発に余念がない。

しかしあらゆる形態の病気やイノベーションが、右上の領域にあるわけではない。イノベーションの種類によっては、第三者支払制度によって、動機づけを根底の部分で削がれている。また業界の各プレーヤーが治療できる対象を定める監督官庁の承認の仕組みやライセンシング規定が能力を制約することがある。

第三者支払制度は、企業や個人にトレードオフを行わせないことによって、破壊的ビジネスモデルを開発する動機づけを削いでいる。トレードオフがなぜ重要かと言えば、一般に消費者が破壊的イノベーションを消費するのは、彼らが商品やサービスに直接対価を支払う場合に限られるからだ。コストか利便性のトレードオフを迫られなければ、利に聡い消費者は最も高価な選択肢を選ぶことが多い。たとえばあなたの子どもが耳が痛いと訴えたとする。同じ五ドルの自己負担で医師か正看護師による診断を選ぶことができ、どちらの選択肢も利便性が同じなら、より高価な選択肢である医師を選ぶ人がほとんどだろう。だが、医師に「治療法Aは成功確率が九五%、自己投与できてコストは一〇ドルです。治療法Bは九八%の確率で成功しますが、投与が難しく、コストは一〇〇〇ドルです」と言われれば、トレードオフを迫られた患者はコストの低い破壊的な選択肢を選ぶだろう。

第三者支払制度は、イノベーション、特に破壊的イノベーションの動機づけを医療制度から奪っている。コストを考慮する必要がなければ、患者は常により性能の高い技術を選ぶ。消費者は、低価格（それを評価するインセンティブをもたない）や利便性と引き換えに、ほとんど役に立たない機能をトレードオフするよう迫られない限り、既存技術が自分たちのニーズに対して過剰満足であることにも気づかないかもしれない。言い換えれば、消費者が性能とコストのトレードオフを迫られないような業界では、破壊が起こり得ないということだ。第三者支払制度は、正看護師中心のプライマリケアのようなイノベーションを動機づけ／能力の枠組みの下半分に押し下げる効果がある。

同様に、正看護師は多くの単純な疾患を治療できる能力をもっているのに、保険制度では正看護師による治療の多くがカバーされないことが多い。このせいで、正看護師中心のプライマリケアに基づくビジネスモデルを開発する動機づけが削がれる。保険の払い戻しがなければ、消費者は費用を自己負担することになるからだ。

この状況を変える方法はあるだろうか？　最近の企業は、従業員に確定拠出型の医療保険を提供することを検討し始めている。こうしたプランでは企業が一定の掛け金を拠出して、従業員が自分の医療を自分で管理することになる。興味深いことに、消費者は自己負担額が増えることで結果的に恩恵を得るかもしれないのだ。そのおかげで起業家が単純で低コストの破壊的イノベーションを開発する動機づけを高めれば、より多くの人がより低い価格で医療を消費できるようになるかもしれない。これは非常に重要なポイントである。ガンなどの致命的な疾患を治療する必要性は商業的にも感情的にも大きいが、個人、正看護師、医師助手がより多くの医療を提供できるような技術への投資は、業界全体により大きな影響を及ぼし、企業により大きな成長機会をもたらすはずだ。それなのに食品医薬品局（ＦＤＡ）と国立衛生研究所（ＮＩＨ）は、医療制度を刷新できる対象に資源を集中させていないように思われる。第三者支払いの仕組みを排除すれば、破壊的イノベーションを起こす動機が解き放たれ、医療制度が刷新されるペースが速まるはずだとわたしたちは考える。

企業はどんなに大きな動機づけがあっても、能力を阻害されればイノベーションを起こせない。次の二つの市場外の動向が実現すれば、企業は能力を高め、より多くのイノベーションを推進できるかもしれない。

□**役割制限**が緩和され、正看護師が治療できる疾患が増えれば、イノベータはより多くの破壊的ビジネスモデルを開発できる。

□**承認の仕組み**が緩和されれば、最も要求の厳しい顧客のニーズに背伸びして応える必要がなくなり、機器や医薬品をイノベータが開発しやすくなる。政府はさまざまな疾患がまだよく理解されていない頃に多くの規制を導入した。こうした規制には確かな根拠があり、公共の利益にもよく適っていた。政府規制は、図８‐２の問題解決の領域に位置する疾患については今も妥当だが、ルールベースの領域に移った疾患については妥当性が失われつつある。こうした領域では善意の規制によって、非常に便利で低コストの解決策へのアクセスが阻害されることがあるのだ。

これらとは逆方向の動向が起これば、つまり役割制限や認可のプロセスが厳しくなれば、イノベーションのペースが鈍るだろう。

このような市場外の要因を観察することで、今後の変化の進展について洞察を深めることができる。次章に移る前に取り上げておきたい包括的な問題がある。本章の最後のセクションは、多くの人が理論に基づく分析に示しがちな迷いについて説明する。つまり、この業界は「特殊」だから、一般的な理論は役に立たないのではないかという考えだ。

業界サマリー 医療

□**変化のシグナル**：潜在的なシグナルには次のようなものがある。消費者に接近する動き、動機づけを高めるための措置（消費者の自己負担の増額など）、能力を高めるような動向（科学の躍進や役割制限の緩和など）。

□**競争のバトル**：高度な訓練を受けた提供者にはつまらなく思える処置は、それほど訓練を積んでいない提供者にはやりがいが感じられることも多い。

□**戦略的選択**：破壊的新規参入企業は最も重症な患者の治療や、スキルの高い提供者をターゲットにしたり、医学の専門知識を重視しすぎたりする誘惑を避けなくてはならない。

■医療は思ったほど特殊ではない

イノベーションの力は、どんな業界にも影響を及ぼす。もちろんどの業界にも独自の特徴があり、それがイノベーションの進展に影響を与えている。医療業界では、イノベーションが最初に根づく可能性が最も高い場所は、医療のバリューネットワークによって決まる。業界のプレーヤーがくり返し解決しなくてはならない問題が、プレーヤー全体のスキルを決定する。企業が何を破壊的と感じるかは、その企業がもつビジネスモデルによって決まる。イノベーションの理論を用いて将来への洞察を得るには、こうした要因をすべて考慮に入れなくてはならない。だが他の業界と同様、医療にも無消費者や満たされない顧客、過剰満足の顧客、非対称性、自立的なバリューネットワーク、そしてイノベーションで業界変化を促す機会をもたらすさまざまな状況が存在する。正しいシグナルを見分けることさえできれば、イノベーションの理論は医療においても将来を予測する有効な方法となるのだ。

わたしたちがそう言うと、たいていこんな言葉が返ってくる。「わかった、百歩譲ってそういう状況が存在するとしよう。だが医療には破壊を求めるべきじゃない。医療環境での破壊は悪いことだ。なんといっても、これはコンピュータや電話の話じゃない、一歩間違えば人命に関わる問題なんだぞ」。こうした反論は、大まかにいって次の三種類に分類できる。「医師は何でも知っている」「患者はリスクを嫌がる」「医療は社会的な善である」。一つひとつ見ていこう。

医師は何でも知っている（知っていた）

高度なスキルをもち、高度な訓練を受けた医師を中心とする診療体制の構築が、この業界では何より必要だという意見は根強い。この説によると、医師を中心とする体制では、企業は既存の診療体制を持続させるイノベーションに集中すればよいとされる。この説が正しいなら、無消費者や過剰満足の顧客の存在は大した問題ではないということになる。

確かにこれまでは医師が診療制度の中心にいる必要があった。理由は二つある。第一が、**ニーズの不確実性**である。いつ医療を消費する必要が生じるかは、誰にもわからない。第二が、**情報の非対称性**だ。医療提供者は、一般人よりはるかに多くのことを知っている。しかしこうした考え方を促した根本原因は何だったのか、またその根本原因は変化しているだろうか？

過去五〇年をかけて医療が技法から科学へ発展するうちに、患者は医師の意見を盲目的に信じるしかなくなった。医師は患者の知らない専門的な医学知識をもっていた。いつどのような形で医療を消費すべきかについては、訓練を受けた専門家に意見を聞く必要があった。

しかしやがてインターネットを通じて少しずつ情報を入手できるようになったことと、自己診断キットが簡単に手に入るようになったことで、ニーズの不確実性の問題は軽減された。また幸か不幸か、今日の医師は何でも知っているとは言えないのだ。医師はひと昔前の情報に頼ることがある。情報収集に進んで時間をかける患者は、特定の疾患については医師と同等以上の知識を得ていることも多い。情報革命のおかげで、患者はマウスをクリックするだけで医学知識の宝庫にアクセスできるようになった。健康関連の情報はネット上で最も求められている情報の一つだ。[※18] あるいは、患者は医師の指示を求めているという意見もある。情報が非対称な時代に育った人は、確かにそうかもしれない。しかしわたしたちが患者から聞き取りを行う限り、情報や自己診断キットが手に入るようになったことで、多くの患者が力を与えられたように感じている。患者の健康に関する意識調査によると、診療における関係で、医師が主導権を握っていると考える人は二割にも満たない。[※19]このような変化が生じているからこそ、医療における破壊がかつてないほど現実味を帯びてきているのだ。

リスクを嫌がる消費者という神話

次に、患者はこと健康に関してはリスクを冒そうとしないため、実績のまだない、相対的に単純なイノベーションを拒絶するはずだという反論がある。つまり、患者はスキルのそれほど高くない提供者に安価な施設で治療を受けることで、自分の健康を危険にさらしたくないと考えているという。しかしわたしたちが日々どんなに危険なことをしているかを考えると、このリスク回避志向の考えは疑わしい。運転中にシートベルトを締め忘れる人や、喫煙、過度の飲酒、脂肪分の摂りすぎといった、健康に悪いことが科学的に証明されている行動に甘んじている人は多い。それどころか、わたしたちは自ら健康を危険にさらすようなことをしているのだ。壊れそうなはしごを登ったり、ハンググライダーやバンジージャンプといった極端な状況で行われる（かつ極端にリスクの高い）エクストリームスポーツの人気は高まる一方だ。

そのうえ消費者は二〇〇三年の一年間で、一〇〇〇億ドル近い金額を代替医療に投じている。かなりの割合のアメリカ人が、かかりつけの医師に相談せずにホメオパシー（同種療法）や自然療法、弛緩療法に進んでお金を使っていることを考えれば、医師の承認を得ていない治療法に信頼を置く患者は、ますます増えるものと思われる。人はいろいろな意味で日々自分の健康を進んでリスクにさらしており、このことは破壊が実行可能な戦略であることを裏づける、もう一つの根拠となる。

医療が社会的な善であればこそ、破壊を奨励すべきだ

医療は社会的な善であり、最高の医療を受ける権利は万人にあるという意見もある。一般に破壊的イノベーションは、当初は機能面では劣っていることが多い。つまり最高のものではないから導入には慎重を期すべきだと言うのだ。

この問題のカギは、医療における質をどのように定義するかということにある。社会的な観点からすれば、高額で簡単に受けられないような医療は質が高いとは言えない。社会的な善を主張するあらゆる議論は、破壊を阻止するより、むしろ促進すべきだ。これまで破壊的イノベーションは、人々が切望する特性を提供することによって社会の厚生を高めてきた。破壊的イノベーションは一部の評価指標では相対的に性能が低くても、その他の指標、たとえば単純さや利便性などでは優れた性能を提供することを忘れないでほしい。さらに破壊的イノベーションは、コスト削減を実現し、質の高い医療を受けやすくするため、どんな社会的目標の実現にもつながるのだ。

■まとめ

医療業界もさまざまな問題を抱えている。この業界は、一見解消しようのないパラドックスにとらわれているように思われる。治療はかつてないほど高額になっているが、できるだけ多くの人に治療を与えなくてはならない。今後ベビーブーム世代が高齢を迎え、治療費のかさむ慢性病を患う人がますます増えれば、問題が深刻化するのは目に見えている。急性期医療や終末期医療が本質的に高額であることを考えれば、コストがさらに膨れあがるのは必至である。

イノベーションの理論に照らして考えれば、医療業界が間違った種類の質に重点的に取り組んでいることが現在の医療危機の一因だとわかる。もちろん、患者が最も高度な訓練を受けた専門家による治療を要求し、必要とするような状況は存在するし、そのような状況にいる患者は診断や治療を受けるためなら負担をいとわないだろう。だが患者が別の種類の質、つまり利便性や低料金を求めるような状況も確かに存在する。今日の最大公約数的な医療制度は、性能向上を図っているにもかかわらず、こうしたニーズをうまく満たしていない。このような問題に対処できるのが、破壊的イノベーションだ。最も困難な症例を治療するとともに、便利で安価な治療法によって無消費者に到達し、過剰満足の顧客のニーズによりよく応えられる医療制度は破壊を通じてこそ生み出せるのだ。

わたしたちの理論は変化を予測する。医療支出の持続的な増加が、過去に例を見ないほど大きな黄金入りの壺をもたらしており、人々は叡智を結集してこの機会を活用しようとしている。科学の進歩が能力の壁を破ろうとしており、歴史がなんらかの指針になるならば、その壁は必ずや壊されるだろう。破壊的イノベーションの成功が最終的に治療を予防に変え、その結果わたしたち一人ひとりが自分の健康をよりよく管理できるようになる。企業は消費者にコストと質、アクセスのトレードオフを提供することで、利益を上げ、社会厚生を高める機会に恵まれるだろう。

医療を取り上げた本章からは、次の三つの一般的な教訓を引き出すことができる。

□科学的進歩によって分類方式が向上し、予防と治療の指針となるルールが生まれる。
□このようなルールによって、スキルの劣った人たちも、それまで深い専門知識がなければ行えなかったことができるようになる。

□市場外の要因は市場プレーヤーの動機づけと能力に作用することで、イノベーションの市場に影響を及ぼす。

第九章　海外のイノベーション――理論をもとに企業と国家の戦略を分析する

イノベーションの理論は、国家のマクロ経済戦略について、どのような洞察を与えてくれるだろう？　政府は破壊的イノベーションを促すために、広い意味でどのような施策を実行できるだろうか？　破壊的イノベーションを妨げるのは、どのような政策だろう？　企業は海外での事業展開について、どのように考えるべきだろうか？　海外でのイノベーションを破壊的にとらえる方法はあるだろうか？　海外市場での無消費とは、どのような状態をいうのだろうか？

ここまでの四章では、イノベーションの理論を用いて、四つのまったく異質な業界の未来を正しく予測する方法を説明した。最後から二番めの本章では、少し回り道をして、同じ理論がさまざまな業界に共通する重要な問題にも洞察を与えてくれることを示していこう。わたしたちの理論は、さまざまな問題について考える際に役立つことがわかっている。たとえば企業のブランド戦略や、研究開発活動を組織化する方法などがそうだ。[※1]本章では、イノベーションの理論を用いて、特に国家のマクロ経済環境と企業の国際化戦略を評価する方法を説明する。

本章の論点は、主に次の二点である。

一　他のすべての条件が等しければ、破壊を促進、奨励するような経済制度をもつ国は長期的に成長する見込みが高い。

二　海外進出にあたって破壊の原則に従う企業は高い成長性が期待できる。開発途上国市場の無消費者を獲得するための単純な方法を見つけることができれば、大きな成長余地が見込める。

■マクロ経済環境の評価——破壊の輪を見つける

個々の企業の将来を評価するには、その企業が事業を展開する国のマクロ経済環境を理解する必要がある。たとえば企業が売上の多くを得ている国が経済危機に陥れば、企業に劇的な影響が及ぶ場合がある。同じ事業機会を追求するにしても、他のすべての条件が等しければ、生産性が下がり、物価が高騰し、失業率が高止まりする悪循環にとらわれた国よりも、成長が確実視されている国のほうがよいだろう。基本的なマクロ経済分析やクラスター理論、比較優位の原則など、国家の戦略を分析するうえで役に立つ概念はいろいろある。[※2]だがアナリストはもう一つツールを取り入れ、イノベーションの波を優遇するような環境があるかどうかを分析すべきだ。このセクションでは、破壊の輪を回す環境を見きわめる方法を説明し、政策立案者が経済危機を回避する見込みを高めるためにどのような政策をとれるのかを考えていきたい。[※3]

歴史上の偉大な経済学や経営学の思想家は、国家が成長、生産性、雇用を高めるためにどのような戦略をとるべきかを理解するのに生涯を費やしてきた。しかしそれでも疑問は解消されていない。たとえば日本の例がある。一九六〇年代から八〇年代にかけては、日本の高い貯蓄率や終身雇用制、強力な企業系列（メインバンクを中心とする企業のゆるやかなコングロマリット）、通商産業省（現・経済産業省）を通じた政府の先見性のある介入などが称賛されていた。このような要因こそが、日本の経済の奇跡的成長を牽引したのだと、研究者らは主張した。高い貯蓄率が投資の原資を生み出した。終身雇用制のおかげで企業は短期的な市場の気まぐれに振り回されずに、長期的利益を最優先する行動がとれた。企業間のネットワークを企業系列として噛み合わせることで、個々の企業が多角化の経済性を活かせるようになった。政府の介入のおかげで主要企業は他の業界に参入できた。多くの人たちがこうした現象を観察し、日本型経営方式こそが未来の波だと歓迎した。

一九九〇年代になると、今度は日本の高い貯蓄率や終身雇用制、強力な系列、政府の介入が、非難の対象になった。こうした要因が日本の経済問題をもたらしたのだと研究者らは主張した。貯蓄率が高いということは、すなわち消費が少ないということだ。終身雇用制のせいで企業は停滞し保守的になった。系列内のもたれ合いのせいで変革を起こしづらくなった。政府の介入は、こうした事情を悪化させるだけだった、など。日本型経営方式は失敗に終わった実験とみなされ、それを再び試みようとする国は出てきそうになかった。

あらゆる面でこれほど正しい軌道を歩んでいた国が、なぜすべてを誤るようになったのだろう？破壊的イノベーションの理論のレンズを通して見れば、答えがいくつか見えてくる。

日本の経済的奇跡を先導した、トヨタ、シャープ、松下、ソニー、新日鉄、神戸製鋼、キヤノンといった企業について考えてみよう。これらの企業はすべて、破壊的イノベーションを頼りに偉大な企業になった。トヨタは低コストのコロナで破壊の足がかりを得た。ソニーはトランジスタラジオをはじめとする多くの破壊的イノベーションを推進した。新日鉄と神戸製鋼は、アメリカ市場のローエンドをターゲットに安価な鉄鋼製品の輸出から始めた。キヤノンは卓上複写機によって大衆にコピー技術をもたらした。

こうした企業がいったん破壊の足がかりをつかむと、持続的な性能向上曲線を上位市場に向かって歩むために莫大な投資が必要になった。戦略ははっきりしていた。終身雇用制のおかげで、必要な長期的視点を保つことができた。次々と起こされたイノベーションの結果、「メイド・イン・ジャパン」はさげすみの言葉ではなく誇りの源泉になった。ソニー、シャープ、松下は、高品質の家電製品の分野で、世界で最も信頼されるメーカーになった。これらの企業はすべて、最も要求の厳しい顧客層に到達し、世界最大級の企業に成長した。

多くの主要企業と同様、日本企業もイノベータのジレンマに陥った。次の急成長を約束する新しい破壊的な市場機会が現れたが、大企業にとってはあまりにも小規模で漠然としていたため、関心の対象にならなかった。これら企業の研ぎ澄まされ細部まで行き届いた計画プロセスは、既存市場で競争する武器になったが、新しい市場を積極的に生み出す役には立たなかった。経営難にあえぐ大企業間の合併は安定をもたらしたが、そのぶん犠牲もあった。大企業にとって小規模で関心をもてない市場は、巨大な合併企業の目にはなおさらつまらないものに映ったのだ。経済産業省は過去一五年間、第五世代コンピュータや高解像度テレビなどの、典型的な持続的市場に注力してきた。こうした市場は厳密な計画を立てやすい。中央政府による計画は、企業や業界が確立された技術改良曲線に沿って持続的イノベーションを推進していくのには助けになるが、次の破壊的なニッチ市場を探そうとするときにはほとんど役に立たない。[※4]別の言い方をすると、経産省は破壊が根を下ろし、既存市場のまだ満たされていない階層が顕在化し、計測可能になって、初めて意図的な計画を打ち出すことができる。だが企業が足がかりを確立する前に意図的な計画を立てたせいで、投資は過剰満足の技術を生むことになったのだ。

こうした日本の経験をアメリカと比べてみよう。アメリカ経済は今世紀初頭に確かに失速したが、こうした問題に見舞われたのは、二〇年間にもわたる空前の繁栄のあとである。ゲームは終わった、アメリカは失敗した経済モデルだ、などとは誰も考えていない。アメリカ企業はある意味では日本企業と同じ、基本的なパターンをたどってきた。ほとんどの企業が市場を生み出したのは一度きりで、その後はもっぱら上位市場に積極的に進出して事業機会を活かすことに専念している。上位市場への進出は刺激的で見返りも大きい。これが続いている間はすべてがバラ色に見える。だがやがて成長は失速するも、次世代の破壊的イノベーションの機会には関心がもてない。このあと、何が起こるだろうか？　アメリカでは、企業のマネジャーが破壊的な技術やアイデアを携えて企業を去り、資金を調達して自ら破壊的イノベーションによる攻撃をしかける。あるいはチャンスを察知した起業家が資金を調達し、破壊的イノベーションの攻撃をしかけるかだ。破壊的企業が既存企業になり、成長が止まったら、また同じことがくり返される。アメリカ経済ではこのサイクルが何度となく続いていく。

シリコンバレーの企業が、自らの究極の競合企業を生み出すことはよく知られている。インテルなどの大手半導体企業は、一九六〇年代に業界の草分け的企業フェアチャイルド・セミコンダクターを辞めたマネジャーたちによって創設された。またこうした既存半導体企業を辞めたマネジャーが、ザイリンクスやアルテラなどの次世代企業を興した。ネットワーク機器大手シスコシステムズで満足できなくなったマネジャーは、辞めてジュニパーネットワークスを創設した。これはカリフォルニア州に限った現象ではない。マイケル・ブルームバーグはソロモンブラザーズを辞めてから、あの破壊的な端末を開発した。こうした「父殺し」が見られない業界にも、破壊の波は押し寄せている。小売業界がその好例だ。新しい破壊的イノベーションが起こるたびに、主要企業がトップの座から引きずり下ろされ、消費者が勝者になり、また同じプロセスがくり返されている。

このように、企業が破壊の足がかりを築き、成長し、成長が失速し、社内のアイデアが押しつぶされ、企業を去ったマネジャーや起業家が集まって資金を調達し、新しい企

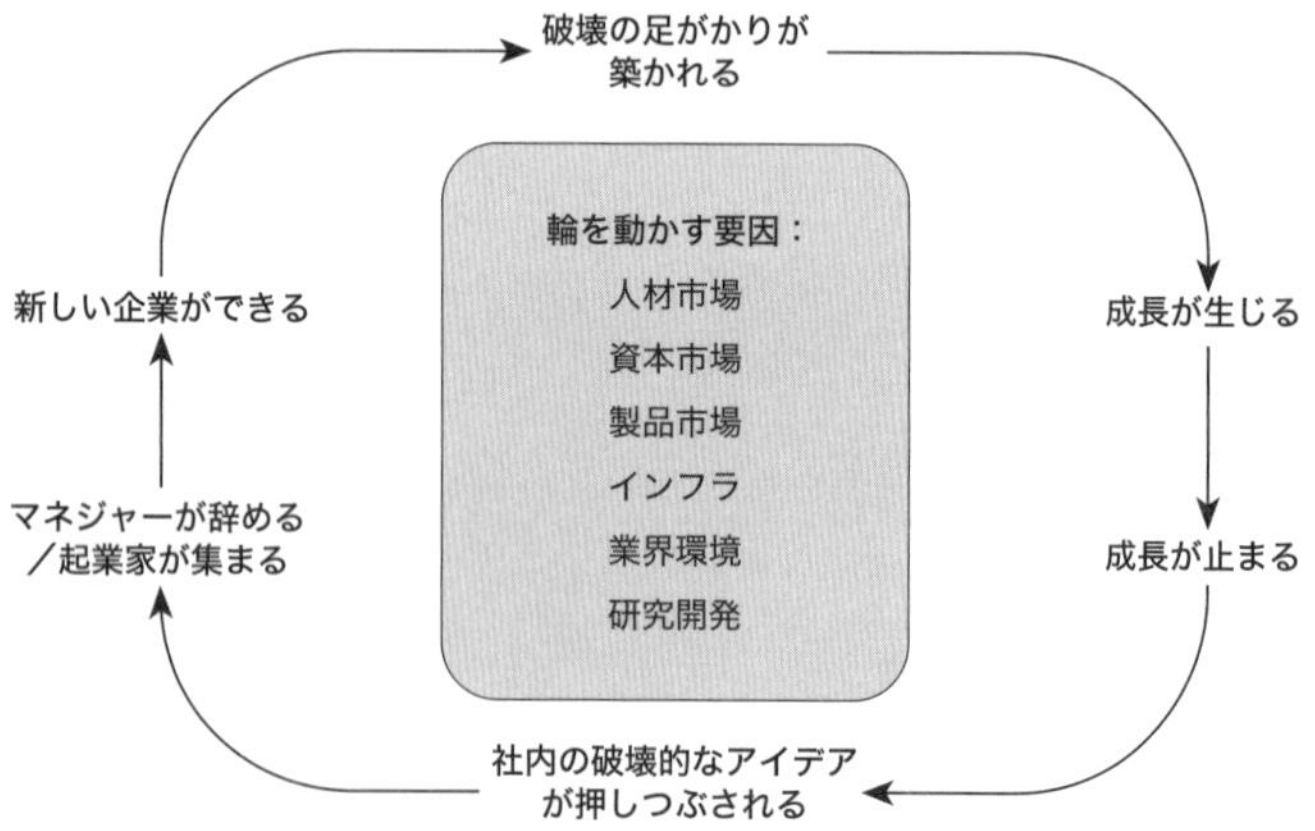

図9-1　破壊の輪

業を結成し、新しい破壊の足がかりを得るプロセスを「破壊の輪」と呼ぼう（図9-1）。破壊の輪はマクロ経済の成長を促す、ミクロ経済の中核的なエンジンである。

この破壊の輪、つまり企業が破壊の足がかりを築き、成長し、成長が失速すると社内のアイデアを抑え込み、マネジャーが去るか、起業家が集まって資金を調達し、新しい企業を結成し、新しい破壊の足がかりを得るサイクルは、マクロ経済成長の中核を担う、ミクロ経済エンジンである（図9-1で説明した）。アメリカ型経営はもう古い、一九八〇年代の新しい手法は日本型経営だと喧伝していた同じ著者たちが、アメリカのその後の成長はアメリカ型経営によるところが大きいと主張する。しかし日本の経済苦境が日本型経営の衰退のせいではないのと同様、アメリカの経済的成長もアメリカ型経営の優位がもたらしたわけではない。アメリカは、破壊の輪に乗って前に進み続けることができた。[※5]日本には、それができなかったのだ。

わたしたちの研究は、破壊の輪を動かす要因が六つあることを示唆している。

一　**人材市場**：柔軟で起業家精神とリスク選好を促し、企業間の人材移動を可能にする人材市場の存在。

二　**資本市場**：新規企業が立ち上がり、破壊的イノベーションの機会を追求しながら成長するのを助ける資本市場。負債による資金調達を促す資本市場政策は、破壊の輪の妨げになる。破壊的イノベーションの事業機会は当初小規模で、予測がつかないことを肝に銘じたい。銀行から融資を受けるには、確実性が高く、着実なキャッシュフローが見込める事業が求められる。新しい市場の霧の中を手探りで進むような、破壊的企業の実験的で臨機応変な経営方法を受け入れるだけの柔軟性が、融資銀行には欠けている。

三　制約の少ない製品市場：十分な動機づけと能力（特に過剰満足の顧客や無消費者へのアクセス）をもたらす製品市場。このうち特に重要なのは、破壊的ビジネスモデルを支える新しい流通経路を見つけるか、生み出す余地があることだ。

四　破壊を支えるインフラ：適切な税制、企業の創設を促すインフラ、破壊のプロセスに「潤滑油」を供給する仲介機関（研修や教育、市場調査、認証・評価サービスなどを提供する機関）が存在すること。

五　活気ある業界環境：市場を介した取引と競争が、新しいビジネスモデルの創出を促すような環境。

六　研究開発：知的財産を保護しつつもトレードオフを解消する研究や、技術を新興市場で応用するための研究を促す環境。

これらの要因はすべて相互に作用して、破壊的イノベーションが生まれやすい環境を形成する。たとえば日本の硬直的な労働市場は、破壊のアイデアをもっている社内のマネジャーの足かせになっている。一般にアイデアと起業家は不可分なため、マネジャーが企業を去ることがままならなければ、アイデアをもつ起業家が資金を調達することもない。つまりこの場合には、破壊的ベンチャーに資金を提供するリスク資本のインフラが存在しないことになる。新しい破壊的ベンチャーが生まれなければ、成長は頭打ちとなる。

わたしたちのモデルによれば、一般に長期的な成長性を最大限に高めるには、破壊的成長を支える全国規模のプロセスが生まれるような環境を整えるのが得策である。単に資源コストの差（たとえば低賃金など）を利用して、ローエンド型破壊的イノベーションを推進しようとするのは、表層的な戦略だ。企業の枠を越えて広がるプロセスは強力な全国的な競争優位を生み出すだろう。いわゆる「産業クラスター」は競争力の大きな原動力だが、それは企業間プロセスの存在によるところが大きいと考えられる。ほとんどの国が業界ベースのクラスターを構築する方針をとっているが、新市場型破壊をもとに分類した企業クラスターこそが、成長エンジンにふさわしいというのがわたしたちの考えだ。

このことは、アメリカと日本以外の国に何を教えてくれるだろうか？　シンガポールは競争力のある産業クラスターをくり返し生み出すことに成功しており、こうしたクラスターが今では世界最高の製品を製造している。しかし一九九〇年代末になるとシンガポールの成長は鈍化し、二〇〇一年にはＧＤＰのマイナス成長を経験した。二〇〇二年には再び上昇に転じたものの、シンガポールは問題を抱えているように思われる。シンガポールの企業はそれぞれの市場のハイエンドに到達してしまったのだ。国民の生活水準を高めていくには、破壊的企業が次の成長の波を生み出すことが欠かせない。

シンガポールは台湾を参考にできる。台湾経済は〔イノベーションこそが経済発展の原動力だと説いた〕シュンペーター流の資本主義を目指している。台湾企業は強力な世界的企業に全面攻撃をしかけることはない。この国では毎年数千社の新規企業が生まれ、その多くが破壊的市場をターゲットとする戦略をもっているのだ。たとえばＴＳＭＣ（第七章で簡単に触れた）はインテルなどの主要企業との直接対決を避け、最初は比較的単純なマイクロプロセッサを製造していた。委託製造業者のクアンタ・コンピュータは単純な製品から始まった。当初は必要最小限のラップトップの委託製造から始め、業界のバリューチェーンを少しずつのぼっていき、二〇〇三年になると製造の全工程を請け負いながら、デルやアップルからは設計作業も受注していた。※6 台湾にはイノベーションが生まれやすい要因が多く揃っているが、新市場型破壊のエンジンを構築できていないためにまだ盤石とは言えない。

韓国はどうだろう？　韓国の成長は、主に大規模なチェボル（親会社を中心とする多様な業界の企業からなる財閥）の形成に負うところが大きい。チェボルは、韓国の相対的に低い人件費と政府補助金を活用して、造船、鉄鋼、自動車、家電、コンピュータメモリといった大市場に力ずくで参入した。ヒュンダイ、サムソン、大宇といった韓国企業は、資源を動員して世界の先進的な競合企業を攻撃し、目覚ましい成功をくり返し収めている。まだ市場のハイエンドには到達していないため、成長の余地はある。しかしこうした企業が抱える問題は明白なように思われる。韓国企業がますます大規模になり、また人件費の優位性が消失して消えて他国にシフトする中で、韓国は破壊的イノベーションによって攻撃をしかける企業を次々と生み出していかなくてはならない。韓国政府の取り組み、特に通信関連業界のイノベーションを促すための施策は一定の成果を上げているように思われる。

わたしたちの概念は途上国の分析にも利用できる。たとえば中国の近年の成長をもたらしているのは、主として安い人件費を狙った海外からの直接投資である。他方インドは、ドクター・レディーズ・ラボラトリーズ、ウィプロ、インフォシスなどの企業を生み出しているが、これらはすべて完全に破壊的なビジネスモデルをもっているように見受けられる。わたしたちの理論の予測によれば、インドはもしもこうした企業が繁栄できる環境を今後も維持できるなら、長期的に成功する見込みが高い。[※7]

当然ながら、もしもいま挙げた国々の企業がわたしたちの研究から教訓を学び、破壊を次々と推進するプロセスを開発できれば、従来重視されてきた要因の多くが重要性を失うだろう。たとえばもし韓国のチェボルが破壊的成長事業を生み出す能力を開発できれば、たとえ新規企業の創造を阻むような環境要因（労働市場の流動性の低さ、スタートアップ資金の不足、新規事業の立ち上げを阻む規制など）があっても、韓国は破壊のメリットを享受できるはずだ。そうなれば、特定の製品市場や企業レベルの決定に影響を及ぼす規制が、今よりずっと重要性を増すだろう。なぜなら、こうした規制は個々の企業の業務上の判断を左右するようになるからだ。

実際グローバル企業が海外進出で成長市場を創出しようとする際に破壊的イノベーションの原則を応用すれば、こうした事態を大きく好転させることができる。そしてそれは企業自身のためになるだけでなく、世界の貧困者のためにもなるのだ。次のセクションでは、企業が世界の所得ピラミッドの底辺に飛び込むことで大きな機会を生み出せることを示していこう。

■企業の国際戦略を評価する——下方への大躍進

新しい成長事業を生み出そうとする企業には、次の三つの市場参入戦略がある。[※8] 第一が、既存企業より性能の優れた製品を開発して、既存企業の最良の顧客を奪い取ること。第二が、低コストのビジネスモデルを開発して、価格に敏感な顧客をターゲットとするローエンド型破壊を推進すること。第三が、無消費者の獲得を目指すことだ。企業は自国市場で地歩を固めたあと、海外進出時にも同様の選択肢を迫られる。そしてほとんどの場合、企業は遅かれ早かれ海外に進出することになる。企業にとって成長は使命だが、国の規模には限りがある。国内の成長機会を開拓し尽くせば、国内で新しい市場を生み出すか、海外で成長への欲求を満たすかしかない。企業の国際成長戦略を評価する外部者は、企業が破壊的イノベーションの原則に従っているかどうかに注目すべきだ。

ここでは話を簡単にするために、（月並みだが）アムコムという名のアメリカ企業が、国際戦略を策定しているとしよう。アムコムはどんな選択を下す必要があるだろうか？　第一に、国や地域を選ばなくてはならない。フランスや韓国、オーストラリアといった富裕国をターゲットにするか、中国、チリ、タイといった中所得国にするか、それともインド、ケニア、ブルンジといった低所得国を狙うべきだろうか。※9

ターゲット国を選んだら、次にその国のどのような顧客層を追求するかを定める必要がある。一般に言って、富裕層、中流層、貧困層のどれをターゲットにすべきだろう？

資源、プロセス、価値基準の概念を用いれば、ほとんどの企業が当たり前のように下す決定を説明できる。アムコムの価値基準に合うのは、どんな戦略だろう？　アムコムにとって当然の選択は、本国市場と似た海外市場で、既存顧客と似た顧客を探すことだ。そこでアムコムは賢明にも、相対的に豊かな国に目を向ける。低所得国に進出を決めた場合でも、おそらく「下の上」に目をつけるだろう。要は、本国市場で大きな利益を生み出している高性能製品を低所得国の最富裕層に売ろうとするのだ。こうした戦略は持続的イノベーションの戦略である。先進国の主要企業は優れた資源を活用して、持続的性能向上曲線をのぼっている地元企業を力でねじ伏せることにより、ゆるやかな成長を生み出すことにかけては実績がある。しかし、この種の持続的戦略が新しい成長の波を本格的に生み出すことはまずない。

たとえばゼネラルモーターズ（GM）が一九九〇年代末に、中国にビュイックの製造工場を建設したとき、同社は明らかに「消費」をターゲットに据えていた。ビュイックが中国の最も富裕な顧客の心と財布をとらえるには、ベンツやBMW、レクサスといった高級ブランドと競争する必要がある。

この取り組みはまずまずの利益を上げているようだが、大きな成長を促してはいない。同社はこの戦いに勝つために莫大なコストをかけているし、たとえ最終的に勝ったとしても、中国で生産した自動車の輸出市場を開拓するのに苦労するかもしれない。中国には、欧米の消費者が求める高い機能性と信頼性をもった自動車の生産に適した資材やサプライヤーを調達できるインフラがない。多くのアメリカ企業がこの方針（途上国で多数の富裕な顧客を見つけようとする）をとり、苦戦している。[※10]

「下の下」をターゲットにする

本書ではこれまで、破壊を中心に据えた戦略の力について幅広く議論してきた。真の破壊的イノベーションから始まった企業のリストと、買っておけばよかった株式のリストとを見比べると、顔ぶれがほぼ一致する。破壊的イノベーション、特に新市場型破壊は新しい成長を生み出すからこそ強力なのだ。日米の企業は、図9-2で示した世界の人口ピラミッドの「頂点の下」から破壊を始めることで、莫大な成長を生み出した。ならば、ピラ

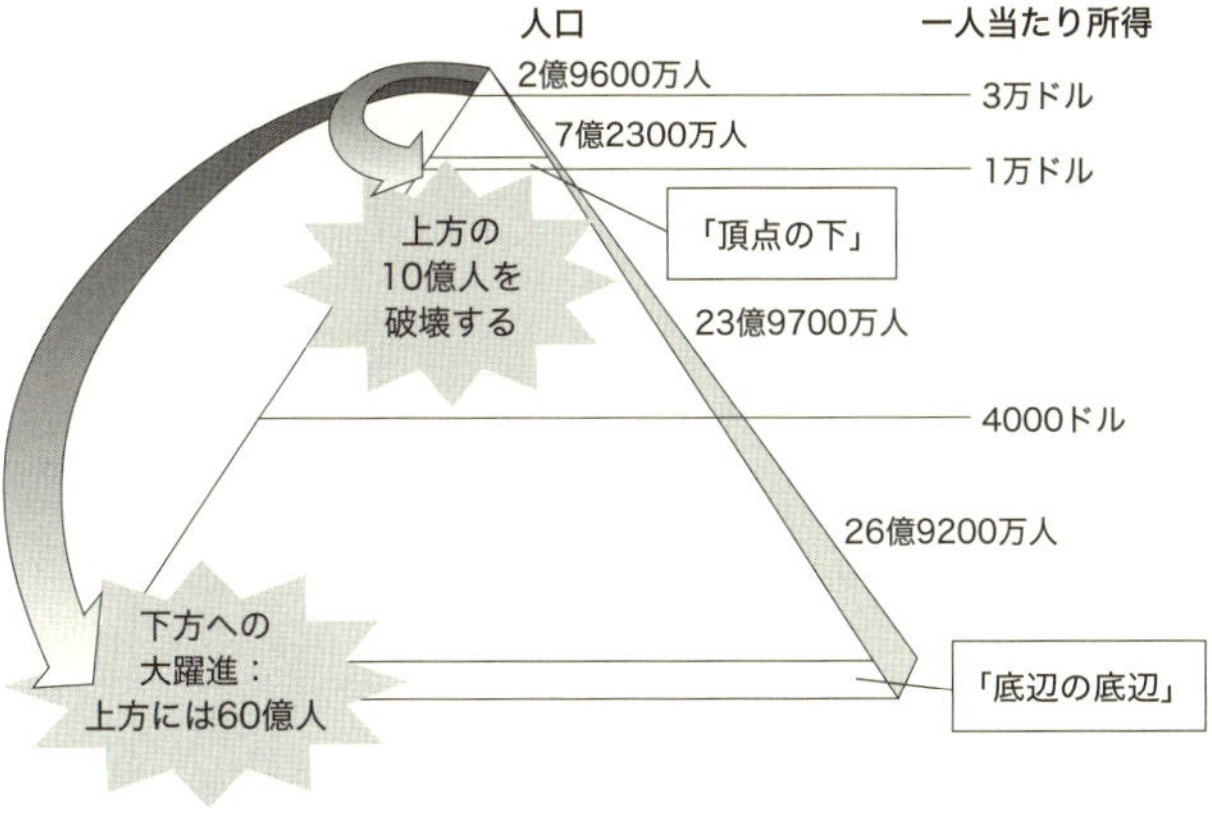

出所：著者による分析、世界銀行。一人当たり所得は購買力平価ベース

図9-2　下方への大躍進

ミッドの底辺の無消費者を獲得する方法を見つける企業は、上方市場に計り知れない成長余地をもつことになる。

ピラミッドの底辺は無消費の宝庫だ。ここに足がかりを定めれば、上位市場の六〇億人近くを破壊的イノベーションで獲得できる可能性がある。こうした市場の消費者はほんのちょっとしたことでとても喜んでくれる。図9-2は「下方への大躍進」を説明している。一人当たり所得が相対的に高い国（一万ドル以上）の人口は約一〇億人、これに対して一人当たり所得が相対的に低い国（四〇〇〇ドル未満）の人口は二五億人以上いることがわかる。底辺に近づけば近づくほど無消費者の数と上位市場での成長余地は大きくなるのだ。[※11]

では企業がこの手法をとるにはどうすればよいのか？　ここでは三つの具体例を考えてみよう。中国で軽自動車を生産しようとするGMの取り組み、破壊的な電子レンジ事業を生み出そうとする中国メーカーの取り組み、そして通信事業を開拓しようとするバングラデシュ企業の取り組みである。これら三つの取り組みは、あとのものほど所得ピラミッドの下位層を対象としている。すなわちGMがターゲットにするのは中の中、ギャランツ（格蘭仕、中国メーカー）は中の下、そしてグラミン（バングラデシュ企業）は底辺の下である。成功すれば三社とも莫大な成長が期待できる。

GMと軽自動車

GMは二〇〇二年に、中国企業との合弁で軽自動車の生産、販売を行うことを発表した。ビュイックの生産工場でピラミッドの中位層を狙う取り組みに比べると、軽自動車計画は破壊の余地が大きいように思われる。軽自動車は小型で単純で燃費がよく、比較的安価（一台約三〇〇〇ドル）だ。これまで自動車をもつ余裕がなかった中国の中間層は軽自動車に魅力を感じるかもしれない。これらの人々は、相対的に単純な製品で喜ばせることのできる無消費者だ。

中国市場の無消費者をターゲットにするこの戦略は、GMの高級ブランドを推進する取り組みよりも大きな成長が期待できそうだ。GMが中国で利益を上げながら三〇〇〇ドルの乗用車を生産、販売できるビジネスモデルと製品プラットフォームを開発できれば、この事業は上位市場への進出にうってつけの足がかりになる。サイズと性能を少しずつ上げた自動車を生産していけば、まずはタイなど、続いてロシア、東欧、中南米などの新興市場に売り込むことができる。そしてのちの製品世代で製造する価格八〇〇〇ドルの自動車がアメリカの中古車市場を切り崩すのだ。やがてこのベンチャーは北米の新車市場でも競争力をもつようになるだろう。しかしGMの中国事業にとって、最初からこの市場を直接ターゲットにするのは自殺的であり、ばかげてもいる。なぜなら上位市場の顧客は性能と信頼性基準において要求が厳しく、それに破壊の道筋をたどればより多くの成長を獲得できるからだ。

下方への大躍進が有望な戦略だというのは、このような理由があるからだ。低コスト製品を経済的に生産する方法を見つければ、真の戦略的資産になり得るビジネスモデルを構築できる。そうすればGMはこのビジネスモデルを足がかりとして、その他の市場でも競争者を次々と破壊していけるだろう。

ギャランツと電子レンジ

GMがこの困難だが魅力的な機会をものにできるかどうかは数年先までわからない。だが所得ピラミッドの下方をターゲットにする戦略が大きな可能性を秘めていることは、中国での別の動向からすでに明らかである。ギャランツという中国企業が開発した破壊的な電子レンジが当初中国人の無消費者層に根づき、その後世界市場でも大きなシェアを占めるに至った。[※12]

一九九二年当時、ギャランツは新しい成長エンジンを模索している繊維・衣料製造企業だった。電子レンジは理に適った選択肢のようにはとても思えなかった。市場は成熟し、縮小しつつあった。先進国のほとんどの潜在消費者はすでに電子レンジをもっていたし、既存製品は求められる以上の性能を提供していた。

ギャランツは中国の相対的に低い人件費を活用して、既存市場向けに低コストの電子レンジを輸出するローエンド型破壊戦略をとることもできた。これは一時的に成功を収めたかもしれないが、世界中の企業が電子レンジの生産拠点を完全に中国にシフトするまでの話だ。もしそうなれば低コスト戦略は等コスト戦略になってしまう。そこでギャランツは国内の無消費者に狙いを定めた。中国の電子レンジの世帯普及率は、当時わずか二%だった。ほとんどの家庭には、欧米のキッチンを想定して開発された電子レンジを置くような広い台所がなかった。ギャランツの創設者である梁慶徳は、単純な省エネタイプの小型で安価な電子レンジを開発することにした。この製品は性能は限られていたが、確実に無消費を打ち負かしたのである。

ギャランツはごく小さな規模から始め、一九九三年の国内シェアはわずか二%だった。しかし売上は着実に伸びていった。梁慶徳は規模の経済を利用して製品価格を下げ、ますます多くの中国人消費者を獲得した。二〇〇〇年には七六%という圧倒的なシェアで中国市場を支配した。いったんギャランツが低価格でも利益が出るビジネスモデルを開発すると、製品に特性や機能を追加するための投資

——最初は中国の上位市場向け、のちには先進国の既存顧客向け——が、非常に収益性が高く魅力的な戦略として浮上した。ギャランツはより大型で機能の充実した電子レンジの製造を始め、上位市場に着々と進出し、先進国の電子レンジ市場を破壊し始めた。二〇〇二年時点で世界市場でのシェアを三五％に伸ばしていた。

二〇〇〇年になると、ギャランツはこの成功を再現すべく、本国のエアコン業界をローエンド製品で破壊し始めた。このときもほとんどの中国人の住む狭い家やアパートを冷やすのに十分な、単純で低コストの省エネタイプのエアコンを開発した。こうした無消費者にとっては、性能が比較的限られた製品でも、まるで天からの贈り物のように思われた。もしギャランツが中国の中間所得層の無消費者にも所有できる低価格で利益を生み出せるビジネスモデルと製品プラットフォームを開発できるなら、新たな破壊的成長ビジネスを手に入れられるだろう。そうなれば、続いて高所得国の市場を攻略するのは比較的容易なことだ。

グラミンと情報通信

ピラミッドの最底辺への躍進はどうだろう？　一日の所得が二ドルに満たない三〇億人の無消費者を巧みに狙う方法はあるだろうか？[※13]　バングラデシュの企業集合体、グラミン・ファミリーは、破壊性をもつスピンオフを数多く生み出している。[※14]　この好例が、バングラデシュの農村に情報と通信技術をもたらしているグラミン・テレコムだ。

先進国に住むわたしたちにとって、電話サービスはあって当たり前のものだが、世界人口の半数近くの人が信頼性の高い情報通信サービスを利用できずにいる。一部の地域では、固定電話インフラを建設、拡張するコストが法外に高いため、電話を一本かけるだけで年収が吹き飛んでしまうほどだ。このような状況で破壊が起こったらどうなるだろう？

たいていの企業が成算はないとみなす状況に、グラミン・テレコムは好機を見出した。どのような手法をとったのか？　国内の貧困層に携帯電話サービスを提供したのだ。同社は「グラミン・レディ」と呼ばれる女性たちに、一人当たり一七五ドルを上限とする小口融資を行い、女性たちはこれを元手に携帯電話と小型のソーラー充電器を購入し、研修費を賄った。女性たちは村の住民に携帯電話を貸し出し、通話時間に応じて手頃な使用料を徴収した。

ユーザーはこのサービスを歓迎している。便利で安く、穀物価格などの重要情報を居ながらに得られる。郵便に頼らずに業者に注文を入れられる。一通話当たりの節約額は最大で一〇ドル、世帯月収の約一〇％とも推定される。このプログラムにはほかにも利点がある。電話があれば遠くに出かけずにすむため、ガタガタ道で疲れることもない。電話オペレータ（グラミン・レディ）の純収入は年間約三〇〇ドルである。彼女たちはこうして得た資金を教育や医療に還流するため、国の人的資本の充実につながる。女性たちの村での地位も大きく向上している。

これにはオペレータもユーザーも満足だ。グラミンはどうだろう？　グラミンはこのビジネスモデルから非常に大きな利益を上げている。この事業がバングラデシュ全土に普及すれば、年間の利益は一億ドルを超えるだろう。それにこのモデルは、中国やインドなどの途上国の農村部に、どれほどの機会をもたらすだろうか。これこそが企業が新しい成長市場を生み出す方法なのだ。つまり無消費との競争である。ピラミッドの下方から始めれば始めるほど、上位市場のポテンシャルは大きくなる。

る。

もう一つの方法——地域の破壊を促す

企業は現地で破壊的企業を生み出す方法を見つけることによって、底辺への大躍進戦略を実行できる。

わたしたちが最近協力した、ある化学薬品会社について考えよう。この企業は、シャンプーやスキンローション、オーラルケアなどのパーソナルケア製品の世界的企業に、化学薬品を卸している。同社は厳しい競争環境にあった。顧客は化学薬品をコモディティとみなしていた。実際、こうした用途で用いる場合、利益を生む困難な作業を行っているのはパーソナルケア製品の企業である。この企業は技術的に高度な独自の製品製剤の一部として、化学薬品を使用していたのだ。

化学薬品会社は、中国市場に参入する戦略を模索していた。一つの方法は、今後も消費者製品企業のサプライヤーを続けることだが、その場合コモディティの供給者としてみじめな日々が続くことになる。もう一つの手法は、化学薬品を使って独自仕様の科学的成分を開発し、それを使えば技術的ノウハウに欠ける中国企業でも、シャンプーなどのパーソナルケア製品を失敗なく製造できるようにすることだ。地元企業は莫大な広告費をかける必要がないため、巨大な消費者製品企業には考えられないような低価格でも利益を上げられる。製品は欧米の消費者にとっては十分でないが、何もない状態よりはるかにましだ。数千社の地元企業を育てる「肥料」になるのはよいことだ。この道を歩むのは容易ではない。なんらかの形の前方統合と、新市場を構築するための取り組み、そして消費者についてこれまでとはまったく違う方法で考える能力が必要になる。しかしこの手法をとる企業は、素晴らしい事業を手に入れられるのだ。

最新技術は下方への躍進からどんなメリットを得るか

本章で説明する手法は、企業が研究室で開発している先進技術を事業化する方法にも影響を与える。高所得国の市場で技術を事業化するのは、最良の道筋ではないかもしれない。実際、新技術を事業化するための重要なスキルを磨くには、ピラミッドの底辺にいる無消費者を喜ばせるのが一番かもしれないのだ。この方法は社会的なメリットも大きい。それまで主要企業に相手にされなかった人たちに、価値あるサービスを提供できるのだから。

それに下方への躍進は環境に優しい製品をつくるのにも役立つ。欧米企業は「グリーンな」製品・サービスの販売に苦戦することが多い。たいていの先進国市場で、顧客は環境に優しい製品のために性能や機能を犠牲にすることを好まない。特に製品が高価な場合はそうだ。十分でない製品で消費と競争するのはいつでも難しいものだ。初期の世代の技術は、まだ十分用事を片づけられない。だが消費者がグリーンな技術を何もない状態と比べるならば、その限界はまったく障害にならないことが多いのだ。

太陽光発電（太陽エネルギー）の利用について考えてみよう。この技術を、わたしたちが中央発電所から得ている電力に匹敵するものに改良するのは至難のわざだ。現代の企業や住宅のすべての機器に電力を供給できるほどの日光がないときもある。そしてどこでも手に入る安価な電力に慣れた顧客は、不定期な停電を容赦しないだろう。しかしインドの農村ならどうか？　村人たちは、太陽光技術が常時稼働していなくてもそれほど気にしない。電力がまったく使えない状態よりは、確実にましだからだ。太陽エネルギーの供給には、集中的な発電機や系統的な配電網のような高価なインフラを建設する必要がないため、それほどコストがかからないように思われる。この市場に進出するには、欧米でのようにバックアップ設備を建設したり太陽光発電の能力を大幅に増強する必要はない。既存技術は主流市場の顧客を満足させるのには十分でない。だがこれまで電力を使ったことがない家庭向けの、ずっと安価な太陽電池を開発することはできる。このような状況では、電球を灯すだけの電力でも顧客を喜ばせられるのだ。参加企業は太陽光発電量を増やすにつれて、製品の改良を進め、上位市場や他の市場にも進出できるだろう。

下方への大躍進では何に注目すべきか

既存企業が下方への大躍進を成功させると期待できるのはどのような場合だろう？

この事業機会を、主流組織内で推進しようとする企業は、投資の対象として望ましくない。そのような企業の途上国事業は、企業全体のコスト構造とプロセスを受け継ぐ可能性が高い。企業は当初積極的な成長戦略を打ち出してまとまった投資を行うが、その後コスト削減が避けられなくなれば、こんなことを言ってベンチャーを放棄するだろう。「最善を尽くしましたが、事業として成り立たせることはできませんでした。目標は崇高でしたが、弊社は営利企業なのです」

これは独立した組織を設置し、その組織に独自の優先基準を定める自由度を与える必要がある、明らかな状況だ。独立組織には潤沢な資金を与えるべきでない。なぜなら、低価格でも利益を上げられるコスト構造をもつビジネスモデルの開発が成功のカギだからだ。途上国市場に参入する企業は、地域社会や地元企業、非政府組織などのパートナーと、長期的な関係を築く必要があることが研究によって示されている。[※15]

■まとめ

企業は成長するにつれ、海外に市場を求める傾向がある。特に国内での成長が限られている小国の企業に、この傾向が強い。こうした取り組みの成否を予測するには、新しく進出する国の環境と企業のグローバル戦略とを分析しなくてはならない。本章ではイノベーションの理論を使って、この両方を評価する方法を示した。

破壊の輪を後押しする国は長期的な成長余地が最も大きい。破壊の輪をもたない国は、国全体がイノベータのジレンマにとらわれることが多い。人材市場、資本市場、製品市場、インフラ、業界環境、研究開発環境はすべて破壊の輪に影響を与える。

企業は持続的イノベーションによっても、グローバリゼーションを長い間成功させることはできる。つまり、本国と似た市場と顧客を探し、高級製品を割高な価格で販売するのだ。しかし成長の余地はいつか消えてしまう。多くの企業が性能向上曲線から脱落し、高コスト製品を低所得市場の無消費者に売り込もうとする。

もう一つの選択肢が、破壊的イノベーションで海外市場に足がかりを築く方法だ。破壊戦略は上位市場に大きな成長余地が望める。もし企業が低所得国の破壊的な新興市場に根を下ろすことができれば、その頭上にはかつてないほど大きな上位市場が広がっているはずだ。こうした機会をとらえるには、従来とは異なる判断基準を用い、異なる能力を培うことが必須である。

破壊的イノベーションの原則を受け入れること（小さい規模で単純な製品から始め、人々が重視している用事を片づける手伝いをすること）こそが、経済成長と発展を牽引する究極のエンジンである。日本、韓国、台湾、シンガポールなどを経済的に豊かな国に変えたのが、この仕組みだった。トヨタやサムソン、TSMCなどの企業を、それぞれの業界のグローバルリーダーに変えたのも、この仕組みだった。

途上国の状態を改善するのが企業の使命だなどと言うつもりはない。確かに、多くのもたざる人たちの生活向上を図るのは崇高な目標だ。しかし直接支援や欧米方式の改革はほとんど効果を上げていないのが現状である。破壊の原則を追求する企業や国家は、従来の支援や改革の取り組みよりもはるかに好ましい影響を及ぼすことができるだろう。

第一〇章　電線を切断する——通信の未来

データネットワークの広範な拡大は、通信サービスを提供する企業にどのような影響を与えるだろう？　技術の一体化は、AT&Tやベライゾンのような企業の終焉をもたらすだろうか？　専門的企業が勝利を収めるのは、どの分野だろう？　総合企業が勝利するのはどの分野だろう？　ケーブルテレビ（CATV）会社は、通信業界にどのような影響を与えるのか？　企業が第三世代無線ライセンスに莫大な資金を投じたのはなぜだろう？　NTTドコモのiモード携帯電話サービスが、あれほど急速に成長した理由は何か？　802・11ネットワークは、今後も成長と性能向上を続けるだろうか？　その成長を獲得するのはどの企業か？　業界を揺るがしかねない驚くべき動向とは何だろう？　イノベーションの理論は、通信業界について何を教えてくれるのだろう？

最後の章では通信業界に立ち戻ろう。この業界にとっては二〇〇三年も厳しい一年となった。企業は二〇〇〇年から二〇〇二年にかけての通信バブルの崩壊からの回復途上にあった。しかしこの大量倒産の根底にあったのは、次の成長の波を支えるであろう重要な技術転換だった。多くの重要なイノベーションがネットワークのコア部分を変え、大都市圏を解き放とうとし、ユーザーを回線から解放し、多くの新しい機器やサービスをもたらした。ネットワークを行き交うトラフィックの中で、データがまたたく間に音声を置き換え、支配的な形態になろうといた。音声信号を含むあらゆるデータはデジタル化されてパケットに分割され、ネットワークに送り込まれ、受信側で再び組み立てられる。競合地域電話会社（CLEC）の倒産が相次ぐ中、一部は生き残りゆっくりと勢いを増していた。無線通信事業者がとんでもない低料金を設定すると、長距離電話会社は打撃を受けた。CATV会社が地域電話サービスの正当な競合企業として躍り出た。

序章では、既存の通信事業者が最初の破壊的脅威だった無線音声通信をあらかた取り込んだことを説明した（簡単な将来予測については、コラム「無線音声通信」を参照）。本章では特にこうした新しい動向が、長期的に既存企業を本格的に脅かすことになるのかという疑問に答えたい。

この疑問に手短に答えると、イエスだ。企業は音声サービスを新しい状況に引き入れ、低コストのビジネスモデルを構築し、新しいスキルを開発している。潜在的な競争企業は巨大CATV会社（タイム・ワーナーやコムキャストなど）や、技術系企業（シスコやマイクロソフト）、専門的電話サービス会社（ボネージなど）から、インスタントメッセージング〔チャット〕などの一見独立的な（だが実はそうでない）市場の新種の企業まで多岐にわたる。

破壊的成長はどこにでも見られる。だが例によって、新規参入企業と既存企業による選択が将来を大きく分けるだろう。わたしたちの手法は有望な技術の進化のあり方として最も可能性の高いシナリオに注目し、そのシナリオを変えるために企業がどのような重要な決定を下すべきかを考える。ここで説明するツールを使えば、本書で取り上げるさまざまな企業のほか、本書が書店に並ぶよりも早く製品・サービスを市場に投入する、その他の多くの企業を評価することができる。

通信業界は膨大で複雑である。分析の対象を絞るために、本章では次の四つの具体的な動向を評価する。[※1]

一　VoIP（ボイス・オーバー・インターネット・プロトコル）：既存企業はVoIPやその関連技術をマスターする動機づけと適切なスキルをもっている。しかしインターネット・プロトコル（IP）の普及により、サービスが伝送媒体から切り離され、専門的企業が収益性の高い事業を既存企業から奪い取る可能性が高まるかもしれない。

二　CATV電話（ケーブルテレフォニ）：CATV会社はおおむね持続的イノベーション戦略を遂行しており、やがて市場シェアをめぐる熾烈な戦いが始まるだろう。IPを用いて過剰満足の顧客や無消費の状況に訴求しようとする破壊的イノベーション戦略が、長期的に見れば得策かもしれない。

三　無線データ通信：802・11規格は破壊的成長を生み出してはいるものの、重複するバリューネットワークと補完的なビジネスモデルが、既存企業による取り込みを促す可能性が高い。ただし、適切な選択を行う企業や、次世代技術（802・16規格など）の出現によって、破壊が促進される可能性もある。

四　周辺市場における活動：新しい環境での動向、たとえばインスタントメッセージングなどが、長期的な破壊的成長を生み出す可能性が最も高いかもしれない。

この難解な章をわかりやすくするために、それぞれの動向の最後に短いサマリーをつけておく。本論に入る前に、まずは状況を説明しておこう。最初に既存企業の経営状況の把握を行い、第一章で説明した変化のシグナルを探してみよう。

無線音声通信

有線接続の破壊が進めば、既存企業はますます強い圧力にさらされるだろう。Tモバイル（ドイツテレコムの子会社）やネクステルのような、有線資産をもたない無線通信事業者が、有線接続から率先して顧客を奪いつつある。やがて有線・無線両方のネットワークを運営するベライゾンのような企業は、無線事業による有線事業の共食い（売上の侵食）をどの程度許すべきかという、やりきれない決断を迫られるだろう。この決断の結果は、地域電話会社が消費者向け有線事業というレガシー（負の遺産）事業を、複雑な内部補助による価格支援で下支えする計画に、直接的な影響を及ぼすだろう。通信事業者には、こうした共食いを阻止するすべはない。

ここで一つ指摘しておきたいのだが、この破壊が起こったからといって企業や家庭で有線ネットワークが不要になるわけではない。データと帯域幅への需要が増大する中で、有線接続が担う役割は変化しつつある。デジタル加入者回線（DSL）のような新技術が市場のハイエンドに現れている。短期的には要求の厳しい新しい用途が表れることによって、有線の寿命が延び、収益性が高まるだろう。既存の通信事業者はおおむね無線技術を取り込んでおり、有線については上位市場に新たな用途が出現していることから、近い将来既存企業が無線音声技術によって打倒されることはないと考えられる。

■状況説明――既存企業の経営状況と業界の現況を把握する

既存企業への脅威を分析する前に、まず既存企業とはどの企業を指すのか、またそれらがどのような環境で活動しているのかを明らかにしておこう。

この環境において既存企業とは、大まかにいって大規模な従来型の通信サービス事業者である。二〇〇四年時点では、四社の地域ベル電話会社、略してRBOC（ベライゾン、SBCコミュニケーションズ、ベルサウス、クエスト）と、三社の長距離通信事業者、略してIXC（スプリント、MCI、AT&T）、そして独立系の無線専門の通信事業者（ネクステル、Tモバイル、AT&Tワイヤレスなど。AT&TワイヤレスはSBCとベルサウスの合弁会社であるシンギュラー・ワイヤレスによって買収されている）のことをいう。

これらの企業の経営状況はどうだろうか？　わかりやすい資源としては、現金残高、既存顧客、強力なブランドなどが挙げられる。既存企業の最も強力な資源は既存の通信ネットワークである。新規参入企業は、莫大なコストをかけて新しいネットワークを構築するつもりがなければ、既存企業の既存ネットワークに依存するほかない。そのため両者のバリューネットワークは、重複することが多い。物理的なネットワーク接続に依存する技術は往々にして取り込まれやすい。

既存企業の最も重要なスキルは、大規模なネットワークの構築と維持管理、小さく付加的なトランザクションの処理、政府規制への対応、ネットワークサービスの提供である。最後のスキルが特に重要だ。通信には、伝送と付加価値サービスという二つの要素がある。従来この二つの要素を提供するために、企業は統合化されている必要があった。通信サービスの提供は、物理的な接続媒体なしでは不可能だった。ほとんどの通信機器や通信サービスは、発信、回路交換、プロビジョニング、課金、着信といった機能を利用するために物理的インフラとのやりとりが必要だった。通信事業者は伝送とサービスを統合化して、ネットワーク性能を最適化する必要があった。こうした企業が目標に掲げていたのは、信頼性をいわゆる「五つの九」に高めること、つまりネットワーク稼働率九九・九九九％の実現である。これは年間のダウンタイムを五分以内に抑えるという計算になる。

これまで統合化は競争優位の揺るぎない基盤だった。専門的な通信事業者というものは存在し得なかった。サービス内容を変更するには、伝送媒体に変更を加える必要があり、その逆も同じだった。

最後に既存企業の価値基準はどうだろう？　一般に通信は粗利益率の高い事業である。そうでなければやっていけないのだ。通信事業者はネットワークの建設と維持管理にかかる固定費を償却するために、高い限界利益率を確保する必要がある。通信事業者は市内および長距離伝送とサービスの販売で利益を上げている。顧客は家庭と企業である。業界のプレーヤーはこれまで音声通話に注力してきた。課金と関連費用は、ユーザーの通話の持続時間、場所、時間帯をもとに決定した。やがて通信事業者はデータ通信の需要拡大に応えるために、こうしたサービスを、自社の既存のビジネスモデルとネットワーク上に構築〔オーバーレイ〕するようになった。

二〇〇三年に情報通信大手七社（ベライゾン、MCIワールドコム、SBC、ベルサウス、クエスト、AT&T、スプリント）は、合わせて二〇〇〇億ドル超の売上を記録し、粗利益率は六〇％近かった。RBOC（ベライゾン、SBC、ベルサウス、クエスト）は、消費者向け部門が売上に占める割合は半分より少し多く（約五五％）、IXC（MCIワールドコム、AT&T、スプリント）は大半の収益を消費者から得ていた（六〇％から七〇％）。データと無線サービスは、それぞれ収益の約二〇％を占めていた。※2

こうした資源、プロセス、価値基準が、既存企業の強みと潜在的な弱みを決定する。業界のプレーヤーについて理解したところで、続いて業界の状況が破壊的イノベーションの推進にとって有利かどうかを見ていこう。

通信における変化のシグナル

第一章では、イノベーションで業界をつくりかえるには、無消費者と過剰満足の顧客を狙うことが最大のチャンスになると説明した。二〇〇四年初めの時点で、こうした消費者集団が存在するという兆候は見られるだろうか？

無消費者は存在するのか？　この質問は一見ばかばかしく思われる。どんな家庭や企業にも複数の電話があるのが当たり前だ。しかし二つめの重要な質問を考えてほしい。通信を新しい状況にもたらす方法はあるだろうか？　つまり、声で連絡を取り合うことが不可能な状況はないだろうか？　答えはイエスのようだ。音声では通信が不可能なデータ環境はいろいろある。たとえば同僚とインターネットを介して共同作業をしているとき、簡単に話し合える方法があったら便利かもしれない。ティーンエイジャーはインスタントメッセージングで友人と連絡を取り合っているとき、しゃべる代わりに文字を打ち込んでいる。ほかのタイプの無消費者もいる。たとえば多くの中小企業のオーナーは、高性能の電話サービスを簡単かつ便利に導入できずにいる。このような顧客に製品・サービスを提供する方法を開発すれば破壊的成長を牽引できるだろう。

変化の先触れとなるもう一つの集団は過剰満足の顧客だ。既存企業が提供するサービスは、顧客が使いこなせる機能性と信頼性に対して過剰満足の状態にあるだろうか？　これは議論の余地のある問題だ。

電話サービスを提供する公衆交換電話回線（PSTN）は、まぎれもなく素晴らしい発明である。音声通信は極度の非常事態でも利用可能だ。なぜならPSTNから電力が供給されるため、たとえ吹雪で木が倒れて近くの電線がすべて切断されたとしても、受話器を上げれば発信音が聞こえるのだ。

それでも、こうした能力を必要以上と感じている顧客が存在することを示すシグナルがある。顧客が固定電話の代わりに携帯電話を使う頻度が増えている。消費者は便利で一通話当たりの料金が低いように思われる携帯電話を使うためなら、多少性能が劣っていようがおかまいなしなのだ。[※3]停電時には使えないコードレスフォンが普及していることからも、従来型の電話回線のライフラインとしての特徴をどれだけの家庭が重視しているのかという疑問が生じる。こうした根拠のすべてが、一部の市場階層では利便性と携帯性を中心とした新しいメリットが、機能性と信頼性を凌駕していることを示している。[※4]

第一章では、イノベーションの市場外の環境も評価しなくてはならないと説明した。政府は過去二〇年間にわたって市場を開放し、競争を導入しようとしてきた。こうした取り組みにもかかわらず、一般家庭向け市場はいまだに規制でがんじがらめの状態にある。したがってイノベーションを探すべき場所は、企業内市場だ。ここでは企業がイノベーションを起こす能力と動機づけの両方をもっている。

以上をまとめると、過剰満足の顧客と無消費の状況は存在し、企業内市場はこれまでイノベーションを創出するのに最も適した場所だった。これからの四つのセクションで、こうした状況を有利に活用している企業の動向を取り上げ、それが既存企業にとってどのような意味があるのかを見ていきたい。

■一 VoIP――取り込みとその代償

過去二〇年間にわたって、業界の企業はデータを伝送するためのネットワークを無秩序に構築してきた。データネットワーキングの台頭は典型的な破壊の物語だ。この新しい成長市場では、シスコシステムズ、スリーコム、サンなどの新規参入企業がほとんどの成長を獲得した（破壊の物語については、コラム「シスコとIBM」を参照）。[※5] データネットワークは新しい通信形態、たとえば電子メールなどを生み出した。データネットワークのおかげで電子メールのような新しい通信形態が誕生した。一般に、データネットワークは柔軟で伝送コストが低い。しかしこれまでは音声トラフィックの伝送には十分でないとされてきた。[※6]

このセクションではＶｏＩＰを取り上げる。ＶｏＩＰとはデータネットワーク上で音声通話を行う技術である。ＶｏＩＰは社内コストを下げ、価値の高い特性や機能を追加する持続的イノベーションとして導入することもできれば、低価格で必要にして十分なサービスを提供するローエンド型破壊的イノベーションとして、あるいは最高の機能を安価に大衆にもたらす新市場型破壊的イノベーションとして導入することもできる。ＶｏＩＰが性能向上を重ねるうちに、既存の機器メーカーは苦境に陥るだろう。実際シスコなどのルーターのメーカーは、すでにルーセントなどの回線交換機のメーカーを市場の非常に高い階層へと追いやっている。しかしイノベーションの理論によれば、既存の通信事業者は、ＶｏＩＰに反撃する能力と動機づけの両方をもつようになるだろう。既存通信事業者は、ネットワークを構築、維持管理する能力と、利益率の高い収益機会を追求する動機をもっている。重複するバリューネットワークのおかげで、潜在的な脅威を一見簡単に取り込めそうだ。したがって既存通信事業者は新たな成長を創出するためにＶｏＩＰを使って新しいタイプのサービスを提供する決定を下すだろう。

だがその一方でＶｏＩＰは非常に困難な問題をも突きつける。既存企業が新しい成長機会を逃した場合、取り込みは「共食い」を招くおそれがある。さらにひどいことに、既存企業は伝送媒体からサービスを分離する可能性にも対処しなくてはならない。つまりわたしたちの用語で言えば、広範なモジュール化が生じ、バリューチェーンのさまざまな段階で活動する専門的企業に価値がシフトする可能性がある。ＶｏＩＰによって実現する多くの製品・サービスは、通話時間や物理的接続にとらわれないビジネスモデルをもとにしている。既存企業の資源・プロセス・価値基準は、この新しい状況で成功するのにはあまり適していないかもしれない。

■シスコとIBM

一九八〇年代に人々は、パソコン同士を接続すれば、同僚との情報共有といった、自分たちがそれまで重視してきた用事を簡単に片づけられることに気がついた。そこでローカル・エリア・ネットワーク（LAN）技術を利用した、原始的なネットワークが開発された。LANに関して大きな問題だったのは、LAN上のすべての機器が相互に接続されていたことだ。これは小規模な施設では問題にならなかったが、LANが拡大し、ユーザーの数が増えるにつれて非常な非効率を生むようになった。

この問題を解決したのが、シスコのルーターである。マルチプロトコル・ルーターは、LANのさまざまな「方言」（アップルトーク、イーサネットなど）を「話し」、インターネットプロトコル（オープンで無接続方式のベストエフォート型のプロトコル）に翻訳し、パケットに組み立て直して、最終宛先に送る。ルーターは新しく構築されたLANにとって、情報の交通整理をする役割を担った。安価で柔軟性、拡張性が高いため、どんなネットワークにも簡単に追加できた。おかげで企業はLANを相互接続しながら、ネットワークの劣化を最小限に抑え、ネットワークの効率を最大限に高めることができた。シスコの売上は急拡大した。

シスコが次に目を向けたのは、ミッションクリティカルなデータ伝送市場だった。この市場は、IBMとそのシステム・ネットワーク・アーキテクチャ（SNA）が支配し、ネットワークの**真の**利益が生み出されていた場所だった。

当時は集中型のメインフレームが、エンタープライズ・コンピューティング（企業向けIT）の中心を占めていた。当時の企業はこうした大型で高価な機器を使って、トランザクション処理のような、日常業務に欠かせない作業を行っていた。主要企業内に無秩序に張り巡らされたデータネットワークでは、高品質のポイント・ツー・ポイント型の（二地点間の）回線交換接続が使用されていた。こうした接続は設置、供給、維持管理のコストが高かった。IBMは、メインフレーム、データアプリケーション開発、データ伝送市場での圧倒的なシェアをもって、この市場を支配していた。

すべてのシステムの中核にあったのがSNAである。これはIBMが自社の企業向けデータビジネスシステムのために特別に設計した、きわめて信頼性の高い独自のネットワーキング方式である。

そこでシスコは、自社のマルチプロトコル・ルーターにSNAプロトコルを解析し、転送できるようにした。この仕組みを使うと、SNAのデータは専用回線に送られる代わりに、IPパケットに分割され、プライベート・データネットワークを経由して、宛先で再び組み立て直された。この方式はSNAが専用のリース回線で提供するポイント・ツー・ポイント接続に比べれば、信頼性や安全性の面で劣ってはいたが必要にして十分だった。ヘビーなデータネットワーキングが、柔軟で単純でより安価な方法で行えるようになった。

IP技術を利用したSNA対応ルーターの売上は急増した。IBMはこれに対抗して、インターネットワーキング製品のラインを開発した。しかしマルチプロトコル・ルーターには、そのような反撃を無意味にするような特性があった。IBMが回線交換の世界で能力を培ってきたのに対し、シスコは新しいインターネットワーキングの概念を発見、理解し、新製品に利用する独自の能力を開発していた。IBMの製品は、こうした新しいパラダイムを指針とする企業の開発する製品に比べて劣っていた。シスコは「IBMを選んでクビになる人はいない」という当時の常識を屁とも思わない、タイプの異なる顧客に製品を販売した。IBMは市場シェアを伸ばせなくなった。

一九九九年九月にIBMはインターネットワーキング事業全体をシスコに二〇億ドルで売却することに合意し、「利益率の高い販売支援およびサービスの機会」に重点を移した。インターネットワーキング製品の六〇%を超える粗利益率は、シスコにとっては大歓迎だったが、IBMの価値基準にはそぐわなかったのである。

VoIPの簡単な歴史——ハッカーからIP／PBXまで

エニー・ツー・エニー型の〔どこからどこへでも接続可能な〕インターネットプロトコルを使った音声通話の伝送は、一対一でやりとりする接続指向の技術とは根本的に異なる。IPはコネクションレス型〔相手との接続を確立する必要がない〕で、データネットワーク上でパケットをベストエフォート方式で配信する。データは独立した自己完結型のパケットに分割され、ネットワークを通じて各方向に発信される。

IP技術は柔軟性に富みコストが低いが、これまで音声伝送には不十分だった。[※7] 音声が非常に要求の厳しい用途だったことを知って驚く読者がいるかもしれない。だが音声通話という「単純な」タスクでは、通信ネットワークのさまざまなレベルの無数の構成要素がリアルタイムで問題なくやりとりする必要があるのだ。コネクションレス型ネットワーク上を伝わるパケットは、遅延や損失が生じることがある。遅延や損失は電子メールのメッセージを送信する際には問題にならない。すべてのメッセージが表示されるまでパケットをくり返し再送すればよいからだ。しかし音声会話では、パケットの損失によって通話品質が大幅に劣化することがある。[※8]

初期のユーザーはＶｏＩＰの品質が低くても気にしなかった。[※9] 公衆回線を利用したため、通話料金が信じられないほど安かったのだ。学生や移民など、お金に余裕がなかったり頻繁に海外に電話をかける人たちは、通常では受け入れられないほど通話品質が劣っていても無料に近い通話に引きつけられた。ネット２フォンやダイヤルパッドといった企業は、ローエンド型破壊が生み出す成長機会をものにした。しかしその後国際電話の料金が低下したため、このような価格裁定の機会は縮小した（少しあとで消費者市場でのＶｏＩＰの最近の復活については議論する）。

この段階では、ＶｏＩＰはより要求の厳しい市場の階層に進出するには十分でなかった。しかしデータネットワークもご多分に漏れず、性能が向上し音質が改善されていった。ＶｏＩＰは次に企業の内部に根を下ろした。企業の高速社内ＩＰネットワークこそ、ＶｏＩＰで実験をするのにうってつけの環境だった。こうしたプライベートな高帯域幅の「壁で囲まれた庭」では、データは短い距離を十分な帯域幅のある「パイプ」を通って伝送されたため、品質劣化が最小限に抑えられた。企業はＩＰ－ＰＢＸと呼ばれるソフトウェアを使えば、社内のすべての音声トラフィックを社内データネットワーク上に伝送することができる（ＰＢＸ市場におけるイノベーションの評価については、コラム「破壊的な機器？」を参照）。

すべての音声トラフィックを社内データネットワーク上に伝送する企業は、理論上は支店内で通話をする際に既存の通信事業者を迂回できたが、その他の通信サービスについては既存通信事業者に依存せざるを得なかった。それに当然だが、社内のネットワークインフラ構築には、どうしてもデータネットワーキング企業の力を借りる必要があった。

次にVoIPがとれる二つの有望な破壊的イノベーションの経路について考えてみよう。一つは壁に囲まれた庭から生じたもの、もう一つは消費者市場から芽生えたものだ。またそれらが既存の通信事業者にどのような影響を及ぼすかを考えていこう。

企業内VoIP——取り込みを示唆する証拠

企業内に端を発するVoIPの本格的な破壊経路では、新興の通信事業者が既存企業の音声ネットワークから企業顧客を奪い、自分たちの新しいデータネットワークに引き入れることになる。このシナリオはどのように展開するのだろうか？

VoIPの機能性と信頼性が向上し、企業がこの技術の利便性に関わる機能を取り入れるにつれて、VoIPは単一企業の壁に囲まれた庭を越えて広がり、企業間の連携をサポートするようになるだろう。新興の通信事業者はこの性能向上曲線をのぼっていくうちにスキルを伸ばし、既存の通信事業者に代わって有効なサービスを提供できるようになる。また新興企業は大規模なネットワークを構築することによって、純粋なIPネットワークでネットワークサービス（ネットワーク修復など）を提供する際の相互依存性の問題に対処できるようになり、やがてコールセンター管理のような高度なサービスを提供するようになるだろう。[※10]

こうした新しいサービスを提供するのは、具体的にどの企業だろう？　IP-PBXサービスを提供する、シスコやミテルなどの企業かもしれない。こうした企業は、当然のごとく上位市場に進出して、より幅広い通信サービスを提供するようになるだろう。あるいはレベル3のような、純粋なデータネットワークを構築する新興企業かもしれない。レベル3は当初、純粋なコネクティビティの提供を意図していたが、新たなサービスを追加するうちに自然に上位市場に進出するかもしれない。または消費者・中小企業市場に根づいた、ボネージのような新興の電話サービス事業者にも可能性がある。これについてはのちほど取り上げる。

破壊的な機器？

企業内VoIPの普及を促すカギとなったのは、IP-PBXだ。IP-PBXとは、汎用のサーバーで動作するソフトウェアソリューションである。シスコやミテル、アバイア（ルーセントからのスピンオフ）といった企業が販売するIP-PBXを使えば、企業は音声とデータを同一のネットワーク上で伝送することができる。

IP-PBXの競合製品は、ルーセントやノーテル、アルカテル、シーメンスといった業界のリーダー企業が販売する、従来型のPBXである。これらのシステムは高価で複雑で、企業内の終端間の音声のデジタル伝送のほか、ボイスメールや三者通話などの関連サービスも提供する。

IP-PBXは破壊的成長を生み出した。従来型のPBXが集中型で独自仕様であるのに対し、IP-PBXはより安価なうえにそれほど複雑でなく、またユニファイドメッセージング（音声通話、電子メール、ファックスの統合）などの新しい統合型サービスを生み出した。企業のＩＴ管理者は、それまで特殊技能が必要とされたこと、たとえば電話の引っ越しや新しい機能のプログラミングなどができるようになる。ＩＰ－ＰＢＸは音声サービスをデータ環境に引き入れるのだ。

ＩＰ－ＰＢＸは破壊の経路をたどる可能性がある。既存のＰＢＸメーカーは、大規模な営業部隊が必要なほか、導入されたシステムを維持管理するためのアフターサービスを提供しなくてはならない。ＩＰ－ＰＢＸはより市販型に近く、アフターサービスもそれほど必要ではない。また大規模な既存企業では十分ニーズに応えられない中小企業向けで売上を伸ばしている。そのうえ高性能のＩＰ－ＰＢＸを開発するには、データの世界で磨かれた独自のスキルが必要になる。たとえばデータネットワークの仕組みに精通した企業は、企業内の既存のデータネットワークと相互依存的に動作するＩＰ－ＰＢＸを設計すれば、個々のシステムよりはるかに信頼性の高い製品をつくることができる。従来型のＰＢＸメーカーには、このようなスキルはないように思われる。

二〇〇四年初めの時点で、主要ＰＢＸメーカーはＩＰ技術を既存の自社製品・サービスに組み込む、混合型ソリューションの事業化を進めていた。このような取り組みが成功する見込みは低い。なぜなら既存企業のプロセスと価値基準と真っ向から対立するからだ。

こうした新しいサービス事業者が企業向けに必要にして十分なサービスを提供できるなら、次の段階として既存の企業向け音声サービスをデータ環境に引き入れ、既存企業を企業向け市場から駆逐するだろう。その後一般家庭向け市場に進出して破壊を完了させるだろう。

しかしわたしたちの評価では、既存の通信事業者はIPベースの技術を取り込んでデータ環境で競争するための能力も動機づけももっているように思われる。なぜか？　一つには、こうした企業の顧客がIPソリューションを求めているからだ。それに通信事業者は、IP技術を通じて自社の運用コストを下げ、粗利益率を高めることができる。したがって既存企業は競争する動機づけをもつだろう。そのうえデータネットワークと音声ネットワークが共生関係にあることから、既存企業は簡単に対応できる仕組みをもっていることになる。二つのバリューネットワークには多くの重複点があるのだ。[※11] 主要通信事業者は、特に相互接続と長距離バックボーン回線については、IP企業の大口顧客である。本書執筆時点で、レベル3などの企業は自前の端末間ネットワークの構築を目指していた。だがMCIやAT&Tのような既存企業は、世界最大級のデータネットワークを支配していた。RBOCはデータサービスの拡大を図ろうとしていた。そして最後に、既存企業はIP世界でも通用する強みをもっている。たとえば複雑なネットワークを管理する能力は競争優位になるだろう。

二〇〇四年に入り、取り込みを示唆する証拠が見られた。大企業がIPベースのソリューションの提供を通信事業者に求めていた。既存通信事業者はIPベースのネットワークソリューションを導入し、提供し始めていた。顧客の信頼性への要求の高まりに応えながら、IPベースのネットワークソリューションを提供するために、通信事業者はATM（非同期転送モード）やフレームリレー、MPLS（マルチプロトコル・ラベル・スイッチング）のような、きわめて信頼性の高い専用のポイント・ツー・ポイント接続とIPネットワークソリューションを組み合わせ、新しい次元での競争によって生み出されたIP技術を取り入れている。この決定を下した狙いは、主にIPのもつエニー・ツー・エニー型ネットワーキングのコストと柔軟性の利点と、ポイント・ツー・ポイント技術のもつ安全性と信頼性とを融合することにあった。

うまくすれば、ＶｏＩＰは実際に既存企業にとって刺激的な新市場型破壊の成長機会になるかもしれない。たとえばＶｏＩＰは、高性能の電話回線を導入し運用するための単純で利用しやすい手段として、中小企業のオーナーに売り込むこともできる。現在のところ、中小企業は機能性の限られた電話システムで何とかやりくりしている。なぜなら中小企業には、大企業が当たり前のように利用する、ハイエンドのシステムを導入するだけのスキルも資金力もないからだ。電話回線をより簡単に、より手頃に導入し運用する方法を提供できれば、こうした市場で成長を生み出す道が開けるだろう。

既存企業のＩＰを取り込む能力を阻害する要因には何があるだろう？　大きな阻害要因の一つに、既存企業が巨額の固定費を投じて新しいネットワークを構築するのを、ＩＰが必要にして十分になるまで遅らせるかどうかということが挙げられる。待つのは一見賢明に思えるが、そうこうしているうちに新規参入企業が非対称なスキルを身につけるおそれがある。もう一つの障壁は、データの世界では従来とは異なる思考方式とビジネスモデルが要求されることだ。つまり通話時間ではなく、容量を基準とする方式である。もしも既存企業が新技術に旧来のパラダイムを無理やりあてはめようとすれば、新規参入企業にチャンスが広がる。しかしわたしたちの考えでは、こうした潜在的な非対称性は、破壊を引き起こすには弱すぎる。むしろメッシュ型ネットワーキングの世界が支配的になる可能性が最も高い。

一般家庭におけるＶｏＩＰ――迫り来るローエンドでの戦い

二〇〇四年の時点で、ＶｏＩＰ専門の通信事業者が一般家庭向け市場で注目を集め始めていた。なかでも特に興味深い企業がボネージである。この企業は非公開企業で、電話会社やＣＡＴＶ会社から高速インターネットアクセスを購入している顧客をターゲットにしていた。顧客はボネージから小型の安価なアダプタを購入し、これをネットワークに接続するだけでよかった。通話はデータパケットに分割され、公衆インターネット回線を通じて送信され、着信側で音声信号に変換された。

ボネージのサービスは既存通信業者に比べて多くの面で質が劣っていた。通話はインターネット回線を伝わったため、パケットが失われるか遅れて届くかして、音質低下の問題を生じることがあった。ボネージは回線で電力を供給しなかったため、停電時には電話サービスを利用できなくなった。また同社はサービス関連の問題に対処するカスタマーサービス担当者も置かず、限られたコールセンターとウェブでのサービスという低コストの組み合わせで対処している。しかしボネージはその代わりに、非常に安価なサービスを提供していた。ユーザーは月額定額料金を支払えば、市内電話と長距離電話はかけ放題、国際電話も安価な料金でかけられる。そのうえボネージのアダプタを出先のネットワークにつなげば、「自宅」宛ての電話を受信できる。

ボネージにはローエンド型破壊の特徴の多くが見られる。必要最低限の安価なサービスを提供している。間接費が低くネットワーク利用料金もそれほどかからない（発信に地域電話会社を必要としない）コスト構造が、低コストのビジネスモデルを支えている。同社のサービスは、地域のＲＢＯＣの提供する多くの機能や幅広いカスタマーサポートのすべてを必要としない、過剰満足の顧客の間に広がっていった。二〇〇四年三月時点で、ボネージの国内加入者数は一〇万人を超えていた。地域電話市場から閉め出されたAT&Tなどのプレーヤーは、同様のサービスを開発する計画を発表している（本章でのちほど説明するように、多くのCATV会社も同様の計画をもっていた）。

VoIPを利用して一般家庭向け市場で成長を追求するボネージなどの専門的企業は、今後どうなるのだろうか？　ローエンド型破壊を成功させるには、非対称な動機づけの盾が欠かせないことを忘れないでほしい。この盾をかざせば、既存企業は市場のローエンドにしかけられた破壊的攻撃から逃走する。地域電話市場は、航空市場（第六章で取り上げた）といくつかの点で似ている。地域電話会社には、莫大で減価償却がほぼ終了した固定資産があり、できるだけ多くのユーザーによって固定費を賄おうとする。こうした企業にとっては、ボリューム（売上、加入者数）が非常に重要だ。ボリュームを得る必要性から、既存企業は破壊的攻撃に反撃する動機づけがある。たとえばクエストは二〇〇三年一二月に、ミネソタ州でVoIP製品の販売を開始した。ベライゾンもVoIPの競合製品を投入する計画を発表している。市場のローエンドをめぐる戦いは間違いなく収益性を損なうが、既存企業に反撃の動機づけがあるために、VoIP通信事業者だけでは業界構造の劇的な転換を図ることはできないと、イノベーションの理論は教えている。

ボネージがこの市場にいとも簡単に参入できたという事実は、既存企業の直面するもう一つの脅威をよく表している。それは、既存企業の事業の「いいとこどり」ができる、特定のサービス専業の通信事業者の台頭である。IPが伝送とサービスの従来の相互依存性を排除するおかげで、専門的企業が既存企業に取って代わり、業界の付加価値の分け前に与れるようになる。過剰満足は専門的企業に参入の動機づけを与える。IPはその可能性を生み出しているのだ。

分離の脅威

垂直統合され、一元的に調整された、音声通話を基盤とするビジネスモデルは、いまや崩壊寸前である。インターネットは、ネットワークの物理層とサービス層の分離における最初のステップの一つだった。コネクション型（接続を必要とする）の技術は、高品質の安全な接続にとってもはや必須ではなくなった。中央に集中していた情報は、ネットワークの末端に向けて移動し始め、拡散し、動き回るようになった。公衆インターネット回線では、データが宛先に到達するまでにたどる経路はあらかじめ決まっていない。仮想プライベートネットワーク（VPN）のような技術は、コネクション型とコネクションレス型の技術の間で微妙なバランスをとっている。こうした技術は、情報の安全性を強化する仮想ネットワーク経路を確立するが、費用のかかる専用ネットワークの設置を必要としない。

IP規格は当然ながら、インターフェースを特定可能、検証可能、予測可能にしている。IPの普及が進めば、かつては不可欠だった伝送事業者とサービス事業者の従来の関係が、分離可能になる。[※12]本書ではこれを**分離**（デカップリング）と呼ぶことにするが、分離とはいったい何を意味するのだろう？

バリューチェーン進化の理論によれば、伝送とサービスが従来統合化されていたことには、なんらかの代償が伴っていたはずだ。統合化は高い機能性と信頼性を提供する能力をもたらすが、カスタマイズ性と利便性を提供する能力を制約することを思い出してほしい。しかし分離された世界では、ユーザーは巨大企業から汎用製品を購入する代わりに、専業の通信事業者からカスタマイズされた構成可能なサービスを購入できる。ボネージが基本的な電話サービスの一般家庭向け市場で専門通信事業者として頭角を現したように、コールセンター管理やフリーダイヤルサービス、ネットワーク管理のような高度なサービスを中小企業向けに提供する専業の通信事業者が現れるかもしれない。

分離によって、かつて既存企業が頑強な障壁を打ち立てた分野に、あらゆる顧客や市場を対象とする、新しい水平的なビジネスモデルが生まれる可能性がある。こうした水平的なビジネスモデルは、基本の物理インフラの接続・伝送能力を利用した製品・サービスを提供するだろう。統合化が起こる場所は、伝送とサービスの間の相互作用が生じる場所から、利便性とカスタマイズ性を左右する重要なサブシステムとインターフェースへとシフトする。

こうして広範な置き換えが生じると、既存企業は「裸の伝送」だけを提供する、もぬけの殻になるだろう。これは大手電力会社の状況とそっくりだ。このシナリオでは、専門的企業が非対称なスキルを構築すると、完全に統合されていない状態が、弱みからいきなり強みに変わるのだ。

この進化の道筋を阻止する要因には何があるだろう？　政府はなんらかの方法で専門的企業の参入を阻止する場合がある。また既存企業が、分離された世界で必要とされるスキルを構築する可能性もある。ただし既存企業は、今の強みが弱みになるという厄介な問題に直面する。社内能力だけで反撃するのは困難に思われるため、独立した組織を設立し、そこで必要なスキルを開発するしかないだろう。

ＶｏＩＰのまとめ

全体として見れば、有線データネットワークとＶｏＩＰの成長は、既存の通信事業者にとって脅威にもなり機会にもなる。ＶｏＩＰを活用する方法は三つ考えられる。既存企業は当然ＶｏＩＰを、コストを削減し新しい高価値サービスを追加するための持続的イノベーションとして活用するだろう。新規参入企業は今後もローエンドへの攻撃を続けるが、既存企業はおそらく反撃に出るだろう。そして先見的な企業は（既存企業であれ新規参入企業であれ）、ＶｏＩＰを新市場型破壊の基盤として活用するだろう。つまり、これまで無消費者だった企業に、高品質の電話システムを簡単に運営する方法を提供するのだ。

手短に言えば、音声と音声サービスは遅かれ早かれデータ環境に完全に移行するだろう。既存企業は一見すると、この移行を実行し、新しいデータの世界で競争するためのスキルも動機づけももっているように思われる。しかし移行にはリスクがつきものだ。反撃戦術に出れば、利益率は圧縮される。さらに悪いことにＩＰ技術によって今後ますます伝送とサービスの分離が進み、専業の通信事業者が既存企業から多くの事業を奪う機会が生じる。

既存の通信事業者は、ボネージのような専業の通信事業者よりも懸念材料が多い。既存企業はさまざまな分野で攻撃を受けているのだ。次のセクションでは、ＣＡＴＶ会社と電話会社の境界がぼやけている結果、既存企業にさらなる圧力がかかることを見ていこう。

業界サマリー

VoIP

□**変化のシグナル**：個人やネットワーク管理者が電話サービスをカスタマイズできるようになったことや、低コストのソリューションを提供するボネージのような専業の通信事業者が出現したことが、破壊が起こっていることを示している。

□**競争のバトル**：既存企業はＩＰ技術を取り入れ、新規参入企業の侵入に反撃するための動機づけと能力をもっている。専業の通信事業者は異なるスキルを開発できる。

□**戦略的選択**：注目すべき選択は、新規参入企業が自前のネットワークを構築する方法を模索する動きや、既存企業が専門的サービスを開発するために独立組織を設立する動き、既存企業がＩＰを「詰め込もう」とする動きである。

■二　ＣＡＴＶ会社――いかにして非対称性を生み出すか

ＣＡＴＶ会社は、カスタマーサービスの悪評と、不明朗な価格戦略が絶えず調査の対象になっているせいで、多くのアメリカ人に先入観をもたれている。だがかつてジョークのタネでしかなかったＣＡＴＶ会社は、いまや生まれ変わり、地域住宅向け電話サービスとブロードバンド・データサービスをめぐる競争の最前線に躍り出ているのだ。

一九九六年通信改革法（第四章で取り上げた）の条項によって、ＣＡＴＶ会社は従来ＲＢＯＣ以外の企業には参入が禁じられていた新しい市場への進出が許可された。ＣＡＴＶ会社は統括運営会社（ＭＳＯ）として、所有する既存のインフラを改良し、音声とデータサービスを提供することを許された。

このセクションでは、ＭＳＯが回線交換方式のソリューションからＩＰベースのソリューションに移行したことで、なぜ新たな成長を創出するチャンスを高めることができたのかを説明する。しかし

MSOが最も規模の大きな市場に引き続き注力しているのは、まずい戦略かもしれない。なぜならそのせいで既存企業に反撃を強いることになるからだ。この直接対決の勝者が、具体的にどの企業になるのかはわからないが、熾烈な戦いになることは間違いない。戦いに挑む企業が用いる戦術のせいで、勝者の手に入るのは利益が侵食された荒廃した事業になるだろう。これからまだ現れるかもしれない、より破壊的な経路とは、最終的に魅力的な戦利品を勝ち取るチャンスを高めるために非対称な動機づけを活用する方法である。

技術と市場の選択における課題

MSOが地域電話サービスの提供を決めたなら、ターゲット市場とサービスを提供する仕組みを選ぶ必要がある。MSOにとって自然なターゲット市場、また今日に至るまですべてのMSOが選んでいる市場は、大規模で収益性の高い、プライマリ回線（第一回線）電話市場である。いち早く市場に参入したプレーヤーは、当時のIPベース技術の状態を鑑み、また顧客が望んでいるのは公衆交換電話回線（PSTN）並みの品質だと信じていたために、回線交換方式のソリューションを利用していた。しかしバリューチェーン進化の理論（VCE理論）に照らして考えると、なぜほとんどの企業がその後賢明にもIPベースのソリューションに移行したかがわかる。

二つの提供方式には重要な違いがある。回線交換方式の技術は、より高価だが信頼性が高い。MSOはこの技術を利用するために、ケーブルのヘッドエンド側〔CATV局側〕と顧客の建物に、それぞれ回線設備を設置する必要がある。顧客の建物には技術者を派遣して特殊な設備を設置する。要するに、MSOは電話会社のインフラを模倣したインフラを構築することによって、電話会社のサービスに近い品質のサービスを提供できるというわけだ。最大の違いは、信号が電話会社の回線ではなく、ＣＡＴＶ会社のネットワークを伝わる点である。純粋なＩＰベースのソリューションはコストがはるかに低いが性能に問題が生じやすい。ＣＡＴＶ会社は音声をデータパケットに変換して、顧客の高速ケーブル接続を経由してインターネットに送信する。顧客の自宅にはゲートウェイ（ボネージのアダプタに似た機器）が設置され、この機器がアナログの音声信号をデジタル化してパケットに分割し、さまざまな公衆回線や専用データネットワークを経由して宛先まで伝送する仕組みである。

初期に電話市場への参入を試みたＣＡＴＶ会社は、当然のように回線交換のソリューションに目を向けた。二〇〇三年時点で、ＩＰ技術は電話会社の基本的な電話サービスの性能を再現するには十分でなかった。信頼性の点で問題があったのだ。ＩＰベースのサービスはＰＳＴＮの稼働率九九・九九九％の信頼性とリアルタイム性には太刀打ちできず、また回線で電力を供給しなかった。ＭＳＯは当然のごとく、最高の技術を利用して最も大きく最も収益性の高い市場をターゲットにするという選択を下した。しかしこの（回線変換ソリューションを使ってプライマリ回線市場をターゲットにするという）経路は、破壊戦略の基盤になり得るだろうか？　答えはノーのようだ。理由を二つ挙げよう。

第一に、ＭＳＯはプライマリ回線市場をターゲットにすることで、市場シェアをめぐって地域電話会社と直接対決することになる。両者の製品は似通っている。ＣＡＴＶ会社が市場に食い込み始めたら、電話会社は逃走するだろうか？　まさか、それはあり得ない。電話会社は失うものが大きいから、反撃する動機づけが大いにあるのだ。

第二に、ＭＳＯは回線交換技術を利用したために、既存企業との直接対決ではビジネスモデルの優位性をもたなかった。それはなぜだろう？　回線変換技術はＭＳＯにコスト面での優位性をそれほど与えないからだ。したがってＭＳＯにとって望ましい戦術は、セット販売戦略だ。つまり消費者がこれまで別々の業者から購入していたサービスを組み合わせて提供し、請求書を一枚にまとめる便利さと低料金によって、消費者を呼び込む戦略である。ＶＣＥ理論では、このセット販売戦略の価値を、次の二つの質問に答えることで評価する。

一　ＭＳＯにとってはセット販売することで、本当にコスト削減になるのだろうか？　ＶＣＥ理論のレンズを通して見ると、セット販売の価値が高まるのは、セット販売を行うためにサービス間の相互作用に関する独自の理解が必要な場合である。言い換えれば、セット販売することに相互依存性があるなら、統合型企業は特化した専門的企業が太刀打ちできないようなサービスを生み出すことができる。もし相互依存性がなければ、セット販売サービスは二つの別個のサービスを提供することに比べて、本質的に優れているわけでも安価というわけでもない。

二　消費者はセット販売に独自の価値を認めるだろうか？　理論によれば、消費者がセット販売に価値を認めるのは、セット販売されたサービスを同時に消費するか、相互関連的に消費する場合に限られる。もし消費の相互依存性が存在しないなら、顧客にはセット販売を購入すべき当然の理由がないことになる。

この観点からいくと、回線交換電話とＣＡＴＶサービスをセット販売することのメリットはあまりないようだ。どちらのサービスも同じ回線を利用するが、必要な機器がまったく異なる。したがって、ＭＳＯのセット販売から消費者が得る節約が純粋な販売促進によるものであって、ビジネスモデル上の優位性に由来するものではないことが、ＶＣＥモデルからわかる。顧客がそれ以外に節約できるのは、毎月一枚の第一種郵便切手だが〔小切手を二箇所に送る代わりに一箇所ですむため〕、その節約額さえオンラインで請求書の支払いをすれば消し飛んでしまう。ＭＳＯとＲＢＯＣのビジネスモデルが似通っているために（莫大な先行資本投資が必要で、その投資を償却するのに大規模な顧客集団から高い粗利益率を上げる必要がある）、ＭＳＯはこの手法をとる限り、ビジネスモデルの非対称性を利用して電話事業者が受け入れられない料金で利益を上げることはできない。※13

手短に言えば、プライマリ回線を置き換える手段として回線交換技術を利用することは、非対称性を生み出すこともなく、それを活用することにもならないように思われる。セット販売戦略が競争優位の源泉になるのは、企業が販売促進の資金をセット販売の補助として注入する場合に限られる。

二〇〇四年初めには、ほとんどのＣＡＴＶ会社がこのことに気づき、ＩＰベースの技術を利用する方向にシフトし始めたかのように思われた。タイム・ワーナーはメイン州ポートランドとノースカロライナ州ローリーでＶｏＩＰの試作品を導入した。コムキャストはいくつかの大都市でのサービス展開を計画していた。回線交換電話業者の草分けの一つコックスは新しい市場でＩＰを利用することを決定した。

ＩＰ方式の経路はＶＣＥ理論のレンズを通して見るとどうだろう？　実際、ケーブル回線を利用したＩＰ電話の提供には相互依存性があるように思われる。ＩＰ電話を提供することによるコスト上昇はかなり限定的である。なぜなら、ＭＳＯは高速インターネットアクセスを提供する際に利用しているのと同じインフラを使えるからだ。

この相互依存性のおかげで、ＩＰ方式は回線交換方式よりも破壊性が高い。それでもまだ二つ問題がある。第一に、MSOはまだ十分でない技術を非常に要求の厳しい市場用途に「背伸び」して適用しようとしている。第三章で論じたように、こうした取り組みは行き詰まることが多い。特に既存技術が徐々に着実に改善していくことを考えればなおさらだ。第二に、この戦略はRBOCから反撃を招くだろう。二〇〇四年初めまでにRBOCは二つの反撃戦術を示している。一つには、先に述べたように、RBOCは自前のVoIPサービスを計画中だった。二つには、RBOCはCATV会社の牙城を狙うべく、直接衛星テレビ放送事業者と提携して報復攻撃をしかけていた。

当然だがこれらの市場間には、重要な非対称性が一つある。CATV会社が音声サービスを追加するほうが、電話会社が映像サービスを追加するよりも（少なくとも二〇〇四年の時点では）、技術的に容易なのだ。しかしCATV会社の映像サービスは、このモデルにおける独立したサービスであり、請求書の一項目でしかないことに注意してほしい。実際MSOはまだ多くの市場で、テレビとデータサービスで一通、電話サービスでもう一通と、別々の請求書を顧客に送付しているのだ。そのうえCATV会社は、電話での競争よりもデジタルとオンデマンドサービスの競争のほうに熱心なように思われる。

音声サービスの提供に取り組んでいるCATV会社は、破壊的戦略でなく持続的戦略を遂行している。だからといってわたしたちはCATV会社が失敗すると考えているわけではない。CATV会社は競合企業よりも潤沢な資金を競争に投入でき、そうするうちに徐々に市場シェアを高めていけるだろう。単にこの手法をとれば、類似サービスとの直接対決をほぼ必ず招くということが言いたいのだ。このような競争は、一般に多額の資金を必要とし、勝者の「戦利品」は利益率の大幅な悪化でしかない。

次のセクションでは、CATV会社が選ばなかった道について考え、一連の異なる選択が、まったく異なる結果を招いたであろうことを説明しよう。

選ばれなかった道——セカンダリ回線（第二回線）の代わり、または新市場型破壊の基盤としてのIP

破壊の足がかりを築いたあとで上位市場に進出する企業は、目的地に一度に飛びつこうとする企業に比べて、目的地に到達できる見込みが高い。MSOが着実で段階的な性能向上のプロセスを開始するには、どのような道を選べばよいだろう？　非対称な動機づけを有利に活用し、非対称なスキルを生み出すような足がかりを築く手段として、IPを利用するにはどうすればよいだろうか？

第一に、過剰満足の顧客に必要にして十分な製品を低価格で提供する可能性について考えよう。既存企業はこうした顧客が離反しても反撃することはない。たとえばCATV会社はIPを利用して、顧客に安価なセカンダリ回線を提供してもいい。IPは相対的に安価で十分に機能するサービス（たとえばボイスメールやキャッチホン、発信者番号通知サービスなどの呼び出しに関連する基本機能を含む電話サービス）を顧客に提供する手段としては必要にして十分だ。

これはローエンド型破壊の成長機会になる可能性がある。つまり既存企業の最も過剰満足の顧客をターゲットとする、低コストのビジネスモデルである。セカンダリ回線をターゲットにすれば、動機づけの非対称性を利用できる。二〇〇四年時点でセカンダリ回線市場はすでに暴落状態にあった。親たちは一〇代の子ども用に携帯電話を買うようになった。高速インターネットアクセスによって、モデム接続のための専用回線は必要なくなった。RBOCはセカンダリ回線のシェアを喜んで手放そうとはしないだろうが、市場自体がすでに縮小しているため、ＭＳＯが市場に食い込み始めたことに気づきさえしないかもしれない。[※14]

新市場型の成長機会についてはどうだろう？　一見、この経路は難しそうに思われる。ほとんどの人が電話をもっているアメリカに、音声サービスの無消費者などいるのだろうか？　だが業界のプレーヤーには、相対的に単純な音声、ビデオ、データのパッケージを開発して、これまで不可能だったことを可能にする機会がある。たとえば熱狂的な野球ファンをターゲットに、〔メジャーリーグのオンライン動画配信サービス〕ＭＬＢ・ＴＶのストリーミングビデオとＶｏＩＰを利用した電話サービスのパッケージを提供して、試合を見ながら世界中の友人とチャットできるようにするのはどうだろう（簡単なカメラを使って、お互いの顔が見えるようにしてもいい）。映像と音声サービスは、そのままでは技術的に制約があるが、野球ファンにとっては、それまでになかった環境で試合を観戦し、それまでできなかった方法で気の合うファン同士交流できるのは嬉しいことに違いない。音声サービスを新しい環境に引き入れ、顧客が交流を深め、より楽しめる手段を提供することは、新規市場成長の基盤になり得る。これより大きな成長が期待できるアイデアもあるだろう。肝心なのは「片づけるべき用事」の視点から見れば意味があるが、既存企業の視点から見ればあまり意味のない（当初の市場規模が小さいか、アイデアを実現するために独自能力を開発する必要がある）ようなアイデアを選ぶことだ。

ＣＡＴＶ会社はどちらの手法をとっても、電話サービス市場について学びながら、ますます急速に技術を改善していける。ＩＰ技術は改善するうちに、やがてプライマリ回線のサービスでも利用できるようになるだろう。ＭＳＯはユニファイドメッセージングなどの、新しい統合型サービスを追加できる。そうこうするうちにＣＡＴＶ会社は、徹底攻撃で勝利をあげるのに必要なスキルを身につけるだろう。この手法をとればRBOCはますます反撃しづらくなる。なぜならMSOはそれほど要求の厳しくない顧客から利益を上げる新しいビジネスモデルをすでに構築しているからだ。

CATV電話のまとめ

図10-1に、MSOが下さなくてはならない選択をまとめた。これは一般的なケースである。企業は互いに競合する持続的イノベーションをもって既存市場に参入することもできる。また多少制約はあっても、新しいメリットを提供できるようなイノベーションをまだ制約のある環境に詰め込むことも、あるいはそれを利用して破壊を起こすこともできる。

破壊は成功する見込みが常に最も高いと、理論は教える。なぜなら攻撃側の企業は非対称な動機づけを利用して成長できるうえ、独自のスキルを開発する時間的猶予があるからだ。このセクションでは、CATV電話に関して有効な破壊的戦略を考案することはおそらく可能だが、通信サービスは他の業界と比べて、業界にもともと備わった経済的・技術的要因のせいで破壊が困難な道になることを示した。競合企業が持続的イノベーションの戦いで激突するとき、双方ともに優れた製品と十分な資金をもっていれば、どちらが勝つかを予測するのは難しい。せいぜい言えるのは、競争が熾烈なものになるということだけだ。

大切なのは、自らが提供するサービスの真価を認めてくれるような環境を見出した企業を選ぶことだ。電話市場の過剰満足の顧客は、制約はあっても安価な製品を歓迎するかもしれない。ユニークなセット販売によって、顧客が重要な用事（楽しい時間を過ごすなど）を簡単に片づけられるようにするか、通信を新しい環境に引き入れることができれば、たとえセットに含まれる個々のサービスが劣ってい

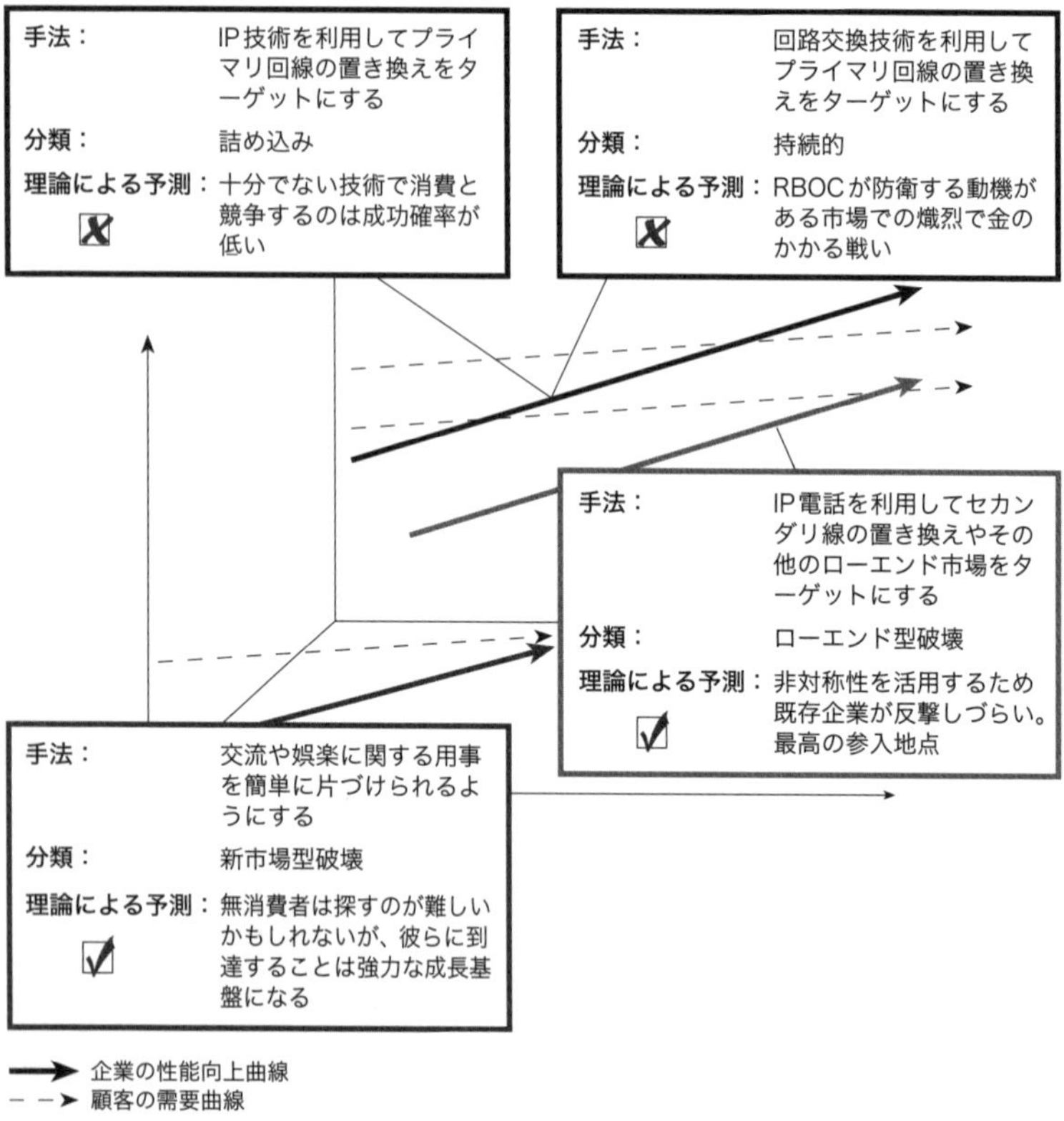
手法：
IP技術を利用してプライマリ回線の置き換えをターゲットにする
分類：
詰め込み
理論による予測：
十分でない技術で消費と競争するのは成功確率が低い
手法：
回路交換技術を利用してプライマリ回線の置き換えをターゲットにする
分類：
持続的
理論による予測：
RBOCが防衛する動機がある市場での熾烈で金のかかる戦い
手法：
IP電話を利用してセカンダリ線の置き換えやその他のローエンド市場をターゲットにする
分類：
ローエンド型破壊
理論による予測：
非対称性を活用するため既存企業が反撃しづらい。最高の参入地点
手法：
交流や娯楽に関する用事を簡単に片づけられるようにする
分類：
新市場型破壊
理論による予測：
無消費者は探すのが難しいかもしれないが、彼らに到達することは強力な成長基盤になる
企業の性能向上曲線
顧客の需要曲線

図10-1　MSOにとっての選択

たとしても顧客の心をつかめるだろう。もしもMSOがコストが大幅に低いビジネスモデルによってIP技術を導入し、電話会社が（二〇〇四年時点では）真似できないような方法でほかのサービス（たとえば映像サービスなど）と組み合わせて提供し、またこれ以上の行政介入がないとすれば、攻撃者（MSO）の側が有利であることを、理論は示している。

CATV会社が競争に参入するのは当然である。なぜならCATVの回線は、アメリカのほとんどの家庭に引かれているからだ。最近ではデータ伝送には、回線以外のものがますます必要とされるようになっている。次のセクションでは、無線データ通信における動向について考える。

業界サマリー

CATV電話

□**変化のシグナル**：規制環境における変化が参入を容易にした。セカンダリ回線の顧客は過剰満足かもしれない。無消費の状況が存在する。

□**競争のバトル**：類似技術間の競争が起こっていることから、サービス提供における相互依存性がコスト低下につながらない限り、非対称性は存在しない。

□**戦略的選択**：新規参入企業（CATV会社）は、過剰満足の顧客をターゲットに低品質のセカンダリ回線を提供してもいいし、無消費者に娯楽関連のユニークなセットサービスを提供して、独自のスキルとビジネスモデルを生み出すのも得策である。

■三　無線ネットワーク――誤った初期戦略は取り込みを招くおそれがある

ここまで主に有線ネットワークを利用するＶｏＩＰとＣＡＴＶについて議論してきた。そうくれば、次に取り上げるのにふさわしい分野は無線（ワイヤレス）データだろう。このセクションでは、当初の導入戦略が誤っていたにもかかわらず（たとえば莫大な投資によって十分でない技術を、最も要求の厳しい用途に詰め込もうとした）、なぜ既存企業が８０２・１１のような次世代無線技術の取り込みに成功し、これを利用して既存のビジネスモデルを拡張する可能性が高いのか、その理由を見ていこう。ただし既存企業にとっては、８０２・１１とＶｏＩＰが融合して８０２・１６のような新技術が出現するというリスクがある。

３ＧとＮＴＴドコモ――詰め込みと「ハローキティ」

一九九〇年代には無線音声とインターネットが爆発的成長を遂げた。人々はこれら二つを組み合わせ、無線技術を使ってデータにアクセスできないだろうかと当然のように考え始めた。既存の無線通信事業者もこの事業機会に気づいていた。だが既存企業は、「この技術を拡張して、金払いのいいビジネス客のデータのニーズを満たすにはどうすればいいだろう？」という、間違った枠に問題をあてはめてしまった。その結果、ほとんどの企業が数十億ドルを投資して性能向上曲線を邁進し、顧客の失望を買っているのだ。これこそ典型的な詰め込みである。

一九八〇年代末に、無線通信事業者は限られた周波数帯を有効利用する手段として、いわゆる「第三世代」移動通信システム（３Ｇ）技術を、持続的イノベーションとして開発し始めた。[※15] そのうえ３

Gは伝送速度が速いため、さまざまなデータを伝送するための有用な手段としても期待された。ただしエンジニアは3Gを主に音声サービスを改善する手段として設計したため、データ伝送能力はやや限定的だった。

既存企業の経営幹部は選択を迫られた。まずは単純な低帯域幅の用途を提供し、そのあとで音質の改善を進め、徐々に性能の高い用途を導入することもできた。当時は顧客が具体的にどのような用途を求めているかがはっきりせず、市場規模は小さいように思われた。あるいは3Gで「背伸び」をして、無線ビデオ会議のようなハイエンドの用途を提供することもできた。顧客は当然そのような用途を求めるだろうし、市場は大きいように思われたが、技術はまだその段階に至っていなかった。

ほとんどの企業幹部には選ぶべき道は明らかに思われた。3Gに手を加えて、より高速な伝送速度を実現し、最も収益率の高い市場に到達できる高度なデータサービスを提供すべきだ。ヨーロッパの無線通信事業者は、ゲーム理論に基づいたオークションで、限られた周波数帯ライセンスを数十億ドルで競り落としていた。オークションの「勝者」は莫大な負債を抱えることになり、その結果として上位市場に進出する意欲をますます高めた。それ以外の方法でどうやってこの莫大な先行投資を埋め合わせられるというのだろうか？

そこで無線通信事業者は数十億ドルの追加投資を行い、技術の改善に勤しんだ。開発者は3Gに手を加え、最大毎秒二メガビットのシームレスなサービスとビデオ配信を実現した。これは当初の設計の一〇倍を超える速度である。エラー許容度は低かった。製品・サービスが機能しなければ、要求の厳しいユーザー（たとえば移動の多い営業担当者など）の貴重な時間と金が無駄になる。たとえば営業担当者がもう一息で数百万ドルの取引をまとめられるというときに、映像配信が途切れてしまったら、どれほどの怒りを買うだろう。

しかし3G技術がこうした期待に応えられないことが明らかになると、当初の熱狂ぶりもさめていった。二〇〇二年になるとライセンス投資が莫大な浪費だという批判が高まった。要求の厳しい用途は現れていなかった。技術がまだ必要にして十分でなかったのだ。業界は高速無線の世界のビジョンを実現する手段として、第四世代、第五世代技術に望みを託した。

このようにしてほとんどの無線通信事業者が、詰め込みという危険な誘惑にとらわれた。顧客を喜ばせられる単純な事業機会を受け入れる代わりに、最も要求の厳しい顧客のニーズに応えようとして技術を詰め込んだ。

日本のNTTドコモという無線通信事業者は、単純なサービス——女子中高生などの、有線データ通信の無消費者をターゲットにした——に焦点を絞った道筋が、破壊的成長を推進できることを証明した。ドコモのiモードサービスは、斬新な着メロやハローキティなどのアニメキャラクターの待ち受けといった単純な用途からスタートした。[※16] このサービスは顧客にそれまで手に入らなかったものを与えたため、最も初歩的な用途でも顧客を喜ばせることができた。[※17] ドコモには顧客がどのような用途を高く評価するかがわからなかったため、外部のコンテンツ提供者の果敢な実験を促すようなビジネスモデルをつくりあげた。コンテンツ提供者は、消費者の心をとらえたものはさらに開発を進め、失敗したものは打ち切った。二〇〇三年九月時点でドコモは、豊かなグラフィックスに大喜びの四〇〇〇万人近くのiモードユーザーを抱えていた。[※18]

欧米の無線事業者もただちに追随し、簡易メール（SMS）などの単純なサービスによって成長を獲得した。ユーザーはSMSを使って友人に簡単なテキストメッセージを送れるようになった。イギリスでは二〇〇三年八月に、ユーザー（Aレベル試験〔大学入試のための統一試験〕の結果を教え合う生徒など）が一六億件以上のテキストメッセージを送信した。[※19]

Wi‐Fi――破壊的成長のあとは……取り込み？

無線データ通信による利益ある成長への道が、単純な用途から始まることをドコモが証明すると、続いてコンピュータ業界とネットワーク業界から、まったく異なる無線データ通信技術が現れた。この技術は専門家にはIEEE（電気電子技術者協会）の規格番号をとって802・11と呼ばれ、一般にはWi‐Fiの名で通っている。Wi‐Fiは無線でデータを伝送するための根本的に新しい技術である。3Gベースの技術は相対的に速度が遅いが電波の届く範囲が広いのに対し、Wi‐Fi技術は相対的に高速だが通信範囲が狭い（ほとんどのWi‐Fi機器のカバレッジ〔電波の受信範囲〕は、半径九〇メートル程度である）。

Wi‐Fiベースの製品の大きな強みの一つに、3Gとは違って政府から乏しい周波数帯ライセンスを取得する必要がないことがある。Wi‐Fiはアメリカ政府が実験とイノベーションを促すためにとっておいた、ライセンス不要周波数帯を利用する。[※20] 競争を促進したいという政府の意向は、二〇〇三年の時点では実を結びつつあるように思われた。こうした高速の短距離無線技術は、いわば無線データネットワークモデルにおける「イノベーションの西部地方」を生み出した。主要なビジネス誌の表紙には、「Wi‐Fi革命」などの見出しが躍った。

企業はWi‐Fiを利用して、無線LAN（WLAN）を構築し始めた。ユーザーはコンピュータに簡単なカードをインストールして（またはこの機能がビルトインされたコンピュータ――たとえば人気を博していたインテルのセントリーノ・プロセッサを搭載したラップトップなど――を使って）、有線インターネットに接続されたアクセスポイントから信号を受信すればよかった。人々は家庭に無線ＬＡＮを設置し、回線の制約から解放された。無線ＬＡＮの通信事業者が続々と現れ、空港やカフェ、市内のビジネス街などの、人の往来の多い場所（いわゆる「ホットスポット」）でサービスを提供した。

これは典型的な新市場型破壊による成長である。無線ＬＡＮはこれまで考えられなかった場所でネットワーク接続を可能にしている。アクセスポイントは簡単に設置、利用できる。おかげで人々は「いつでもどこでもデータに高速でアクセスする」という、それまで重視していた用事を楽に片づけられるようになった。

無線ＬＡＮ通信事業者とは、具体的にどんな企業のことをいうのだろう？　企業は無線ＬＡＮを構築するさまざまな方法を実験している。たとえばインターネットサービスの先駆者スカイ・デイトンが立ち上げたボインゴは、一連の極小設備（一般家庭の居間にある無線アクセスポイントから、地元のホテルのネットワークまで）をまとめるビジネスモデルをつくろうとしている。メッシュ・ネットワークスは、中心構造をもたず、機器間での通信が可能なネットワークの構築に取り組んでいる。そのほか、フラリオン、ナビニ・ネットワークスといった多数の企業が、既存製品を改良しさまざまな補完的製品・サービスを生み出そうとしている。

こうした企業が上位市場に進出するには、重大な技術的課題を克服しなくてはならない。距離的な限界（たとえばカバレッジなど）やプレゼンス管理、セキュリティに関連する問題のせいで、収益性の高いビジネスモデルの構築が難しいのだ。ベテランの業界経験者によれば、こうしたハードルを越えるのは不可能に近いという。規制と物理法則がＷｉ‐Ｆｉの性能向上曲線を制約している。それも確かに一理ある。だが動機づけが十分あるとき（このケースでは間違いなくそうだ）、イノベータがいつか必ず障壁を乗り越えることは、歴史が示す通りだ。未知の要因は政府である。政府はおそらくこうした新しいソリューションが利用できる周波数帯を制限するような障壁を課すものと思われる。

しかし、技術が今後も改善を続けると仮定して、このことは既存の通信事業者にとって吉報なのか、それとも凶報なのだろうか？　またこれは取り込みが選択肢の一つになるような状況だろうか？　答えは、今後イノベータがある一つのビジネスモデルを中心にまとまり、Ｗｉ－Ｆｉソリューションの開発を続けるうちに、どのような選択を下すかによって決まるだろう。ここでも無線音声通信のたどった道筋がここでもくり返されるであろうことを、二〇〇四年初めの時点でさまざまな証拠が指し示している。つまり既存企業が破壊的な用途を取り込むということだ。しかし８０２・１１とＶｏＩＰの融合と次世代技術の出現によって、この評価は変わるかもしれない。

近い将来の破壊の原動力になり得る選択

初期のＷｉ－Ｆｉの市場開発は非対称な動機づけの盾に依存していた。この市場はまだはっきりせず、３Ｇを成功させる方法を見つけることに躍起になっていた数十億ドル規模の大企業が関心をもつには小さすぎた。既存企業の関心をＷｉ－Ｆｉの成長からできるだけ長い間そらしておくために、新規参入企業は独自のビジネスモデルとスキルを開発する必要があった。Ｗｉ－Ｆｉは、ほぼ自立的なバリューネットワークをもっている。もちろん、無線データ通信事業者はどこかの地点で有線ネットワークに接続する必要があるが、この接点となるのは真のモジュール化が生じた箇所である。モジュール性のおかげで、新規参入企業は利用時間に依拠しないビジネスモデルを開発することができる。

大規模なネットワークを構築する必要がないため、既存企業に比べてずっと低い料金を提示できるのだ。

こうした新種の競合アクセス事業者（CAP）は、十分な数の無線アクセスポイントを統合すれば、全国的なカバレッジのようなものを生み出すことができ、その結果データトラフィックを無線という新しい環境に引き込むだろう。続いて無線LAN事業者は音声サービスを提供する方法（無線VoIPのようなもの、本章のあとのほうで説明する）を開発し、既存企業に対する破壊的脅威をさらに強めるだろう。新規参入企業がこの破壊の経路をたどれば、既存のネットワーク通信事業者は最終的に根幹的な役割を残すのみとなり、顧客への支配力も、業界内での力もほぼ失うことになるだろう。

早期に反撃する動機づけと補完的な強みによって持続的シナリオを推進

既存企業は無線LANの動向を見逃し、新規参入企業に破壊の道筋を進ませ、反撃しようと思ったときにはもう手遅れになるだろうか？　二〇〇三年時点では、既存企業が非対称な動機づけに苦しめられていないという兆候が現れ始めていた。Tモバイル、ベライゾン、AT&Tなどの通信事業者は、自社の既存回線を拡張する手段として、Wi-Fiを使う新しい方法を実験していた。Tモバイルはスターバックスの店舗でWi-Fiアクセスポイントを有料で提供し始めた。ベライゾンは、都市部の自社の公衆電話にWi-Fiアクセスポイントを設置して、既存のデジタル加入者回線（DSL）顧客が利用できるようにすると発表した。AT&T、IBM、インテルは、共同出資によりコメタ・ネットワークスを設立して、Wi-Fiサービスを卸売りする計画だった（コメタはサービス拡大に必要な資金の調達に失敗し、二〇〇四年五月に業務を停止した）。

そのうえ特定の地域で競争するためのスキルが、広く分岐したネットワークを管理するスキルと本当に異なるのかどうかも明らかではない。無線LAN通信事業者が成功するためには、ネットワークのブリッジ（橋渡し）、多数の個人顧客のアカウントの管理、細かいトランザクション処理といった問題を解決しなくてはならない。大規模な企業も同様の問題を乗り越える必要があるが、大企業のスキルは、この機会を活用するのにかなり適しているように思われる。

新規参入企業が非対称な状況を生み出せなければ、既存企業がWi‐Fiの取り込みを成功させる可能性は高い。取り込み後の世界はどのようになるのだろう？　CAPはホットスポットに進出して、混雑したトラフィックに対処できる、補完的な高速データネットワークを提供するだろう（地域航空会社が、既存のハブ＆スポーク方式のネットワークを補強する方法と似ている）。既存事業者はこの技術と一定の距離を置き、高品質で信頼性の高いサービスを自社のネットワーク内で提供できるほど、技術が改善するのを待つだろう。最終的にCAPはカバレッジの拡大を目指す既存事業者にとって魅力的な買収先となる。既存事業者は優れた資源とネットワーク管理知識をもっているため、最終的に成長を獲得できるだろう。潜在的な買収企業に魅力的に映るような方法で、補完的なサービスをこれ見よがしに開発する新興企業がこのシナリオでは最も成功するだろう。

将来の破壊経路

既存企業は802・11を取り込もうとしているように思われるが、次の二つの動向が真の破壊をもたらす可能性がある。第一に、VoIPと無線技術の融合によって、通信事業者がまったく新しいビジネスモデルを開発できるようになるかもしれない。このビジネスモデルは、ユーザーが定額料金で無制限に音声通話とインターネットアクセスを利用できるというものだ。たとえばダートマス大学は、802・11アクセスポイントをキャンパス中に設置し、二〇〇三年九月には一年生全員に「ソフトフォン」を配布した。学生はソフトフォンを自分のラップトップに差し込めば、キャンパスのどこにいても無料で通話ができた。

既存企業には、ここでも活用できる強みがいくつかある。真に統合されたソリューションを提供して、顧客が場所に応じて無線と有線ネットワークに切り替え、どこにいても同じ電話番号を使えるようにすることもできる。だが成功するはずの新しいビジネスモデルも、組織に重大な影響を与えるため、事業化には独立した組織が必要になるだろう。また既存企業には、ソフトウェア開発のスキルなど、この世界で成功するのに必要なスキルがいくつか欠けている。別の言い方をすると、802・11とVoIPの融合が早く起これば起こるほど、取り込みは難しくなるということだ。

注視すべき二つめの動向は、WiMAXとも呼ばれる802・16などの新しい無線技術の動向である。WiMAX製品は初期のテストで半径約五〇キロをカバーし、最大で七五Mbps（メガビット毎秒）の通信が可能だった。この技術はまだ開発途上にあり、初期の反復段階では携帯性とローミングに関連する限界に苦しんでいるが、開発が予定通り進めば、競合環境を一変させる本物の「ゲームチェンジャー」になるかもしれない。そうなれば、真に融合したサービスを非常に低い料金で提供する、新しい通信事業者が現れるだろう。全国規模のネットワークを統合する仕事は、802・16の技術特性のおかげで今よりずっと容易になる。破壊を志す新規参入企業がとる経路のうち、成功する見込みが非常に高いものは、既存企業にとって規模が小さすぎて意味をなさない市場か、既存企業がサービスを提供していない地域を当初のターゲットにする方法だ。たとえば低コストのWiMAXネットワークを開発途上国のサービスが十分に整備されていない地域で開発しても、既存企業はすぐに反撃しようとはしないだろう。その間新規参入企業は、ビジネスモデルとそれを支えるプロセスを精緻化すれば、競争のための強力な武器を手に入れられる。起こり得る一つの結果として、ＷｉＭＡＸをはじめとする次世代技術は、基本的なネットワーク接続を提供するための代替手段になるかもしれない。この結果伝送サービスの提供はさらなる競争圧力にさらされ、本章の最初に説明した、分離されたサービスを提供する事業者への価値のシフトが加速するだろう。現時点でまだわからないのは、政府（具体的にはＦＣＣ）が８０２・１６をほかの８０２・ｘ技術と同等に扱うかどうかである。

無線データ通信のまとめ

本書執筆時点で、無線データの将来はまだ不透明である。現時点では、既存の通信事業者が今後もＷｉ‐Ｆｉ技術を取り込む動機づけをもち続けるという、持続的なシナリオが実現する可能性が濃厚だ。しかし、ある種の新規参入企業がこのシナリオを離脱して、自立的なバリューネットワークを構築し、既存企業が取り込めないビジネスモデルを開発し、非対称なスキルを生み出し、既存の無線・有線事業者を破壊するという破壊のシナリオもまだ残っている。注視すべきは、明らかにこの戦略をたどっているように思われる、メッシュ・ネットワークスのような企業だ。たとえメッシュが成功しなくても、この経路をたどる企業は真の破壊的戦略を探りあてる可能性がある。ＶｏＩＰと無線技術が融合し次世代無線技術の開発が今後も続けば、破壊のチャンスは高まるだろう。

わたしたちのツールを使えば、企業が今後それぞれの道を歩むうちに下す決定を評価できる。新規参入企業がどのようなビジネスモデルを選択しスキルを開発するのか、既存企業がどのような形で反撃に出るのかに注目しよう。正しい準備計画を実行し、自立的バリューネットワークを構築する新規参入企業には、たとえはっきりしない市場から始まった企業であっても、十分な注意を払おう。また新規参入企業が破壊を目指しているのか、それとも既存企業への身売りを望んでいるのかにも注目しよう。ここでも理論を活用すれば、裏づけとなるデータがまだ手に入らないうちから最終的な結果に関する深い洞察を得ることができるのだ。

業界サマリー　**無線データ通信**

□**変化のシグナル**：次世代製品に対するプレミアムが減少していること、専門的企業が出現したこと、顧客が機能を使いこなしていないことは、過剰満足の顧客の存在を指し示している。

□**競争のバトル**：カスタマイズ化を求める市場は、中核市場に比べると規模が小さい。カスタム製品を提供するには独自のスキルが必要だ。

□**戦略的選択**：新規参入企業は成長を獲得するためにはすばやく行動する必要がある。インテルの破壊の脅威を認識し、対処する能力は実証済みである。

■四　周辺市場――意外な場所から現れる競合企業

ここまで有線・無線データ通信の既存企業と、アメリカのほとんどの住宅に引かれているもう一つの（CATV）回線の既存企業が、どのような圧力にさらされているかを考えた。こうした脅威のすべては、ある意味ではわかりきったものばかりである。そして既存企業はそのすべてを撃退できる可能性が高い。業界の変化を予測するには予期しない動きを明らかにする必要がある。そのためには、まったく異なる環境に技術を引き入れようとしている企業や、既存企業が反撃できないまったく異なる方法で競争している企業を探さなくてはならない。

このセクションでは、そのような例を二つ取り上げる。インスタントメッセージング（IM）とマイクロソフトである。これらは例外的な、または取るに足りない例のように思われるかもしれないが、肝に銘じてほしい。今日は取るに足りないものが明日になれば世界を変えてしまうこともあるのだ。これらの動向のそれぞれの性能向上曲線をたどってみると、実に驚くべき競合企業が出現すると予測できる。

IM――おもちゃ、それとも破壊の足がかり？

世界中の数千万人のティーンエイジャーが、インスタントメッセージング（IM）サービスを使って、毎日何時間もコミュニケーションを取り合っている。AOL（AOLインスタントメッセンジャー）、ヤフー（メッセンジャー）、マイクロソフト（ウィンドウズメッセンジャー）が無料で提供するアプリは、世界中の数千万台のパソコンにいつの間にか、また急速にダウンロードされつつある。利用の準備が整ったら、メッセージを入力し（LOL、TTYL、AAMOFといった略語がよく使われる）[※21]、エンターキーを押すだけで、メッセージを一瞬にして友人のパソコンやモバイル機器に送信できるのだ。

これは破壊的成長である。IMはリアルタイム通信を新しい環境に引き入れた。[※22] これを使えば、近くの人（おそらく親など）に秘密の会話を聞かれる心配なくこっそり通信できる。ティーンエイジャーはIMのおかげで、親には宿題をやっていると思わせて、立ち聞きされずに思うまま噂話や世間話に興じることができる。この環境では、音声を使えないのはデメリットではなくメリットなのだ。

IMは着実に性能が向上している。今では地球の裏側の同僚と共同でパワーポイントのプレゼンテーションを作成、編集することもできる。IMはモバイル機器でも利用できる。「通話」ボタンを押してしゃべるだけで、インターネット経由で友人に声を伝えられる。ティーンエイジャーは安いウェブカメラを買って、パソコンに接続し、ウェブカムボタンを押せば、あっという間に簡単なビデオ会議ができる。IMにはプレゼンス管理機能もあり、相手がオンラインなのかオフラインなのかがわかるようになっている。

こうした用途はどれをとっても、それほど性能が高くない。音声伝送は反響して安っぽい音がするし、ビデオ会議の映像の質も悪い。既存の通信事業者の経営幹部は品質の劣ったサービスを一蹴するかもしれないが、それでもちゃんと使えて無料なのだからユーザーは大喜びだ。経営幹部は注意を払わなくてはいけない。

IMの成長と改善をなぜ注視する必要があるかといえば、IM市場で競争する企業は、既存の通信事業者にはまったく意味をなさないビジネスモデルを構築できるからだ。IMを提供する企業はIMの利用から直接収益を得ようとはしない。こうした企業の第一の目的は通信それ自体ではなく、IM

を利用して中核製品・サービスの意義を高め、利用を増やすことにある。IM事業者は既存事業者とはまったく異質な問題を解決し、異質なスキルを生み出しつつあるのだ。

これこそが、非対称性に満ちた究極の分離サービスになるかもしれない。IMが本当に通信業界の変化の先触れなのかどうかはまだわからない。しかしIMが上位市場に進出する様子を観察することで、既存の通信事業者にとって脅威になりそうかどうかを判断できるだろう。

もう一つのローエンド型破壊ビジネスモデルの可能性——マイクロソフト

イノベーションとテクノロジーに関する本が、マイクロソフトに最低でも短いセクションを割り当てないわけにはいかない。マイクロソフトはIM市場で競争しているが、もちろんそれだけがマイクロソフトの事業なのではない。同社のオペレーティングシステムの最新版、ウィンドウズXPは、SIP（セッション開始プロトコル）と互換性がある。SIPはVoIP伝送に似た単純な規格で、ほとんどの通信ネットワーク上で動作する。[※23]

これはどういう意味だろう？　マイクロソフトのOSに埋め込まれた機能のおかげで、ユーザーはコンピュータを電話として簡単に扱えるようになるのだ。マイクロソフト自身が自社サイトでこう述べている「ウィンドウズXPを搭載したパソコンの一台一台が、実は電話機なのです」。[※24]　つまり企業はIP電話の機能を模倣したアプリケーションをコンピュータ環境でつくれるのだ。これに破壊の響きを感じ取れないだろうか？

マイクロソフトは、十分機能するOSを構築する方法を世界中のどの企業よりも熟知しているため、ことによるとどの企業よりもうまく音声技術を統合できるかもしれない。この製造における相互依存性のおかげで、マイクロソフトは既存の通信事業者よりも低コストの電話ソリューションを提供できるだろう。これは真のローエンド型破壊になる。既存企業は、これに効果的に反撃できるスキルや知識をもっていないのだ。

二〇〇四年三月時点で、マイクロソフトは通信事業者になることへの関心を一切否定し、サービスベースの新しい収益源と他の通信事業者をサポートすることだけに関心があると発表した。SIPの導入も静かなものだった。消費者がその機能をどのように使いこなすのかを見きわめてから、次の動きを決定しようとしている。それでも次の大きな破壊を探すアナリストは、マイクロソフトが静かに破壊的攻撃をしかけるかどうかを、注意深く観察しなくてはならない。

業界サマリー

周辺市場

□**変化のシグナル**：IMは通信を新しい環境に引き入れることによって、新市場型破壊的成長を生み出した。マイクロソフトは単純な低コストのソリューションを開発できるかもしれない。

□**競争のバトル**：どちらの動向も、既存企業の反撃を難しくするような根本的に異なるビジネスモデルをもとにしている。こうしたサービスの提供企業は、既存企業がもたないようなスキルを身につけつつある。

□**戦略的選択**：重要な問題は次の通り。既存企業は今後もこうした動向を無視し続けるだろうか？ これらサービスの提供企業は、上位市場に進出するにあたってどのような経路をたどるだろう？ どのようなビジネスモデルを用いるだろう？ 適切な準備計画を実行するだろうか？。

■まとめ

過去数年間の大混乱のあとでは、常に既存企業に投資するのが安全な賭けだろう。既存企業は明らかな強みをもち、ネットワークを所有し、規制当局と協力する方法を知り、必要な資源をもっているからだ。

実際、通信業界では、ほかの環境であれば業界構造をすっかり変えてしまったかもしれない破壊的イノベーションが、これまで立て続けに起こっている。専門的企業が市場に参入し、ネットワークの末端（機器など）や隣接市場（企業向けデータ市場など）では破壊が次々と起こった。しかしこうした破壊は、小売、コンピュータ、エレクトロニクスなどの業界で起こったものとは違い、通信業界の中核を揺るがしてはいない。※25 緊密な垂直統合と集中管理という基本的なビジネスモデルは、ほとんど変化しておらず何者の挑戦にもさらされていない。電話の導入以来、業界を根本的につくりかえたものはない。

しかしボブ・ディランが歌ったように、「時代は変わる」のだ。既存企業は、たとえ本章で取り上げたすべての動向を取り込んだとしても、多くの面で競争の脅威にさらされるだろう。分離の波に乗る独立型無線通信事業者やＣＡＴＶ会社、専門的企業が、既存市場を少しずつ侵食するだろう。「なぶり殺し」にあう危険が現実味を帯びている。既存企業から見て最悪のシナリオは、集中化された有線音声通信から、分散化された無線データ通信へのシフトがいきなり起こり、既存企業の支配する古い世界がますます意味を失っていくという展開だ。

したがって、投資すべき既存企業とは、こうした市場要因を早くに受け入れ、技術を活用して破壊的成長事業を生み出そうとする企業だ。様子見を決め込む企業は、消えゆくことが多い。また投資すべき新規参入企業と業界の新種のプレーヤーとは、正しい決断を下し（大規模でわかりやすい市場をターゲットにしてしまうという罠を避けるなど）、非対称なビジネスモデルを開発し、自立的なバリューネットワークを生み出し、そこで非対称なスキルを構築することができる企業だ。

言うまでもないことだが、どんな未来予測のシナリオにも落とし穴がある。なぜなら、政府がいまだ業界で大きな役割を果たしており、その行動が業界の変化に大きく影響することがあるからだ。一例として、もし政府がライセンス不要周波数帯の利用に制限を課すようなことがあれば、Ｗｉ‐Ｆｉが成功する見込みは大幅に低くなる。同様に、こうした決定は専門的なＶｏＩＰ事業者やＣＡＴＶ会社にも重大な影響を与えるだろう。

通信を取り上げた本章からは、次の五つの一般的な教訓を引き出すことができる。

□第一章から第三章で説明した分析的手法を用いれば、複雑な業界のイノベーションについて秩序立った方法で考えられる。

□理論を用いることの最も大きなメリットの一つは、注視すべき動向に焦点を絞ることによって、イノベーションや業界の進化の兆候を正しく解釈できるようになることだ。

□イノベーションが既存の主要企業を転覆させる見込みを過大に評価しないよう、注意しなくてはならない。イノベーションの取り込まれやすさと、破壊に直面した既存企業が逃走より闘争を選ぶ動機があるかどうかを考えよう。

□相互依存性が非常に高い、ネットワーク化された業界では、取り込みの可能性が高い。

□周辺部の動向には常に警戒が必要である。

終章　結論——次に来るのは何か？

本書の結びとして、一歩後ろに下がってここまでのおさらいをし、さらに調査が必要な分野を指摘し、最後にいくつかわたしたちの考えを述べるとしよう。

■ここまでのおさらい——分析のために理論を用いる

本書ではイノベーションの理論を使って業界の変化を予測する方法を詳しく述べた。第一章から第三章までは、わたしたちの分析プロセスの要旨を説明した。このプロセスは、三つの反復的なステップからなる。

一　変化のシグナルを探す。業界の環境変化や、無消費者、満たされない顧客、過剰満足の顧客を新しい方法で獲得しようとしている企業を示唆するシグナルはないだろうか。

二　競争のバトルを評価する。競合企業の経営状況を把握し、非対称性の剣と盾をもっている企業を探す。

三　破壊のプロセスを正しく実行できるチャンスを増やす、または減らすような、重要な戦略的選択に目を配る。

各章の結論には、それぞれのステップを実行する際に役立つ質問を列挙した。図11 - 1に、それらの質問をまとめた。

第五章から第八章までと第一〇章では、この分析的プロセスを用いて教育、航空、半導体、医療、通信の各業界の未来についての洞察を得た。各章の結論には、各業界の研究から得られた一般的な教訓を挙げた。図11 - 2に、それらの教訓をまとめた。

本書の最も重要な教訓は、当然ながら破壊的イノベーションと関係がある。特に重要な教訓を四つ挙げよう。

一　破壊とはプロセスであって、一過性の出来事ではない。

二　破壊とは相対的な現象である。ある企業にとって破壊的なイノベーションが、別の企業にとっては持続的なイノベーションになるかもしれない。

変化のシグナル	競争のバトル	戦略的選択
1. 業界の顧客は、どんな用事を片づけようとしているのか？ 顧客は現在の製品・サービスを十分消費していないのか、満たされていないのか、それとも過剰満足なのか？ 企業は顧客を獲得するために、どの側面で競争しているのだろう？ 2. 過去にどのような性能向上に割高な価格がついたか？ 3. 現時点での主流は、統合型と分業型のビジネスモデルのどちらか？ インターフェースは特定可能で、検証可能、予測可能だろうか？ 4. 新しいビジネスモデルは、どこに現れているのか？ 周辺市場に成長は見られるだろうか？ 5. 政府やその監督機関は、イノベーションを促進または阻害するうえで、どんな役割を果たしているのか？	1. 業界のプレーヤーのビジネスモデルはどんなものだろう？ 動機は？ スキルは？ 2. 業界のプレーヤーはどのような違いをもっているか？ 市場のニーズを満たす方法に違いはあるだろうか？ 対称性が存在するのはどこか、非対称性はどこにあるか？ 3. 非対称性は、攻撃側の企業と既存企業のどちらに有利に働いているか？ 4. イノベーションはターゲット市場に自然になじむものだろうか？ 詰め込みに兆候は見られないだろうか？ 5. 企業がローエンド市場から撤退し、上位市場に向かおうとしている兆候はあるか？ 向かうべき上位市場は残っているか？ その上位市場にいられるのは、あとどれだけの時間か？	1. 企業は正しい戦略が創発的に生まれる必要があるような状況に置かれているだろうか？ 企業には創発的な力を促す自由度があるだろうか？ 企業のマネジャーは、今後も再び起こり得る問題に、取り組んだ経験があるだろうか？ また経験から学習する能力を証明してきただろうか？ 2. 投資家の価値基準は、企業のニーズとマッチしているだろうか？ 投資家が企業の場合、その成長は鈍化していないだろうか？ 3. バリューネットワークは既存企業のものと重複しているだろうか？ 答えがイエスの場合、重複の度合いはどれほどだろう？ バリューネットワークのせいで、非対称なビジネスモデルを生み出すのが不可能な状況だろうか？ 4. これはスピンアウト組織をつくるのに適した状況だろうか？ スピンアウト組織には、必要なことを行う自由度があるだろうか？

図11-1　分析プロセスで考えるべき質問

三　異質な技術や急進的な技術が破壊的イノベーションとは限らない。
四　破壊的イノベーションは、ハイテク市場だけのものではない。破壊はどんな製品・サービスにも起こるし、国家経済間の競争を説明することもできる。

読者が本書を通じて、真の新市場型またはローエンド型破壊的イノベーションを開発した企業を見きわめる力を身につけ、そうした企業が破壊への道から外れないようにするために何に気をつけるべきかを学んでくれることを願っている。

破壊的な製品・サービスのイノベーションは、無消費と競争するか、消費を新しい状況にもたらすことで、新しい市場を創出できる。こうした比較的単純で性能の限られた製品のおかげで、より幅広い層の人々が、それまで専門家に頼っていたことを自分でできるようになる。この種のイノベーションを開発する企業が陥りがちな罠の一つに、「破壊的イノベーションを、大規模で明白な市場に詰め込もうとする」ことが挙げられる。初期の製品は性能が限られているため、最も規模が大きく最も収益性の高い顧客は、それを購入しようとは思わない。最大の市場を狙うためにイノベーションを改変するという過ちを避けるには、経験の学校で適切な「講座」を受講した、規律ある経営陣が不可欠である。この規律こそが、破壊を最終的に成功に導くカギとなる。破壊的イノベーションを大規模な既存市場に詰め込もうとする試みは、まず成功しない。顧客はたいていイノベーションにそっぽを向き、また業界のリーダー企業は攻撃をかわす動機づけとそうするための資源とスキルをもっているからだ。

ビジネスモデルのイノベーションによって、企業は製品・サービスをより便利に、またはより低価

教育

- 誰もが消費を行っているように思われる環境にも、無消費は存在する
- 無消費者が重視する用事を簡単に片づけられるようにすることは、成長への近道である（フェニックス大学や企業研修など）
- 企業は同じイノベーションをまったく異なる方法で導入することがある（eラーニングなど）
- 企業は市場の周縁部から始め、それから中核市場に進出すれば、政府規制の網をかいくぐれる（コンコードロースクールなど）
- どんな組織も（非営利組織でさえ）スキルと動機づけをもっており、それらが組織にできること、できないことを決定する

航空

- スキルと動機づけは、企業の強みと弱みを決定し、新しい種類の企業に機会をもたらし、またそれぞれの企業が破壊的成長にどのように対応するかを決定する
- 非対称な動機づけを有利に活用すれば、既存企業の反撃を招かずに成長を創出できる（エンブラエル、ボンバルディア、サウスウエストなど）
- 企業が破壊の脅威にどのように対応するかは、業界の環境にも左右される（たとえば大手航空会社は、ローエンドから逃走できないために闘争を選ばざるを得ないなど）
- 破壊性のある企業は、重複するバリューネットワークに属することによって、あえて既存企業に取り込まれやすいビジネスモデルを選択する場合もある（地域航空会社など）
- 当初のターゲット市場とバリューネットワークを適切に選択することで、破壊性を高められる

半導体

- 統合保存の原則により、競争基盤が変化すればバリューチェーンの再編が必要になることがわかる
- 顧客が性能向上に対価を支払いたがらなくなることと、ある付加価値段階に特化した非統合型企業の参入が、過剰満足の兆候である
- 過剰満足が生じれば、企業は競争基盤を変えルールベースの設計と製造を活用して、製造を顧客に近づけることができるようになる
- 破壊的ビジネスモデルは、非対称な動機づけをもとにした死角やスキルギャップを活用しているため、既存企業にとって反撃するのが難しい

医療

- 科学的進歩によって分類方式が向上し、予防と治療の指針となるルールが生まれる
- このようなルールによって、スキルの劣った人たちも、それまで深い専門知識がなければ行えなかったことができるようになる
- 市場外の要因は、市場プレーヤーの動機づけと能力に作用することで、イノベーションの市場に影響を及ぼす

通信

- 第一章から第三章で説明した分析的手法を用いれば、複雑な業界のイノベーションについて秩序立った方法で考えられる
- 理論を用いる最大のメリットは、注視すべき動向に焦点を絞ることによって、イノベーションや業界の進化の兆候を正しく解釈できるようになることだ
- イノベーションが既存の主要企業を転覆させる見込みを過大に評価しないよう、注意しなくてはならない。イノベーションの取り込まれやすさと、破壊に直面した既存企業が逃走より闘争を選ぶ動機づけがあるかどうかを考えよう
- 相互依存性の非常に高いネットワーク化された業界では、取り込みの可能性が高い
- 周辺部の動向には常に警戒が必要である

図11-2　各章の教訓

格で提供できるようになる。こうしたローエンド型破壊を成功させるためにも、当初の導入を市場のローエンドに限定する規律をもった経営陣が必要だ。ローエンド型破壊を推進する企業が成功するのは、既存企業が手放したがっている顧客をターゲットにして、動機づけの非対称性を密かに活用する場合である。新規参入企業は、たとえ最も大切な顧客をめぐる既存企業との直接対決に勝てたとしても、既存企業はあらゆる手段を尽くして中核市場を死守しようとするため、莫大な資源を費やすことになる。

ほとんどのイノベーションは、破壊的イノベーションではない。最も重要で最も収益性の高いイノベーションの多くは、よい製品・サービスをよりよくする持続的イノベーションである。一般に、持続的イノベーションを先導するのは既存企業だが、「成功」を正しく定義すれば、新規参入企業でも持続的イノベーションを成功させることはできる。持続的イノベーションを推進する新規参入企業が、イノベーションをもとに大規模な事業を構築しようとするなら、成功する見込みは低い。新規参入企業が莫大な資金を費やせるのでない限り、この道は危険が大きい。だが新規参入企業が成功の意味を、「既存企業と協力して、顧客が喜んで対価を支払う、価値ある増強を実現すること」と定義するなら、成功できる確率は高い。こうした新規参入企業は、最終的にイノベーションを既存企業に（利益を上げながら）売却することが多い。

製品・サービスが十分でなく、改良するために予測不可能な相互依存性をマスターする必要があるとき、既存企業との協力が特に重要になる。業界のバリューチェーンの重要な部分を支配する既存企業は、競争相手にするより味方につけたほうがいい。統合化が必要とされる業界で、既存企業と直接対決しようとする新規参入企業は、得てして顧客を失望させるものだ。これが特にあてはまるのは、急進的な持続的技術の場合である。上位市場に進出しようとする既存企業は、無数の新しい相互依存性を解読し、新技術にはつきものの欠陥を改善する能力をもっている。一般に新規参入企業は、これを行えるほど広範で大規模な事業を展開していない。

新規参入企業と既存企業にとっての適切な市場進出戦略が変化するのは、過剰満足が生じ、インターフェースがモジュール化を促すような形で変化するときだ。専門的企業はこの段階で市場に参入し、価値の分け前に与ることができる。既存企業が市場の一部の階層を過剰満足させ、市場が求めるよりも速いペースでイノベーションを推進していることが、モジュール性へのシフトの予兆である場合が多い。しかし既存企業はモジュール性にシフトすることによって、確かにイノベーションを加速させるが、それとともに性能を左右する部品やサブシステムの製造業者に価値がシフトしてしまうことに気づく。こうしたシフトを認識し、適切な対策をとる既存企業は、将来魅力的な利益が宿る場所に向かって「スケート」していけるだろう。

■終わりに

言うまでもないことだが、イノベーションの旅はここで終わらない。理論の構築と活用は反復的なプロセスである。将来の研究者がわたしたちの研究を拡張し、精緻化する方法はいろいろある。特に興味深い分野を二つ挙げると、アノマリー（理論上は起こるはずのことが起こらない現象）を探すことと、より深い分析を可能にするツール（たとえば非対称性を定量的に評価する方法など）を開発することだ。

こうした研究が進めば、イノベーションの理論はますます有用な予測ツールになるだろう。これは終わりなき追求である。未来とは常に予測不可能なものだ。唯一絶対確実に予測できるのは、「予想もしなかったことが起こる」ということだけだ。わたしたちが求めるのは完璧な理論ではないし、第一そんな理論はあり得ない。わたしたちの目標は、予測不能な動向を読み解く能力を高めることにある。本書で説明した概念を、そのためのロードマップと考えてほしい。予測不可能な出来事が必然的に生じたときは、理論の助けを借りれば、その出来事が国家や業界、企業、市場セグメントに与える影響をすばやく理解できるだろう。

そのようなわけで、わたしたちは本書で示した予測が実現する確率をもって、本書の成功を測るようなことはしない。本書が成功したと言えるのは、本書で紹介した概念を読者が有用だと感じてくれるときだ。読者が初期のシグナルを鋭敏に見きわめ、適切な行動をとることによって、わたしたちの手法を利用し、将来への重要な洞察を得るための直感を身につけてくれることを願っている。それは精力的な同僚がこの間の部局会議で誇らしげに説明していたイノベーションの意味を理解することかもしれないし、厳しい変化が起きている数十億ドル規模の業界で波乱を乗り越える方法を知ること、あるいは国全体の成長見通しを評価することかもしれない。

最後に、五つの助言を贈りたい。

一　誰かが「確固たるデータ」を振りかざしてあなたの洞察に反対しても、ひるまないこと。忘れないでほしい、本当に確固たるデータが手に入るのは、過去のことに関してだけなのだ。こんな質問をすればいい。「これは本当に適切なデータなのか?」「前とは状況が違うから、過去に成功したからといって、将来も成功するとは限らないのではないか?」

二　理論とデータを、互いに対立するものとしてとらえないこと。状況が変化しているという確証や、競争で優位に立っている企業を知る手がかりを探す際には、理論をデータ収集の指針として使おう。古いことわざのいう通り「信頼せよ、されど確認せよ」だ。

三　何事も相対的だということを忘れるな。同じイノベーションでも、企業によってまったく違う意味をもつことがある。イノベーションが特定の企業に与える影響を評価するには、その企業の強みや弱み、思考方式、経営上の慣習などを理解しなくてはならない。企業の目から見て、世界がどのように見えるかを常に考えること。どんな企業にも得手、不得手がある。どんな企業でも、取り組みたいと思う機会があれば、手を出したくない機会もある。

四　口で言うことと実際に行うことは違う。企業が何かの計画を発表したからといって、それを実行に移すとは限らない。上層部が執筆したが、組織の中では意味をなさない大胆な経営理念が具体的な行動に移されることはまずない。企業は話題づくりのためにプレスリリースを発表することが多いが、話題を集めたからといって業界に変化が起こるわけではない。

五　選択は確かに重要だが、それがすべてではない。競争のバトルの結末が最初から決まっているようなことは滅多にない。企業は自ら下す選択によって、最終的に勝者になる見込みを大いに増やしたり減らしたりできる。だが企業に無限の自由度があるわけではない。企業が初期に下す決定は、企業の能力に大きな影響を及ぼし、企業にできることとできないことを決定し、その結果企業がどのような戦略を受け入れがたいと感じるかが決まる。

それでは、こうした理論を実際に使ってみてほしい。アノマリーを見つけ、それを発表してもらえれば、次に何が来るかを予測する能力を、わたしたちとともに改善していける。

付録　主要な概念のまとめ

この付録では、まず理論構築のプロセスについて説明してから、次の概念をおさらいする。

□破壊的イノベーションの理論
□資源・プロセス・価値基準の理論（RPV理論）
□片づけるべき用事の理論
□バリューチェーン進化の理論（VCE理論）（またこれの発展型として、持続的イノベーションの分類方式）
□経験の学校の理論
□創発的戦略の理論（またこれを支える、発見志向のプラニングツール）
□動機づけ／能力の枠組み

それぞれの概念を説明するために、その概念をより詳しく説明した原資料も紹介しよう。

■理論構築のプロセス

理論とは、「何が、何を、なぜ引き起こすのか」という、条件つきの言明である。一般に経営学の研究者は、次の三段階のプロセスをたどりながら理論を構築することが多い（図A－1に示した）。第一段階として、研究者は現象を注意深く観察し、説明し、測定する。簡単に言えば、研究者はそこで起こっていることを記録しようとする。

第二段階として、単純化のために、観察した現象から最も明らかな類似点と相違点を見つけ出し、それらをもとに現象をいくつかのカテゴリーに分類する。最初は、研究者は現象の**特性**をもとにカテゴリーを分類する。特性とは一般に形容詞で表すことが多く、規模や難しさの度合いなどの説明である。第三段階として、ある特定の特性の集合が、どのようにしてある特定の結果を導くかを説明する理

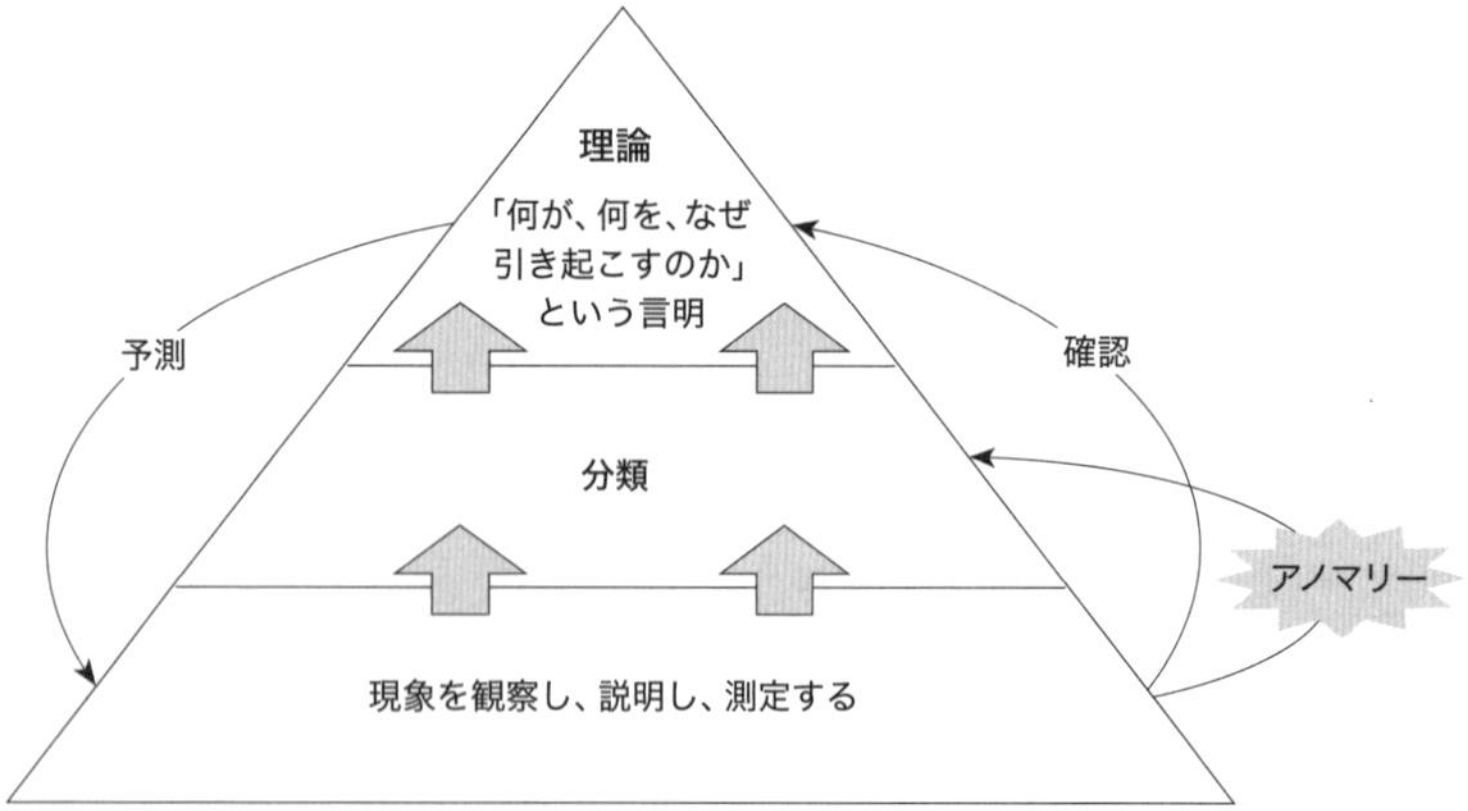

図A-1　理論構築プロセス

論を立てる。

しかし、これは理論構築プロセスの始まりに過ぎない。研究者は出発点となる理論を立ててから、図のピラミッドの底辺に立ち戻り、実際に理論を使ってさまざまな状況でどのような現象が起こるかを予測する。このとき、研究者はたいていアノマリーに遭遇する。アノマリーとは、理論上は起こらないはずのことが起こってしまう、または起こるはずのことが起こらない現象をいう。なぜこのような事態が生じるかといえば、特性に基づく理論は、**相関性**を示すだけで、**因果性**を説明しない場合が多いからだ。この時点では、**なぜ**異なる特性が異なる結果を招くのかを研究者は説明できない。また、同じ現象を観察する別の研究者が、矛盾する分類方式を考案することもある。この段階ではかなりの混乱が生じるが、それは厳密な理論に向かうために必要なステップなのだ。多くの研究者が、アノマリーを避けるよう教えられているが、特異な現象を発見することは、よりよい理論を構築するプロセスのカギとなる要素である。

予測能力のある理論を構築するための突破口が開けるのは、研究者が（単なる相関性を越えて）その現象を**引き起こしている**根本的な原理を発見し、実際に起こり得るさまざまな状況を反映した、「相互に排他的で、全体として漏れがない（ダブりがなく、漏れもない）」状況に基づく分類を立てるときである。状況に基づく分類方式があれば、「なぜ特定の行動が、特定の結果を招くか」を理解できるようになる。理論が有用なツールになるのは、「ある行動が期待通りの結果を招く／招かないのはいつか」「どんな変化が起こると、前には成功した行動が成功しなくなるのか」、といったことを説明してくれるからだ。正しい分類方式こそが、厳密で実際に役に立つ理論を構築するカギである。同じ因果の言明が、二つの異なる状況で同じ結果を招くなら、それらのカテゴリーを区別する意味はない。

ここで重要なのは、理論では説明できないアノマリーと、理論によって説明できる例外とを区別することだ。状況に基づく優れた分類方式と、因果性に支えられた理論があれば、状況を変化させるために、あるいは今作用している要因を明らかにするために、実務家がどのような行動をとればよいのかがわかる。

詳しくは、『イノベーションへの解』の第一章を参照のこと。

■破壊的イノベーションの理論

破壊的イノベーションという概念は、クレイトン・クリステンセンによるハードディスクドライブ業界の研究から生まれた。この研究は、一〇〇を超えるイノベーションを特定し、企業にとって持続的なもの（より性能が高く、より収益性の高い製品を顧客に提供できるイノベーション）と、破壊的なもの（当初は既存顧客が最も重視する特性において性能が劣るイノベーション）とを分類した。この研究により、既存企業は持続的イノベーションをほぼ必ずマスターするが、破壊的イノベーションには対処できない場合が多いことが示された。

図A-2は、破壊的イノベーションの理論を示している。市場はさまざまな顧客集団からなり、各集団のニーズは図中の点線で表される。顧客は要求の度合いを基準に分類される。つまり、どんな問題を解決しようとしていて、そのためにどんな製品を必要としているのかである。図では単純化のために少数の集団に絞ったが、実際にはほとんどの業界に無数の顧客集団がいて、それらが市場の「階層」をなしている。あまり要求が厳しくない階層から非常に厳しい階層まであるが、大多数の顧客はその中間の階層に位置し、これを市場の中核、または主流顧客と呼ぶこととする。

企業はイノベーションを推進して上位市場に進出したいという、非常に強いインセンティブ（誘因）をもっている。なぜかといえば、要求の厳しい顧客は、非常に厄介な問題を解決できる製品・サービスに割高な価格を支払ってくれるからだ。最良の顧客に（常にそうせよと教えられてきたように）耳を傾ける優良企業は、顧客がこれまで重視してきた特性において製品の性能を向上させる、持続的イノベーションを開発する。こうした持続的イノベーションは、ひと言で言えば、よい製品をさらによくするもので、企業の成長と繁栄に欠かせない。

ところが企業は必ずといっていいほど、顧客のニーズが変化して新しいイノベーションを活用できるようになるよりも速いペースで、製品を改良してしまう。つまり既存企業は、市場のさまざまな階層の顧客が性能向上を活用できる能力を上回

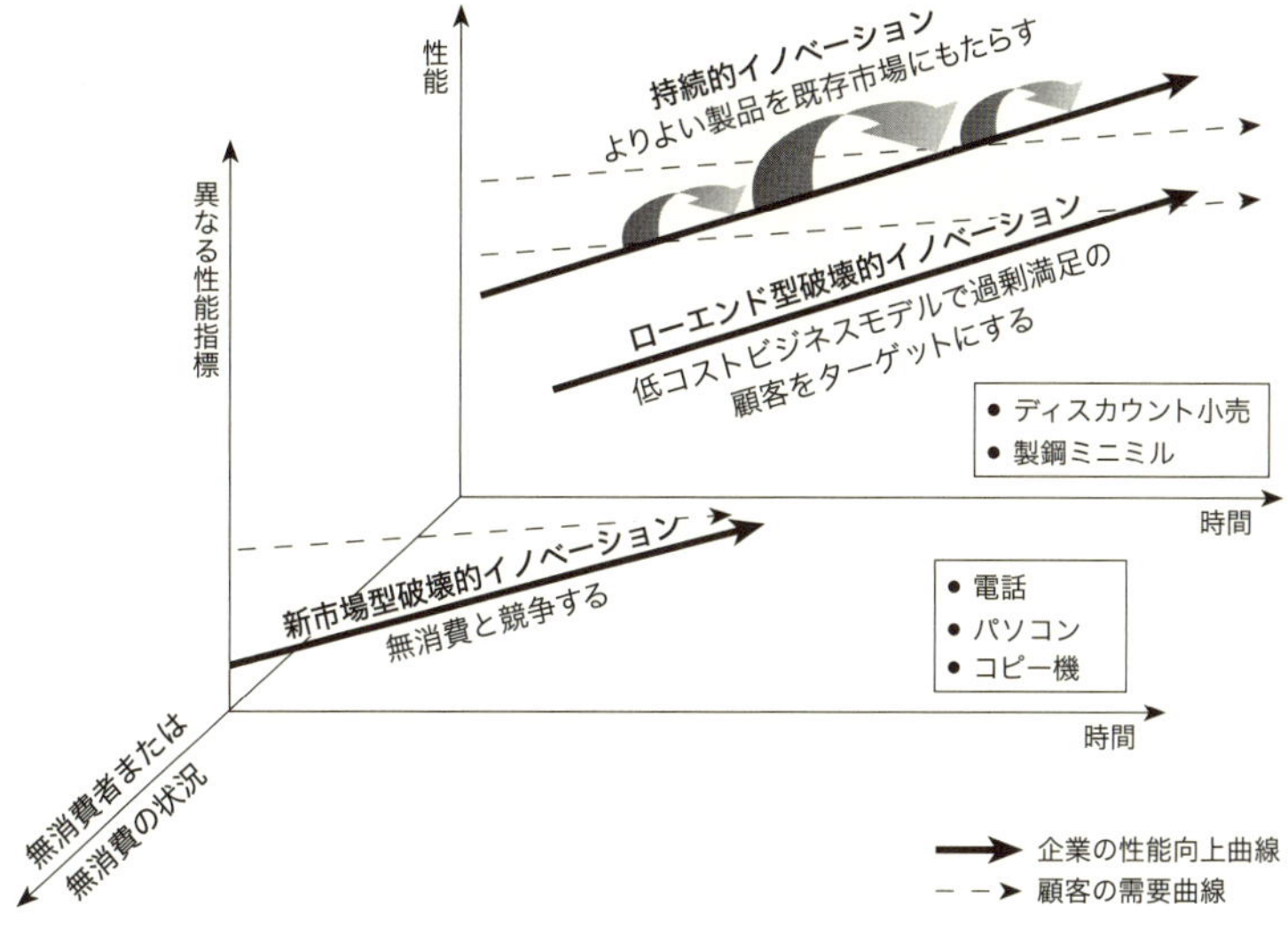

図A-2　破壊的イノベーションの理論

るペース（図では黒い矢印で表した）で、新しい製品・サービスを生み出す傾向にある。

破壊的な製品・サービスは、当初は既存製品に比べると、主流顧客が最も重視する特性においては劣っているが、その反面より手頃で使いやすい場合が多い。あらゆる破壊的イノベーションは、既存企業の市場の中核から離れた場所で成長機会を生み出すことが不可欠である。破壊的なビジネスを立ち上げようとする企業が活用できる機会は二種類ある。**無消費と競争**して、まったく新しい市場をつくる（新市場型破壊）か、市場のリーダー企業が上位市場に進出する際にできれば手放したいと考える、あまり要求の厳しくない顧客でも利益を上げられるビジネスモデルを採用して、市場の**ローエンドから攻撃**を始める（ローエンド型破壊）かだ。

当初、破壊的イノベーションは中核市場の性能要件を十分満たすことができないが、破壊的イノベーターはより魅力的な利益率を求めて、独自の持続的な性能向上曲線に沿って、積極的に上位市場に進出する。やがて破壊的イノベーションが既存企業の大多数の顧客のニーズを十分満たせるようになると、既存企業はさらに上位の市場に追いやられるか、完全に市場から駆逐される。

一般に破壊的イノベーションは、既存のリーダー企業に困難を突きつける。リーダー企業は持続的な性能向上曲線に沿って製品を改良するために投資をするか、それとも破壊的イノベーションに投資するかの選択を迫られる。この選択がなぜ難しいかといえば、破壊的イノベーションのほうが、結局はより長期にわたって成長を促進するにもかかわらず、既存企業の目には持続的イノベーションのほうが、はるかに魅力的に映るからだ。

詳しくは『イノベーションのジレンマ』と、『イノベーションへの解』の第二章および第四章を参照のこと。

■資源・プロセス・価値基準の理論

資源・プロセス・価値の理論（RPV理論）は、なぜ既存企業が破壊的イノベーションへの対応にこれほど苦慮するのかを説明してくれる。RPV理論によれば、資源（企業がもっているもの）、プロセス（企業が仕事をする方法）、価値基準（企業がしたいこと）が合わさって、組織としての強み、弱み、死角を決定している。

資源（図A-3の左枠）とは、組織が購入、売却、構築、破壊できるモノや資産のことである。プロセス（真ん中の枠）とは、組織が資源のインプットを、より価値の高いアウトプット（製品・サービスまたはその他の資源）に変換するために用いる、確立された仕事のパターンをいう。価値基準（右枠）は、組織が資源を配分する際に参照する基準を決定する。

RPV理論によると、組織が事業機会をものにできるのは、その組織に成功するための資源があり、なすべきことを容易にするプロセスがあり、資源を求めるその他すべての機会の中から、その特定の機会に高い優先順位を与えるような価値基準があるときだ。既存企業が持続的イノベーションをマスターできるのは、そのようなイノベーションを優先させる価値基準と、まさにこのタイプのイノベ

資源	プロセス	価値基準
組織が購入、売却、構築、破壊できるモノや資産 例： • 人材 • 技術 • 製品 • 設備機器 • 情報 • 現金 • ブランド • 流通チャネル	企業がインプットを製品・サービスに変えるために用いる、確立された仕事のパターン 例： • 人材の確保・育成 • 製品開発 • 製造 • 予算計画 • 市場調査 • 資源配分	組織が優先順位づけを行う際に参照する基準 例： • コスト構造 • 損益計算書 • 顧客の要求 • 事業機会の規模 • 倫理観

図A-3　資源、プロセス、価値基準

ーションに対処するために設計されたプロセスと資源をもっているからだ。その同じ既存企業が、破壊的イノベーションを前にして失敗するのは、企業の価値基準が破壊的イノベーションを優先せず、既存のプロセスがなすべきことをする助けにならないからだ。

詳しくは『イノベーションへの解』の第七章と、『イノベーションのジレンマ』の第八章を参照のこと。

■片づけるべき用事の理論

消費者は製品を購入するとき、実は自分の「用事」を片づけるために製品を雇っている。わたしたちが生活の中で片づけようとする用事は、時間が経っても驚くほど変わらない。成功する企業とは、顧客がこれまで重視してきた用事を簡単に片づけられるようにする企業である。

市場のセグメンテーション（細分化）も一種の理論である。セグメント内の顧客のニーズを満たすような新製品を開発することが成功の秘訣だと企業は考える。企業はたとえば製品の特性、地域、顧客属性といった、簡単に特定、測定できる特性をもとにして市場を分割することが多い。だが残念ながら、こうした特性に基づくセグメントは、不十分な場合が多い。簡単に収集できるデータによって規定される集団の周りに恣意的な境界線を引けば、顧客の真のニーズがわからなくなってしまう。

欠陥のある市場細分化方式が使われていることが、新製品開発の失敗率が驚くほど高い理由の一つである。製品カテゴリーや地域区分がわたしたちという人間をつくっているわけではない。この方法で市場を細分化する企業は、顧客の心をつかめないことが多い。

片づけるべき用事の理論によれば、製品は状況と結びついたとき、つまり顧客の用事と結びついたときに成功する。わたしたちが片づけようとする用事や、わたしたちが陥る状況に対応できる製品こそが、本物の「キラーアプリ」になる。消費者はすでに片づけようとしていた用事を、製品のおかげでより簡単に片づけられるようになるからだ。

人々が本当にやり遂げたいと思っている用事を見きわめ、それをより簡単に片づけられる製品を開発できれば、従来型の市場調査では見つけられなかった新しい市場を発見できる。既存製品ではうまく片づけられない用事を理解することによって、既存顧客を喜ばせ、無消費の状況にいる人たちを新規顧客として獲得できる、真に革新的な製品に関するヒントが得られるだろう。

詳しくは『イノベーションへの解』の第三章を参照のこと。

■バリューチェーン進化の理論

業界は**相互依存型**（リーダー企業が垂直統合する必要がある）の状態から、**モジュール型**（専門的企業がバリューチェーン内の重要部分を担い、製品の主要部品を製造して、業界内のひときわ大きな価値を獲得する）の状態に向かって進化する傾向にある。

製品・サービスが主流顧客のニーズを十分満たせるようになる前は（図A‐4の左側）、製品を改良する開発者が直面する複雑さを調整するには、製造・流通プロセスの全体をコントロールする統合型企業が最も適している。企業はこのような問題を解決することによって、業界内でひときわ大きな利益を獲得する。企業は製品を改良するために新しくまだ実績のない技術を用いたり、既存技術を新しい方法で用いたりして、新しい相互作用のパターンを生み出すと同時に新しい問題を抱える。可能性を押し広げるには独自仕様の相互依存型アーキテクチャが必要になるが、この状況では企業は統合化によって、改良を続けるために必要な工学実験を行うためのプラットフォーム全体を手に入れる。

各企業が製造する製品の境界に沿って複雑な相互作用がある場合、多数の提携企業がつくる部品をつなぎ合わせてシステムを完成させるのは不可能に近い。こうした相互依存性を調整する力をもっているのは、企業の経営陣だけである。したがって、製品の機能性と信頼性がまだ十分でない状況では、統合型企業が最大の利益を獲得することが多い。

企業が顧客のニーズを過剰満足させると（図の右側）、統合化のメリットは必要なくなり、代わりに速度や柔軟性、利便性の面での競争が激化する。製品・サービスをより早く開発しようとする企業は、製品・サービスのさまざまな構成要素間のインターフェースの標準化を図ることが多い。こうした標準

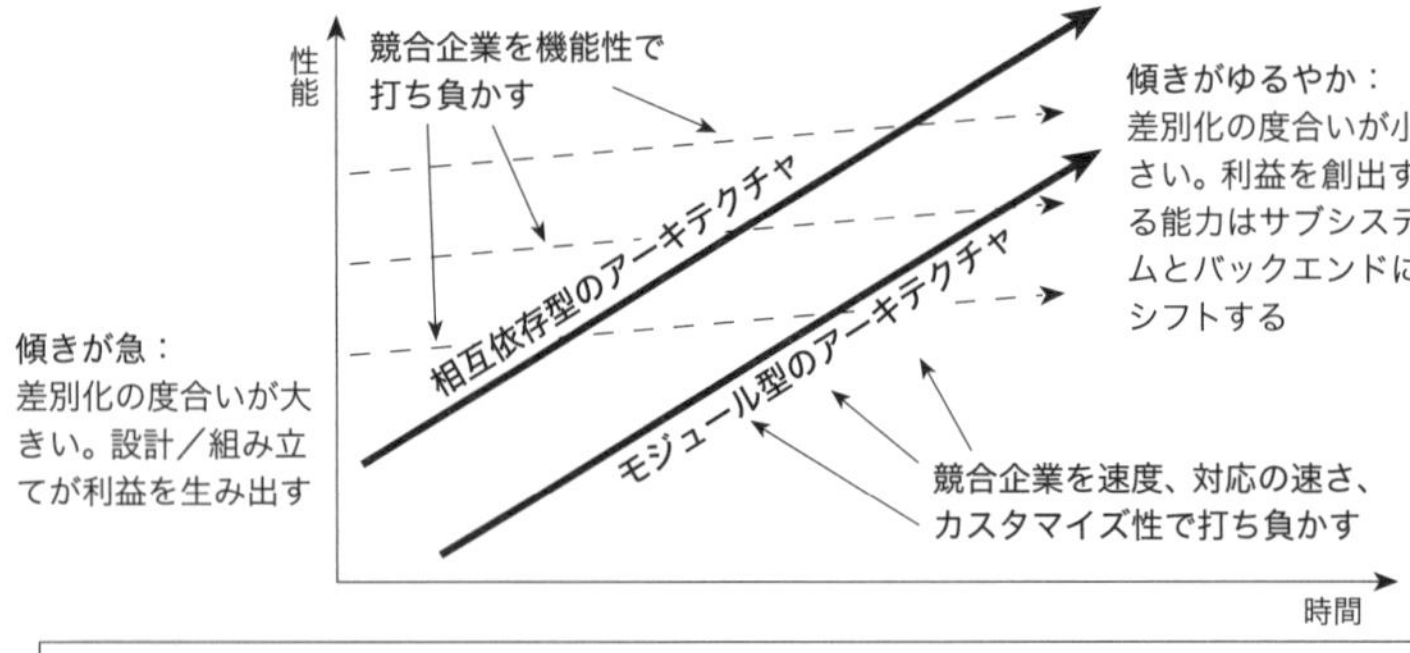

判定のための質問

1. **特定可能性**：企業のマネジャーは構成要素間のインターフェースの重要な特性を特定できるか？
2. **検証可能性**：こうした特性を正確に測定できるか？
3. **予測可能性**：顧客とサプライヤー間のインターフェース全体のシステムのすべての構成要素間に、よく理解されていないまたは予測不可能な相互依存性はないだろうか？

図A-4　バリューチェーン進化の理論

はやがて業界全体の標準になり、その結果として製品アーキテクチャがモジュール化する。モジュール型の製品・サービスは市場により早く出せるようになる。なぜなら個々の構成要素を取り替える際に製品全体を設計する必要がないからだ。またモジュール性のおかげで、こうしたインターフェースに適合する製品を開発する専門的企業が誕生する。このような変化によって、かつて統合化されていた企業は仕様を満たすベンダーにさまざまな構成要素を外注できるようになる。

インターフェースがモジュール化できるかどうかは、次の三つの質問によって判定できる。

一 「インターフェースの重要な側面と、そうでない側面を特定できるか？」

⬇サプライヤーが相互接続する方法を理解しやすいように、要求の内容を明確に説明し、文書にできなければ、製品の構成要素を「取り外し」て外注することはできない。

二 「このインターフェースを介して行われているやりとりが適切で、自分たちの必要とするものであることを検証できるか？」

⬇つまり、特定された側面は測定可能でなくてはならないということでもある。

三 「インターフェースを介した相互作用は、よく理解され、予測可能だろうか？」

⬇構成要素間に予測不可能な相互依存性があれば、モジュール性に向かおうとする取り組みは、壊滅的な結果を招きかねない。

構成要素間でインターフェースを介して行われるやりとりが、特定可能で、検証可能で、予測可能なら、既存の専門的企業は関連する相互作用を理解し、うまく対処できる。

詳しくは『イノベーションへの解』の第五章、第六章を参照のこと。

■発展型——持続的イノベーションの分類方式

持続的イノベーションは業界変化において、二つの重要な役割を果たす。既存企業の性能向上の道筋を決定し、破壊的企業に独自の性能向上曲線をのぼるよう駆り立てるのだ。持続的イノベーションの分類方式（図A-5）は破壊的イノベーションとVCE理論の発展型であり、三種類の持続的イノベーションを生み出す三つの状況を区別するものだ。三種類の持続的イノベーションは、それぞれ業界に異なる形で影響を及ぼす。

持続的イノベーションを分類するにあたってまず問うべき質問は、「このイノベーションは、モジュール化が生じた箇所で起こっているのか？」である。答えがイエスなら、このイノベーションは「置き換え」、つまり業界のバリューチェーン内の特定の要素をターゲットとするイノベーションである。専門的な新規参入企業は置き換えのイノベーションを推進できるが、先見の明のある既存企業はこの種のイノベーションを取り込むことができる。

イノベーションが起こっているのがモジュール化が生じた箇所でない場合は、急進的（ラディカル）な持続的イノベーションか、漸進的（インクリメンタル）な持続的イノベーションのうちのどちらかである。どちらの持続的イノベーションも、業界が相互依存の状態にある時期に起こる。これらのイノベーションは複雑さの度合いによって区別され、急進的イノベーションは最も複雑な部類に属する。これらはいわゆる「大躍進」と呼ばれるたぐいのもので、非常に複雑で、コストがかさむことが多い。

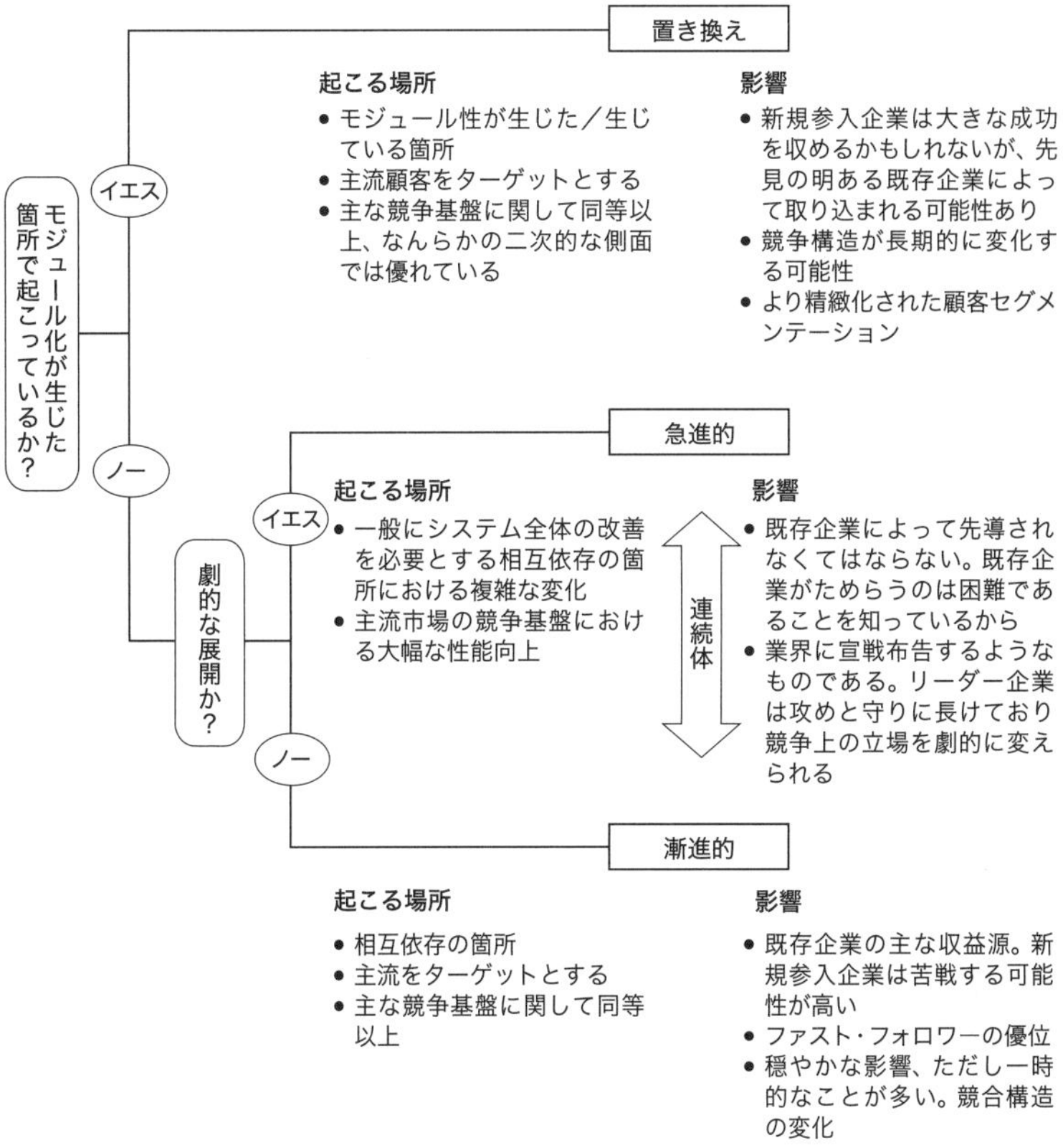
モジュール化が生じた箇所で起こっているか？
イエス
ノー
置き換え
起こる場所
• モジュール性が生じた／生じている箇所
• 主流顧客をターゲットとする
• 主な競争基盤に関して同等以上、なんらかの二次的な側面では優れている
影響
• 新規参入企業は大きな成功を収めるかもしれないが、先見の明ある既存企業によって取り込まれる可能性あり
• 競争構造が長期的に変化する可能性
• より精緻化された顧客セグメンテーション
劇的な展開か？
イエス
ノー
急進的
起こる場所
• 一般にシステム全体の改善を必要とする相互依存の箇所における複雑な変化
• 主流市場の競争基盤における大幅な性能向上
連続体
影響
• 既存企業によって先導されなくてはならない。既存企業がためらうのは困難であることを知っているから
• 業界に宣戦布告するようなものである。リーダー企業は攻めと守りに長けており競争上の立場を劇的に変えられる
漸進的
起こる場所
• 相互依存の箇所
• 主流をターゲットとする
• 主な競争基盤に関して同等以上
影響
• 既存企業の主な収益源。新規参入企業は苦戦する可能性が高い
• ファスト・フォロワーの優位
• 穏やかな影響、ただし一時的なことが多い。競合構造の変化

図A-5　持続的イノベーションの分類方式

したがって急進的な持続的イノベーションを推進できるのは、業界のバリューチェーンの大部分をコントロールできる、統合型の既存企業に限られる。統合型企業は、互換性や相互運用性、レガシーの問題に対処する際に生じる、さまざまな無数の相互依存性をマスターできる。これに対し専門的企業は、バリューチェーン内の十分な数の要素をコントロールしていないため、急進的イノベーションを改良して市場のニーズを満たすことができない。

既存企業は、急進的な持続的イノベーションを通して市場での競争力を劇的に高める場合がある。急進的な持続的イノベーションを推進するのは、「ようお前ら、この市場で戦うつもりなら、それなりの代償を払って性能を向上させるんだな」と業界に宣戦布告するようなものだ。企業は「ブロック(守り)とタックル(攻め)」を巧みに組み合わせながら、イノベーションを推進するための複雑なプロセスを制御することで競争力を高められる。この状況での「ファスト・フォロワー」(いち早く追随する)戦略は成功する確率が非常に高い。先発者は多くのまったく新しい予測不可能な技術をマスターする必要があるが、追随者はそのための出費を避けられるかもしれないからだ。

これに対して漸進的な持続的イノベーションは、急進的な持続的イノベーションよりも小さな性能向上をもたらすもので、業界にもそれほど劇的な影響を与えないことが多い。漸進的な持続的イノベーションは相互依存的なインターフェースで起こるため、まだ統合型企業に強みがある。実際、製品の漸進的改良は、既存企業が最も得意とすることなのだ。新規参入企業が漸進的な持続的イノベーションを推進するようなことがあれば、既存企業はこれに反撃する意志も手段ももち合わせている。市場に初めて漸進的な持続的イノベーションを導入する企業は、一時的に市場シェアを高めることはあっても、この種のイノベーションはシェアに激変をもたらすようなことはない。

■経験の学校の理論

経験の学校の理論によれば、マネジャーは過去に取り組んだことのある問題にぶつかったとき、うまく対処できる確率が高い。なぜなら以前の任務で同じ問題に遭遇した際に、どのような戦略や手法を使って対処すればよいかを身をもって学習しているはずだからだ。こうした問題をマネジャーが「経験の学校」で受講した「講座」と呼ぶ。

人材採用は経営幹部にとっておそらく最も重要な任務だが、その成功率は驚くほど低い。世界中の製造業者が、すべての製造プロセスから九九・九九九%のエラーを取り除こうとするシックスシグマの手法を採用しているのに、経営者は自分たちが採用し昇進させた人材の四人に一人は失敗だったと臆面もなく認める。製造業では生産ラインの失敗率が二五%になれば決して許されないのに、なぜ経営者は採用決定ではこれほど高い失敗率に甘んじているのだろう？

経営者からは、採用は科学ではなく芸術だから失敗率が高くても許されるのだという答えが返ってくることが多い。皮肉にも、ひと昔前に生産管理の専門家が同じ論法で、製造プロセスは本質的に無秩序なのだと主張していた。しかし無秩序さをもたらしている重要な要因が研究によって解明されると、無秩序さは消滅した。

採用での失敗率が高い理由に、「正しい資質《ライトスタッフ》」をもった人材を探すことに重点が置かれすぎていることが挙げられる。「正しい資質」説の信奉者は、たとえば候補者の出身大学や、他社で複雑な問題に対処した経験、困難な状況下で残した実績といった手がかりを頼りに、正しい特性をもった人材を探し出そうとする。

しかしながら、成功している経営者は生まれながらにしてなるのではなく、経験によってつくられることを、数多くの研究が示している。経営者が身につけている資質のほとんどが、彼らが問題に取り組む間に身についたものだ。さまざまな困難や問題を乗り越えることでこそ、将来似たような状況に陥ったときに使える能力を培うことができる。「正しい資質」説では失敗は悪とされるが、実は失敗したとしても、その根本原因を見きわめ同じ失敗を回避できるようになるなら、失敗はむしろためになるのだ。

組織が人材を採用するにあたっては、候補者の経歴を説明する形容詞にとらわれずに、候補者が過去に取り組んだ難題を示す、「過去形の動詞」に注目しなくてはならない。またこうした動詞は、組織が今後直面するとわかっている問題と一致する必要がある。

詳しくは『イノベーションへの解』の第七章と、マッコールの『ハイフライヤー――次世代リーダーの育成法』を参照のこと。[※1]

■創発的戦略の理論

創発的戦略の理論によれば、不確実性が非常に高い状況にある企業は、市場が発するシグナルに適応する方法を開発しなくてはならない。

企業は戦略を策定するにあたって二つの方法を選択できる。一つは意図的戦略で目標を設定し、それに到達するための手順を定め、それからその手順に従って秩序立った方法で行動する。これはきわめて意識的かつ分析的なプロセスで、市場構造の分析、競合分析、そして顧客のニーズを把握するための詳細な市場調査が必要になる。

二つめの方法である**創発的**戦略に従う企業は、柔軟性を維持し、「何がうまくいくのか、いかないのか」に関するフィードバックを市場から収集して、市場から現れてくる新しい情報に適応するために、臨機応変に戦略を変更していく。

創発的戦略が有効なのは不確実性の高い状況である。こうした状況では、事業計画を立てた際には予測しなかった問題にぶつかったり、行動が予測しない結果を生むことが多い。こうした状況で厳密な意図的戦略を実行すれば、市場シグナルに目をつぶってしまい、それに合わせて戦略を変更できなくなる。別の言い方をすれば、明らかにうまくいっていない戦略に固執することになるのだ。創発的戦略では、問題に最も適切な方法で対応することが奨励され、意図した進路から大きく逸れてもよしとされる。

現実には、戦略策定は意図的戦略と創発的戦略の入り交じった複雑なプロセスである。純粋に意図的な戦略構築プロセスに従う企業であっても、さまざまな突発的要因のせいで、実際の戦略が意図した戦略から大きく逸れて驚くことがある。何が適切な手法なのかが明らかになる前に、突発的な要因を遮断してしまう企業は苦戦することが多い。

詳しくは『イノベーションへの解』の第八章と『インテルの戦略――企業変貌を実現した戦略形成プロセス』(ロバート・A・バーゲルマン)を参照のこと。※2

■支援ツール――発見志向の計画策定《プランニング》

発見志向の計画策定は、創発的戦略の理論を実行に移すうえで役立つ重要なツールである。一般的な計画策定プロセスは硬直的なため、企業が進んでいる方向と従業員が日々下していく決定との間に必ず矛盾が生じてしまう。そこで、創発的な戦略構築プロセスからのアウトプットを有効で適切な資源配分に組み入れる計画策定プロセスが必要になる。突発的な要因に対応するためのツールが、発見志向の計画策定である。

典型的な計画策定プロセスでは、一連の前提を立て、その前提をもとに予測を立て、その予測をもとに計画を立て、それからその計画を実行に移す。このような計画策定プロセスは、豊富なデータや蓄積された経験を活用できる、既存市場では非常に有効である。

だが不確実な状況にあっても、企業は経験と勘だけを頼りに判断する必要はなく、発見志向の計画策定の厳密なプロセスに従うことができる。発見志向の計画策定（表A-1）は、一般的な計画策定プロセスをひっくり返したもので、こんな質問から始まる。「この機会が、わが社にとって興味深い投資機会であるためには、どのような見通しが実現する必要があるだろう？」。次の段階ではこう考える。「そのような見通しが実現するためには、どのような仮定が立証される必要があるのか？」。こうした体系化された仮定を立てておけば、予見できないことを仮定する必要もなく、仮定を試すための実験を意識的に行うことができる。仮定を検証するうちに、正しい仮定とそうでない仮定が明らかになっていく。発見志向の計画策定を通じて不確実性を検証し、対応が手遅れになる前に適切な対応策を立てられる。

詳しくは『イノベーションへの解』の第八章と、〝Discovery-Driven Planning〟を参照のこと。[※3]

■動機づけ／能力の枠組み

動機づけ／能力の枠組み（図A-6）は、市場外の要因がイノベーションに及ぼす影響を分析するための重要なツールである。この枠組みによれば、イノベーションには二種類の重要なインプットが必要である。一つめは動機づけ（モチベーション）または市場インセンティブであり、二つめは能力、つまり資源を獲得しそれを製品・サービスに変換して顧客に提供する能力である。能力と動機づけの水準が高い市場は、イノベーションのレベルも高いのが常である。

市場外の要因、たとえば業界の標準や労働組合、文化規範、技術開発の現状、国の知的財産インフラ、そして最も重要な政府規制などは、企業のイノベーションを推進する動機と能力に影響を及ぼす。

簡単に言ってしまうと、企業がイノベーションを推進する動機と能力の両方をもっているとき、多くのイノベーションが開花するが、動機が欠けているか能力を妨げるような市場状況では、イノベーションは抑え込まれてしまうことを、この枠組みは教えてくれる。生まれたばかりの

	標準的なプロセス	発見志向のプロセス
ステップ1	前提を立てる	予測を行う
ステップ2	前提をもとに予測を立てる	予測が実現するためにはどんな前提の正しさが証明される必要があるかを考える
ステップ3	予測をもとに投資決定を下す	学習するために（重要な前提が合理的かどうかを検証するために）計画を実行する
ステップ4	戦略を実行する	戦略を実行するために投資を行う

表A-1　発見志向の計画策定

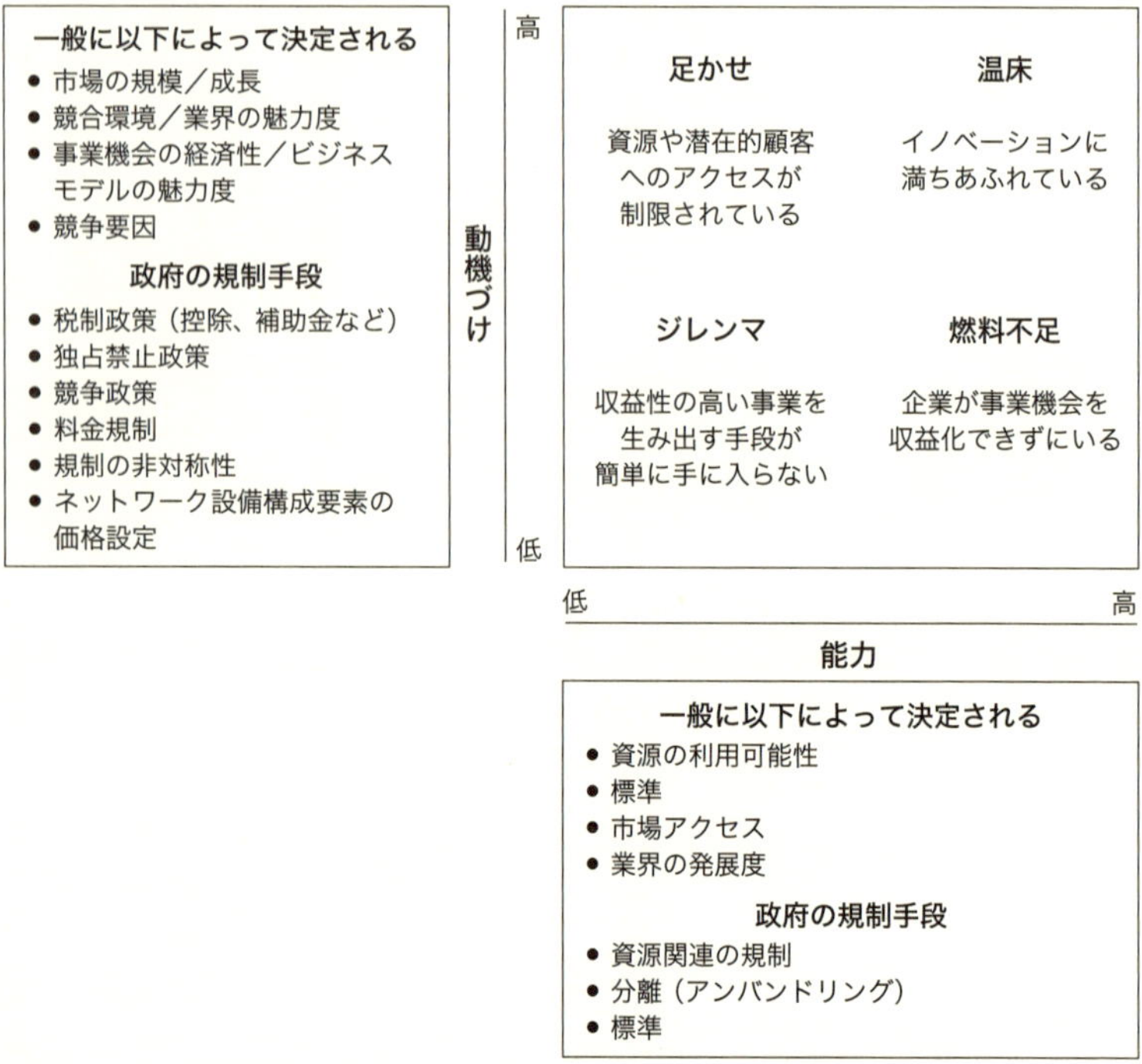
一般に以下によって決定される
• 市場の規模／成長
• 競合環境／業界の魅力度
• 事業機会の経済性／ビジネスモデルの魅力度
• 競争要因
政府の規制手段
• 税制政策（控除、補助金など）
• 独占禁止政策
• 競争政策
• 料金規制
• 規制の非対称性
• ネットワーク設備構成要素の価格設定
動機づけ
高
低
足かせ
資源や潜在的顧客へのアクセスが制限されている
温床
イノベーションに満ちあふれている
ジレンマ
収益性の高い事業を生み出す手段が簡単に手に入らない
燃料不足
企業が事業機会を収益化できずにいる
低
高
能力
一般に以下によって決定される
• 資源の利用可能性
• 標準
• 市場アクセス
• 業界の発展度
政府の規制手段
• 資源関連の規制
• 分離（アンバンドリング）
• 標準

図A-6　動機づけ／能力の枠組み

イノベーションを不利な市場環境で推進しようとすれば、結局はより有利な環境を探すか、取り組みを放棄するはめになる。

政府がイノベーションに影響を与える力は、その政策決定権限と監督権限に由来する。政府をはじめとする市場外のプレーヤーは、業界のプレーヤーの動機または能力に影響を与えることを通じて、業界の環境を変化させ、結果としてイノベーションに貢献する環境、またはイノベーションを阻害する環境を生み出すことがある。

動機づけ／能力の枠組みを使えば、イノベーションのペースを鈍化させている障壁を見抜くことができる。市場外のプレーヤーは、こうした障壁を取り除くような措置をとることで、イノベーションの環境を改善することもできるし、新しい障壁を設けることによってイノベーション環境を阻害することもできるが、誤った障壁をターゲットとする取り組みは苦戦する。

詳しくは本書の第四章を参照のこと。

用語集

□アーキテクチャ architecture（VCE理論）：製品を構成する要素やサブシステムを規定し、目標とする性能を実現するためにそれらがどのように適合、連携すべきかを定めるもの。

□意図的戦略 deliberate strategy（戦略的選択）：なんらかのプロジェクトにおいて策定され、上層部によって実行に移される、トップダウンの戦略。「創発的戦略」「準備計画」の項も参照のこと。

□イノベーション innovation：新しい資源、プロセス、価値基準を生み出すあらゆるもの、または企業の既存の資源、プロセス、価値基準を改善するあらゆるものを指す。わかりやすいイノベーションの例を挙げると、新しいまたは改良された製品、プロセス、サービスがそうである。製品・サービスを提供する新しい仕組み、新しい顧客サービス戦略やビジネスモデルもイノベーションに数えられる。

□**インターフェース**　interface（VCE理論）：二つの構成要素が接するすべての場所を指す。インターフェースは製品内だけでなく、付加価値連鎖の段階の間にも存在する。

□**置き換えの持続的イノベーション**　displacing sustaining innovation（変化のシグナル）：業界の分業化に伴いモジュール化が生じた箇所で、専門的企業が推進するイノベーション。置き換えのイノベーションは、破壊的ビジネスモデルを可能にする場合が多い（がそうでない場合もある）。

□**過剰満足の顧客**　overshot customers（VCE理論、破壊的イノベーションの理論、変化のシグナル）：既存の製品・サービスが過剰な性能を提供している顧客セグメントのこと。企業はローエンド型破壊的イノベーションによって、こうした顧客の獲得を目指すことができる。一般に、過剰満足の顧客が現れると、モジュール型インターフェースが出現し、企業は定義されたルールに従って、必要にして十分な製品を開発できるようになる。企業が過剰満足の顧客を開拓するための新しい方法を生み出そうとするのは、変化のシグナルである。「必要にして十分」「ローエンド型破壊的イノベーション」「満たされない顧客」の項も参照のこと。

□**片づけるべき用事**　job to be done：個人が問題を解決しようとしている状況や、仕事を遂行しようとしている状況を指す。顧客が前からしようと思っていたことを、より簡単に、または便利にできるようにする企業が成功する。顧客がそれまでやろうともしていなかったことを、優先的にやるはずだと決めつけるとき、製品は失敗することが多い。

□**価値基準**　values（RPV理論）：従業員が企業の資源配分プロセスにおいて、どの機会を優先するかを決定する際に参照する基準。価値基準をつくる主な要素に、企業が利益を上げる方法、企業の規模、成長期待、倫理観、理念などがある。「経営状態の把握」の項も参照のこと。

□**既存企業**　incumbent：市場セグメント内で地位を確立した企業。ただしそのような企業であっても、新しい市場に参入すれば、その市場セグメントでは新規参入企業とみなされる。「新規参入企業」の項も参照のこと。

□**急進的な持続的イノベーション**　radical sustaining innovation（変化のシグナル）：確立された性能向上曲線に沿って、劇的な性能向上をもたらすイノベーション。通常、厄介な相互依存性に対処する必要がある。「漸進的な持続的イノベーション」の項も参照のこと。

□**競争基盤**　basis of competition（VCE理論）：イノベーションは、製品・サービスの性能をさまざまな側面で向上させるが、そのような性能向上のうち、割高な価格を設定できるような側面を、競争基盤という。一般に、競争基盤は機能性から始まり、信頼性、利便性、価格の順に変化する。「必要にして十分」「十分でない」の項も参照のこと。

□**経営状況の把握**　tale of the tape（競争のバトル）：企業の資源（もっているもの）、プロセス（できること）、価値基準（なりたいこと）を評価するための手法。「プロセス」「資源」「価値基準」の項も参照のこと。

□**経験の学校**　schools of experience（戦略的選択）：企業のマネジャーが過去の任務で取り組んだことのある、一連の課題や問題。その一つひとつが、マネジャーが経験の学校で受講した「講座」と考えられる。マネジャーはこうした講座を通して、将来同じ課題に直面してもうまく対処できるスキルを身につける。「準備計画」の項も参照のこと。

□**剣と盾**　sword and the shield（競争のバトル）：企業が非対称な動機づけ（盾）の後ろに隠れているのか、それとも非対称なスキル（剣）によって攻撃を行っているのかをわかりやすく説明するためのたとえ。「非対称な動機づけ」「非対称なスキル」の項も参照のこと。

□**資源** resources（RPV理論）：企業が利用できる、有形または無形のもの。有形の資源には、従業員、技術、製品、収支報告書の項目、設備機器、顧客との関係、流通網などがある。無形資源には人的資本、ブランド、蓄積された知識などがある。「経営状況の把握」の項も参照のこと。

□**資源配分プロセス** resource-allocation process（RPV理論）：企業がさまざまな事業機会に資源を配分するプロセスのこと。資源配分プロセスは分散したプロセスで、組織内の多数の人々が自律的に下す優先順位づけの決定からなるため、コントロールするのが難しい。上級経営陣が直接管轄しているのは、資金に関する一部の意思決定だけで、その他の資源は特定の優先事項に配分され、それ以外の機会には配分されない。その決定を下すのは、技術部門の管理職や販売担当者、人事担当者などである。資源配分プロセスは、破壊的イノベーションにおいて主要な役割を担う。既存企業が破壊的イノベーションの機会に十分な投資を行えないのは、まさに資源配分プロセスに原因があるからだ。「プロセス」の項も参照のこと。

□**持続的イノベーション** sustaining innovation（破壊的イノベーションの理論）：既存の製品・サービスの性能向上を実現することによって、確立された性能向上曲線に沿って企業を押し上げていくイノベーション。持続的イノベーションには、急進的なものと漸進的なものがあるほか、置き換えのイノベーションも持続的な影響を及ぼすことがある。「破壊的イノベーション」の項も参照のこと。

□**十分でない** not good enough（VCE理論、破壊的イノベーションの理論）：ある市場セグメントにおいて、特定の側面、一般には競争基盤において、顧客の基本的ニーズが満たされていない状態。「競争基盤」「満たされない顧客」の項も参照のこと。

□**準備計画**　preparation regimen（戦略的選択）：新規参入企業が、当初の資源、プロセス、価値基準を構築する際に行う決定のこと。重要な決定の具体例としては、資金調達、戦略策定プロセスの選択、人材採用などがある。こうした初期条件を正しく整えることは、きわめて重要である。初期条件が、その後生じるさまざまな選択肢の魅力度を決定するからだ。不適切な準備計画を選択すると、既存企業に取り込まれやすいビジネスモデルができてしまう。「意図的戦略」「創発的戦略」「経験の学校」の項も参照のこと。

□**状況**　circumstance（理論構築のプロセス）：実務家が陥る可能性のあるシチュエーションのこと。状況に基づく分類方式を考案する研究者は、「因果性に関する条件つきの言明」である理論を構築することができる。「特性」「理論」の項も参照のこと。

□**新規参入企業**　entrant：ある市場セグメント内の新興企業。これは相対的な用語であり、五〇年の歴史をもつ企業でも、新しい市場セグメントに参入すれば新規参入企業になる。「既存企業」の項も参照のこと。

□**新市場型破壊的イノベーション**　new-market disruptive innovation（破壊的イノベーションの理論、変化のシグナル）：無消費者が特定の用事を自力でこなせるようにするイノベーション、またはより便利な分散した場所で用事をこなせるようにするイノベーション。一般に、既存企業が重視する尺度で見れば劣っているが、利便性、カスタマイズ性、低価格といった、新しい特性でメリットをもたらす。「破壊的イノベーション」「ローエンド型破壊的イノベーション」「無消費」の項も参照のこと。

□**漸進的な持続的イノベーション**　incremental sustaining innovation（変化のシグナル）：既存の性能向上曲線に沿って、わずかに向上した性能を実現していくイノベーション。「急進的な持続的イノベーション」の項も参照のこと。

□**相互依存的なインターフェース** interdependent interface（VCE理論）：構成要素間のインターフェースのうち、一つの構成要素も別の構成要素から独立してつくることができないものをいう。その理由は、一方の設計、製造方法が、もう一方の設計、製造方法によって決まるためである。インターフェースに予測不可能な相互依存性が存在するとき、同一組織内で両方の構成要素を同時に開発しなければ、どちらの構成要素もつくれない。「モジュール型インターフェース」の項も参照のこと。

□**創発的戦略** emergent strategy（戦略的選択）：市場が発するシグナルに合わせて進化し、適応していく、ボトムアップの戦略。「意図的戦略」「準備計画」の項も参照のこと。

□**詰め込み** cramming（競争のバトル）：企業が性能の不十分な破壊的イノベーションによって、主流市場の要求の厳しい顧客のニーズを満たそうとすること。詰め込みはコストがかかり、顧客の失望を招き、新たな成長をほとんど生み出さない。

□**動機づけ** motivation（動機づけ／能力の枠組み、変化のシグナル）：イノベーションの原動力には、市場外の要因に影響を受けるものが二つあり、動機づけはそのうちの一つである。「黄金入りの壺」または市場インセンティブとも呼ばれる。一般に動機づけは、市場規模や競争環境、機会の経済性、競争要因によって決まる。動機づけに影響を及ぼす市場外の要因には、料率規制、規制の非対称性、税制、独占禁止政策、競争政策などがある。市場外のプレーヤーが能力に影響を及ぼす決定を下せば、それは変化のシグナルになる。「能力」の項を参照のこと。

□**統合化** integration（VCE理論）：ある企業が、製品・サービスのアーキテクチャ内の隣接する付加価値連鎖の段階をコントロールすること。完全な統合化とは、製造の末端から末端までと、製品の提供までのすべての段階の統合化を指す。企業は部分的に統合化する場合もある。機能的統合化が生じるのは、企業が隣接する付加価値連鎖の段階の資産を所有し、なおかつこれらの全段階にわたる相互依存的なプロセスをもっているときである。

□**統合保存** conservation of integration（VCE理論）：バリューチェーン進化の理論の発展型。バリューチェーンのある段階で、十分でない性能を最適化するために相互依存型のアーキテクチャが必要になるとき、その段階に隣接する段階の製品・サービスのアーキテクチャは、十分でない性能を最適化するために、モジュール型かつ変換可能でなくてはならない。つまり、バリューチェーンのある段階のアーキテクチャが相互依存型からモジュール型に変われば、その段階に隣接する段階は逆にモジュール型から相互依存型に変わる可能性が高い。

□**特性** attribute（理論構築のプロセス）：ある現象の特徴のことで、研究者はこれをもとにカテゴリーを分類する。特性に基づく分類方式は、因果性の言明ではなく相関性の言明である理論を導くことが多い。「状況」「理論」の項も参照のこと。

□**取り込み** co-option（競争のバトル）：既存企業が、破壊的になりそうなイノベーションを既存事業に取り込むことをいう。非対称性が存在しないときのほうが取り込みが起こりやすい。

□**能力** ability（動機づけ／能力の枠組み、変化のシグナル）：イノベーションの原動力には、市場外の要因に影響を受けるものが二つあり、能力はそのうちの一つである。資源を獲得し、それをビジネスモデルに組み入れ、できあがったものを顧客に提供する能力と定義される。一般に能力は、資源の豊富さ、規格や標準、業界の発展度、市場アクセスによって決まる。能力に影響を及ぼす主な市場外の要因には、資源関連の規制、アンバンドリング（バリューチェーンの分解）、規格や標準、承認の仕組みなどがある。市場外のプレーヤーが能力に影響を及ぼす決定を下せば、それは変化のシグナルになる。「動機づけ」の項も参照のこと。

□**破壊的イノベーション** disruptive innovation（破壊的イノベーションの理論）：主流市場の顧客には使いようがないイノベーション。既存のイノベーションとは異なる、新しい性能次元を生み出すことによって、新しい性能向上曲線を定義する。破壊的イノベーションは、無消費者に新しい機能をもたらすか、既存市場のローエンドにいる顧客により大きな利便性または低価格を提供することによって、新しい市場を創出する。「ローエンド型破壊的イノベーション」「新市場型破壊的イノベーション」「持続的イノベーション」の項も参照のこと。

□**破壊の黒帯** disruptive black belt（戦略的選択）：破壊的イノベーションの力を活用する方法をマスターした既存企業のこと。これをする方法には、適切なスピンアウト組織を設置する方法と、破壊的イノベーションを立て続けに生み出すスキルを社内で開発する方法とがある。

□**バリューネットワーク** value network（戦略的選択）：業界内で共通のビジネスモデルを支えている、上流のサプライヤー、下流の販路、補助的な企業の集まり。破壊的イノベーションを目指す企業が、既存のバリューネットワークに参入してしまうと、バリューネットワークに合うように自社のビジネスモデルを調整せざるを得ず、その結果として破壊に失敗し取り込まれてしまう。新規参入企業は自立的なバリューネットワークを追求したほうが成功する確率がずっと高い。破壊的イノベーションの図では、イノベーションを推進する企業が実現する曲線と、顧客が使いこなせる性能を表す曲線が交差して描かれるが、新しいバリューネットワークは三次元に描かれ、この新しい平面上に独自のバリューネットワークが形成される。

□**ビジネスモデル** business model：企業がイノベーションを用いて価値を獲得する方法。これにはコスト構造や、製品・サービスの価格決定方式、販売のターゲットの選び方、販売方法（一回限りの販売、ライセンス契約など）、提供しようとする価値提案、製品・サービスの提供方法、アフターサービスの提供方法などが含まれる。

□**非対称なスキル** asymmetric skills（競争のバトル）：ある企業が、他社には行うことができないことを行うとき、非対称な能力をもっているという。非対称なスキルは、なぜ破壊を推進する企業（破壊的企業）が既存企業に最終的に勝利するのか、その理由を説明する。資源は雇ったり獲得したりできるため、非対称なスキルが長期にわたって持続することはほとんどない。複製するのが最も難しいスキルは、破壊的企業が主要市場の独自のニーズに応えるうちに磨きをかけていくプロセスやビジネスモデルに根ざしたものである。「非対称な動機づけ」「剣と盾」の項も参照のこと。

□**非対称な動機づけ** asymmetric motivation（競争のバトル）：ある企業が他社が行おうとしないことを行うとき、非対称な動機づけをもっているという。非対称な動機づけは初期段階には「盾」となって、新規参入企業を競合企業による反撃から守る。破壊的イノベーション戦略を推進する新規参入企業は、低い単位当たり粗利益を上げるために小規模な市場に参入するが、既存企業にはそのような市場を無視する動機づけがある。また非対称な動機づけのせいで、既存企業は上位市場の事業機会に「逃走」するよう駆り立てられる。業界のローエンドにいる企業にとっては素晴らしい市場も、ハイエンドの企業の目にはひどいものに映る。「非対称なスキル」「剣と盾」の項も参照のこと。

□**必要にして十分** good enough（VCE理論、破壊的イノベーションの理論）：ある市場セグメントにおいて特定の側面、一般には競争基盤において顧客の基本的ニーズを満たしている状態。「競争基盤」「過剰満足の顧客」の項も参照のこと。

□**プロセス** processes（RPV理論）：従業員が、資源のインプットをより価値の高い製品・サービスやその他の資源に変換するために用いる、やりとりや調整、連携、意思疎通、意思決定のパターンをいう。ある集団がくり返し発生する課題を遂行したり、困難な問題を解決したりするために協力するとき、プロセスが生まれる。プロセスは、同じ妥当な結果を何度でも挙げられるようにするためのものであり、本質的に柔軟性を欠いている。ある課題に取り組む際には強みになるプロセスが、他の課題に用いられると、かえって弱みになることがある。非対称なスキルは、非対称なプロセスに似ている。重要なプロセスの例を挙げると、人材の確保と育成、製品開発、製造、計画策定、予算計画、市場調査、資源配分などがある。「資源配分プロセス」「経営状態の把握」の項も参照のこと。

□**満たされない顧客** undershot customers（VCE理論、破壊的イノベーションの理論、変化のシグナル）：既存の製品・サービスではニーズを満たすことができない、特定の顧客セグメントのこと。「十分でない」「過剰満足の顧客」の項も参照のこと。

□**無消費** nonconsumption（破壊的イノベーションの理論、変化のシグナル）：消費がない状態のことで、一般に人（無消費者）や状況（無消費の状況）を指す。無消費が生じるのは、既存の製品・サービスの特性のせいで、豊富な資金をもっているか特別な訓練を受けた人だけしか消費できない状況である。新市場型破壊は、無消費と競争することから始まる。このとき相対的に単純なイノベーションが、無消費に打ち勝つ場合がある。企業が無消費者または無消費の状況を開拓しようとするのは、変化のシグナルである。「新市場型破壊的イノベーション」の項も参照のこと。

□**モジュール型インターフェース** modular interface（VCE理論）：構成要素間またはバリューチェーンの段階間に、予測不能な相互依存性のない簡潔なインターフェース。モジュール型の構成要素は、独立した作業グループや企業が開発しても、よく理解され高度に定義された方法で適合し連携する。「相互依存的なインターフェース」の項も参照のこと。

□**理論** theory：特定の状況での因果性に関する言明。優れた理論は、企業のマネジャーが特定の状況に対処するための指針となる、状況に基づく厳密な分類方式に裏づけられている。この分類方式のおかげで、状況が変われば必要な結果を得るために異なる行動をとる必要があることがわかる。「状況」の項も参照のこと。

□**ローエンド型破壊的イノベーション** low-end disruptive innovation（破壊的イノベーションの理論、変化のシグナル）：従来型の性能指標において必要にして十分な性能を、過剰満足の顧客に低価格で提供するイノベーション。低価格でも魅力的な収益を生み出せるビジネスモデルによって支えられる。「破壊的イノベーション」「新市場型破壊的イノベーション」「過剰満足の顧客」の項も参照のこと。

解説

関西学院大学経営戦略研究科 教授　玉田俊平太

『イノベーションの最終解』（原題：*Seeing What's Next: Using Theories of Innovation to Predict Industry Change*）。この挑戦的なタイトルの本書は、実は、クリステンセン教授の最新刊の翻訳ではない。本書は、『イノベーションのジレンマ』、『イノベーションへの解』に続いて二〇〇四年に出版された「シーイング・ワッツ・ネクスト（*Seeing What's Next*）」の新訳である。

『イノベーションのジレンマ』は、本来競争するうえで有利なはずの既存優良企業が、あるタイプのイノベーション（これを破壊的イノベーションと呼ぶ）に直面したときに、なすすべもなく破れ去ってしまうこと、そして、それは経営を誤ったからではなく「正しい経営」を行ったことが理由である、という驚くべき理論を打ち立てたものだった。だからこそ、短命な出版物が多い現代において、原著刊行から一五年以上経ているにもかかわらず、今なお版を重ね、多くのビジネススクールの教科書として読み続けられているのだろう。

次に刊行された『イノベーションへの解』では、「破壊される側でなく破壊する側になるにはどのようにしたらよいか」をテーマに、破壊的イノベーションには実は「新市場型の破壊」と「ローコスト型の破壊」の二種類があること、破壊の足がかりを得るにはどのような考え方をすればよいのか、自社製品にとっての最高の顧客とは誰か、どのような状況ではモジュール型のアーキテクチャを選び、どのような状況では統合型のアーキテクチャを選べばよいのか、破壊的イノベーションを起こすための組織マネジメント上の留意点、戦略決定プロセスをマネージすることの重要性、どのような資金が破壊的イノベーションに向いているか、上級役員は何をすべきか、などの事柄について詳しく論じられている。

つまり、『イノベーションへの解』は、破壊的イノベーションの理論を用いて実際に破壊的ビジネスモデルを構築するための「戦術指南書」的存在だと言えるだろう。

それでは、クリステンセン教授の三冊目の著作にあたる本書は、どのようなテーマで誰を対象にしたものなのだろうか？

本書は「破壊的イノベーションの兆しを誰よりも早く見つけ、自社や業界の将来を正しく予測することが死活的に重要な人々」に向けて、「次に起こることを正しく見通す」ために必要な①質問事項と②どこに目を向ければよいか、そして、③見出したシグナルが重要かどうかをどのようにして判別すればよいか、について教えてくれる実戦的な書物だ。

つまり、『イノベーションへの解』が戦術レベルの指南書だとすれば、『イノベーションの最終解』は戦略レベルの「兵法書」であると言ってよいだろう。本書では、これを「外部者が内を見る視点」

と呼んでいる。これは何も業界アナリストのような第三者だけを指すのではなく、持ち株会社の経営者が、各カンパニーが所属する業界やそのセグメントを「鳥の目」の視点で見ることや、事業部長がパソコンとタブレット端末の将来を予測するような場合も含まれる。

だから、本書の読者としてまず該当するのは、企業の管理職以上の（あるいはそれを目指す）方々であろう。

近年、新しい製品やサービスが普及するまでの年数がどんどん短くなっているようだ。たとえば、無料通話・メールアプリとして二〇一一年六月にスタートしたLINEは、サービスインしてから三年弱でユーザー数が四億人を突破し、世界十カ国にそれぞれ一千万人以上のユーザーがいる。また、日本では二〇一〇年頃から本格的に発売されるようになったスマートフォンは、すでに日本における普及率が五割を超え、普及五年目にして売り上げが鈍化し始めている。

このような時代に、業界の横並びを気にして、他社が参入してからでないと参入の意思決定ができないような前例主義の会社では、参入した頃には勝負が決まっていて、業界で生き残れる確率はほとんどないだろう。

企業の管理職の任にある皆さんは、変化の兆しを他社よりもいち早く見出し、それがノイズなのかシグナルなのかを見分け、機敏で適切な経営判断をし続けなければ、変化の早い現代において自社を生き残らせることはできない。本書は、そのための指針を皆さんに与えてくれるに違いない。

また、企業の管理職の方だけでなく、資金を運用して投資すべき企業を選別したり、企業のビジネスモデルを評価して投融資の意思決定をしたり、あるいは、業界の将来動向を予測するレポートを作成したりする必要がある方々にも、本書は必読書の一つとなるだろう。

なぜなら、現代においては、土地や設備などを所有しているかどうかよりも、いかに創造的なアイデアを独自の破壊的ビジネスモデルへと変換し、それを広く行きわたらせてイノベーションを起こし、そこからどのように投資を回収するか、という一連のイノベーション能力の有無が、企業の利益や将来を大きく左右するからだ。

国や地方の行政に携わる方、大学や研究所でマネジメントを担う方々にとっても、本書は有益な示唆を与えてくれるだろう。たとえば、クリステンセン教授の理論のレンズを通して、平松守彦元大分県知事の「一村一品運動」を眺めてみると、それが破壊的イノベーションを生み出すための理論に大変よく当てはまることがわかる。企業は真空中に浮かんでいるわけではなく、それぞれの国のイノベーション・システムに支えられて活動している。そのような破壊的イノベーションの「苗床」を創る役割は、皆さんの双肩にかかっているのだ。

さて、ここで、なぜ一〇年のときを経て、新訳版である本書が刊行されるに至ったかについて簡単にご紹介しよう。

二〇〇四年にハーバードビジネススクールプレスより刊行された「*Seeing What's Next*」は、当時同社と独占契約をしていたランダムハウス講談社が翻訳権を獲得し、二〇〇五年九月に『明日は誰のものか――イノベーションの最終解』というタイトルで出版された。翻訳者は宮本喜一氏であった。

イノベーションに連続的なものと不連続的なものがあるように、翻訳にもそれがある。宮本氏は原書を独自に解釈し、クリステンセン理論のキーワードであるディスラプティブ・イノベーション (disruptive innovation：翔泳社版では「破壊的イノベーション」と訳出) や、サステイニング・イノベーション (sustaining innovation：同じく「持続的イノベーション」と訳出) といった単語に、翔泳社版とは異なった訳語を当てられた。

具体的には、ディスラプティブ・イノベーションは「破壊のイノベーション」、サステイニング・イノベーションには「生き残りのイノベーション」といった具合だ。

結果として、同じ概念を示す同じ英単語に対して、書籍によって異なった日本語が当てられることとなり、すでに『イノベーションのジレンマ』や『イノベーションへの解』を読んでその訳語になじんでいる読者にとっては強い違和感を覚える翻訳となってしまっていたと言わざるをえない。

別の見方をすれば、武田ランダムハウス版は翻訳者としての意見をより重視し、同じ著者の既存の翻訳書との互換性は切り捨てたと言うこともできるかもしれない。パソコンにたとえれば、シャープがX68000というパソコンを出したときに、これまでのMZシリーズと互換性を維持するより、最新のCPUの性能を最大限に発揮させることを優先してアーキテクチャを一新してしまったようなものだ。若い読者には、プレイステーション4がプレイステーション3との互換性を放棄して性能とコストパフォーマンスの向上に舵を切った例のほうがわかりやすいかもしれない。

そういう意味では、今回、武田ランダムハウスジャパンが残念なことになってしまったために新たに翔泳社が翻訳権を獲得して翻訳・発売されたこの『イノベーションの最終解』は、パソコンで言えばPC-9800シリーズのようなもので、以前の機種（書籍）との互換性を最大限重視した仕上がりになっている。すでに『イノベーションのジレンマ』や『イノベーションへの解』を読了した読者にとっては、こちらのほうが馴染みやすいだろう。

もちろん、本書は理論の概説や詳しい用語集が付いているため、本書から読み始めても理論の理解と実践には何ら差し支えないように書かれているのでご安心いただきたい。

知的好奇心旺盛な方は、本書に続けて『イノベーションのジレンマ』や『イノベーションへの解』

を読まれると、理論の誕生から発展のプロセスがより深く理解でき、知的興奮を覚えるだろう。
今回翔泳社版が刊行されたことで、クリステンセン教授の初期イノベーション三部作が、やっと同じ出版社から統一感のある翻訳で刊行されることになった。一読者として、また、クリステンセン先生の弟子として選択肢が増えたことを素直に喜びたい。

二〇一四年五月

訳者あとがき

櫻井祐子

本書は、『イノベーションのジレンマ』『イノベーションへの解』（翔泳社刊）に続く、クリステンセンのイノベーション三部作の最終作である。二〇〇四年九月に原書が刊行され、諸般の事情により、このほど原書の刊行から約一〇年を経て、翔泳社より新訳版を刊行する運びとなった。これまで埋もれがちだった良書をこのようなかたちで再びご紹介できることは、訳者にとって大きな喜びである。

今回の翻訳にあたっては、拙訳書『イノベーションへの解』の訳語を踏襲したほか、『イノベーションへの解　実践編』の訳語も一部使用させていただいた。翻訳を担当された栗原潔氏に、この場をお借りして感謝申し上げたい。また nonconsumption という用語については、非消費という訳語が用いられることが多いようだが、本書では『イノベーションへの解』と同様、無消費の訳語をあてた。無消費とは「消費がない」状況を指すこと、またその状況と「競争」することにこそ、破壊的イノベーションの真髄があるという著者の意図を汲んで、なるべくインパクトのある訳語にしたかったからである。なお、武田ランダムハウスジャパン版の旧訳『明日は誰のものか』は一切参照しなかったことを、ここにお断りしておく。旧訳を読まれた方にこそ、是非本書をお勧めしたい。

本書のデータや企業名等は、特に断りのない限り、原書のままにしてある。刊行から一〇年を経過し、かなりの変化が生じているが、それらを逐一注釈として反映させることで本来の議論から焦点が逸れてしまうことを懸念したためである。

一〇年前の予測の結果は、インターネット等で比較的容易に調べられる。現実が予測どおりに展開することはまずない。実際には理論が指し示す自然の力だけでなく、それに抗おうとする企業の選択や、市場外の諸要因が働くからだ。それでもクリステンセン理論の慧眼には驚かされる。特に途上国世界を足がかりとした破壊的イノベーションの広がりは目を見張るものがある。まだスマートフォンもタブレット端末もなかった時代に、教授が大胆に予言した教育現場の「破壊」が、いまや途上国をはじめ世界中で実現しようとしている。破壊的イノベーションはより多くの人々を豊かで幸せにするという教授の哲学が、初めてはっきり示されたことも、本書の大きな意義である。

思えば翔泳社の外山圭子さんとの出会いも一〇年前のことだった。それから何冊もの本でご一緒させていただいたが、今回ついに長年の懸案だった本書を、ともに世に出すことができて感無量である。今回は特に時間に追われる訳者のために、原稿に丹念に目を通していただき、さまざまな細かい作業をしていただいた。いつも変わらぬ温かいサポートに心より御礼申し上げたい。

二〇一四年五月

Business Review, July-August 1995, 44-56（「未知の分野を制覇する仮説のマネジメント」前掲書）.

同時に参加できるようになった。比較的単純なゲーム（ハーツなど）をプレイできるローテクなサイトにユーザーが殺到している。マイクロソフトのXboxやソニーのプレイステーション2などの次世代ビデオゲームシステムはブロードバンド機能が搭載されているため、数千キロ離れたユーザー同士が人気ゲームで対戦できる。そしてこうしたゲームをプレイしているのはティーンエイジャーだけではないのだ。かつてないほど年齢層や所得の高い人たちがプレイするようになっている。IM（インスタントメッセージング）と同様、ゲーム技術も上位市場に進出しつつある。アメリカ国防操守は「バーチャル」オンライン訓練に数十億ドルを投資している。高度なシミュレーションが訓練のツールとして有用であることに、企業は気づき始めている。教育機関は、「教育を楽しいものにする」より「娯楽を教育に利用する」ほうが簡単であることを認識し始めている。こうした改良が続くにつれて、ゲーム会社は消費者が比較的単純な製品を歓迎するような新しい環境に音声通信を引き入れられるようになる。ゲーム会社は従来型の企業とはまったく異なる方法で通信を提供している。IMを提供する企業と同様に、双方向ゲーム会社は主として自立的なバリューネットワーク内で活動し、既存企業とはわずかしか関係をもっていない。数千人のユーザーのいるリアルタイムのアプリケーションに関わる困難な問題の解決に取り組んでいる。こうした技術改良によって、通信は伝統的な音声パラダイムから脱し、中核的なサービスから、他の重要な用事を片づける有用なツールになれるのだ。おそらくゲーム会社は分単位で料金を課すのに慣れている従来型企業にとっては意味をなさないやり方で利益を上げる方法を開発するだろう。詳しくは以下を参照のこと。Billy Pidgeon, Elif Akcayli, Jay Horwitz, EdKahn, Joseph Laszlo, and Andrew Peach, "Connected Consoles: Online Games Initiate New Distribution Channels," *Jupiter Media Metrix*, Volume 2, (2001); Michael Macedonia, "Games Soldiers Play," *IEEE Spectrum*, March 2002, 32.

23. George Malim, "Opportunity Knocks," *Communications International*, July 2002, 16.
24. Microsoft Corporation, "Microsoft Windows XP Real Time Communications Opportunities," <http://www.microsoft.com/serviceproviders/voiceservices/>（アクセス不可）
25. ここでわたしたちの使う言葉に注目してほしい。ここまでくり返し指摘しているように、重要な破壊的動向が起こっている。シスコによるルーターの開発、ロルムによるPBXの発明、そしてワイヤレス技術の創出はすべて破壊的な動向の特性を備えている。これらのイノベーションのうち、電話の導入がもたらした変化に匹敵するような広範な変化を通信サービスにもたらしたものは一つとしてない。

付録

1. Morgan W. McCall Jr., *High Flyers: Developing the Next Generation of Leaders*(Boston: Harvard Business School Press, 1998)（『ハイ・フライヤー』前掲書）
2. Robert A. Burgelman, *Strategy Is Destiny: How Strategy-Making Shapesa Company's Future* (New York: Free Press, 2002)（『インテルの戦略』前掲書）
3. Rita Gunther McGrath and Ian C. MacMillan, "Discovery-Driven Planning," *Harvard*

15. 議論を単純化するために、ここでは3Gをさまざまな第3世代ワイヤレス技術を指す包括的な用語として用いることにする。
16. iモードの歴史については、非常に有識な情報源として、神戸大学のジェフリー・ファンク教授の助けを借りた。たとえば以下を参照のこと。Jeffrey Funk, *Mobile Disruption: The Technologies and Applications That Are Driving the Mobile Internet* (Hoboken, NJ: Wiley, 2004). そのほかのファンク教授の研究は以下から入手可能である。 <http://www.rieb.kobe-u.ac.jp/~funk/>（アクセス不可）
17. 研究者の中にはiモードの成功を軽視し、iモードの事業化の過程を日本市場の特異性によって生じた歴史的偶然と片づける者もいる。単に登録料金が安く、ローミングが無料だったことが起爆剤となって、企業が大衆消費者市場のニーズを満たそうとしたのに対し、欧米の企業は法人向け企業を重視する傾向にあったというのだ。アメリカでは出張の多いビジネス顧客が重視されるが、消費者市場も同様に重要であり、素晴らしいイノベーションの源泉なのだ。また日本の人口密度は非常に高いため、信頼性の高い通信システムを比較的容易に提供することができる。小さな国土に人口が密集していることで、ローミング契約の必要がなく、プロバイダーにとって大衆消費者市場がより魅力的なものになっている。
18. 加入者数は以下から引用した。Robert Budden, "I-Mode Getting Through," *Financial Times*, 16 September 2003. 興味深いことに、ドコモは最終的に欧米の携帯電話会社の経営陣をとらえたのと同じ力の餌食となった。同社はFOMAと呼ばれる動画配信手段を開発することで3Gサービスへの進出を加速しようとしたが、加入者を集められなかった。ドコモの集中が逸れたことを利用して、競合企業のJ-フォンが、撮影した画像を友だち同士で簡単に送り合える比較的単純なサービスを導入した。このアプリはJ-フォンの既存ネットワークで利用できたため、数十万人の加入者を集めた。ここでも顧客を喜ばせる単純なアプリが成功したのに対し、大躍進は失敗したのである。以下を参照のこと。Jeanette Borzo, "Let Me Entertain You: With Mobile Phones, Users Can Get Their Kicks Wherever They Go-Tuning In to Interactive Games, Movie Clips and Virtual Pets," *Wall Street Journal Europe*, 8 March 2002; "Japan's DoCoMo Attempts to Catch Competitors with Camera-Phone," *Agence France-Presse*, 28 April 2002.
19. 1日当たりで換算すると5000万件以上になる。数値はイギリスのモバイルデータ協会（MDA）から得た。以下を参照のこと。"59 Million Text Messages Sent Per Day During November," <http://www.mda-mobiledata.org/resource/hottopics/sms.asp>（アクセス不可）
20. この周波数帯は、2.4または5ギガヘルツ帯にあたる。
21. それぞれ "laugh out loud（大笑い）" "talk to you later（またね）" "as a matter of fact（実をいうと）" の略である。
22. 音声が新しい環境に引き入れられた別の例として、双方向ゲームがある。かつてハッカーやむさ苦しい男子中高生御用達だった双方向ゲームは、ここ10年ほどで成熟した。技術が劇的に進歩したおかげで、企業がつくり出した人工的な宇宙に数千人のユーザーが

11. たとえば、顧客は異なる種類のデータ（リアルタイムのきわめて重要な音声データとベストエフォート型の電子メールなど）を区別する能力を、サービスプロバイダーに求めてきた。音声通話での遅延と揺らぎに対処するには、VoIPトラフィックがほかのそれほど時間に敏感でない種類のデータよりも優先されなくてはならない。こうした種類とサービス品質が区別されたことにより、IPベースのネットワークと従来型のコネクション型技術が、思いがけない方法でますます関係し合うようになった。ただし、このことが制約をもたらしていることにも留意する必要がある。既存企業は、既存の資産基盤と技術プラットフォームを活用するようなサービスを提供しようとするからだ。
12. 統合保存の法則がこの変化を非常に高いレベルで説明できる。これまで伝送とサービスの提供は相互依存的だった。IPを利用するにはルーターが必要だが、そのルーターはまだ十分でないため、相互依存的で統合されている必要がある。しかし同時に、ルーターが接続する先は、モジュール型で構成可能でなければならない。そんなわけで、伝送とサービスの関係は分離される。
13. 同様の戦いが金融市場で投資銀行と商業銀行の間に見られる。商業銀行はこれまで利益率の比較的低い、個人と法人向け融資に集中してきた。投資銀行は利益率の高い株式発行やM&A（合併と吸収）活動、アドバイザリーサービスに特化してきた。主要商業銀行は上位市場に進出し、より利益率の高い業務のシェアを伸ばしつつある。アメリカの3大商業銀行のシティグループ、JPモルガン・チェース、バンク・オブ・アメリカの株式引受（企業の株式発行を助ける）シェアは2000年の12%から2003年には18%に伸びている。明らかな相互依存性は存在しないものの、商業銀行には強みがある。商業銀行は利益率の低い事業でも利益を上げられるビジネスモデルをもっているのだ。個々のハイエンドの取引で投資銀行よりも低い利益率だったとしても、全体的な利益率は上昇するのだ。これに対して、投資銀行の目からは、世界は違って見える。商業銀行業務への進出は、投資銀行のコスト構造とビジネスモデルを考えれば構造的に魅力がない。したがって、商業銀行がシェアを伸ばしているのはバンドリングサービスのおかげではない。既存の投資銀行には魅力のないような価格でサービスを提供しても利益の出る、ビジネスモデルのおかげなのだ。以下を参照のこと。Jonathan Sapsford, "Banks Give Wall Street a Run for Its Money," *Wall Street Journal*, 5 January 2004.
14. セカンダリ回線を、データサービスへの安価な追加サービスとしてアグレッシブな価格を設定することには問題がある。顧客がセカンダリ回線を引く主な目的の一つは、ダイアルアップ接続であるため、セカンダリ回線とブロードバンド技術（そもそもセカンダリ回線の必要がなくなる）をバンドリングして提供するCATV会社は、普及を促進するために高速接続を求める顧客をターゲットにする必要がある。データサービスに音声通話をバンドリングし、それを比較的安価なセカンダリ回線として売り出すには、独創的なマーケティング戦術によって、すでに複数回線を所有する顧客を取り込むか、そうした顧客を新たに生み出す必要がある。セカンダリ回線は最近ではファックスやダイアルアップモデムに利用されているが、安価な回線ができれば、新しい未開拓のビジネスチャンスが発掘できるかもしれない。

もった多くの企業を買収することで、シスコは急成長を遂げたのだ。

6. ネットワークには2種類ある。回線交換ネットワークとパケット交換ネットワークだ。回線交換とは、要は2地点間を直接電気的に接続することをいう。回線交換技術は信頼性が非常に高いが、比較的柔軟性に欠ける。パケット交換ネットワークでは、終端間の接続は存在しない。データは小さなパケットに分割され、それらがネットワークを介して伝送され、目的地で再び組み立てられる。これまでパケット交換技術は信頼性に欠けるが柔軟性が非常に高かった。本章では便宜上、パケット交換ネットワークが主にデータを、回線交換ネットワークが主に音声を伝送するものとする。
7. ここではエニー・ツー・エニー型のシステム上にパケットを転送するのと、コネクション型のシステム上に転送するのとを区別する。フレームリレー、非同期転送モード、MPLS（マルチプロトコル・ラベル・スイッチング）はすべて、パケットを2地点間方式のシステム上に転送できる。このために信頼性は高まるが、エニー・ツー・エニー型の柔軟性と低コストのメリットは失われる。
8. パケットの損失は、遅延（レイテンシー）と揺らぎ（ジッタ）の2つの問題を引き起こす。遅延とは、1ビットのデータを出発地点から目的地まで転送されるまでに生じる遅れのこと。揺らぎとは、一般にパケット順序のずれによって生じる音声信号の品質のばらつきを指す。サービス品質（QoS）の低い公衆ネットワークでは、パケットの送信順序が保証されないため、音声伝送に歪みが生じることがある。ネットワークの混雑や、ルーティングや変換に関する複雑な問題は、遅延と揺らぎを悪化させる。
9. VoIPプロバイダーは基本的な音声トラフィックをインターネットサービスプロバイダー（ISP）のゲートウェイを介して送信することで、通信会社が相互接続に課している高い料金を回避していた。なぜならデータを分けて通話の発信元を調べる方法がなかったからだ。国際電話に関しては特に高い料金が設定されていた。
10. 必要な機能性を得るためにシステム全体が相互依存している必要があるときには、統合型企業が有利である。こうした相互依存性はシステム全体を組み立てたあとで初めて目に見えることもある。たとえば大規模なソフトウェアプログラムの開発について考えてみよう。多くのソフトウェア会社がモジュール方式でプログラムを開発している。この場合、さまざまなプログラマーがプログラムの別の部分に取り組むため、すべてのモジュールを組み合わせるまではデバッグ（プログラムのミスを見つけて修正）できない。モジュールを組み合わせて製品にしたとき、モジュールが相互作用して初めて、予期しない相互作用や問題が明らかになるからだ。したがって、この新技術を製品化するために必要な「黒魔術」を開発できる可能性が高いのは、単一の事業体の中で開発を行う場合だ。これこそが、これまで通信業界でなぜ統合型企業が有利な立場にあったかを説明する、決定的な理由である。広いインターフェースにわたって相互接続された多数の分散されたシステム間の、複雑で緊密に連携したほぼリアルタイムの相互作用に関する問題を解決するには、大規模なネットワーク全体を俯瞰する必要がある。統合型企業でなければ、分散されたシステム間の相互作用に精通することはできない。この概念の理解を助けてくれた、シスコシステムズのマイケル・パッツに感謝する。

いた。以下の表1を参照のこと。"Population Living on Less than $1 per Day and Head-count Index in Developing Countries, 1987, 1990, and 1998," <http://www.worldbank.org/poverty/data/trends/income.htm#table1>（アクセス不可）

14. この手法は以下にうまくまとめられている。D. Richardson, R. Ramirez, and M. Haq, "Grameen Telecom's Village Phone Programme in Rural Bangladesh: A Multi-Media Case Study," (Guelph, Ontario: TeleCommons Development Group, 2000). グラミン・ファミリーは20年以上前、いわゆるマイクロクレジット（小口融資）銀行の一つ、グラミン銀行から始まった。
15. ノースカロライナ大学のケナン＝フラグラー・ビジネススクールにあるピラミッドの底辺学習研究所（The Base of the Pyramid Learning Laboratory）は、ピラミッドの底辺をターゲットにする多国籍企業や地元のベンチャー企業に関する広範なケーススタディ研究を行っている。以下を参照のこと。<http://www.kenan-flagler.unc.edu/KI/cse/bop.cfm>（アクセス不可）

第一〇章

1. わたしたちの分析が包括的ではないのは明らかである。ほかの重要な技術的動向には、工学技術、ソフトスイッチ（ソフトウェアを使って音声通話をネットワーク間で交換する方法）、都市圏のイーサーネットプロバイダー、インターネットサービスを提供する電力会社などがある。またわたしたちはサービス事業者に焦点を当てているため、機器メーカーに関する考察が手薄である。だが通信業界のすべての側面について包括的な将来展望を行うには、文字通り本1冊分の分量が必要になってしまう。
2. このデータは企業の年次報告書や四半期報告書、ワンソース、さまざまなアナリストのリポートなどをもとにしている。特に役に立ったアナリストのリポートを挙げておく。Viktor Shvets and Andrew Kieley, "RBOCs: Initiating Coverage: '... But He's Got My Switch!'" *Deutsche Bank Securities Inc.*, 22 November 2002; Simon Flannery, Jeannette Baez, Paul Enright, and Mark McKeown, "Wireline Telecom Services: Trend Tracker: Rebound? Not Yet in Telecom," *Morgan Stanley*, 21 November 2002. リポートはインベステキストから入手した。携帯電話会社の売上には、AT&Tが2002年にスピンアウトしたAT&Tワイヤレスは含まれないが、シンギュラー（SBCとベルサウスの持ち分を通じて）とベライゾン・ワイヤレス、そしてスプリントのPCSサービスは含まれる。
3. 当然ながらユーザーが限界費用が低いと思っている携帯電話の通話も、料金を実際の利用時間にならして計算すると平均コストはかなり高い場合がある。
4. これはもちろん、すべての市場階層にあてはまるわけではない。通話の切断を許さない、非常に要求の厳しい顧客はどこにでもいる。たとえば営業部員や、重要な用途を通信システムに依存している企業などだ。
5. この話を教えてくれたシスコシステムズのマイケル・パッツ、ドナ・ソアーベ、ケビン・ケネディに感謝する。興味深いことにシスコシステムズはこうした技術を売り込むかたわら、1990年代の攻撃的な買収ブームで多くの企業の能力を獲得した。革新的な技術を

役立った。たとえば限界税率の引き下げ、政府規制の緩和、政府支出の増加、そして重要な技術進歩などである。

6. Bruce Einhorn, "Laptop King: In a Year That's Decimated High Tech, Taiwan's Unstoppable Quanta Is Posting Double-Digit Sales Growth," *BusinessWeek*, 5 November 2001, 48.
7. ハーバード・ビジネススクールのタルン・カンナ教授が、このトピックに関して非常に洞察力に富んだ研究や論文を発表している。たとえば以下を参照のこと。Yasheng Huang and Tarun Khanna, "Can India Overtake China?" *Foreign Policy*, July-August 2003, 74-81.
8. このセクションで取り上げる概念の多くは、以下で詳しく議論されている。Clayton M. Christensen and Stuart L. Hart, "The Great Leap: Driving Innovation from the Base of the Pyramid," *MIT Sloan Management Review* (Fall 2002): 51-56. ミシガン大学ビジネススクールのC・K・プラハラード教授はこうした問題を幅広く研究している。プラハラードはまた、企業が世界の所得ピラミッドの底辺に飛び込む必要があると結論づけ、それを行う方法について多くの優れた提言を行っている。たとえば以下を参照のこと。C. K. Prahalad and Allen Hammond, "Serving the World's Poor Profitably," *Harvard Business Review*, September 2002, 48-57（C・K・プラハラード、アレン・ハモンド著「第三世界は知られざる巨大市場」DIAMONDハーバード・ビジネス・レビュー、2003年1月号）.
9. これらの国は、世界銀行の方式により各国の生活水準を考慮して計算した1人当たり国民総所得（GNI）をもとにランダムに選んだ。いわゆる高所得国の2001年の1人当たりGNIは2万7680ドルで、個別に見るとフランスは2万5280ドル、韓国1万8110ドル、オーストラリア2万5780ドル。中所得国の平均は5710ドルで、中国が4260ドル、チリが9420ドル、タイが6550ドル。低所得国の1人当たりGNIは2040ドルで、インドが2450ドル、ケニアが1020ドル、ブルンジが590ドルだった。データは世界銀行より。以下を参照のこと。"GNI per Capita 2002, Atlas Method and PPP," <http://www.worldbank.org/data/databytopic/GNIPC.pdf>（アクセス不可）
10. たとえばアメリカの自動車メーカーはこれまで低所得国への進出に苦しみ、ホーム・デポはラテンアメリカで思うように事業を拡大できず、ウォルマートの初期のグローバリゼーションの取り組みは苦戦し、P&Gもアジアで当初困難に直面した。こうした例は枚挙に暇がない。
11. データは世界銀行を通じて利用できるオンラインデータベースのものを使用した。<http://www.worldbank.org/data/>（2014年5月現在）当然ながらより正確な方法としては国ではなく人を基準に区分すべきだろう。たとえばインド全体（1人当たり所得が約2500ドル）はピラミッドの底辺に位置するが、インドには年間の1人当たり所得が4000ドルを優に超える大きな中流・上流階級が存在する。
12. ギャランツのケーススタディは、ハーバード・ビジネススクール2002年卒業生のリンダ・カイが2002年に行った学生研究プロジェクトから生まれたものである。
13. 1998年の世界銀行のデータによれば、世界では約28億人が、1日2ドル以下で暮らしてトがかかるとき、また製品改良プロセスが製造や流通など、ほかの重要な社内プロセスとの相互作用に依存しているときは、社内で製品開発を進めるべきだ。逆に市場が価値を認める改良がよく理解されていないとき、製品開発にそれほどコストがかからないとき、製品開発プロセスが他の社内の重要なプロセスに依存しないときには、製品開発を市場に委ねることを検討すべきということになる。詳しくは以下を参照のこと。Clayton M. Christensen and Scott D. Anthony, "Do You Know What You Do Best?" *Strategy & Innovation*, September-October 2003, 1-5. またVCE理論は研究開発活動をどのように組織するのが最適化を考えるうえでも指針となる。バリューチェーン内の企業のコントロールする相互依存の箇所での性能向上に焦点を当てた研究開発では、企業は魅力的な見返りを期待できる。既存事業の枠内に収まらない画期的な素材や部品の開発は、実用化に時間がかかり困難だろう。またモジュール化が起こっている箇所での研究開発は専門的企業に漏れることが多い。企業は業界の状況に応じて研究開発活動を調整する必要がある。以下を参照のこと。Clayton M. Christensen and Henry Chesbrough, "Technology Markets, Technology Organization, and Appropriating the Returns of Research," working paper 99-115, Harvard Business School, Boston, 2001.

2. 当然ながら、アナリストが国家の未来を理解するうえで参考になる概念や研究は数多くある。古典的なものをいくつか挙げておく。Milton Friedman, *Capitalism and Freedom* (Chicago: University of Chicago Press, 1962)（ミルトン・フリードマン著、村井章子訳『資本主義と自由』日経BP社、2008年）; John Maynard Keynes, *The General Theory of Employment, Interest and Money* (New York: Harcourt, Brace, 1936)（ジョン・メイナード・ケインズ著、山形浩生訳『雇用、利子、お金の一般理論』講談社学術文庫、2012年；間宮陽介訳『雇用、利子および貨幣の一般理論』岩波書店、2012年）; Michael E. Porter, *The Competitive Advantage of Nations* (New York: Free Press, 1990)（マイケル・E・ポーター著、土岐坤［ほか］訳『国の競争優位（上・下）』ダイヤモンド社、1992年）; David Ricardo, *On the Principles of Political Economy and Taxation* (Washington, DC: John B. Bell, 1819)（D・リカードゥ著、羽鳥卓也、吉沢芳樹訳『経済学および課税の原理（上・下）』岩波書店、1987年）; Amartya Sen, *Collective Choice and Social Welfare* (San Francisco: Holden-Day, 1970)（アマルティア・セン著、志田基与師訳『集合的選択と社会的厚生』勁草書房、2000年）; Robert M. Solow, "A Contribution to the Theory of Economic Growth," *Quarterly Journal of Economics* 70, no.1 (February 1956): 65-94.
3. こうした概念の多くは、以下に詳しい。Clayton Christensen, Craig Thomas, and Stuart Hart, "The Great Disruption," *Foreign Affairs*, March-April 2001, 80-95（クレイトン・クリステンセン、トーマス・クレイグ、スチュアート・ハート著「日米企業再逆転の真相：ソニー、トヨタにもう新しい市場は作れない」論座、2001年7月号).
4. 本書執筆時点で、日本はシステミックな問題に対処するために諸策を講じている。こうした改革によって次世代の破壊的イノベーションを促すような環境が生まれることを願うばかりである。
5. 1970年代と80年代にアメリカ経済に起きた構造的変化の多くが、破壊の輪を回すのに

Prescription for Health Care Cost Reform," *Strategy & Innovation*, March 2003, 12-13.

14. 興味深いことに、たいていの人は医療で破壊を推進する企業というと、医療機器メーカーや製薬会社を思い浮かべる。しかし多くのイノベーションが医療提供者によって生み出されている。イノベーションは、生み出す主体にかかわらず、これらの原則を守らなくてはならない。
15. ソノサイトに関する詳細は、以下を参照のこと。Jeremy Dann, "Imaging Innovation: The Portable Ultrasound Market Illustrates the Artand Science of Targeting the 'Low End,'" *Strategy & Innovation*, March 2003, 14-15; Clayton Christensen and Jeremy Dann, "Sonosite: A View Inside," Case 9-602-056 (Boston: Harvard Business School, 2001).
16. 2003年のハーバード・ビジネススクール卒業生シラグ・シャーが、学生の研究プロジェクトでこの点を指摘した。彼の知見は以下の未発表の研究成果報告書で読むことができる。Chirag D. Shah, Troyen A. Brennan, and C. M. Christensen, "Interventional Radiology: Disrupting Invasive Medicine," 2003. コピーは請求可能。
17. このことは、より一般的な点を明らかにする。外部者はとかく業界の専門知識を過大評価し、マネジャーが直面する問題を解決する実地の知識を過小評価することが多いのだ。問題は、「外部の人材の力を借りるべきか？」ではなく、「どんな外部の人材の助けを借りるべきか？」なのだ。
18. 2002年のある調査によれば、インターネットユーザーのほぼ半数が、少なくとも月に一度は健康関連のサイトを訪れるという。WedMDやyahoohealth.comなどのサイトは、インターネットサイトの他のどんなカテゴリーよりもヒット数が多い。Jupiter/The NPD Group, Inc., "U.S. Online Activities, 2002, Individual User Survey," May 2002, <http://www.jup.com/sps/data/jupdata.jsp?doc=dl2646>（アクセス不可）
19. Dr. Mike Magee, "The Evolution of the Patient-Physician Relationship in the United States: Emancipation, Empowerment and Engagement," 13 May 2002, <http://www.positiveprofiles.com/about_us/evolution.htm>（アクセス不可）. この論文に引用されている研究によれば、患者の44%が医師との関係を「パートナーシップ」と考えており、17%が医師のことを「上から目線で権威を振りかざす人物」と考えていた。

第九章

1. 破壊的イノベーションのモデルを使えば、企業がいつどこでブランドを通して価値を創造できるかを説明できる。端的にいって、ブランドには3種類ある。性能のブランド、利便性のブランド、価格のブランドだ。過剰満足――顧客が利用できる以上の性能を提供すること――が生じると、性能のブランドは製品生産者から部品供給者へと移る。過剰満足はまた小売業者に利便性と価格のブランドを生み出す機会を与える。詳しくは以下を参照のこと。Clayton M. Christensen and Scott D. Anthony, "Performance, Convenience, Price: What's Your Brand About," *Strategy & Innovation*, November-December 2003, 1-5. VCE理論は企業がどんなときに製品開発をアウトソーシングすべきかを教えてくれる。市場が価値を認める改良がよく理解されているとき、製品開発に莫大なコス改良を加えたものである。ヤローはこの開発によりノーベル賞を受賞した。

5. 妊娠検査の簡素化と感度向上に役立った技術は、1980年代に発見されたモノクローナル抗体である。この画期的研究が妊娠検査に組み込まれる前は、動物の抗体が検査に用いられていた。生物抗体は多クローン性であり（複数の結合部位をもつ）、そのため検査結果にエラーが発生しかねなかった。なぜならhCG（ヒト絨毛性ゴナドトロピン）に特有の部位ではない部位で尿検体の分子と結合する可能性があったからだ。
6. Michael Johnsen, "The Male-Dominated Condom Set Makes Room for the Ladies," *Drug Store News* 24, no. 10 (2002): 19.
7. Christensen et al., "Will Disruptive Innovations Cure Health Care?"（「医療ビジネスのジレンマ」前掲書）
8. 数字はアメリカ心臓学会から得た未発表の統計をもとにしている。これらの数字には、外来患者への処置は含まれないため、血管形成術の数字は実際よりも大幅に少ない可能性がある。一般的なデータは以下より入手可能である。American Heart Association, "Heart and Stroke Statistical Update," <http://www.americanheart.org/downloadable/heart/1014832809466101319099 0123HS_State_02.pdf>（アクセス不可）
9. 提供者のレベルという概念は波紋を呼ぶことが多い。しかし看護師よりも一般開業医、一般開業医よりは専門医、専門医よりは超専門医や外科医になるほうが多くの訓練を必要とするのが、これまでの通例だった。一般に、診療料金は訓練の水準を反映していた。
10. 興味深いことに、これは50年前にコンピュータの支持者が持ち出した議論と同じだった。彼らはたとえコンピュータが数百万人の雇用を奪ったとしても社会に大きな利益をもたらすと正しく予測した。仕事を奪われた人たちの多くは、より付加価値の高い活動を自由に追求できるようになり、また社会の生産性、経済成長、生活水準は高まった。もちろん長期的には、医療業界で幅広い破壊が起これば専門家の配分を再調整する必要が生じるだろう。病院は若く十分な訓練を受けた専門家に他の分野でも訓練を受けさせるなど、この再調整に伴う混乱をできるだけ痛みのないものにするための積極的な取り組みを講じることができる。
11. こうした症状は比較的軽微だが、医師の受診の大きな割合を占めている。たとえば2000年にアメリカ疾病対策センターは、副鼻腔に関する症状で診察を受けた患者は延べ3100万人以上、耳痛が1600万人以上、喉の痛みが900人以上だったと報告している。数値は以下から得た。Centers for Disease Control, <http://www.cdc.gov/nchs/fastats/pdf/ad328.t12.pdf>（アクセス不可）
12. U.S. Congress, Office of Technology Assessment, "Nurse Practitioners, Physician Assistants and Certified Nurse Midwives: A Policy Analysis," *Health Technology Case Study* 37, OTA-HCS-37 (Washington, DC: U.S. Government Printing Office, December 1986).
13. わたしたちは人々が医療で片づけようとしている用事を特定するために、詳細な調査を行った。この調査の結果、72種類の用事が明らかになった。たとえば「自分が病気や感染、腫瘍を患っていないことを確実に知る」「集中力を維持する」といったことだ。以下を参照のこと。Anthony W. Ulwick, Clayton M. Christensen, and Jerome H. Grossman, "A

(accessed 6 April 2004). (アクセス不可)

14. 一般的なベンチマークプログラムによれば、この種のチップは1秒間に10億回(1ギガフロップ)の浮動小数点演算を実行でき、2ギガフロップを超えるものもあるという。
15. Bass and Christensen, "The Future of the Microprocessor Business," 38. 1997年版の米国半導体技術ロードマップ(NTRS)は以下よりアクセス可能。<http://arch.cs.pku.edu.cn/users/chengxu/Org_web_ext/PDF_FILES/1997Roadmap_all.pdf> (アクセス不可)
16. プログラマブル・ロジックチップの大手メーカーには、ほかにアルテラ、アクテル、クイックロジックがある。ロジックチップは特定の操作を処理するか、特定の命令を実行してさまざまな操作を行う。
17. インテルが性能への過度なこだわりをやめた詳しい経緯については、以下を参照のこと。Don Clark, "Big Bet Behind Intel Comeback: In Chips, Speed Isn't Everything," *Wall Street Journal*, 18 November 2003.

第八章

1. 本章の概念の多くは、以下で最初に紹介した。Clayton M. Christensen, Richard Bohmer, and John Kenagy, "Will Disruptive Innovations Cure Health Care?" *Harvard Business Review*, September-October 2000, 102-117 (クレイトン・M・クリステンセン、リチャード・ベーマー、ジョン・ケナジー著「医療ビジネスのジレンマ」DIAMONDハーバード・ビジネス・レビュー、2001年3月号). また本章に貴重な意見をいただいたマット・アイリング、ジェローム・グロスマン博士、マリー・マッキー、シラグ・シャー、トニー・アルウィックに感謝する。
2. 医療費の大部分を負担するのは、多くの場合従業員である。これは興味深い歴史的偶然である。1940年代に政府はインフレ抑制のために賃金を凍結した。企業は優れた労働者を引きつける方策として、賢明にも医療保険を提供した。国税庁は、これを非課税とする決定を下した。1980年のマネージド・ケアの導入は、医療システムから余分な贅肉をそぎ落とし、コストを削減する効果があったが、1990年代後半になると医療コストはインフレ率の3倍から5倍という急激なペースで上昇し始めた。カイザー家庭財団(医療を研究する非営利組織)によれば、事業者提供医療保険(全アメリカ人の60%が加入)のコストは2003年、2002年、2001年にそれぞれ13.9%、12.9%、10.9%上昇している。これらの数字はカイザー家庭財団の事業者提供医療保険の年次調査から得た。詳細は以下を参照のこと。<http://www.kff.org/insurance/ehbs2003-abstract.cfm> (アクセス不可)
3. このセクションについては、マリー・マッキーの貢献に感謝する。出所は以下の通り。Carl Berke, interviewed by Marie Mackey, Boston, MA, 26 March 2002; Robin Elise Weiss, "The Rabbit Died!: The History of the Pregnancy Test from Rabbits to hCG," <http://pregnancy.about.com/library/weekly/aa090901a.htm> (2014年5月現在); Rebecca Lipsitz, "Diagnosis at Home: Pregnancy Tests," *Scientific American*, November 2000, 110-111.
4. 妊娠検査のRIA法は、1950年代と60年代にロサリン・ヤローが開発した一般分析法に

ト・ノイスとともにインテルを創設した。

3. "The News of Radio: Two New Shows on CBS Will Replace 'Radio Theatre' During the Summer," *New York Times*, 1 July 1948.
4. たとえば、真空管はすぐに切れた。そのため電器店は修理で大きな利益を上げることができた。トランジスタを利用したシステムは信頼性が高かったため、こうした小売業者のビジネスモデルを脅かした。
5. Francis Bello, "The Year of the Transistor," *Fortune*, March 1953, 132.
6. この話はクレイトン・M・クリステンセンの『イノベーションのジレンマ』(前掲書)で初めて紹介した。そのほとんどが、ソニーの元製造技術担当副会長シェルドン・ワイニグ博士の個人的回想に基づいている。
7. Intel Corp., "How Transistors Work," <http://www.intel.com/education/teachtech/learning/transworks/> (アクセス不可); Semiconductor Industry Association, "Worldwide Semiconductor Shipments," <http://www.semichips.org/downloads/ACF8C.pdf> (アクセス不可)
8. Thomas Walter Smith, "Semiconductors," Standard & Poor's Industry Surveys, 18 July 2002; Intel Corporation, "What Is a Clean Room?" <http://www.intel.com/education/teachtech/learning/chips/cleanroom.htm> (アクセス不可)
9. 数字はTSMCのサイトのものを使用した。<http://www.tsmc.com> (2014年5月現在)
10. Smith, "Semiconductors." その他の重要な市場区分には、マイクロコントローラー、DRAM(ダイナミック・ランダム・アクセス・メモリ)、DSP(デジタル信号処理)チップ、フラッシュメモリがある。マイクロコントローラーは一般に、ハイエンドのマイクロプロセッサよりも演算能力は劣るもので、自動車のエンジンなど、他のシステムの制御に使われている。高密度低コストのDRAMチップは、コンピュータの基本機能を搭載し、いってみれば受動的な書類整理棚のような働きをする。DRAMはコモディティのような特性を多く備えている。大量生産、需要変動が大きい、熾烈な競争、そしてどんな企業も決して並以上の利益を上げられない、など。DSPチップはスタンドアロン・プロセッサで、携帯電話やDVDプレーヤーなどに使われている。テキサス・インスツルメンツが主要DSPメーカーである。フラッシュメモリはDRAMと機能は似ているが、電源を切ってもデータが消えないという特性がある。
11. インテルは、「精密なコピー」プロセスをもつことで有名である。特定の技術がなぜうまく機能するのかがわからない場合や、プロセスでどの変数を注意深く制御すれば適当な歩留まりが得られるかがわからない場合でも、プロセスが高品質な出力を実現するような状況を実験的につくり出し、それをすべての製造施設で精密に再現している。
12. 大量の仕掛品をもつことのコストが高いのは原材料費のせいだけではないことに留意してほしい。熟練労働者の人件費と高価な設備のせいで、コストが一気に跳ね上がるのだ。また仕掛品(WIP)が多いと、製品の市場投入時間にも影響が及ぶ。
13. McKinsey Global Institute, "Productivity in the United States," McKinsey & Co., Washington, DC, 2001. <http://www.mckinsey.com/knowledge/mgi/productivity/index.asp>

U.S. Airline Industry," Deutsche Bank Securities Inc., August 2002; William J. Greene, "Regional Airlines: Stable Growth in a Volatile Industry," Morgan Stanley, 1 March 2002. 調査はインベステキストより入手可能、さらに詳しい情報はアメリカ運輸統計局より入手可能。<http://transtats.bts.gov>（2014年5月）

23. Corridore, "Airlines."（前掲）
24. 大手航空会社の労働組合契約は、企業全体にとして見ればプラスになる場合であっても、一般にこの種の共食いを禁じている。2003年時点で、地域航空の運航に歯止めをかける職務範囲条項をもたないのは、コンチネンタル航空、アラスカ航空、アメリカウエスト航空、サウスウエスト航空の4社だけだった。2003年には、多くの主要航空会社が財政的な圧力から職務範囲条項の見直しを迫られた。最終的に大手航空会社には、破壊的事業の拡大を許すしか道は残されていないのかもしれない。
25. John Croft, "Small Airports: To Be or Not To Be? NASA's Vision of a Future Full of Aerial Taxis Depends on Airports That Are Under Siege and Rapidly Disappearing," *Aviation Week & Space Technology*, 15 April 2002. エアタクシーの可能性に関する詳細は以下を参照のこと。James Fallows, *Free Flight: From Airline Hell to a New Age of Travel* (New York: Public Affairs, 2001).
26. 当然ながらATCは、正しいビジネスモデルが見つかったというシグナルを確認できたら、積極的に成長を追求すべきである。

第七章

1. これらの概念の多くは、もとはほかの刊行物で発表された。以下を参照のこと。Michael J. Bass and Clayton M. Christensen, "The Future of the Microprocessor Business," *IEEE Spectrum* 25, no. 8 (April 2002): 50-57; Matthew C. Verlinden, Steven M. King, and Clayton M. Christensen, "Seeing Beyond Moore's Law," *Semiconductor International* 34, no. 4 (July 2002): 34-39; and Steven Milunovich, "Technology Strategy; The Theory and Application of the Christensen Models," Merrill Lynch & Co., 27 March 2002. 本章に関して、マット・バーリンデン、スティーブン・キング、ウィルフレッド・ピンフォードからいただいた貴重な意見に感謝する。半導体という用語は、厳密には完全な導体ではなく（銅など）、不完全な導体でもない（ゴムなど）ではない、あらゆる物質を指す。半導体材料として最もよく知られているのはシリコンだが、ゲルマニウムやガリウムヒ素などの半導体材料が用いられこともある。
2. ムーアの法則は、彼がフェアチャイルド・セミコンダクターの研究開発部門責任者として、1965年に得た知見がもとになっている。当時シリコンの一定面積上に搭載されるトランジスタの数は、コストの上昇を伴わずに、毎年約2倍のペースで増加していた。彼はこの倍増のペースが10年は続くと予測した。1975年になると、ペースが鈍化し、処理能力は2年ごとに倍増するだろうと予測した。しかし予測は外れた。性能向上のペースは1975年以降は確かに鈍化したものの、彼の予測を上回り、18カ月ごとに倍増を続けた。ムーアは1968年にフェアチャイルド・セミコンダクターを去り、アンディ・グローブとロバー

Englewood, CO (accessed 12 March 2003).

13. ファイブフォース分析を行うと、この業界が構造的に利益を上げにくいことがわかる。比較的低い参入障壁（切り替えコストが低い）、強力なサプライヤーの存在（ただしリージョナルジェットが上位市場に進出するうちに、この力は消滅するだろう）、そして既存企業間の熾烈な競争が、その理由である。だがこの分析は、業界の規模の経済が大きく、路線構造が硬直的であることを考えると、やや直感に反する。
14. Jim Corridore, "Airlines," S&P Industry Survey, <http://www.standardandpoors.com/products-services/industry_surveys/en/us>（2014年5月現在）
15. 以下はサウスウエスト航空の興味深く、愉快で、ためになる研究である。Jackie Freiberg and Kevin Freiberg, *Nuts! Southwest Airlines' Crazy Recipe for Business and Personal Success* (New York: Broadway Books, 1996).（ケビン・フライバーグ、ジャッキー・フライバーグ著、小幡照雄訳『破天荒！――サウスウエスト航空　驚愕の経営』日経BP社、1997年）
16. アメリカ交通統計局から得たデータをもとに著者たちがまとめた。以下を参照のこと。"BTS Releases Third Quarter 2003 Airline Financial Data; Regional Passenger Airlines Report Highest Rate of Domestic Profit," 23 December 2003, <http://www.dot.gov/affairs/BTS2903.htm>（アクセス不可）
17. データはヤフー・ファイナンスから得た。<http://finance.yahoo.com>（2014年5月現在）. アメリカン航空の親会社AMRの時価総額は、16億9000万ドルだった。
18. Sonoko Setaishi, "Delta, United Low-Fare Units Greeted With Skepticism," *Dow Jones News Service*, 20 February 2003.
19. 企業が上位市場に進出する際、既存製品を上位市場に投入しないことが多い理由の一つに、利益率を維持する必要が挙げられる。顧客の混乱を招くうえ、それまで積みあげてきたブランドエクイティを損ないかねない。一般に企業は、新しい製品・サービスを投入するか、異なるブランドを用いることが多い。たとえばトヨタは上位市場に進出した際、性能の劣った車を要求の厳しい顧客に提供することはせず、カムリ、レクサスといった、まったく新しいモデルを投入した。同様に、コカ・コーラはフルーツ飲料やフレーバーティー、ブランドウォーターを求める顧客に、コークのブランドで製品を提供することはできなかった。そこでダサーニやフルートピアといった新しいブランドを立ち上げたり買収した。
20. もちろん小規模航空会社は、それ以前はターボフロップ航空機を運航していた。小規模な企業にとって、リージョナルジェットはまさに持続的なイノベーションだった。これが、リージョナルジェット・メーカーが大成功を収めることができた一因である。またリージョナルジェットは、小規模な地域航空会社が上位市場に進出する原動力になった。
21. Corridore, "Airlines."（前掲）
22. 数字は多くのアナリストのリポートから引用した。特に以下を参照のこと。Michael J. Linenberg and Sandra Fleming, "Airline Industry Quarterly Review," Merrill Lynch, August 2002; Susan Donofrio and Allison Poliniak, "Airlines 101: An Introduction to the

ment May Take Action Under GATT Over Airbus Subsidies," *Flight International*, 22 May 1991; Brian Coleman, "Airline Industry: EC Report Fires Back at U.S. in Jet-Firm Subsidy Dispute," *Wall Street Journal Europe*, 5 December 1991; Adrian Cox, "U.S. to Challenge Airbus Subsidies; EU Loan to Boeing Rival Under Dispute," *Bloomberg News*, 29 October 2002.

3. わたしたちの分析は、2大リージョナルジェット・メーカーに焦点を当てているが、そのほかフェアチャイルド・ドルニエ(2002年に経営危機に陥り、倒産)とATRというメーカーがある。

4. エンブラエルはもとは軍用機のメーカーだった。実際、エンブラエルに軍事関係を通じて不法な輸出補助金を与えているとして、カナダがブラジルを批判し、両国の貿易問題に発展したことがある。

5. リージョナルジェットは、ターボプロップ航空機に対する急進的な持続的イノベーションとみなすことができる。ターボプロップ航空機には、音が大きく乗り心地が悪という制約があった。興味深いことに、この業界は少なくとも一部の既存企業(ターボプロップ製造業者)が持続的イノベーションをマスターできなかったレアケースに数えられる。大型民間航空機でジェット機がピストンエンジンのプロペラ機を置き換えた際にも、同じことが起こった。航空産業はこうした興味深い動向が数多く見られ、さらなる研究が待たれる。

6. データについては、エンブラエルとボンバルディアの公式サイト<http://www.embraer.com>(2014年5月現在)および<http://www.bombardier.com>(2014年5月現在)、アナリストのリポート(たとえば"Regional Jet Rentals Continue to Ease," *Aircraft Value News*, 6 October 2003; Carlos Albano, Christian Flemming, and Luciana Zonzini, "Embraer," Unibanco/Stern, Stewart and Co., 25 July 2002)を参照した。

7. 著者たちがチャールズ・シュワブのサイトで行ったオンラインリサーチをもとにしている。<http://www.schwab.com>(2014年5月現在)

8. ハーバード・ビジネススクールのキム・クラーク教授は、クレイトン・クリステンセンとの私的な会話で、自動車業界にも同じ現象が見られたと語っている。デトロイトの自動車メーカーは、日本の自動車メーカーの進出に対抗して小型車を製造したが、大型車の機能性を詰め込もうとしたために、割高になってしまったという。

9. ボーイングの直面した厳しい選択については以下を参照のこと。J. Lynn Lunsford, "Navigating Change: Boeing, Losing Ground to Airbus, Faces Key Choice—Amid Downturn, Firm Ponders Spending on Innovation or Diversifying Defensively—Debate Over All-New Plane," *Wall Street Journal*, 21 April 2003; and Stanley Holmes, "Boeing: What Really Happened," *BusinessWeek*, 15 December 2003.

10. これらの数字は、アメリカ交通統計局の統計と主要航空会社が発表したデータを平均したものである。

11. 業界の数字はアメリカ交通統計局の統計を使用した。<http://www.bts.gov/oai/indicators/top.html>(アクセス不可)

12. 以下から得たデータをもとに著者たちがまとめた。CompuStat PC Plus, Standard & Poor:

PISAの数学、科学、読解力の3分野の平均値を考慮したものである。

23. このセクションで利用した情報源は以下の通り。"The Center for Education Reform," <http://edreform.com/pubs/chglance.htm>（アクセス不可）; National Center for Education Statistics, The Condition of Education 2002 (Washington, DC: U.S. Department of Education, 2003), <http://www.uscharterschools.org/pub/uscs_docs/gi/overview.htm>（アクセス不可）
24. チャータースクールが持続的戦略を推進してきたことは、ある意味では驚くべきことではない。教育は誰にでも開かれているため、小学校や中等学校が生徒のニーズを過剰満足させているとは想像しがたい。もちろん、教育の提供にはコストがかかる。しかし公教育においては個々の消費者が十分でないが、より安価なサービスを選択するインセンティブがない。したがってローエンド型破壊的イノベーションは、現実的でもなければ可能でもない。そのうえチャーター法は、チャータースクールが選ぶ戦略を明らかに左右している。
25. ハーバード・ビジネススクールのフランシス・フライ教授による研究は、これが通例であることを示唆する。組織は新しい技術を導入する際には——コスト削減を謳う技術でさえ——コストを追加するような方法でそれを導入するのだ。なぜかと言えば、組織はよりコストの高い既存技術を、長期にわたって活用し続けなくてはならないからだ。そんなわけで新技術の利用にかかる限界費用は低いのに、コストの上乗せになってしまう。たとえばフライの研究によれば、銀行はATMを導入しても、顧客の要望に応えるために支店を開いておく必要があったため、コストは増加したという。以下を参照のこと。"The Cost Structure and Customer Profitability Implications of Electronic Distribution Channels: Evidence from Online Banking," unpublished working paper, Harvard Business School, Boston, 2002.
26. Apex Learning, <http://www.apexlearning.com/about/default.asp>（アクセス不可）
27. 実際、このモデルはスポーツの訓練があるために既存の学校システムになじめない生徒によって使われ始めている。学校のスケジュールに沿って運動競技への参加を決めるのではなく、競技日程に合わせてバーチャル・ハイスクールの日程を組むことができる。

第六章

1. 世代の異なる航空機（たとえば737-600、737-700など）は、開発に数百万ドルのコストを要するが、それでも漸進的な持続的イノベーションとみなすことができる。
2. 1990年のアメリカ商務省の報告によると、フランス、ドイツ、スペイン、イギリスは、エアバスに合計130億ドルの資金を直接提供したという。あるコンサルティング会社は、1990年の補助金の金額を約2600万ドルと推計した（放棄された金利コスト含む）。これに対してヨーロッパの企業からは、アメリカもマクドネル・ダグラスとボーイングに軍需契約を通して220億ドルの隠れた補助金を提供しているという反論が上がった。ヨーロッパの諸政府は1992年に補助金を削減することに合意したが、その後A380に40億ドルの補助金を提供したと、アメリカは主張している。以下を参照のこと。"Govern-

12. Michael Brennan, "U.S. Corporate Business Skills Training Forecast Update, 2003-2007," Report 29825, International Data Corporation, July 2003; William C. Symonds, "A New Push to Privatize," *BusinessWeek*, 14 January 2002; Linda Anderson, "Survey-Business Education Rivalry? No...It Is Really a Case of Synergy," *Financial Times*, 25 March 2002; Linda Anderson, "Training Programmers Are No Longer the Sole Territory of Universities," *The Banker*, 1 May 2002.
13. Linda Anderson, "Powerful Drive to the Top League," *Financial Times*, 27 May 2002; Bureau of Labor Statistics, *2000 National Occupational, Employment and Wage Estimates: Management Occupations*, <http://www.bls.gov/oes/2000/oes_pub2000.htm>（2014年5月現在）
14. Nypro, Inc., "FAQs," on Nypro, Inc. <http://www.nypro.com/company.html>（アクセス不可）
15. Jamilah Evelyn, "Many Community Colleges Report a Boom in Their Enrollments," *Chronicle of Higher Education*, 19 October 2001.
16. Patricia T. Hease, *The Origins and Rise of Associate Degree Nursing Education* (Durham, NC: Duke University Press, 1990).
17. U.S. Department of Health and Human Services, "Projected Supply, Demand, and Shortages of Registered Nurses: 2000-2020," July 2002, <http://bhpr.hrsa.gov/healthworkforce/rnproject/report.htm#chart2>（アクセス不可）,and National Organization for Associate Degree Nursing, "Associate Degree Nursing (ADN) Facts," <http://www.noadn.org/adn_facts.htm>（アクセス不可）
18. Melinda M. Karp, "Nurse Education and Practice: What We Know and What We Need to Know," (paper presented at American Association of Community Colleges, New York, April 2002), <http://www.tc.columbia.edu/ccrc/Presentations/AACCpresentation.MMK.pdf>（アクセス不可）
19. 2003年のフェニックス大学の学費は、1単位当たり約325ドルだった。これは4年制私立大学に比べれば（学生の観点からすれば）はるかに安かったが、政府が資金を提供する4年制公立大学に比べれば高かった。フェニックス大学は主に無消費者をターゲットにしているため、相対的なコスト水準は今のところそれほど重要な要因ではないが、上位市場に進出する際には重要になるだろう。
20. もちろん、低位層にはこうした機会を追求する強い動機づけをもつ大学もあるだろう。このことは破壊的成長の抑止要因として働くだろうが、一流大学にはさらなる脅威をもたらすだろう。
21. National Center for Education Statistics, "Degree-Granting Institutions That Have Closed Their Doors, by Control and Type of Institution: 1960-61 to 2001-02," <http://nces.ed.gov/programs/digest/d02/tables/dt245.asp>（アクセス不可）
22. OECD Programme for International Student Assessment (PISA) Database 2001, table 3.6, <http://www.pisa.oecd.org/knowledge/annexb/t3_6.htm>（2014年5月現在）. これは

tember 1990.

6. 株価と財務情報はヤフー・ファイナンスから得た。<http://finance.yahoo.com>（2014年5月現在）
7. Karen W. Arenson, "Columbia's Internet Concern Will Soon Go Out of Business," *New York Times*, 7 January 2003. これはコロンビア大学に限った話ではなかった。あるオンライン教育に関する研究によると、多くの学校がオンライン教育プログラムを開発しようとして失敗したのは、「従来型の講座を非従来型の方法で提供」しようとしたからだという。多くの大学がインターネットを利用したプログラムによって、一流の教授陣と高い学費を支払う用意のある遠隔地の学生を結ぶ、双方向通信のオンライン講座を開発し、実際のキャンパスで行われる教育に匹敵する選択肢として売り出した。しかし多くの教育機関と学生が気づいたように、プログラムの質は教室で得られる学位にはまるで及ばず、また投資を回収し、教授に高給を支払うために大学が徴収した法外に高い学費に見合うものでもなかった。最も要求の厳しい顧客に性能の劣った製品を提供しようとするのは、確実に失敗を招く方法だった。大学は明らかに、遠隔教育を旧来のビジネスモデルに詰め込もうとしていた。そのうえ大学や教授陣は、失敗の原因がプログラムの設計にあると思い込み、オンライン講座の開発をさらに進めたが、それらをやはり要求の厳しい顧客に売り込んで失敗を重ねた。問題は、消費と対抗したことにあった。以下を参照のこと。"Virtual College," *Salt Lake Tribune*, 5 May 2002.
8. アメリカ教育省の推計によれば、オンライン講座の数は1997年度の134万から、2000年度には287万に増えた。以下も参照のこと。Kevin Lyons, "Popularity of Online Graduate Studies Grow by Degrees," *Knight Ridder Tribune Business News*, 31 July 2003; J. M. Pethokoukis, "E-Learn and Earn," *U.S. News and World Report*, 24 June 2002.
9. ここでも、こうした人々の一部はすでに「消費」を行っていたことに注目してほしい。だが彼らは、統合された本格的な講座を受講するためには、集中化された施設に行く必要があった。つまり彼らは、分散された環境で一人ひとりに合ったペースで講座を受講できないという意味で無消費者だった。
10. Higher Education Act of 1965, Public Law 89-329, 79 STAT 1219. From the Higher Education Resource Hub, <http://www.higher-ed.org/resources/HEA.htm>（2014年5月現在）財政援助額の推計はまちまちである。連邦政府の統計はアメリカ教育省統計センターのものを使用。"Table 362: Federal Education Support and Estimated Federal Tax Expenditures for Education, by Category: Fiscal Years 1965 to 2001," in *Digest of Education Statistics, 2001* (Washington, DC: U.S. Department of Health, Education, and Welfare, Education Division, 2002), <http://nces.ed.gov//pubs2002/digest2001/tables/dt362.asp>（2014年5月現在）
11. コンコード・ロースクールに関する詳細は、以下を参照のこと。Martha Neil, "Virtual Lawyer," *ABA Journal*, December 2002; Dan Carnevale and Florence Olsen, "How to Succeed in Distance Education," *The Chronicle of Higher Education*, 13 June 2003; "World's Only Online Law School Proving Its Mettle," *PR Newswire*, 14 August 2002.

19. 2004年初めに、電力会社が電力インフラを通じて高速インターネットアクセスを提供する技術の実験を開始したが、有望な競合企業になるには大きな技術的ハードルを越える必要がある。また第一〇章で議論するCATV会社と同様、電力会社が成功できるかどうかは、既存企業に対して破壊的な戦略を推進できるかどうかにかかっている。持続的な戦略では成功する見込みは薄い。
20. Michael Powell, remarks at the National Summit on Broadband Development, Washington, DC, 25 October 2001. <http://www.fcc.gov/Speeches/Powell/2001/spmkp110.html> (2014年5月現在)

第五章

1. 正直なところ、教育業界は複雑なため、正確な予測が困難である。あまりにも多くの学校があり、それぞれが独特な経営状況に置かれているうえ、シグナルはかすかで観察が難しい。教育業界の関係者が、わたしたちの手法を用いてこうした問題を自分なりに分析してくれることを願うばかりである。本章の執筆を助けてくれたサリー・アーロンとウィリアム・クラークに感謝する。
2. U.S. Department of Education, National Center for Education Statistics, *The Condition of Education 2003* (Washington, DC: U.S. Government Printing Office, 2003). 具体的な統計データはアメリカ教育省のウェブサイトより入手可能。"Indicator 25: Educational Attainment," <http://nces.ed.gov/programs/coe/2002/pdf/25_2002.pdf> (アクセス不可)
3. U.S. Department of Education, National Center for Education Statistics, *The Condition of Education 2003*.
4. eラーニングという言葉は、実にさまざまな意味に用いられている。本章でいうeラーニングとは、教育を推進するためのコンピュータやインターネットの利用に関わる技術と、それに関連する教育サービスを指す。eラーニングは、100年以上前に現れたイノベーション、すなわち遠隔教育の最新版といえる。遠隔教育の起源は「アメリカ通信教育研究の母」、アンナ・エリオット・ティックノアにまでさかのぼる。ティックノアは1903年にボストンで在宅学習促進協会を設立し、会員に毎月教材とテストを送付し始めた。その後ラジオやテレビといったイノベーションが、教育目的で使われるようになった。こうしたイノベーションのすべてが成長を生み出したが、明らかな限界があった。効率が悪く、反応が遅く、双方向性に欠けるため、一人ひとりの生徒に合った協働的教育を提供できなかったのだ。そこにeラーニングが登場した。eラーニングは1990年代を通じてインターネットとともに成長した。ベンチャーキャピタルは1990年から2000年までの間に、eラーニング事業者に約60億ドルを投資している。シスコのCEOジョン・チェンバーズはこう語っている。「インターネットを利用した教育は今後莫大な成長が見込め、それに比べると電子メールの利用など、まるで四捨五入の誤差のようなものになるだろう」。以下を参照のこと。Thomas L. Friedman, "Foreign Affairs: Next, It's E-ducation," *New York Times*, 17 November 1999.
5. Robert Bellinger, "MBA Education Goes On-line," *Electronic Engineering Times*, 24 Sep-

わかりやすい成功例と失敗例が得られるからだ。企業間市場の分析からも、これほど明確ではないが、同様の結論が導くことができる。

11. Telecommunications Act of 1996, Public Law 104-104 [S. 652] (8 February 1996).
12. RBOCはTELRICについて、政府に資産を盗まれるようなものだと抗議した。なぜならRBOCは不当に低い料金でのリースを義務づけられたからだ。最高裁は同意せず、TELRICの条項を支持した。ただし、最高裁の仕事は最高の価格決定方式を決定することではなく、TELRICの条項の適法性を判断することだと述べている。本書執筆時点で、法廷では規制当局の法的権限の範囲についてまだ議論が続けられていた。
13. 当時のFCC委員長リード・ハントが自叙伝の中で引用した逸話が、この法律の矛盾する性質を物語っている。「ある南部出身の上院議員がこう尋ねた。『通信法についてどう思われますか？』と。そこでわたしは答えた。『あの法律についてはかなり研究したんですよ。わたしたちはあの法にすべてを詰め込みました。それから次に、その逆を詰め込んだんですよ』すると彼はわたしの肩をぴしゃりと叩いて、笑いながら行ってしまった」。Hundt, *You Say You Wanta Revolution?*, 177.
14. より大きな注目を集めた倒産に、マクラウド、ノースポイント、コバッド、リズムスネット、XOコミュニケーションズなどがある。地域通信協会（ALTS）の推計によると、1996年から2003年初頭までに合計50社のCLECが倒産したという。一部のCOENは、密集した都市圏でそこそこの業績を上げていた。AT & TやMCIワールドコムのような大規模な既存企業は、通信法の条項を利用して地域電話事業に参入し、ある程度の成功を収めた。詳しくは以下を参照のこと。ALTS, "Progress Report on the CLEC Industry," October 2002, <http://www.alts.org/Filings/101702CLECProgressReport.pdf>（アクセス不可）
15. 内部相互補助の仕組みは、1930年の最高裁判決（スミス対イリノイ・ベル訴訟）に端を発する。この判決では、電話会社がネットワークの配置ではなく、使用方法に基づいてコストを再配分することが許された。サービス普及を促進するために、基本的な電話サービスに関しては、長距離料金が市内料金を、企業向け料金が住宅向け料金を、そして都市部の料金が農村部の料金をそれぞれ補填する仕組みとなっている。
16. 「いいとこどり」とは、既存企業の最良顧客をターゲットに、既存製品と類似の（ほとんど見分けがつかないことも多い）低コスト製品を提供するという、業界全体に見られる慣行である。一般に、新規参入企業が規制面での有利な処遇により、特定の料金を免除されたり、既存企業よりも低い料率を設定できるために、コスト削減が可能になる。いいとこどりの機会は長続きしないことが多い。競争の激化により規制措置が取り消されたり、市場がほかの仕組みを通じて均衡を取り戻すことが多いからだ。
17. 地域市場への参入に成功した通信会社は、巨大な既存企業のAT&TとMCIワールドコムだった。新興企業よりも長く持ちこたえられる余裕があり、利用できる資産も桁違いに多かった。
18. 一般にやがて標準化に向かうのが自然の流れである。しかし市場での熾烈な競争は、製品の改良を促し、モジュール性をもたらし、新規参入への道を開く、最も強力な要因として働く。

これはコストがかかり困難な仕事である。1970年代には理論上の限界は約1ミクロンと考えられていたが、80年代半ばには0.3から0.4ミクロンになり、そして90年代になると専門家は0.18ミクロンに予測を修正した。そして21世紀に入ると、業界関係者は予測を明らかにするのをためらうようになった。以下を参照のこと。Ronald Rosenberg, "Chip Makers Turning Toward X-ray: With the 4-Megabit Semiconductor, Optical Lithography Has Reached Limit," *Boston Globe*, 8 August 1988; Dwight B. Davis, "Technologies Ride a Fast Track into the 1990s," *Electronic Business Buyer*, 11 December 1989; David A. Markle, "Lithography: The Road Ahead," *Solid State Technology*, 1 February 1999. 『エレクトロニクス・ウィークリー』の記事が、この現象をうまく要約している。「チップ製造のビジネスに関わる者は誰でも、誰かが『今からX年後、光リソグラフィーが限界に達すれば、商業的なチップ製造の経済性が覆される』というのを聞いているはずだ。そして誰もがこうした発言をほほえましく思い出す。なぜなら光リソグラフィーはあらゆる人間の意図を超えて前進し、誰もを驚かせてきたからだ」以下を参照のこと。"JESSI Looks to Optical Lithography to Take a 0.18 Micron Curtain Call," *Electronics Weekly*, 16 November 1994.

8. 以下の文献は、この件に関する優れた研究である。Jason Oxman, "The FCC and the Unregulation of the Internet," working paper 31, Federal Communications Commission Office of Plans and Policy, Washington, DC, July 1999.
9. これに関しては、多くの非常に説得力のある分析を参考にした。たとえば以下を参照のこと。Robert W. Crandall, "An Assessment of the Competitive Local Exchange Carriers Five Years After the Passage of the Telecommunications Act," *Criterion Economics*, 27 June 2001; Robert W. Crandall, "Reply Declaration in the Matter of Implementation of the Local Competition Provisions in the Telecommunications Act of 1996, CC Dkt. No. 96-98," 30 April 2001, <http://www.criterioneconomics.com/docs/crandall_final.pdf>(アクセス不可); Robert W. Crandall, "Are We Deregulating Telephone Services? Think Again," Brookings Institute Policy Brief 13, March 1997, <http//www.brook.edu/comm./PolicyBriefs/pb013/pb13.htm>(アクセス不可) March 1997; James K. Glassman and William H. Lehr, "The Economics of the Tauzin-Dingell Bill: Theory and Evidence," working paper 128, Massachusetts Institute of Technology, Cambridge, MA, 11 June 2001, <http://ebusiness.mit.edu/research/papers/128%20Lehr,%20Tauzin-Dingell.pdf>(2014年5月現在); Thomas Hazlett, "Economic and Political Consequences of the 1996 Telecommunications Act," working paper 99-8, AEI-Brookings Joint Center for Regulatory Studies, Washington, DC, September 1999; Reed Hundt, *You Say You Want a Revolution? A Story of Information Age Politics* (New Haven, CT: Yale University Press, 2000); Alfred E. Kahn, Timothy J. Tardiff, and Dennis L. Weisman, "The Telecommunications Act at Three Years: An Economic Evaluation of Its Implementation by the Federal Communications Commission," *Information Economics and Policy* 11 (1999): 319-365.
10. この分析は、住宅市場における地域電話サービスに焦点を当てている。なぜなら非常に

る。

第四章

1. ここでいう政府の介入には、法と規制の両方が含まれるものとする。政府がどのようにして業界（特に通信業界）に影響を与えるかについては、多くの優れた経済研究が行われている。たとえば以下を参照のこと。Stephen G. Breyer, *Regulation and Its Reform* (Cambridge, MA: Harvard University Press, 1982); Gerald W. Brock, *Telecommunication Policy for the Information Age: From Monopoly to Competition* (Cambridge, MA: Harvard University Press, 1994); Alfred E. Kahn, *The Economics of Regulation: Principles and Institutions* (New York: Wiley, 1970); John R. McNamara, *The Economics of Innovation in the Telecommunications Industry* (New York: Quorum Books, 1991); Richard A. Posner, *Natural Monopoly and Its Regulation* (Washington, DC: Cato Institute, 1999); William W. Sharkey, *The Theory of Natural Monopoly* (New York: Cambridge University Press, 1982); John T. Wenders, *The Economics of Telecommunications: Theory and Policy* (Cambridge, MA: Ballinger, 1987)（『電気通信の経済学——理論と政策』前掲書）.
   これらの研究は非常に参考になるが、政府の介入がイノベーションに与える影響という、特定の問題に切り込んだ研究はほとんどないように思われる。
2. 「温床」の環境では、持続可能で収益性の高い事業が生まれる可能性が最も高いが、すべてのイノベーションが成功するわけではないことに留意したい。
3. 実際にはもちろん、すべての既存・新規企業がイノベーションの能力を同じだけもっているわけではない。多くの市場では既存企業が有利な立場にあり、新しい競合企業の参入を防ぐ障壁を確立している。
4. 興味深いことに、リープを選んだ顧客は従来型の固定電話サービスを利用していなかった。リープのプレスリリースを参照のこと。<http://www.leapwireless.com/press/content/2002/062402.html>（アクセス不可）
5. もちろん、リープは周波数帯を既存企業から購入することもできた。しかしリープは多額の負債を抱えた資本構造のせいで、無線周波数帯を購入するための資金を思うように調達できなかった。クアルコムはリープをスピンアウトするにあたり、CDMA事業の運営に必要なライセンスの取得に関わる多額の負債をリープに残した。
6. Jerry A. Hausman, "Valuing the Effect of Regulation in New Services in Telecommunications," *Brookings Papers on Economic Activity: Microeconomics* (Washington, DC: The Brookings Institution, 1997).
7. 「光リソグラフィー技術が理論的限界に近づいた」という業界の専門家の発言が、ほぼ5年ごとに時計のように規則正しく新聞を賑わす。この業界の性能向上を測る主要な指標は、マイクロチップ上のトランジスタの幅である。幅はミクロン単位で計測される。1ミクロンは人間の髪の毛の約100分の1の細さである。光リソグラフィーでは短波長の光源を用いて、複雑なテンプレートを通してシリコンチップ上に回路パターンを転写する。高速チップを実現するために、部品の小型化を進めるには、照射の精度を高めることが必須だが、

EMC Corp. Finds Building Profits in 'Electronic Filing Cabinets,'" *Boston Globe*, 17 May 1994; Peter Branton, "IBM goes Symbiotic with Biggest Rival," *Network News*, 14 April 1999. デル: Charles Boisseau, "The Company That Dell Built-Isn't Finished Yet," *Houston Chronicle*, 25 February 1996. シスコ: Robert X. Cringley, "Nerds 2.0.1; Serving the Suits," *PBS Online*<http://www.pbs.org/opb/nerds2.0.1/serving_suits/cisco.html>(2014年5月現在)

7. 興味深いことにこの考え方からすると、2000年から2003年まで続いているベンチャーキャピタル不況は、実は業界の長期的な発展にとって望ましい動きなのかもしれない。このまま大規模なファンドの縮小が続けば、ベンチャーキャピタルは原点回帰して、一番うまくやれることをやるようになるだろう。つまり直感を信じ、認識したパターンに基づいて投資を行うことだ。もし大規模なファンドが規模を縮小せず、成長後期の段階にある案件に重点を移すのであれば、パターン認識力を駆使して、より小規模な案件に特化する新興ファンドが生まれるだろう。
8. この知見は、コーポレート・アドバイザリー・ボードによる「失速点」と題した報告から得たものだ。この報告によれば、企業は一定の規模になると成長が失速し、しかも二度と成長軌道に戻れない傾向にあるという。こうした状況にある企業は、投資への見返りを性急に求める。詳しくは以下を参照のこと。*Stall Points* (Washington, DC: Corporate Strategy Board, 1998).
9. ハーバード・ビジネススクールのマイラ・ハート教授の研究が、この現象に言及している(Myra Maloney Hart, *Founding Resource Choices*: Influences and Effects, Ph.D. diss., Harvard University, 1995)。興味深いことに、このことは企業資金に別の優位性を与える可能性がある。企業は投資先の経営者と緊密な関係にある場合が多いことから、企業資金のほうが成長に伴う苦しみを我慢できるかもしれない。
10. 投資の「多段化」── 少しずつ段階的に行うこと ── は、「成長は気長に、利益は性急に」の手法と同じだと考える投資家もいる。これは必ずしもそうではない。投資家が少しずつ資金を提供するからといって、実験と学習を促しているとは限らない。実際、投資家は、段階的な投資方法として、意図的戦略が見つかった場合にのみ本格投資を行う場合もある。この方法をとる企業は創発的要因から遮断され、重要な市場シグナルを見過ごすことがある。
11. 自立的なバリューネットワークは、新市場型破壊的イノベーションにとって特に重要だ。他方、ローエンド型破壊を推進する企業は、低価格を提供する能力を阻まれない限りにおいて、既存のバリューネットワークを利用しても成功できる。たとえば1960年代に誕生したディスカウント小売業者は、主流製品を調達したし、鉄鋼ミニミルはライアソンやエッジコームといった、鉄鋼流通大手を通じて製品を販売していた。
12. 当然ながら定義上、この市場環境では既存企業内の新規企業は、新規参入企業に分類される。
13. 既存企業との関係が資本関係だけの場合、必ずしも完全に新しい企業を設置する必要はない。主流組織に制約を受けないのであれば、独立した事業部門を設置すれば十分であ

次世代リーダーの育成法』プレジデント社、2002年). マッコールの著書が提唱する概念については、『イノベーションへの解』の第七章で説明したほか、以下にも詳しい。Clayton M. Christensen and Morgan McCall Jr., "Getting the Right Stuff in the Right Place at the Right Time," Note 601-054 (Boston: Harvard Business School, 2000).「正しい資金源」については『イノベーションへの解』の第九章を参照のこと。

2. これらの概念の多くはわたしたちの友人である、スタンフォード大学のロバート・バーゲルマンが考案したものだ。以下を参照のこと。Robert A. Burgelman, *Strategy Is Destiny: How Strategy Making Shapes a Company's Future* (New York: Free Press, 2002). (ロバート・A・バーゲルマン著、石橋善一郎訳、宇田理監訳『インテルの戦略：企業変貌を実現した戦略形成プロセス』ダイヤモンド社、2006年)
3. 『イノベーションへの解』では、発見志向のプランニングがこうした状況に役立つツールだと説明した。『イノベーションへの解』の第八章のほか、以下も参照のこと。Rita Gunther McGrath and Ian C. MacMillan, "Discovery-Driven Planning," Harvard Business Review, July-August 1995, 44-56. (リタ・G・マグラス、イアン・C・マクミラン著「未知の分野を制覇する仮説のマネジメント」DIAMONDハーバード・ビジネス・レビュー、1995年11月号)
4. 実際には純粋に創発的な戦略あるいは意図的な戦略は存在せず、どんな戦略にも両方の要素が混在している。しかしどちらの種類の力に重点を置くかは、企業によって大きく異なる。さらなる研究によって、企業がいつ「ルビコン川」を渡ったかを特定し、戦略を意図的に傾けるタイミングを明らかにできるだろう。
5. 経験の学校の理論は、経営者が問題に対処するスキルをもっていそうかどうかを検討する際に必ず役に立つ。十分なスキルをもった人材に責任を任せるべきか、それとも過去の経験から学ぶ能力をもった人材を抜擢するかは、今すぐ成果を上げる必要がどれだけあるかによって決まる。
6. わたしたちはパーム、ブルームバーグ、チャールズ・シュワブ、サウスウエスト航空、ポリコム、EMC、デル、オラクル、シスコの資金調達履歴を調べてみた。シスコ、パーム、ポリコムは、ベンチャー支援を受けたことがあるが、その支援は破壊的なビジネスモデルを開発するうえで重要ではなかった。いくつか参考になる情報源を挙げておく。パーム：Pat Dillon, "The Next Small Thing: What Does It Take to Change the World? Obsession. Tenacity. And Lots of Mistakes," *Fast Company*, 1 June 1998. シュワブ：Terence P. Pare, "How Schwab Wins Investors," *Fortune*, 1 June 1992. ポリコム：Clayton Christensen, Tara Donovan, and David Sundahl, "Polycom, Inc.: Visualizing Culture," Case 9-601-073 (Boston: Harvard Business School, 2000); Brenda L. Moore, "Video-Conferencing Firm Polycom Looks and Sounds Like a Leader," *Wall Street Journal*, 7 April 1999; Daniel Fisher, "Told Ya So: If One of Your Engineers Says You Should Slash the Price of Your Lead Product by 80%, You'd Better Listen," *Forbes*, 14 December 1998. EMC: Dana Bottorff, "High Tech Success With Products to Improve and Prolong Computer Life," *New England Business*, 6 July 1987; Aaron Zitner, "Memory, Megabytes and Megabucks:

のだ。エアバスはこの原則の存在を証明する、特筆すべき例外である（第六章で詳しく説明する）。エアバスは持続的イノベーション戦略を推進して、ボーイングのあとを追ってきた。しかしエアバスがこの競争で生き残り、成功できたのは、ヨーロッパの諸政府が数十億ドルの損失をかぶったからにほかならない。新規参入企業は既存企業よりもすばやく行動できるのは確かだが、いったん既存企業が資源を総動員して反撃に出れば、新規参入企業は不利な状況に陥る。また一部の研究が指摘するように、瀕死の瀬戸際にある業界も存在する。こうした業界はきわめて不安定なため、企業は失敗を犯す余地がほとんどない。このような業界では、新規参入企業は改良製品を市場に次々と投入してすばやく顧客を確保し、経験曲線を駆け上がることで成功できる。レベッカ・ヘンダーソンは、フォトリソグラフィーの位置合わせ装置の業界を取り上げた博士論文で、この現象を指摘している。この業界では4つの連続する世代で、新規企業が持続的イノベーションによって既存企業をリーダーの座から引きずり下ろした。こうした業界環境は確かに存在するが、非常にまれだとわたしたちは考える。以下を参照のこと。Rebecca M. Henderson and Kim B. Clark, "Architectural Innovation: The Reconfiguration of Existing Systems and the Failure of Established Firms," *Administrative Science Quarterly* 35 (1990): 9-30.

12. ここでも、既存企業とは市場環境にすでに定着している企業をいう。新規市場に破壊的攻撃をしかける老舗企業は、本書では新規参入企業に分類される。
13. 階層型データベースソフトウェアは、メインフレームコンピュータ用に1960年代末から70年代に開発されたソフトウェアである。階層型データベース内のデータは、よくある組織図のように、「ツリー」構造で階層化されている。こうしたデータベースを利用するには専門のプログラマーが必要だったが、特定の検索を非常に速く実行でき、メインフレームのリソースを効率的に運用した。階層型データベースは金融機関など、高負荷データ処理を必要とする要求の厳しい顧客に最適だった。IBMやカリネットといった企業が業界を先導していた。ちなみに後者は、1978年にアメリカのソフトウェア企業として初めて上場した企業である。70年代初めIBMの研究者が開発した理論をもとに、リレーショナルデータベースと呼ばれる新しい形態のデータベースが開発された。リレーショナルデータベースでは、すべてのデータが相互に関連づけられている。初期のリレーショナルデータベースは動作が遅く、大量のコンピュータリソースを必要としたが、ユーザーはデータベース構造に関する専門的知識がなくても、比較的容易に独自のクエリを実行できた。当初この技術は機能不足で、主流顧客にとってはほとんど価値がなかった。しかし相対的に単純で柔軟という特性のために、階層型データベースよりも明らかに利便性が高かった。

第三章

1. 創発的戦略の立て方については、『イノベーションへの解』（前掲書）の第八章で説明した。「経験の学校」という概念は、モーガン・マッコールの優れた著書がその原典である。*High Flyers: Developing the Next Generation of Leaders* (Boston: Harvard Business School Press, 1998)（モーガン・マッコール著、リクルートワークス研究所訳『ハイ・フライヤー：

1999). 当然ながら、企業が価値を獲得するために直接コントロールしなくてはならない資産があることを、VCE理論は教えている。

5. プロセスに関する参考文献として以下を挙げておく。David Garvin, "The Processes of Organization and Management," *MIT Sloan Management Review* 39, no. 4 (summer 1998): 33-50.
6. 柔軟なプロセスを設計することは可能だと考える批評家もいる。しかし優れたプロセスとはそもそも柔軟性を欠くものだと、わたしたちは考える。同じ課題を何度もくり返しうまく行えるよう、設計されているのだ。何かをうまく行えるということは、うまく行えないことがほかにあるということだ。一般に「柔軟なプロセス」と呼ばれるものは、複数のプロセスがセットになっていて、課題Aはプロセス1へ、課題Bはプロセス2へ流すような仕組みを指すことが多い。あらゆる課題をうまくやるプロセスは、わたしたちの知る限り存在しない。どんなプロセスも、課題によってはうまく機能しないことがある。
7. Alfred D. Chandler Jr. *The Visible Hand*, 198. (『経営者の時代(上・下)』前掲書)
8. たとえば以下を参照のこと。Larry Bossidy and Ram Charan, *Execution: The Discipline of Getting Things Done* (New York: Crown Business, 2002) (ラリー・ボシディ、ラム・チャラン、チャールズ・バーク著、高遠裕子訳『経営は「実行」:明日から結果を出すための鉄則』改訂新版、日本経済新聞出版社、2010年); James C. Collins and Jerry I. Porras, *Built to Last: Successful Habits of Visionary Companies*(New York: HarperBusiness, 1994) (ジェームズ・C・コリンズ、ジェリー・I・ポラス著、山岡洋一訳『ビジョナリーカンパニー 時代を超える生存の原則』日経BP社、1995年); James C. Collins, *Good to Great: Why Some Companies Make the Leap and Others Don't* (New York: HarperBusiness, 2001) (ジェームズ・C・コリンズ著、山岡洋一訳『ビジョナリー・カンパニー2 飛躍の法則』日経BP社、2001年); William Joyce, Nitin Nohria, and Bruce Roberson, *What (Really) Works* (New York: HarperBusiness, 2003) (ウィリアム・ジョイス、ニティン・ノーリア、ブルース・ロバーソン著、渡会圭子訳『ビジネスを成功に導く「4+2」の公式』SBクリエイティブ、2003年); Steven C. Wheelwright and Kim B. Clark, *Revolutionizing Product Development: Quantum Leaps in Speed, Efficiency and Quality* (New York: Free Press, 1992).
9. もちろん、実情はこれよりひどい。既存企業はただイノベーションを既存顧客に提供するだけでなく、それを最良顧客に提供しようとすることが多い。皮肉にもこうした最良顧客は、破壊的イノベーションの新しい特性に最も価値を認めない顧客なのだ。
10. この件に関する詳細は以下を参照のこと。Clark Gilbert and Joseph L. Bower, "Disruptive Change: When Trying Harder Is Part of the Problem," *Harvard Business Review*, May 2002, 94-101; and Clark Gilbert, "Can Competing Frames Co-exist? The Paradox of Threatened Response," working paper 02-056, Harvard Business School, Boston, 2002.
11. この状況で新規参入企業が取れる最善の戦略は、既存企業の少しだけ先を行き、それから既存企業に身売りすることだ。市場リスクをもっと回避したいと考えている共同経営者の意向に従い、多くのベンチャーキャピタル企業がこの戦略を採用している。持続的イノベーションを推進する企業に出資して、すばやく既存企業に売り抜け、利益を確保する

の発売する機器が「電話システムに害を与え、電話サービスを損なう」ものだという判断を下した。しかし裁判所は1956年にFCCの裁定を覆し、加入者は電話を「公に有害で私的に有益な方法で」使用できると定めた。以下を参照のこと。Kevin G. Wilson, *Deregulating Telecommunication: U.S. and Canadian Telecommunications, 1840-1997* (Lanham, MD: Rowan & Littlefield, 2000), 111, 420; quotes from *Hush-a-Phone Corp. v. United States*, 238 F2d 266 (D.C. Cir 1956). なぜAT&Tは、努力が無駄に終わろうとも、先見の明をもってハッシュ・ア・フォンが提供するゴム製の音響カプラーに抗議したのだろう？その理由は、理論が説明してくれる。おそらくAT&Tは自社のネットワーク内に、他社がネットワークの他の部分を妨げずに参入できる場所が理論的に存在することを、他のどんな企業よりもよく知っていたのだろう。こうしたモジュール型のインターフェースでは、決まった性能要件を満たしている限り、他社製の機器でも害を与えるおそれなくネットワークに接続でき、AT&Tから顧客を奪いかねない。AT&Tはその扉を、どんな小さなすき間でさえも開けたくなかったのだ。

17. 置き換えが起こると、既存企業は混乱に陥ることが多い。なぜなら一般に置き換えは、企業に市場区分の見直しを迫るからだ。特定の製品区分を中心に組織された既存企業は、新規参入企業が同じ市場を異なる方法で細分化するとき、対応に苦慮することが多い。たとえばアメリカ合衆国郵便公社とUPSは、製品区分（第一種郵便など）をもとに組織されているために、フェデラルエクスプレスが出現したときうまく対応できなかった。
18. たとえば『イノベーションへの解』の図表2-4（p. 63）を参照のこと。
19. この概念は『イノベーションへの解』の第六章の付録で初めて紹介した。

第二章

1. 以下を参照のこと。Michael E. Porter, *Competitive Strategy: Techniques for Analyzing Industries and Competitors* (New York: Free Press, 1980), and Competitive Advantage: Creating and Sustaining Superior Performance (New York: Free Press, 1985).（M・E・ポーター著『[新訂] 競争の戦略』（前掲書）および土岐坤、中辻萬治、小野寺武夫訳『競争優位の戦略 —— いかに高業績を持続させるか』ダイヤモンド社、1985年）
2. 以下の文献は、資源、プロセス、価値基準がどのようにして成果をもたらすかに関する優れた研究である。Toma Noda and Joseph L. Bower, "Strategy Making as Iterated Processes of Resource Allocation," *Strategic Management Journal* 17 (1996): 159-192. この研究では、似たような資源をもつ地域電話会社が、異なるプロセスと価値基準をもっていたために、無線技術の実用化をまったく異なる方法で行ったことが明らかにされた。
3. George David Smith, *The Anatomy of a Business Strategy: Bell, Western Electric, and the Origins of the American Telephone Industry* (Baltimore: Johns Hopkins University Press, 1985), 36.
4. 以下の文献は、起業家が資産を直接コントロールせずに成功する方法を説明した優れた手引きである。William A. Sahlman, Howard H. Stevenson, Michael J. Roberts, and Amar V. Bhide, *The Entrepreneurial Venture* (Boston: Harvard Business School Press,

11. 参考資料をいくつか挙げておく。Steven C. Wheelwright and Kim B. Clark, *Revolutionizing Product Development: Quantum Leaps in Speed, Efficiency and Quality* (New York: Free Press, 1992); Stefan Thomke, *Experimentation Matters: Unlocking the Potential of New Technologies for Innovation* (Boston: Harvard Business School Press, 2003); Eric von Hippel, *The Sources of Innovation* (New York: Oxford University Press, 1988).（E・フォン・ヒッペル著、榊原清則訳『イノベーションの源泉：真のイノベーターはだれか』ダイヤモンド社、1991年）
12. AT&Tの長距離独占は、1959年のFCCの「アバブ890裁定」として知られる決定をもって崩壊し始めた。この決定は、企業に890MHzを超える周波数帯域を私的通信に使用することを認めるものだった。1963年にMCIは、シカゴとセントルイス間の共有プライベートネットワークを構築するにあたり、軍事目的で開発されたマイクロ波技術の使用許可をFCCから得た。このプライベートネットワークは、企業間の通信専用で使われ、複数の企業が同じ回線を使用するために共有化されていた。FCCは1960年代後半に、長距離市場の周縁部に若干の競争を導入することを決めたが、この決定によってAT&Tの独占を解体する意図は毛頭なかった。AT&TはMCIと法廷で争ったが、FCCの当初の裁定に基づいてMCIがAT&Tと競争することが認められ、長距離サービスにおいて真の競争が始まったのである。以下を参照のこと。Philip L. Cantelon, *The History of MCI 1968-1988, The Early Years* (Dallas: Heritage Press, 1993); Steve Coll, *The Deal of the Century: The Breakup of AT&T*（『地上最大の企業 AT&T解体の内幕』前掲書）; Lorraine Spurge, *Failure Is Not an Option: How MCI Invented Competition in Telecommunications* (Encino, CA: SpurgeInk!, 1998).
13. AT&Tが利益の最大化を追求する独占事業者として、料金引き下げを望んだかどうかはわからない。独占事業者は利益の最大化を追求し、完全競争の環境にある企業は収入最大化を目指すものだ。
14. 非常に興味深いことに、MCIには当初ローエンド型破壊の手法で競争する意図はなかった。同社はAT&Tと直接競争するようなサービスを構築したいと考えていた。初期に同社が市場に参入するには、ローエンド型破壊的イノベーションのように見える特性を取り入れるしかなかったのだ。いったん政府が制約を撤廃すると、MCIはすばやくAT&Tのビジネスモデルを模倣した。それでも初期のMCIは、価格に敏感な顧客に性能の劣った製品を提供していた。
15. 非認可機器（ウエスタン・エレクトリック製ではないすべての機器）は「異質な付属品」と呼ばれていた。公表された料金規則 —— 料金のリストと、利用に関して義務と制限のあるサービス —— には、異質な付属品を使用する顧客に罰金を科す条項が含まれていた。
16. カーターフォンが発売される3年前、裁判所はハッシュ・ア・フォン・コーポレーションの発売する、電話に取りつける方式の単純な機器の使用を認める判決を下した。ハッシュ・ア・フォンは、要は背景雑音を遮蔽するゴム製のコップのようなもので、害のない発明に見えて、驚くほどの騒ぎを巻き起こした。AT&Tの経営者は訴訟を起こし、FCCに提訴した。FCCは注意深く検討した結果、1955年にハッシュ・ア・フォン・コーポレーション

器が、距離の問題を解決するのに役立った。装荷コイルが1899年に完成すると、電話信号が劣化せずに伝わる距離は実質的に倍増した。ベル系会社は通話の伝わる距離を伸ばし、ネットワークに簡単にユーザーを追加できるようにしたことで、さらに多くの顧客を引きつけ、多くの利益を上げることができた。

8. こうした漸進的な持続的イノベーションは、通信事業者が帯域外信号を利用して顧客に追加の機能を提供するうちに実現した。興味深いことに、これらのイノベーションは、ある急進的な持続的イノベーションに依存していた。すなわち共通線信号No. 7（SS7）プロトコルの導入である。SS7の導入は、技術的に非常に困難だったが、電話ネットワークの機能性を大幅に拡充した。

9. 電話システムは実は自然独占であるために、独占が生じる必要があったと多くの歴史家が示唆している。一般に自然独占とは、単一の生産者が実現する単位当たりの生産コストが十分低いために、ほかの生産者がその製品・サービスを生産することが非効率になるような市場状況と定義される。自然独占が生じるのは、大規模な固定資産要素が存在し、平均的な限界生産費用が着実に低下していくために、ある特定の供給者がほかには太刀打ちできない生産上の優位を獲得するような市場ある。しかし1903年当時、独立系電話会社がベルの支配する電話会社を数の上で上回っていたことを考えると、電話システムが本当に自然独占なのだろうかという疑問がわいてくる。実際、人口5000人を超えるアメリカの都市の約60%で、両社のサービスを同時に利用することができた。人口が密集した市街地では、建物の間に複数の電話線が張られていることが多かった。自然独占とその影響に関する詳細は、以下を参照のこと。Stephen G. Breyer, *Regulation and its Reform* (Cambridge, MA: Harvard University Press, 1982); Thomas J. Dusterberg and Kenneth Gordon, *Competition and Deregulation in Telecommunications: The Case for New Paradigm* (Indianapolis, IN: The Hudson Institute, 1997); Alfred E. Kahn, *The Economics of Regulation: Principles and Institutions* (New York: Wiley, 1970); Richard A. Posner, *Natural Monopoly and its Regulation* (Washington, DC: Cato Institute, 1999); William W. Sharkey, *The Theory of Natural Monopoly* (New York: Cambridge University Press, 1982)（ケネス・E・トレイン著、山本哲三、金沢哲雄訳『最適規制―― 公共料金入門』文眞堂、1998年）; John T. Wenders, *The Economics of Telecommunications: Theory and Policy* (Cambridge, MA: Ballinger, 1987).（ジョン・T・ウェンダース著、井手秀樹訳『電気通信の経済学―― 理論と政策』NTT出版、1989年）

10. アルフレッド・チャンドラーは、著書『経営者の時代』の中で、このことをいち早く指摘している。チャンドラーは、ある一企業が業界内のすべての力を掌握して初めて、業界を軌道に乗せられる場合が多いことに気がついた。チャンドラーの知見に対するわたしたちの貢献は、なぜこれが起こる必要があったのかという因果のメカニズムを解明したことである。それはなぜかと言えば、相互依存性を解明し、まだ十分でないものを改善するには技術的な統合が不可欠だからである。以下を参照のこと。Alfred D. Chandler Jr., *The Visible Hand: The Managerial Revolution in American Business* (Cambridge, MA: Belknap Press of Harvard University Press, 1977).（『経営者の時代（上・下）』前掲書）

の未発表の研究成果報告書で詳しく説明されている。Clayton M. Christensen, Scott D. Anthony, and David Sundahl, "Drivers of Change in the Basis of Competition," 2001.

5. 持続的イノベーションを分類する方法はいろいろあるが、なかでもキム・クラークとレベッカ・ヘンダーソンが特に役に立つ分類方式を開発している。この方式では、縦軸に技術的概念（新しいか、変わらないか）、横軸にアーキテクチャ構成（新しいか、変わらないか）をとった、2×2のマトリックスによって分類を行う。技術的概念とアーキテクチャ構成が新しいものを**ラディカル・イノベーション**、技術的概念は新しいがアーキテクチャ構成は変わらないものを**モジュラー・イノベーション**、技術的概念は変わらないがアーキテクチャ構成が新しいものを**アーキテクチュラル・イノベーション**、そして技術的概念とアーキテクチャ構成が同じものを**インクリメンタル・イノベーション**とそれぞれ名づけている。彼らによれば、既存企業はアーキテクチャの変化に直面するとつまずくことが多かった。その理由は、既存企業が製品アーキテクチャに似た製品開発プロセスをもつようになったからだ。新しいアーキテクチャを開発するには、新しい連携と相互作用のパターンが必要だった。以下を参照のこと。Rebecca M. Henderson and Kim B. Clark, "Architectural Innovation: The Reconfiguration of Existing Systems and the Failure of Established Firms," *Administrative Science Quarterly* 35 (1990): 9-30.

　持続的イノベーションを分類するもう一つの方法が、製品の性能を向上させるイノベーションと、業務効果の改善をもたらし、全体的な利益率向上につながるイノベーションとを区別する方法だ。本書ではこれを便宜上、本章で説明したように、急進的な持続的イノベーションと漸進的な持続的イノベーションとして単純化した。

6. アナログの音波の代わりにデジタルビットを利用することで、伝送速度と音声品質の向上、エラーの減少が実現した。こうした性能向上が、顧客サービスの大幅な改善をもたらすとともに、通信事業者の事業コストを大きく削減した。これは非常に困難で、コストのかかる仕事だった。ネットワーク全体から、電気機械スイッチのような完全に減価償却済みの古い機器を取り外し、新しく高価なソリッドステート（固体素子）機器を設置する必要があった。また性能向上を図るには、数百種類の部品とサブシステムを設置、統合しなくてはならなかった。電話会社のエンジニアは、世界で最も性能の高いシステムと誰もが考えていたものをさらに改良するために、数え切れないほどの時間を費やして新しい解決策を考案した。非統合型企業にこれができたはずがない。1984年にAT&Tが解体された際には、資本市場はデジタル化の度合いに応じて、それぞれの事業会社を合理的に評価した。ネットワークの大部分をアップグレードした企業は、将来の資本支出が抑えられるだけでなく、高い粗利益率が期待できると考えられた。同様に、白黒テレビからカラーテレビへの移行は、システムの末端から末端までの全体にわたる整備が必要な、骨の折れるプロセスだった。RCAはNBCを所有しているという独自の立場を利用して、「ニワトリか卵か」のジレンマを脱け出し、カラーテレビを市場に投入できた。

7. 電話交換、つまり通話をネットワーク内でルーティングする能力のおかげで、専用接続がなくてもネットワーク上の誰とでもさらに簡単に通話できるようになった。通話は集中化した施設を通って、ネットワーク上の別の回線に切り替えられる。装荷コイルという誘導

<http://www.cnn.com/2003/TECH/ptech/08/04/cell.only.ap/>（アクセス不可）

21. マッコーセルラーはクレイグ・マッコーによって1980年代に創設された。彼は全国規模のネットワークを構築することが、きわめて重要になると考え、その当時は法外に高いと考えられた金額でさまざまな地域のライセンスを獲得すべく、迅速に行動を起こした。しかしマッコーの直感は正しかったことが判明した。AT&Tは1994年にマッコーセルラーを115億ドルという驚くべき金額で買収したのだ。
22. セルラーワンの創設者ウェイン・シェルによれば、初期の携帯電話の購入者の90%から95%がビジネスマンだったという。通信事業者は非常に長い距離と広大な地域を網羅するネットワークの構築コストを負担できる顧客は、ビジネス顧客しかいないと考えた。当然ながら、広く分岐したネットワークを本当に必要としていたのは、行動半径の広いビジネス顧客だった。シェルはのちにセルラーワンをサウスウエスタン・ベルに売却した。以下を参照のこと。Elisabeth McAllister, "Newest Rage in North Virginia," *Washington Post*, 26 July 1984.
23. この相互接続点は本質的にモジュール化されており、またFCCによって規制されている。こうした相互接続点間のトラフィック交換に必要な技術的条件と料金は明確に定められ、その結果生じる相互作用は十分に理解されている。無線技術が有線ネットワークに依存するのは、このモジュール化された点までであり、また費用算定方式は規制されており、業界全体で標準化されている。

第一章

1. 『イノベーションへの解』（前掲書）の第三章で、この概念をさらに詳しく取り上げ、顧客が暮らしの中で生じる用事を片づけるために、どのようにして製品を雇っているかを説明した。片づけるべき用事の概念については、本書の第五章と付録でもう少し詳しく議論する。
2. イノベーションの成長率を分析する方法の一つに、代替曲線を描く方法がある。Y軸には、新しいイノベーションの市場シェアを既存製品・サービスのシェアで割った数値をとる。1.0なら新しいイノベーションのシェアが50%、0.1ならシェアは約9%ということになる。Y軸は対数目盛とする。X軸は時間経過、通常は年数を示し、等差目盛とする。一般にデータは一直線につながることが多い。この方法で、新しい技術が市場を席巻する速さを、非常に限られたデータによって評価できる。このような曲線の例や作成方法については以下を参照のこと。『イノベーションのジレンマ　増補改訂版』（前掲書）: 177-180.
3. このトピックについては、以下の参照文献が有用である。Dorothy Leonard-Barton, *Wellsprings of Knowledge: Building and Sustaining the Sources of Innovation* (Boston: Harvard Business School Press, 1995).（『知識の源泉：イノベーションの構築と持続』ドロシー レオナルド著、阿部孝太郎、田畑暁生訳、ダイヤモンド社、2001年）
4. この概念のもとになったのは、ウィンドミア・アソシエイツの考案した購買階層である（『イノベーションのジレンマ 増補改訂版』を参照のこと: 254-255）。これらの概念は、以下

Harvard University Press, 1977)（アルフレッド・D・チャンドラーJr.著、鳥羽欽一郎、小林袈裟治訳『経営者の時代（上・下）――アメリカ産業における近代企業の成立』東洋経済新報社、1979年）; Steve Coll, *The Deal of the Century: The Breakup of AT&T* (New York: Atheneum, 1986)（スティーブ・コール著、奥村皓一監訳『地上最大の企業 AT&T解体の内幕』企画センター、1989年）; Amy Friedlander, *Natural Monopoly and Universal Service: Telephones and Telegraphs in the U.S. Communications Infrastructure 1837-1940* (Reston, VA: Corporation for National Research Initiatives, 1995); Tom Perera, "History, Theory, and Construction of the 'Electric Telegraph' W1tp Telegraph and Scientific Instrument Museums," <http://w1tp.com>（2014年5月現在）; George David Smith, *The Anatomy of a Business Strategy: Bell, Western Electric, and the Origins of the American Telephone Industry* (Baltimore: Johns Hopkins University Press, 1985); Neil H. Wasserman, *From Invention to Innovation: Long-Distance Telephone Transmission at the Turn of the Century* (Baltimore: Johns Hopkins University Press, 1985); Kevin G. Wilson, *Deregulating Telecommunications: U.S. and Canadian Telecommunications, 1840-1997* (Lanham, MD: Rowan & Littlefield, 2000).

11. 今日の価格に変換するにあたっては、以下の算式を用いた。Minneapolis Federal Reserve Board, "Consumer Price Index (Estimate) 1800-2000," <http://minneapolisfed.org/research/data/us/calc/hist1800.cfm>（2014年5月現在）
12. Casson, *The History of the Telephone*.（前掲書）
13. Friedlander, *Natural Monopoly and Universal Service*, 42.（前掲書）
14. Chandler, *The Visible Hand*, 197.（前掲書）1996年に3大電信会社が合併して、ウエスタンユニオンとなった。
15. 同上。
16. Alexander Graham Bell, "Improvement in Telegraphy," < http://repo-nt.tcc.virginia.edu/classes/tcc315/Resources/ALM/Telephone/Exhibits/bell.html >（2014年5月現在）
17. Friedlander, *Natural Monopoly and Universal Service*, 28.（前掲書）
18. ウエスタンユニオンが地域電話市場から撤退を決定した具体的な理由については、歴史家の間でも意見は分かれる。ウエスタンユニオンが、ベルによって起こされた特許侵害訴訟に敗れると考えたからだという説もあれば、鉄道王ジェイ・グールドにしかけられた敵対的買収をかわす必要があったからだという説もある。しかし前述の通り、わたしたちの理論によれば、ウエスタンユニオンの決定は破壊的イノベーションに対する論理的な反応だったと考えられる。
19. Malcolm Spicer, "Wireless Deals Fatal Blow to Pay Phones," *Wireless Today*, 6 February 2001. この記事によれば公衆電話の数は1996年から2001年までに40%減少したという。
20. Knox Bricken, "Customers Still Holding on to Their 'Trustworthy' Wireline Phone," Yankee Group, 14 May 2002; Eugene Signorini, "The 2000 Mobile User Survey, Part 1: U.S. Wireless Subscriber Preferences and Perceptions at the End of the Second Generation," *Yankee Group Report* 2, no.1 (February 2001); "Bye, Bye Landline Phones,"

生閣、1971年); Karl E. Weick, “Theory Construction as Disciplined Imagination,” *Academy of Management Review* 14, no. 4 (1989): 516-531; Fritz Roethlisberger, *The Elusive Phenomena* (Boston: Harvard Business School Division of Research, 1977).

5. 以下を参照のこと。『イノベーションのジレンマ』、『イノベーションへの解』第二章と第四章。破壊的イノベーション理論の短い要約は、以下にも掲載されている。Joseph L. Bower and Clayton M. Christensen, “Disruptive Technologies: Catching the Wave,” *Harvard Business Review*, January-February 1995, 43-53（ジョセフ・L・バウアー、クレイトン・M・クリステンセン著「イノベーションのジレンマ」DIAMONDハーバード・ビジネス・レビュー、2013年6月号）; Clayton M. Christensen, Mark W. Johnson, and Darrell K. Rigby, “Foundations for Growth: How to Identify and Build Disruptive New Businesses,” *MIT Sloan Management Review* 43, no. 3 (spring 2002)（クレイトン・M・クリステンセン、マーク・W・ジョンソン、ダレル・K・リグビー著「破壊的イノベーションを継続するために」Leadership Strategy、ダイヤモンド社、2002年10月号［秋号］）.

6. 以下を参照のこと。Christensen, *The Innovator's Dilemma*, 2nd ed., Chapter 8（『イノベーションのジレンマ』第八章); Christensen and Raynor, *The Innovator's Solution*, Chapter 7（『イノベーションへの解』第七章）; Clayton M. Christensen and Michael Overdorf, “Meeting the Challenge of Disruptive Change,” *Harvard Business Review*, March-April 2000, 66-76（クレイトン・M・クリステンセン「「イノベーションのジレンマ」への挑戦」DIAMONDハーバード・ビジネス・レビュー、2000年9月号）.

7. 以下を参照のこと。『イノベーションのジレンマ 増補改訂版』、第五章と第六章; Clayton M. Christensen, Michael Raynor, and Matthew Verlinden, “Skate to Where the Money Will Be,” *Harvard Business Review*, November 2001, 72-81（クレイトン・M・クリステンセン著「シフトする収益源を先読みする」DIAMONDハーバード・ビジネス・レビュー、2002年2月号）; Clayton M. Christensen, Matt Verlinden, and George Westerman, “Disruption, Disintegration, and the Dissipation of Differentiability,” *Industrial and Corporate Change* 11, no. 5 (2002): 955-993.

8. IBMはアーキテクチャのモジュール化を、1964年に発売したシステム360から始めた。

9. わたしたちが**シグナル**という用語をくり返し用いていることに注意してほしい。シグナルを、決定的な証拠と混同してはいけない。シグナルとは、ある業界が特定の状況にあることを示すものであって、存在するかしないかという「二元的」なものではない。本書の目的は、イノベーションを正しく推進する可能性を劇的に高めることにある。

10. 電話の歴史については、多くの非常に説得力のある学術研究を参照した。アルファベット順（著者名）に挙げておく。William Paul Barnett, “The Organizational Ecology of the Early American Telephone Industry: A Study of the Technological Cases of Competition and Mutualism” (Ph.D. diss., University of California, Berkeley, 1988); Herbert E. Casson, *The History of the Telephone* (Chicago: A. C. McClurg & Co., 1910), <http://www.the freelibrary.com>（2014年5月現在）; Alfred D. Chandler Jr., *The Visible Hand: The Managerial Revolution in American Business* (Cambridge, MA: Belknap Press of

■注

序章

1. Michael E. Porter, *Competitive Strategy: Techniques for Analyzing Industries and Competitors* (New York: Free Press, 1980).（M・E・ポーター著、土岐坤、中辻萬治、服部照夫訳『[新訂] 競争の戦略』ダイヤモンド社、1995年）
2. Clayton M. Christensen, *The Innovator's Dilemma: When New Technologies Cause Great Firms to Fail* (Boston: Harvard Business School Press, 1997). xxxvi Introduction.（クレイトン・クリステンセン著、伊豆原弓訳『イノベーションのジレンマ 増補改訂版』翔泳社、2001年）
3. Clayton M. Christensen and Michael E. Raynor, *The Innovator's Solution: Using Good Theory to Solve the Dilemmas of Growth* (Boston: Harvard Business School Press, 2003).（クレイトン・クリステンセン、マイケル・レイナー著、櫻井祐子訳『イノベーションへの解』翔泳社、2003年）
4. より学術的な言い方をすると、理論は観察、分類、予測、確認の周期的なパターンにおいて構築されるということになる。このプロセスをうまく適用することによって、相互に排他的で、全体として漏れがない分類方式を生み出すことができる。たとえば表・裏、固体・液体・気体・プラズマ、一塁打・二塁打・三塁打・ホームランといった分類である。ビジネスの世界では、こうした分類は経営者の直面する状況として現れる。理論、つまり「特定の状況で特定の行動をとると何が起こるか」という言明の助けを借りれば、「企業が状況Xにおいて行動Aをとった場合に何が起こると期待できるか」を読み解くことができる。しかし理論構築は、最初に理論を立てた時点で終わるのではない。理論は検証、確認されなくてはならない。理論は完全に正しいことが証明されることはなく、誤りがないことが証明されるだけである。アノマリーをくり返し発見、特定することによって、世界の成り立ちと、なぜそうなっているかという理由を正しく説明する理論を構築することができる。詳細は以下を参照のこと。Christensen and Raynor, *The Innovator's Solution,* Chapter 1; Clayton M. Christensen and Michael E. Raynor, "Why Hard-Nosed Executives Should Care About Management Theory,"（『イノベーションへの解』第一章）*Harvard Business Review*, September 2003; Clayton M. Christensen, Paul Carlile, and David Sundahl, "The Process of Theory Building," Unpublished paper.（論文または電子コピーは、クリステンセン教授のオフィスより入手可能。cchristensen@hbs.edu）トーマス・クーン、カール・ポパーのような科学哲学者や、カール・ワイク、フリッツ・レスリスバーガーのような社会科学者も、理論構築のプロセスについて説明している。以下を参照のこと。Thomas Kuhn, *The Structure of Scientific Revolutions* (Chicago: University of Chicago Press, 1962)（トーマス・クーン著、中山茂訳『科学革命の構造』みすず書房、1971年）; Karl Popper, *The Logic of Scientific Discovery* (New York: Basic Books, 1959)（カール・ライムント・ポパー著、大内義一、森博訳『科学的発見の論理（上・下）』恒星社厚

ポイント・ツー・ポイント接続　324, 330
法的障壁　140
ポケットラジオ　229

ま行

マイクロプロセッサ　226, 231, 235, 297
マクロ経済環境　290
マサチューセッツ工科大学（MIT）　126
満たされない顧客　45, 235
ムーアの法則　235
無消費者　7, 39, 155, 162, 302
無消費の状況　38, 159, 270, 408
無線LAN　351
無線通信事業者　25, 113, 317, 350
無線データ通信　315
無提供者　267, 273, 275
メインフレームコンピュータ　10, 59, 92, 324
モジュール化　10, 52, 61, 171, 353, 385
モジュール型アーキテクチャ　9, 10, 61
モジュール型インターフェース　233, 409

や行

有償旅客マイル数（RPM）　213
優良顧客　19, 70

ら行

リージョナルジェット　195〜197, 199, 212〜218
リナックス　9, 60
利便性　50, 58, 175, 238
リレーショナルデータベース　92
理論　x, 13, 409
ルール　49
ルールベース　175, 248, 266, 270
連邦通信委員会（FCC）　15, 53, 133
ローエンド型破壊的イノベーション　6, 39, 49, 55, 297, 333, 372, 382, 409
ローカル・エリア・ネットワーク（LAN）　323
ロードファクター　201

データネットワーキング　321, 324, 327
テキストメッセージ　350
デジタル加入者回線（DSL）　317, 355
デューク大学　175
電子設計自動化（EDA）ソフトウェア　240
動機づけ　62, 128, 137, 215, 404
　非対称な～　87, 113, 175, 184, 192, 199, 205, 333, 353, 407
　見せかけの～　138, 139, 144
動機づけ／能力の枠組み　62, 122, 130, 145, 276, 395
統合化　9, 47, 58, 159, 214, 240, 318, 334, 404
統合型アーキテクチャ　10, 61
統合型企業　10, 47, 236, 385
統合保存の原則　60, 231, 405
闘争　83, 183, 215
逃走　83, 89, 183、210, 215
糖尿病　260
特性　11, 179, 228, 378, 405
途上国　219, 290, 306, 309
共食い　210, 316, 322
トヨタの生産方式　242
トランジスタ　228
取り込み　89, 116, 215, 250, 321, 327, 351, 405
　成長志向型～　92
　防衛型～　92
トレードオフ　58, 277, 296

な行

ニーズの不確実性　283
日本　291
妊娠検査キット　258
ネットワーク設備の構成要素（UNE）　133, 135, 140
燃料不足　123, 128, 130
能力　62, 405

は行

ハーバード大学　175
破壊的イノベーション　6, 88, 275, 293, 368, 406
　～をくり返し推進するプロセス　118, 144
破壊的イノベーションの理論　5, 380
破壊の足がかり　292～295, 343, 357
破壊の黒帯　98, 115, 250, 406
破壊の輪　290, 295, 310
発見志向の計画策定　394
ハブ＆スポーク方式　202～205, 213～215
バリューチェーン　5, 61
バリューチェーン進化の理論
　→VCE理論を参照
バリューネットワーク　99, 112, 215, 219, 275, 282, 406
半導体工業界（SIA）　237
ビジネスモデル　61, 87, 353, 407
非対称性　78, 176
非対称なスキル　84, 88, 113, 177, 199, 275, 407
必要にして十分　11, 20, 59, 180, 197, 408
ピラミッドの底辺　302, 308, 379
ファイブフォース（五つの競争戦略）　2
ファウンドリ　230, 237, 240, 243, 248
ファブレス　230, 237, 240, 248
フェニックス大学　155, 161～163
付加価値活動　9
プライスキャップ　128, 138, 397
プライマリ回線（第一回線）　338
プライマリケア　268, 272, 279
分離（デカップリング）　334
米国半導体技術ロードマップ（NTRS）　237
ベル研究所　31, 133, 228
変化のシグナル　29, 38, 87
ベンチャー企業　30, 103, 107
ベンチャーキャピタリスト（VC）　106

さ行

最後の一マイル　16, 132
最終消費者　55
サブシステム　56, 244, 335, 373
資源・プロセス・価値基準の理論
→RPV理論を参照
資源配分プロセス　76, 402
市場外の要因　61, 121, 165, 276
システム・ネットワーク・アーキテクチャ（SNA）　323
持続的イノベーション　6, 46, 86, 300, 372, 402
急進的な〜　46, 86, 388, 401
漸進的な〜　46, 388, 403
シックスシグマ　391
質の高い医療　256, 268
修正同意審決（MFJ）　16, 126
集積回路　230, 242
周波数帯　24, 126, 349
十分でない　11, 58, 180, 271, 402
需要曲線　5
主流顧客　39, 144, 380, 385
準備計画　99, 111, 403
上位市場　38, 45, 69, 303
生涯学習　164
情報の非対称性　283
将来予測　13
食品医薬品局（FDA）　127, 280
初等教育　182〜184
ジレンマ　129, 142, 247, 292
シンガポール　297
新規参入企業　25, 33, 55, 403
真空管　228
新市場型破壊的イノベーション　7, 19, 42, 156, 169, 185, 264, 382, 403
信用評価　54, 57
信頼性　45
垂直統合型デバイスメーカー（IMD）　230, 237, 246, 249
スタンフォード大学　175
スピンアウト組織　116
政策立案者　136〜138, 150, 291
性能過剰　6, 49
性能向上曲線　5, 163, 272, 359
性能の劣ったイノベーション　19
製品プラットフォーム　303, 305
政府　128, 364
セカンダリ回線（第二回線）　22, 343
セッション開始プロトコル（SIP）　361
ゼネラル・エレクトリック・クロトンビル　154, 170
一九九六年電気通信改革法（TRA）　16, 54, 130, 337
一九六五年高等教育法　166
先進顧客　39
専門的企業　10, 47, 52, 237, 333, 385
戦略的選択　32, 97, 120
相互依存性　9, 47, 140, 340, 372, 386
相互依存的なインターフェース　390, 404
創発的戦略　102, 105, 219, 393, 404
組織学習　74
損益計算書　76

た行

ダートマス大学　356
第三者支払制度　277〜280
第三世代移動通信システム（3G）　348
台湾　297
地域航空会社　196, 213〜216
地域電話会社　→RBOCを参照
チャータースクール　182〜184
中核事業　17
中国　300
長期増分費用方式（TELRIC）　133, 135, 139
長距離通信事業者　→MCIを参照
詰め込み　80, 349, 404
ディスクドライブ業界　124, 380

足かせ　123, 124, 130
アナリスト　2, 12, 137, 150, 290
アノマリー　373, 379
アプリケーション　60
アメリカ通信業界用語集　131
いいとこどり　138, 218, 333
一流大学　159, 163, 175, 178
意図的戦略　104, 392, 399
イノベータ　106
因果関係　4
インスタントメッセージング (IM)　316, 320
インターネット　122, 129, 144, 154, 161, 182, 207, 332, 348, 360
インド　298
ウィンドウズ　8, 60
ウニベルシタス21　180
エアタクシー (次世代超軽量ジェット機)　192, 201, 216〜220
営利の教育機関　161
エニー・ツー・エニー　325, 330
エンド・ツー・エンド　59
置き換えのイノベーション　50, 400
温床　124, 134, 277
オンラインスクール　166, 184

か行

カーターフォン　53
介入　145
価格　50, 58
輝く島の市場　125
格安航空会社　192
過剰満足の顧客　39, 49, 155, 236, 320, 400
カスタマイズ性　50, 58, 175, 238
カスタムチップ　239, 247
片づけるべき用事　49, 156, 344, 384, 400
加入者構内機器　→CPEを参照
下方への大躍進　299〜302, 308
韓国　298
冠動脈バイパス移植 (CABG)　262
企業研修　169〜172, 179〜181
企業内市場　321
企業内大学　170〜172, 178
機能性　45, 50
競合アクセス事業者 (CAP)　133, 354
競合地域電話会社　→CLECを参照
狭心症　261
競争基盤　45, 49, 401
競争のバトル　29, 67, 256
経営コンサルタント　12, 172
経営状況の把握　70, 201, 246, 316, 401
経験の学校　104, 219, 276, 370, 391, 401
経済産業省　293
携帯情報端末 (PDA)　107
携帯電話　22, 320
血管形成術　262
剣と盾　70, 78, 86, 401
コア理論　4, 13, 28
広域通信事業者 (IXC)　132〜135, 317, 319
公衆交換電話回線 (PSTN)　320, 338
高等教育　154〜158, 165, 174, 181
構内交換機 (PBX)　53
公立学校　182〜186
国際戦略　300
国防総省国防高等研究事業局 (DARPA)　122
国立衛生研究所 (NIH)　122, 280
コミュニティカレッジ　154, 163, 172〜176
コモディティ化　49, 61
コロンビア大学ファザム・ドットコム　164
コンコード・ロースクール　155, 165〜169
コンテンツ提供者　350

ユナイテッド航空 209
リープワイヤレス 125
ルーセント 31, 322, 328
ロッキード 194

人名

アリストテレス 50
アレン，ポール 185
エジソン，トーマス・アルバ 18
オートン，ウィリアム 15
カーター，トム 53
グルンツィッヒ，アンドレアス 261
グレツキー，ウェイン 11
ゲイツ，ビル 217
シュワブ，チャールズ 107
ディラン，ボブ 363
パーキンス，クライナー 108
パウエル，マイケル 142
ハウスマン，ジェリー 126
ブルームバーグ，マイケル 107, 294
ベイル，セオドア 47
ベル，アレクサンダー・グラハム 1, 14, 114
ポーター，マイケル 2, 68
マッコール，モーガン 104
モンタグ，ミルドレッド 173
梁慶徳 304
レイバーン，バーン 217
ロジャース，T.J 240

書名

『イノベーションのジレンマ』 3, 13, 27, 382, 384
『イノベーションへの解』 3, 13, 27, 54, 68, 101, 104, 118, 156, 205, 380, 382, 384, 388, 392
『インテルの戦略』 393
『ハイフライヤー』 392

■事項索引

英数

3G →第三世代移動通信システムを参照
802.11規格（無線データ通信） 315, 348, 351
802.16規格（WiMAX） 348, 356
APコース（上級教科課程） 185
CATV 132, 142, 332, 337, 342
CATV電話 315, 345
CEO 219, 241
CLEC 16, 54, 131, 314
CPE 52, 63, 130
DARPA →国防総省国防高等研究事業局を参照
eラーニング 163～166, 184～187
FCC →連邦通信委員会を参照
FDA →食品医薬品局を参照
NIH →国立衛生研究所を参照
iモード 350
IP-PBX 326～329
IP技術 324, 328, 339, 344, 347
MBAプログラム 154, 159, 170, 178
MCI 16, 22, 51, 90, 135, 314, 330
MSO 337, 342
RBOC 16, 25, 103, 132, 317, 319, 330
RPV理論 7, 71, 94, 300, 383
　～の価値基準 75, 400
　～の資源 73, 402
　～のプロセス 74, 408
SNA →システム・ネットワーク・アーキテクチャを参照
VCE理論 9, 58, 103, 231, 251, 338, 385
VoIP 315, 322
Wi-Fi 351

あ行

アクセスポイント 352, 354
足がかり市場 98, 101

■索引

企業名

AT&T 1, 16, 47, 90, 330, 354
EMC 107
IBM 10, 59, 92, 116, 170, 324, 354
NTTドコモ 348,
SBC 16
Tモバイル 316, 354
USエアウェイズ 209
アジレント 230
アップル 108
アトランティック・コースト 150, 215
アプライド・マテリアルズ 230, 244
アポロ・グループ 163
アメリカン航空 214
インテル 116, 230, 246, 294, 354
ウエスタン・エレクトリック 47, 53
ウエスタンユニオン 1, 14, 47, 77, 85, 114
ウォルマート 59
エアバス 75, 193
エイペックス・ラーニング 185
エクリプス・アビエーション 217
エンブラエル 195
オラクル 92
キヤノン 292
ギャランツ 303
クアルコム 125
クエスト 16, 333
グラミン・ファミリー 305
神戸製鋼 292
コダック 82
コムキャスト 341
コンチネンタル航空 209, 214
サイプレス・セミコンダクタ 240
ザイリンクス 230, 238, 247, 294
サウスウエスト航空 203, 212
ジェットブルー 208, 212
シスコシステムズ 88, 107, 294, 321
ジョンソン・エンド・ジョンソン (J&J) 75
新日鉄 292
スプリント 135
ゼネラルモーターズ 170, 300
ソニー 229, 292
ソノサイト 274
タイム・ワーナー 341
台湾セミコンダクター・マニュファクチュアリング・カンパニー (TSMC) 230, 243, 297
台湾ユナイテッド・マイクロエレクトロニクス・コーポレーション (UMC) 243
ディジタル・イクイップメント・コーポレーション (DEC) 85, 210
テラダイン 116, 230
デル 11, 59
デルタ航空 209, 214
テンシリカ 230, 238, 247
東京エレクトロン 230, 244
トムソン・ラーニング 171, 180
トヨタ 292
ナイプロ 170
バーチャル・ハイスクール 185
パーム 108
ヒューレット・パッカード 116
フェア・アイザック 57
ブラックベリー・リミテッド 10
ブルームバーグ 107
プロクター・アンド・ギャンブル (P&G) 75
ベライゾン 16, 316, 333, 354
ベルサウス 16, 73
ボーイング 75, 193
ボネージ 332
ボンバルディア 195
マイクロソフト 8, 60, 74, 202, 361
マクドネル・ダグラス 194
メッシュ・ネットワークス 352, 357
メリルリンチ 107

本書内容に関するお問い合わせについて

このたびは翔泳社の書籍をお買い上げいただき、誠にありがとうございます。弊社では、読者の皆様からのお問い合わせに適切に対応させていただくため、以下のガイドラインへのご協力をお願い致しております。下記項目をお読みいただき、手順に従ってお問い合わせください。

●ご質問される前に

弊社Webサイトの「正誤表」をご参照ください。これまでに判明した正誤や追加情報を掲載しています。

正誤表　https://www.shoeisha.co.jp/book/errata/

●ご質問方法

弊社Webサイトの「刊行物Q&A」をご利用ください。

刊行物Q&A　https://www.shoeisha.co.jp/book/qa/

インターネットをご利用でない場合は、FAXまたは郵便にて、下記“翔泳社 愛読者サービスセンター”までお問い合わせください。
電話でのご質問は、お受けしておりません。

●回答について

回答は、ご質問いただいた手段によってご返事申し上げます。ご質問の内容によっては、回答に数日ないしはそれ以上の期間を要する場合があります。

●ご質問に際してのご注意

本書の対象を越えるもの、記述個所を特定されないもの、また読者固有の環境に起因するご質問等にはお答えできませんので、予めご了承ください。

●郵便物送付先およびFAX番号

送付先住所　〒160-0006　東京都新宿区舟町5
FAX番号　03-5362-3818
宛先　(株) 翔泳社 愛読者サービスセンター

■著者紹介

クレイトン・M・クリステンセン (Clayton M. Christensen)

ハーバード・ビジネススクール (HBS) の看板教授であり、イノサイト社の創設者。1975 年ブリガムヤング大学経済学部を首席で卒業後、77年英国オックスフォード大学で経済学修士、79年HBSで経営学修士取得。卒業後、米国ボストン・コンサルティング・グループにて、主に製品製造戦略に関するコンサルティングを行いながら、ホワイトハウスフェローとして、エリザベス・ドール運輸長官を補佐。84年MITの教授らとともに、セラミック・プロセス・システムズ・コーポレーションを起業し、社長、会長を歴任。92年同社を退社し、HBSの博士課程に入学し、わずか2年で卒業した (経営学博士号取得)。その博士論文は、最優秀学位論文賞、ウィリアム・アバナシー賞、ニューコメン特別賞、マッキンゼー賞のすべてを受賞し、『イノベーションのジレンマ』として発表され、刊行10年をすぎてなお、ロングセラーとなっている。

2000年にコンサルティングファーム、イノサイトを創設。マサチューセッツ州、シンガポール、インドに拠点を置き、イノベーション・コンサルティングと投資業務を提供する。

主な訳書に『イノベーションのジレンマ』(増補改訂版、2001年)、『イノベーションへの解』(2003年)、『イノベーションへの解 実践編』(2008年)、『教育×破壊的イノベーション』(2008年)、『イノベーションのDNA』(2011年)、自身初の人生訓となる『イノベーション・オブ・ライフ』(2012年) などがある (いずれも翔泳社)。

スコット・D・アンソニー (Scott D. Anthony)

ダートマス大学で経済学を学び、主席で学士号を取得。HBSでは優等でMBAを取得。イノサイト社の共同経営者。クリステンセンとの共著に『イノベーションへの解 実践編』がある。

エリック・A・ロス (Erik A. Roth)

ミドルベリー大学で国際政治経済学士、HBSでMBAを取得。マッキンゼーに勤務するコンサルタント。

■監修者紹介

玉田 俊平太 (たまだ しゅんぺいた)

関西学院大学経営戦略研究科教授。博士 (学術) (東京大学)。ハーバード大学大学院にてマイケル・ポーター教授のゼミに所属、競争力と戦略との関係について研究するとともに、クレイトン・クリステンセン教授からイノベーションのマネジメントについて指導を受ける。筑波大学専任講師、経済産業研究所フェローを経て現職。研究・技術計画学会理事。平成23年度TEPIA知的財産学術奨励賞「TEPIA会長大賞」受賞。著書に『産学連携イノベーション――日本特許データによる実証分析』(関西学院大学出版会、2010年)、監訳に『イノベーションへの解』(翔泳社、2003年)、『イノベーションのジレンマ』(翔泳社、2000年) などがある。

■訳者紹介
櫻井 祐子（さくらい ゆうこ）
翻訳者。京都大学経済学部卒業、オックスフォード大学大学院経営学研究科修了(M.Phil.)。東京三菱銀行（現三菱東京UFJ銀行）などを経て現職。訳書に『イノベーションへの解』『イノベーション・オブ・ライフ』（翔泳社）、『100年予測』（早川書房）、『選択の科学』（文藝春秋）、『第五の権力』（ダイヤモンド社）など多数。

DTP＆編集協力：川月 現大（風工舎）

イノベーションの最終解

2014年 7月 7日 初版第1刷発行
2021年11月 5日 初版第3刷発行

著 者：クレイトン・クリステンセン、スコット・アンソニー、エリック・ロス
解 説：玉田 俊平太
訳 者：櫻井 祐子
発行人：佐々木 幹夫
発行所：株式会社 翔泳社（http://www.shoeisha.co.jp）
印刷・製本：大日本印刷株式会社

ISBN978-4-7981-3231-0　Printed in Japan

Harvard Business School Press

ハーバード・ビジネス・セレクション・シリーズ
http://www.shoeisha.com/book/hp/harvard/

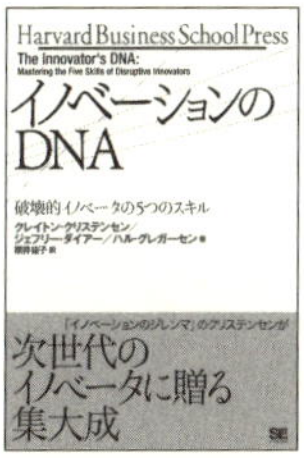

イノベーションのDNA

クレイトン・クリステンセン、ジェフリー・ダイアー、ハル・グレガーセン著、
櫻井祐子訳
定価：2,000円＋税、ISBN978-4-7981-2471-1

イノベーションを起こす能力は、後天的に育成できる！

イノベーションの源泉となる「人（とその能力）」に迫る。8年の年月を費やして5,000人を超える起業家や企業幹部を分析し、どのように創造的なアイデアや事業戦略を生み出したのか5つのスキル（能力）にまとめる。第二部では、組織運営での応用を解説。

ストラテジック・イノベーション

ビジャイ・ゴビンダラジャン、クリス・トリンブル著、
三谷宏治監修、酒井泰介訳
定価：2,200円＋税、ISBN978-4-7981-3230-3

戦略的イノベーターに捧げる10の提言
偉大な戦略と偉大な実施とではどちらが大切か？ イノベーションでは、断然後者だ。本書では既存事業のDNAを活かしながら先例のない事業の実現性を試す——大規模な組織構成とリーダーシップの改編。新たなビジネスモデルを探り、爆発的な成長へと導く10のルールを明らかにする。

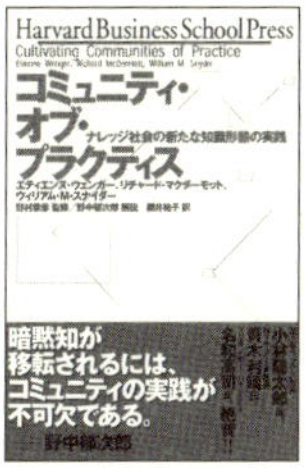

コミュニティ・オブ・プラクティス

エティエンヌ・ウェンガー、リチャード・マクダーモット、
ウィリアム・M・スナイダー著、野中郁次郎解説、野村恭彦監修、櫻井祐子訳
定価：2,800円＋税、ISBN978-4-7981-0343-3

ナレッジ・マネジメントを超えて
コミュニティ・オブ・プラクティス（実践コミュニティ）とは、あるテーマに関する関心や問題、熱意などを共有し、その分野における知識や技能を、持続的な相互作用を通じて深めていく人々の集団である。知的創造時代に必須の理論とその実践を、豊富な事例とともに解説する。